o livro dos códigos

Simon Singh

o livro dos códigos

Tradução de
JORGE CALIFE

16ª EDIÇÃO

EDITORA RECORD
RIO DE JANEIRO • SÃO PAULO

2024

CIP-Brasil. Catalogação-na-fonte
Sindicato Nacional dos Editores de Livros, RJ.

S624L Singh, Simon
16ª ed.   O livro dos códigos / Simon Singh; tradução de Jorge
       Califé – 16ª ed. – Rio de Janeiro: Record, 2024.

       Tradução de: The code book
       ISBN 978-85-01-05598-9

       1. Criptografia – História. 2. Criptografia de dados
       (Ciência da computação) – História. I. Título.

                    CDD – 652.809
01-0728   CDU – 003.26

Título original em inglês:
THE CODE BOOK

Copyright © 1999 by Simon Singh

Todos os direitos reservados.
Proibida a reprodução, armazenamento ou transmissão de partes deste
livro, através de quaisquer meios, sem prévia autorização por escrito.
Proibida a venda desta edição em Portugal e resto da Europa.

Direitos exclusivos de publicação em língua portuguesa para o Brasil
adquiridos pela
EDITORA RECORD LTDA.
Rua Argentina, 171 – Rio de Janeiro, RJ – 20921-380 – Tel.: (21)2585-2000
que se reserva a propriedade literária desta tradução

Impresso no Brasil

ISBN 978-85-01-05598-9

Seja um leitor preferencial Record.
Cadastre-se no site www.record.com.br
e receba informações sobre nossos
lançamentos e nossas promoções.

Atendimento e venda direta ao leitor:
sac@record.com.br

EDITORA AFILIADA

A minha mãe e meu pai
Sawaran Kaur e Mehnga Singh

Sumário

· · · · · · · · · · · · · · · ·

Introdução	11
1. O código de Maria, rainha da Escócia	17
2. Le Chiffre Indéchiffrable	63
3. A mecanização do sigilo	119
4. Decifrando a Enigma	163
5. A barreira do idioma	213
6. Alice e Bob usam a Internet	267
7. Uma ótima privacidade	319
8. Um salto quântico para o futuro	345
O desafio do criptograma	381
Apêndices	397
A . Trecho de *A void,* de Georges Perec	399
B . Algumas dicas elementares para análise de freqüência	401
C . O código da Bíblia	403
D . A cifra do chiqueiro	405
E . A cifra Playfair	407
F . A cifra ADFGVX	410
G . A fraqueza de se reciclar o bloco de uma única vez	413
H . Solução das palavras cruzadas do *Daily Telegraph*	415
I . Exercícios para o leitor interessado	416
J . A matemática da RSA	418

Glossário	421
Agradecimentos	425
Bibliografia Recomendada	429
Créditos das fotos	437
Índice	439

O impulso para descobrir segredos está profundamente enraizado na natureza humana. Mesmo a mente menos curiosa é estimulada pela perspectiva de compartilhar o conhecimento oculto aos outros. Alguns têm bastante sorte em encontrar um trabalho que consiste na solução de mistérios, mas a maioria de nós é levada a controlar este impulso resolvendo charadas artificiais criadas para nosso entretenimento. Histórias de detetive e palavras cruzadas divertem a maioria. Já a quebra de códigos secretos pode ser uma tarefa para poucos.

John Chadwick
The Decipherment of Linear B

Introdução
· · · · · · · · · · · · · · · ·

Durante milhares de anos, reis, rainhas e generais dependeram de comunicações eficientes de modo a governar seus países e comandar seus exércitos. Ao mesmo tempo, todos estavam cientes das conseqüências de suas mensagens caírem em mãos erradas, revelando segredos preciosos a nações rivais ou divulgando informações vitais para forças inimigas. Foi a ameaça da interceptação pelo inimigo que motivou o desenvolvimento de códigos e cifras, técnicas para mascarar uma mensagem de modo que só o destinatário possa ler seu conteúdo.

Esta busca pelo segredo levou as nações a criarem departamentos para a elaboração de códigos, responsáveis por garantirem a segurança das comunicações inventando e utilizando os melhores códigos possíveis. Ao mesmo tempo, os decifradores de códigos inimigos tentam quebrar esses códigos, para roubar seus segredos. Os decifradores de códigos são os alquimistas lingüísticos, uma tribo mística que tenta invocar palavras que tenham significado a partir de uma mistura de símbolos sem sentido. A história dos códigos e de suas chaves é a história de uma batalha secular entre os criadores de códigos e os decifradores, uma corrida armamentista intelectual que teve um forte impacto no curso da história humana.

Ao escrever *O livro dos códigos*, tive dois objetivos principais. O primeiro é mapear a evolução dos códigos. E evolução é um termo bem adequado, porque o desenvolvimento de códigos pode ser visto como uma luta evolutiva, já que qualquer código está sempre sob o ataque dos decifradores. Quando se desenvolve uma nova arma, revelando a fraqueza de um código, este deixa de ser útil. Ou ele se torna extinto ou evolui e se transforma num código novo e mais forte. E, por sua vez, o novo código prospera até que os decifradores identifiquem suas fraquezas, e assim por diante. A situação é semelhante àquela enfrentada por uma cepa de bactérias infecciosas. A bactéria vive, se reproduz e prospera até que os médicos descubram um antibiótico que revela uma de suas fraquezas, matando-a. As bactérias são então forçadas a evoluir e superar o antibiótico, e, se forem bem-sucedidas, poderão prosperar de novo e se restabelecer. As bactérias são forçadas a uma evolução contínua de modo a sobreviver ao ataque dos novos antibióticos.

A batalha contínua entre os criadores e os decifradores de códigos inspirou toda uma série de notáveis descobertas científicas. Os codificadores têm buscado sempre criar códigos cada vez mais fortes, para defender as comunicações, enquanto os decifradores inventam sempre métodos mais poderosos para atacá-los. Em seus esforços para preservar ou destruir o sigilo, ambos os lados se apóiam numa grande variedade de disciplinas e tecnologias, da matemática à lingüística, da teoria da informação à teoria quântica. E, em troca, os criadores e os decifradores de códigos enriqueceram estas áreas, acelerando com seu trabalho o desenvolvimento tecnológico, principalmente no caso do computador moderno.

A história é marcada por códigos que decidiram o resultado de batalhas, provocando a morte de reis e rainhas. Por isso fui capaz de relembrar episódios de intrigas políticas, contos de vida e morte para ilustrar os principais pontos na evolução dos códigos. A história dos códigos é tão extraordinariamente rica, que fui forçado a deixar de lado muitos relatos fascinantes. Meu livro, por isso, está longe de ser definitivo, e peço desculpas se omiti a sua história preferida ou seu quebrador de códigos favorito, mas forneci uma lista de leituras recomendadas e espero que ela satisfaça os leitores que desejam estudar o assunto com maior profundidade.

Tendo narrado a evolução dos códigos, e o seu impacto na história, o segundo objetivo do livro é demonstrar como o assunto é mais importante hoje do que no passado. À medida que a informação se torna uma mercadoria cada vez mais valiosa e a revolução nas comunicações muda a sociedade, o processo de codificação de mensagens vai desempenhar um processo cada vez maior na vida diária. Hoje em dia nossas chamadas telefônicas saltam entre satélites e nossos *e-mails* passam por vários computadores. Ambas as formas de comunicação podem ser interceptadas facilmente, ameaçando nossa privacidade. De modo semelhante, à medida que mais negócios são realizados através da Internet, devem ser instalados mecanismos de proteção para a segurança das empresas e de seus clientes. A codificação é o único meio de proteger nossa

O LIVRO DOS CÓDIGOS

privacidade e garantir o sucesso do mercado digital. A arte da comunicação secreta, também conhecida como criptografia, fornecerá os fechos e as chaves da Era da Informação.

Entretanto, a crescente busca do público pela criptografia entra em conflito com as necessidades da manutenção da lei e da segurança nacional. Durante décadas os serviços policiais e de espionagem têm usado a escuta telefônica para reunir provas contra terroristas e grupos do crime organizado, mas o desenvolvimento recente de códigos ultra-resistentes ameaça enfraquecer o valor dos grampos. À medida que entramos no século XXI, os defensores das liberdades civis começam a pressionar pelo uso generalizado da criptografia de modo a proteger a privacidade dos indivíduos. Ao lado deles fica a comunidade dos negócios, que precisa de uma criptografia forte para proteger suas transações no mundo em rápido crescimento do comércio via Internet. Ao mesmo tempo, as forças da lei pedem um uso mais restrito da criptografia. A questão se resume em, o que é mais valioso para nós, nossa privacidade ou uma força policial mais eficiente? Ou será que existe um meio-termo?

Embora a criptografia tenha agora um impacto maior nas atividades civis, a criptografia militar continua sendo importante. Já se falou que a Primeira Guerra Mundial foi a guerra dos químicos, devido ao emprego, pela primeira vez, do gás mostarda e do cloro, e que a Segunda Guerra Mundial foi a guerra dos físicos devido à bomba atômica. De modo semelhante se fala que uma Terceira Guerra Mundial seria a guerra dos matemáticos, porque os matemáticos terão o controle sobre a próxima grande arma de guerra, a informação. Os matemáticos têm sido responsáveis pelo desenvolvimento dos códigos usados atualmente para a proteção das informações militares. E não nos surpreende que os matemáticos também estejam na linha de frente da batalha para tentar decifrar esses códigos.

Enquanto descrevia a evolução dos códigos e seu impacto na história, eu me permiti uma pequena digressão. O Capítulo 5 descreve a decodificação de várias escritas antigas, incluindo a Linear B e os hieróglifos egípcios. Tecnicamente a criptografia se ocupa de comunicações projetadas, deliberadamente, para esconder segredos de um inimigo, enquanto a escrita das civilizações antigas não se destinava a ser indecifrável, nós meramente perdemos a habilidade de interpretá-las. Todavia, as habilidades necessárias para descobrir o significado de textos arqueológicos são muito próximas da arte da quebra dos códigos. Desde então, lendo *The Deci herment of Linear B* (decifração da Linear

B), de John Chadwick, eu fiquei impressionado com a espantosa conquista intelectual dos homens e mulheres que foram capazes de decifrar a escrita de nossos ancestrais, permitindo que possamos ler sobre suas civilizações, religiões e vidas diárias.

Em atenção aos puristas, eu devo me desculpar pelo título deste livro e meu uso um tanto descuidado da linguagem em sua introdução. *O livro dos códigos* aborda mais do que apenas códigos. A palavra *código* se refere a um tipo especial de comunicação secreta, cujo uso vem declinando ao longo dos séculos. Um código envolve a substituição de uma palavra ou frase por uma palavra, um número ou um símbolo. Por exemplo, os agentes secretos usam nomes em código no lugar de seus nomes verdadeiros, de modo a esconder suas identidades. De modo semelhante a frase "Ataque ao amanhecer" pode ser substituída pela palavra código "Júpiter" e esta palavra será transmitida ao comandante, no campo de batalha, com o fim de confundir o inimigo. Se o quartel-general e o comandante combinaram previamente o código, então o significado de Júpiter será claro para o destinatário, mas não significará nada para o inimigo que intercepte a mensagem. Uma alternativa ao código é a cifra, uma técnica que age num nível mais fundamental, onde as letras, no lugar das palavras, são substituídas. Por exemplo, cada letra em uma frase pode ser substituída pela próxima letra no alfabeto, de modo que *A* seja trocado por *B*, e *B* por *C* e assim por diante. Assim, "Ataque ao amanhecer" se torna "Bubrvf bp bnboifdfs". As cifras desempenham um papel fundamental na criptografia, por isso este livro deveria se chamar "O livro dos códigos e das cifras". Eu preferi privilegiar a concisão no lugar da precisão e espero que me desculpem pela escolha do título.

Quando necessário, defini os vários termos usados em criptografia. E embora tenha seguido essas definições de um modo geral, haverá ocasiões onde usarei um termo que talvez não seja tecnicamente preciso, mas que acho mais familiar ao não especialista. Por exemplo, quando descrevo uma pessoa tentando quebrar uma cifra, eu uso freqüentemente a palavra *decodificador,* quando do o certo seria *decifrador.* Mas só fiz isso onde o significado da palavra era óbvio a partir do contexto. Um glossário pode ser encontrado no final do livro, mas, com freqüência, o criptojargão é bem transparente.

Finalmente, antes de concluir esta introdução, eu gostaria de chamar sua atenção para um problema enfrentado por qualquer autor que aborde o assunto da criptografia. Trata-se do fato de que esta é uma ciência em grande

O LIVRO DOS CÓDIGOS

parte secreta. Muitos dos heróis deste livro nunca receberam, em vida, o reconhecimento por seu trabalho, porque suas contribuições não podiam ser reconhecidas publicamente enquanto ainda tinham valor diplomático ou militar. Enquanto pesquisava para este livro, tive a oportunidade de conversar com especialistas do Quartel-General de Comunicações do Governo britânico (GCHQ — Government Communications Headquarters). Eles revelaram detalhes de uma pesquisa extraordinária, feita na década de 1970, e que só muito recentemente deixou de ser secreta. E como resultado desta divulgação, três dos maiores criptógrafos do mundo podiam agora receber o crédito merecido. Contudo, esta revelação meramente serviu para me lembrar de que há muito mais coisas acontecendo fora do meu conhecimento ou de qualquer outro escritor científico. Organizações como o GCHQ e a Agência Nacional de Segurança (NSA — National Security Agency) norte-americana continuam a fazer pesquisas secretas em criptografia, o que significa que seus avanços permanecem ocultos e os indivíduos responsáveis por eles continuam anônimos.

Apesar dos problemas de segredo governamental e pesquisa secreta, eu passo o último capítulo deste livro especulando sobre o futuro dos códigos e das cifras. Em última análise, este capítulo é uma tentativa para prever quem vencerá a luta entre criadores e quebradores de códigos. Será que algum dia os criadores de códigos conseguirão elaborar um código realmente indecifrável e triunfar na busca pelo segredo absoluto? Ou será que os decifradores poderão construir uma máquina capaz de decifrar qualquer mensagem? Lembrando que algumas das maiores mentes neste campo trabalham em laboratórios secretos, recebendo a maior parte dos fundos de pesquisa, está claro que algumas das declarações em meu capítulo final podem estar erradas. Por exemplo, eu digo que computadores quânticos, máquinas com o potencial de decifrar todos os códigos atuais, encontram-se num estágio muito primitivo de desenvolvimento, mas é possível que a NSA já tenha construído um. Felizmente, as únicas pessoas que podem apontar meus erros são aquelas que não possuem liberdade para revelá-los.

1

O Código de Maria, rainha da Escócia

Na manhã de sábado, dia 15 de outubro de 1586, a rainha Maria entrou na apinhada sala da corte do castelo Fotheringhay. Os anos na prisão e o ataque do reumatismo tinham cobrado seu tributo, e no entanto ela permanecia imponente, serena e indiscutivelmente nobre. Ajudada por seu médico, a rainha passou pelos juízes, funcionários do governo e espectadores, avançando em direção ao trono, posicionado a meio caminho ao longo da câmara comprida e estreita. Maria presumira que o trono era um gesto de respeito em relação a ela, mas estava errada. O trono simbolizava a ausente rainha Elizabeth, inimiga de Maria e promotora daquele processo. Maria foi delicadamente afastada do trono e levada para o lado oposto da sala, para a cadeira de veludo vermelho destinada ao réu.

Maria, rainha da Escócia, estava sendo julgada por traição. Fora acusada de tramar o assassinato da rainha Elizabeth, de modo a assumir a Coroa inglesa. Sir Francis Walsingham, o primeiro-secretário de Elizabeth, já prendera outros conspiradores, extraíra suas confissões e os executara. Agora ele planejava provar que Maria estava no centro da trama, sendo igualmente culpada e merecendo igualmente a sentença de morte.

Walsingham percebera que, para executar Maria, ele teria que convencer a rainha Elizabeth de sua culpa. Embora a rainha desprezasse Maria, tinha vários motivos para ficar relutante em condená-la à morte. Em primeiro lugar, Maria era uma rainha escocesa, e muitos questionavam se uma corte inglesa possuía competência para executar um chefe de Estado estrangeiro. Em segundo lugar, a execução de Maria poderia criar um precedente perigoso — se um Esta-

Fig. 1 Maria I Stuart, rainha da Escócia

O LIVRO DOS CÓDIGOS

do podia matar uma rainha, então rebeldes poderiam ter poucas reservas quanto a matar outra rainha, ou seja, Elizabeth. E, em terceiro lugar, Elizabeth e Maria eram primas e os laços de sangue deixavam Elizabeth mais reticente em ordenar sua execução. Em resumo, a rainha só poderia autorizar a execução de Maria se Walsingham pudesse provar, sem qualquer dúvida, que ela tomara parte na trama do assassinato.

Os conspiradores eram um grupo de nobres católicos ingleses que desejavam retirar do poder Elizabeth, protestante, e substituí-la por Maria, católica. A corte sabia que Maria era um símbolo para os conspiradores, mas ainda não estava claro se ela dera seu apoio à conspiração. De fato, Maria realmente autorizara a trama. O desafio para Walsingham era demonstrar uma ligação palpável entre Maria e os conspiradores.

Na manhã de seu julgamento, Maria estava sozinha no banco dos réus, usando um vestido preto de luto. Em casos de traição, o acusado não tinha direito a advogado e nem podia convocar testemunhas. Maria não contara nem mesmo com a ajuda de secretários para ajudá-la a preparar uma defesa. Contudo, percebia que sua situação não era sem esperanças, porque fora cuidadosa em garantir que toda a sua correspondência com os conspiradores fosse escrita em linguagem cifrada. As cifras tinham transformado suas palavras em uma série de símbolos sem sentido. Maria acreditava que, mesmo se Walsingham tivesse se apoderado das cartas, não poderia entender as palavras que continham. E se o conteúdo era um mistério, então as cartas não poderiam ser usadas como prova contra ela. Tudo dependia da suposição de que a cifra não fora quebrada.

Infelizmente para Maria, Walsingham não era apenas o primeiro-secretário, mas também o chefe da espionagem inglesa. Ele tinha interceptado as cartas de Maria para os conspiradores e sabia exatamente quem poderia decifrá-las: Thomas Phelippes, o maior especialista do país em quebra de códigos. Durante anos ele estivera decifrando as mensagens daqueles que tramavam contra a rainha Elizabeth, fornecendo com isso as provas necessárias para condená-los. Se pudesse decifrar as cartas incriminadoras entre Maria e os conspiradores, sua morte seria inevitável. Por outro lado, se a cifra de Maria fosse suficientemente forte para esconder seus segredos, havia uma chance de que ela pudesse sobreviver. Não era a primeira vez que uma vida dependia do poder de um código.

A Evolução da Escrita Secreta

Alguns dos primeiros relatos sobre escritas secretas datam de Heródoto, "o pai da história", de acordo com o filósofo e estadista romano Cícero. Heródoto, que escreveu *As histórias*, narrou os conflitos entre a Grécia e a Pérsia, ocorridos no quinto século antes de Cristo. Ele os viu como um confronto entre a liberdade e a escravidão, entre os estados gregos independentes e os opressores persas. De acordo com Heródoto, foi a arte da escrita secreta que salvou a Grécia de ser conquistada por Xerxes, Rei dos Reis, o déspota líder dos persas.

A antiga inimizade entre a Grécia e a Pérsia evoluiu para uma crise logo depois que Xerxes começou a construir a cidade de Persépolis, a nova capital de seu reino. Presentes e tributos chegaram de todas as regiões do império e dos estados vizinhos, com a notável exceção de Atenas e Esparta. Determinado a vingar esta insolência, Xerxes começou a mobilizar um exército e declarou: "Nós devemos estender o império da Pérsia de modo que suas fronteiras sejam o próprio céu de Deus, que o sol não se posicione sobre nenhuma terra além das fronteiras do que é nosso." Ele passou os cinco anos seguintes montando secretamente a maior força de combate da história. Então, no ano 480 a.C., ele estava pronto para lançar um ataque-surpresa.

Contudo, os preparativos persas tinham sido testemunhados por Demarato, um grego que fora expulso de sua terra natal e vivia na cidade persa de Susa. Apesar de ser um exilado, ele ainda sentia alguma lealdade para com a Grécia e decidiu enviar uma mensagem para advertir os espartanos dos planos de invasão de Xerxes. O desafio era como enviar a mensagem sem que ela fosse interceptada pelas guardas. Heródoto escreveu:

> O perigo de ser descoberto era grande; havia apenas um modo pelo qual a mensagem poderia passar: isso foi feito raspando a cera de um par de tabuletas de madeira, e escrevendo embaixo o que Xerxes pretendia fazer, depois a mensagem foi coberta novamente com cera. Deste modo, as tabuletas pareceriam estar em branco e não causariam problemas com os guardas ao longo da estrada. Quando a mensagem chegou ao seu destino, ninguém foi capaz de perceber o segredo, até que, pelo que entendi, a filha de Cleômenes, Gorgo, que era casada com Leônidas, adivinhou e contou aos outros que se eles raspassem a cera encontrariam alguma coisa escrita na madeira. Isto foi feito, revelando a mensagem, então transmitida para os outros gregos.

O LIVRO DOS CÓDIGOS

E como resultado deste aviso, os gregos, até então indefesos, começaram a se armar. Por exemplo, o lucro das minas de prata do estado, que geralmente era compartilhado pelos cidadãos, começou a ser entregue à marinha para a construção de duzentos navios de guerra.

Xerxes perdera o elemento vital da surpresa, e, em 23 de setembro de 480 a.C, quando a frota persa se aproximou da baía de Salamina, perto de Atenas, os gregos estavam preparados. Embora os persas acreditassem ter encurralado a marinha grega, os gregos estavam deliberadamente atraindo seus navios para dentro da baía. Eles sabiam que os navios gregos, menores e em número mais reduzido, seriam destruídos no mar aberto. Todavia, dentro do espaço restrito da baía, poderiam manobrar melhor. E quando o vento mudou de direção, os persas foram arrastados para a baía e forçados a lutar do modo que os gregos queriam. A princesa persa Artemísia se viu cercada pelos três lados e tentou voltar para o mar, mas colidiu com um de seus navios. O pânico se instalou, mais navios persas colidiram e os gregos lançaram um ataque total. Em um dia as forças formidáveis da Pérsia tinham sido humilhadas.

A estratégia de Demarato para conseguir a comunicação secreta consistira simplesmente em ocultar a mensagem. Heródoto também narra outro incidente no qual a ocultação foi suficiente para garantir a transmissão segura da mensagem. É a história de Histaeu, que queria encorajar Aristágora de Mileto a se revoltar contra o rei persa. Para transmitir suas instruções em segurança, Histaeu raspou a cabeça do mensageiro, escreveu a mensagem no couro cabeludo e esperou que o cabelo voltasse a crescer. Evidentemente, aquele foi um período da história que tolerava uma certa falta de pressa. O mensageiro, que aparentemente não levava nada que fosse perigoso, pôde viajar sem ser incomodado. Quando chegou ao seu destino, raspou a cabeça e a virou para o destinatário da mensagem.

A comunicação secreta, quando é obtida através da ocultação da mensagem, é conhecida como *esteganografia*, nome derivado das palavras gregas *steganos*, que significa coberto, e *graphein*, que significa escrever. Nos dois mil anos que se passaram desde Heródoto, várias formas de esteganografia foram usadas no mundo. Por exemplo, os antigos chineses escreviam mensagens em seda fina, que era então amassada até formar uma pequena bola e coberta com cera. O mensageiro engolia a bolinha de cera. No século XVI o cientista italiano Giovanni Porta descreveu como esconder uma mensagem dentro de um ovo cozido fazendo uma tinta com uma onça de alume e um quartilho de vinagre e então escrevendo na casca do ovo. A solução penetra na casca porosa e deixa a mensagem sobre a clara endurecida do ovo. Para ler basta retirar a casca do ovo. A esteganografia também inclui a prática da escrita com tinta invisível. No primeiro século depois de Cristo, Plínio, o velho, já explicava como o "leite" da planta titímalo podia ser usado como tinta invisível. Embora fique transparente depois de seca, um aquecimento suave queima a tinta, tornando-a marrom. Muitos fluidos orgânicos se comportam de modo semelhante por serem ricos em carbono, queimando-se com facilidade. De fato, espiões do século XX, depois de esgotar seu estoque de tinta invisível, tiveram que improvisar usando a própria urina.

A longevidade da esteganografia demontra que ela certamente oferece uma certa segurança, embora sofra de uma fraqueza fundamental. Se o mensageiro for revistado e a mensagem descoberta, então o conteúdo da comunicação secreta é imediatamente revelado. A interceptação da mensagem compromete toda a sua segurança. Uma vigilância rígida pode revistar qualquer pessoa que cruze a fronteira, raspando a cera de qualquer tabuleta, aquecendo folhas de papel em branco, descascando ovos cozidos e raspando a cabeça das pessoas. E assim, inevitavelmente, haverá ocasiões em que a mensagem será descoberta.

Portanto, em paralelo com o desenvolvimento da esteganografia, houve a evolução da *criptografia*, derivada da palavra grega *kriptos,* que significa "oculto". O objetivo da criptografia não é ocultar a existência de uma mensagem, e sim esconder o seu significado — um processo conhecido como *encriptação.* Para tornar a mensagem incompreensível, o texto é misturado de acordo com um protocolo específico, que já foi estabelecido previamente por ambos transmissor e receptor. Assim, o receptor da mensagem pode reverter o protocolo misturador e tornar a mensagem compreensível. A vantagem da criptografia é que, se o inimigo interceptar a mensagem codificada, ela será ilegível e seu conteúdo não poderá ser percebido. Sem conhecer o protocolo de codificação, o inimigo achará difícil, se não impossível, recriar a mensagem original a partir do texto cifrado.

Embora a criptografia e a esteganografia sejam ciências independentes, é possível misturar e ao mesmo tempo ocultar uma mensagem para conseguir segurança máxima.

Por exemplo, o microponto é uma forma de esteganografia que se tornou popular durante a Segunda Guerra Mundial. Agentes alemães, operando na

O LIVRO DOS CÓDIGOS

América Latina, reduziam fotograficamente uma página de texto até transformá-la num ponto com menos de um milímetro de diâmetro. O microponto era então oculto sobre o ponto final de uma carta aparentemente inofensiva. O primeiro microponto foi descoberto pelo FBI em 1941, depois de receber uma advertência para que os americanos ficassem atentos ao mais leve brilho na superfície de uma carta, o que seria indicativo de um filme. Depois desta descoberta, os americanos puderam ler o conteúdo da maioria dos micropontos interceptados, exceto quando os agentes alemães tomavam a precaução extra de codificar a mensagem antes de reduzi-la a um microponto. Em tais casos de criptografia combinada com esteganografia, os americanos eram, às vezes, capazes de interceptar e bloquear as comunicações, mas não conseguiam obter nenhuma informação nova sobre a atividade dos espiões alemães. Dos dois ramos de comunicação secreta a criptografia é o mais poderoso, devido a sua capacidade de impedir que a informação caia em mãos inimigas.

Por sua vez, a criptografia pode ser dividida em dois ramos, conhecidos como *transposição* e *substituição*. Na transposição, as letras da mensagem são simplesmente rearranjadas, gerando, efetivamente, um anagrama. Para mensagens muito curtas, tais como uma única palavra, este método é relativamente inseguro porque existe um número limitado de maneiras para se rearranjarem poucas letras. Por exemplo, uma palavra de três letras só pode ser rearranjada de seis maneiras diferentes. Exemplo: **ema, eam, aem, mea, mae, ame.** Entretanto, à medida que o número de letras aumenta, o número de arranjos possíveis rapidamente explode, tornando impossível obter-se a mensagem original, a menos que o processo exato de mistura das letras seja conhecido. **Como exemplo vamos considerar esta frase.** Ela contém apenas 35 letras, e no entanto existem mais de 50.000.000.000.000.000.000.000.000.000.000 de arranjos distintos. Se uma pessoa pudesse verificar uma disposição por segundo, e se todas as pessoas no mundo trabalhassem dia e noite, ainda assim levaria mais de mil vezes o tempo de existência do universo para checar todos os arranjos possíveis.

Uma transposição ao acaso das letras oferece um nível muito alto de segurança, porque não será possível que o interceptador inimigo consiga recompor até mesmo uma frase curta. Mas há uma desvantagem. A transposição efetivamente gera um anagrama incrivelmente difícil e, se as letras forem misturadas ao acaso, sem rima ou fundamento, a decodificação do anagrama se tornará impossível, tanto para o destinatário quanto para o interceptador inimigo. Para que a transposição seja eficaz, o rearranjo das letras deve seguir um sistema direto, previamente acertado pelo remetente e o destinatário, mas que permaneça secreto para o inimigo. Por exemplo, os estudantes às vezes enviam mensagens usando o sistema de transposição da "cerca de ferrovia". Ele envolve escrever uma mensagem de modo que as letras alternadas fiquem separadas nas linhas de cima e de baixo. A seqüência de letras na linha superior é então seguida pela inferior, criando a mensagem cifrada final. Por exemplo:

TEU SEGREDO É TEU PRISIONEIRO; SE DEIXÁ-LO PARTIR, SERÁS PRISIONEIRO DELE
↓
T U E R D E E P I I N I O E E X L P R I S R S R S O E R D L
 E S G E O T U R S O E R S D I A O A T R E A P I I N I O E E
↓
TUERDEEPIINIOEEXLPRISRSRSOERDLESGEOTURSOERSDIAOATREAPIINIOEE

O receptor pode recuperar a mensagem simplesmente revertendo o processo. Existem várias formas de transposição sistemática, incluindo a cifra da cerca de três linhas, que envolve escrever a mensagem em três linhas separadas, no lugar de duas, e então encadeá-las. Alternativamente, pode-se trocar cada par de letras de modo que a primeira e a segunda letras troquem de lugar, a terceira e a quarta também, e assim por diante. Outra forma de transposição envolve o primeiro aparelho criptográfico militar, o *citale* espartano,

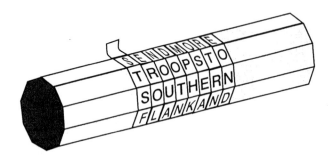

Fig. 2 Quando é desenrolada do citale (bastão de madeira) do emissor, a tira de couro revela uma relação aleatória de letras: S, T, S, F, ... A mensagem só reaparecerá se a tira for enrolada em outro citale de mesmo diâmetro.

O LIVRO DOS CÓDIGOS

que data do século cinco antes de Cristo. O citale consiste num bastão de madeira em volta do qual é enrolada uma tira de couro ou pergaminho, como mostrado na Figura 2. O remetente escreve a mensagem ao longo do comprimento do citale e depois desenrola a tira, que agora parece conter uma série de letras sem sentido. A mensagem foi misturada. O mensageiro então leva a tira de couro, e num toque esteganográfico ele às vezes pode escondê-la usando-a como cinto, com as letras ocultas na face de dentro. Para decodificar a mensagem, o destinatário simplesmente enrola a tira de couro em torno de um citale de mesmo diâmetro do que foi usado pelo remetente. No ano 404 a.C., Lisandro de Esparta recebeu um mensageiro ensangüentado e ferido, único sobrevivente de um grupo de cinco que partira da Pérsia numa árdua jornada. O mensageiro lhe entregou seu cinturão, que Lisandro enrolou em torno de seu citale para descobrir que o persa Farnabazo estava planejando atacá-lo. Graças ao citale, Lisandro estava preparado para o ataque, e o repeliu.

A alternativa para a transposição é a substituição. Uma das primeiras descrições de código por substituição aparece no *Kama-sutra*, um texto escrito no século IV pelo estudioso brâmane Vatsyayana, baseado em manuscritos que datam do século IV a.C. O *Kama-sutra* recomenda que as mulheres devem estudar 64 artes, incluindo culinária, vestuário, massagem e preparação de perfumes. A lista também inclui algumas artes menos óbvias, incluindo magia, xadrez, encadernação de livros e carpintaria. O número 45 da lista é a *mlecchita-vikalpa*, a arte da escrita secreta, justificada de modo a ajudar as mulheres a esconderem os detalhes de seus relacionamentos. Uma das técnicas recomendadas envolve o emparelhamento ao acaso das letras do alfabeto, substituindo-se cada letra na mensagem original por seu par. Se aplicarmos o princípio ao alfabeto atual, poderemos emparelhar as letras, como se segue:

A	D	H	I	K	M	O	R	S	U	W	Y	Z
↕	↕	↕	↕	↕	↕	↕	↕	↕	↕	↕	↕	↕
V	X	B	G	J	C	Q	L	N	E	F	P	T

Assim, no lugar de escrever **encontre-me à meia-noite**, a remetente escreveria **USMQSZLU-CU V CUGD-SQGZU**. Esta forma de escrita secreta é chamada de cifra de substituição, porque cada letra no texto é substituída por uma letra diferente, complementando assim a cifra de transposição. A transposição faz com que cada letra mantenha sua identidade, mas muda sua posição, enquanto a substituição faz com que as letras mudem de identidade, retendo a posição.

O primeiro documento que usou uma cifra de substituição para propósitos militares aparece nas *Guerras da Gália* de Júlio César. César descreve como enviou uma mensagem para Cícero, que estava cercado e prestes a se render. Ele substituiu as letras do alfabeto romano por letras gregas, tornando a mensagem incompreensível para o inimigo. César descreve a dramática entrega da mensagem:

> O mensageiro recebeu instruções para que, se não pudesse se aproximar, jogasse uma lança com a mensagem amarrada por uma tira de couro, dentro das fortificações do campo... Com medo, o gaulês arremessou a lança como fora instruído. Por acaso a arma encravou-se em uma torre e passou dois dias sem ser vista pelos nossos soldados, até que, no terceiro dia, um soldado a viu, retirando-a e entregando a mensagem para Cícero. Ele a leu e depois a recitou em voz alta para a tropa em formação, trazendo grande alegria para todos.

César usava a escrita secreta com tanta freqüência, que Valerius Probus escreveu todo um tratado sobre cifras, o qual, infelizmente, não sobreviveu até nossa época. No entanto, graças a *As vidas dos Césares*, escrito no século II por Suetônio, nós temos uma descrição detalhada de um dos tipos de cifra de substituição usada por Júlio César. Ele simplesmente substituía cada letra na mensagem por outra que estivesse três casas à frente no alfabeto. Os criptógrafos geralmente pensam em termos do *alfabeto original*, usado para escrever a mensagem, e o *alfabeto cifrado*, formado pelas letras usadas na substituição. Quando o alfabeto original é colocado acima do alfabeto cifrado, como mostrado na Figura 3, fica claro que as letras no código foram deslocadas três casas e por isso esta forma de substituição é freqüentemente chamada de *cifra de deslocamento de César*, ou simplesmente a *cifra de César*. A cifra é o nome dado a qualquer forma de substituição criptográfica, no qual cada letra é substituída por outra letra ou símbolo.

O LIVRO DOS CÓDIGOS

| Alfabeto original | a b c d e f g h i j k l m n o p q r s t u v w x y z |
| Alfabeto cifrado | D E F G H I J K L M N O P Q R S T U VW X Y Z A B C |

| Texto original | v e n i,   v i d i,   v i c i |
| Texto cifrado | Y H Q L,   Y L G L,   Y L F L |

Fig. 3 A cifra de César aplicada a uma mensagem curta. Esta cifra é baseada num alfabeto cifrado, deslocado um determinado número de casas (neste caso, três) em relação ao alfabeto original. Por convenção, na criptologia escreve-se o alfabeto correto em minúsculas e o alfabeto criptografado em maiúsculas. Da mesma forma, a mensagem original, o texto correto, é grafada em minúsculas e a mensagem cifrada, em maiúsculas.

Embora Suetônio só mencione que César deslocava as letras em três casas, fica claro que, empregando-se qualquer deslocamento entre uma e 25 casas, é possível criar 25 códigos distintos. De fato, se não nos limitarmos a apenas mover as letras do alfabeto, permitindo que o alfabeto cifrado seja qualquer rearranjo do alfabeto original, então poderemos gerar um número ainda maior de cifras distintas. Existem mais de 400.000.000.000.000.000.000.000.000 de rearranjos desse tipo, que podem criar um número equivalente de cifras distintas.

Cada cifra pode ser considerada em termos de um método geral de codificação conhecido como *algoritmo* e uma *chave*, que especifica os detalhes exatos de uma codificação em particular. Neste caso, o algoritmo consiste em substituir cada letra do alfabeto original por uma letra do alfabeto cifrado, e o alfabeto cifrado pode consistir em qualquer rearranjo do alfabeto original. A chave define o alfabeto cifrado exato que será usado em uma codificação em particular. O relacionamento entre algoritmo e chave é ilustrado na Figura 4.

De um modo geral, se um inimigo intercepta uma mensagem em código, ele pode suspeitar qual seja o algoritmo, mas espera-se que ele não conheça a chave exata. Por exemplo, ele pode suspeitar de que cada letra no texto original foi substituída por uma letra diferente, de um alfabeto cifrado, mas é improvável que o inimigo saiba qual alfabeto cifrado foi usado. Se o alfabeto cifrado, a chave, for um segredo bem guardado entre o remetente e o destinatário, então o inimigo não poderá decifrar a mensagem interceptada. A importância da chave, em oposição ao algoritmo, é um princípio constante da criptografia, como foi definido de modo definitivo em 1883 pelo lingüista holandês Auguste Kerckhoff von Nieuwenhof, em seu livro *La Cryptographie Militaire*. Este é o Princípio de Kerckhoff: "A segurança de um criptossistema não deve depender da manutenção de um criptoalgoritmo em segredo. A segurança depende apenas de se manter em segredo a chave."

Fig. 4 Para cifrar uma mensagem, o emissor aplica ao texto um algoritmo cifrado. O algoritmo é um sistema geral de cifragem, e precisa ser especificado com exatidão por meio de uma chave. A aplicação da chave e do algoritmo a uma mensagem resultará em uma mensagem cifrada, ou texto cifrado. O texto cifrado pode ser interceptado pelo inimigo enquanto é transmitido ao receptor, mas o inimigo não conseguirá decifrar a mensagem. O receptor, contudo, que conhece a chave e o algoritmo utilizados pelo emissor, pode converter o texto cifrado na mensagem original.

Além de manter a chave em segredo, um sistema de código seguro deve possuir um amplo número de chaves em potencial. Por exemplo, se o remetente usar a cifra de substituição de César para codificar a mensagem, então a codificação será fraca, porque existem apenas 25 chaves em potencial. Do ponto de vista do inimigo, se ele intercepta uma mensagem e suspeita de que o algoritmo usado é o de César, só é preciso checar 25 possibilidades. Contudo, se o remetente da mensagem usar um algoritmo de substituição mais geral, que permite que o alfabeto cifrado consista em qualquer rearranjo do alfabeto original, então existem 400.000.000.000.000.000.000.000.000 de chaves possíveis para se escolher. Para o inimigo, se a mensagem for interceptada e o algoritmo conhecido, ainda resta o terrível desafio de verificarem-se todas as chaves possíveis. Se um agente inimigo conseguisse verificar cada uma das 400.000.000.000.000.000.000.000.000 de chaves possíveis, a cada segundo, ele levaria aproximadamente um bilhão de vezes o tempo de existência do universo para verificar todas elas e decifrar a mensagem.

| Alfabeto original | a b c d e f g h i j k l m n o p q r s t u v w x y z |
| Alfabeto cifrado | J L P A W I Q B C T R Z Y D S K E G F X H U O N V M |

| Texto original | e t   t u,   b r u t e ? |
| Texto cifrado | W X   X H,   L G H X W ? |

Fig. 5 Um exemplo de algoritmo de substituição geral, no qual cada letra do texto original é substituída por outra de acordo com uma chave. A chave é definida pelo alfabeto cifrado, que pode ser um rearranjo qualquer do alfabeto original.

A beleza desse tipo de cifra é que é de fácil implementação, mas fornece um alto nível de segurança. O remetente define facilmente a chave, que consiste meramente em fornecer a ordem das 26 letras, rearranjadas no alfabeto cifrado. E no entanto é impossível para o inimigo verificar todas as chaves possíveis no "ataque pela força bruta". A simplicidade da chave é importante, porque o remetente e o destinatário precisam partilhar do seu conhecimento e quanto mais simples for a chave, menor será a possibilidade de confusão.

De fato, é possível conseguir uma chave ainda mais simples se o remetente estiver preparado para aceitar uma pequena redução no número potencial de chaves. No lugar de rearranjar ao acaso o alfabeto para conseguir a cifra, o emissário deverá escolher uma *palavra-chave* ou uma *frase-chave*. Por exemplo, para usar **JULIUS CAESAR** como frase-chave, comece removendo qualquer espaço ou letras repetidas (**JULISCAER**), e então use o resultado como o início do alfabeto cifrado. O resto do alfabeto é meramente uma mudança que começa onde a frase cifrada termina, omitindo-se as letras que já existem na frase-chave. O alfabeto cifrado fica então deste modo:

Alfabeto original	a b c d e f g h i j k l m n o p q r s t u v w x y z
Alfabeto cifrado	J U L I S C A E R T V W X Y Z B D F G H K M N O P Q

A vantagem em se criar um alfabeto cifrado deste modo é que fica fácil memorizar a palavra-chave ou a frase-chave, sendo portanto fácil memorizar o alfabeto cifrado. Isso é importante porque se o remetente precisar manter o alfabeto cifrado escrito em um pedaço de papel, então o inimigo poderá capturar o papel, descobrir a chave e ler qualquer comunicado que tiver sido codificado com ela. Mas se pudermos guardar a chave na memória, então é menos provável que ela caia em mãos inimigas. Evidentemente, o número de alfabetos cifrados gerados por frases-chave é menor do que o número daqueles produzidos sem essa restrição, mas este número ainda é imenso e seria efetivamente impossível para o inimigo decodificar qualquer mensagem interceptada testando-se todas as frases-chave possíveis.

Foi sua simplicidade e força que fizeram com que a cifra de substituição dominasse a arte da escrita secreta durante o primeiro milênio. Os criadores de códigos tinham desenvolvido um sistema para garantir a segurança das comunicações e portanto não havia necessidade de novos desenvolvimentos — e sem a necessidade, não surgem novas invenções. O ônus caíra sobre os quebradores de códigos, aqueles que tentavam descobrir a cifra de substituição. Será que haveria alguma maneira de um interceptador inimigo descobrir a mensagem cifrada? Muitos estudiosos antigos achavam que a cifra de substituição era indecifrável, graças ao número gigantesco de chaves envolvido, e durante séculos isso pareceu ser verdadeiro. Contudo, os decifradores de códigos iriam, mais tarde, encontrar um atalho no processo de procurar exaustivamente entre todas as chaves possíveis. E no lugar de levar bilhões de anos para se quebrar uma cifra, o atalho revelava o conteúdo da mensagem em questão de minutos. Esta descoberta foi feita no Oriente, e exigiu uma brilhante combinação de lingüística, estatística e devoção religiosa.

Os Criptoanalistas Árabes

Com a idade de 40 anos, Maomé começou a visitar regularmente uma caverna isolada no monte Hira, nos arredores de Meca. Tratava-se de um refú-

O LIVRO DOS CÓDIGOS

gio, um lugar de prece, meditação e contemplação. Durante um período de profunda reflexão, por volta do ano 610 ele foi visitado pelo arcanjo Gabriel, o qual proclamou que Maomé seria o mensageiro de Deus. Esta foi a primeira de uma série de revelações que continuou até a morte de Maomé, cerca de vinte anos depois. As revelações foram registradas por vários escribas durante a vida do profeta, mas somente como fragmentos. Coube a Abu Bakr, o primeiro califa do Islã, reuni-las num único texto. O trabalho continuou com Omar, o segundo califa e sua filha Hafsa, e foi posteriormente concluído por Uthman, o terceiro califa. Cada revelação tornou-se um dos 114 capítulos do Corão.

O califa governante era responsável pela preservação do trabalho do profeta, guardando seus ensinamentos e divulgando sua palavra. Da nomeação de Abu Bakr, em 632, até a morte do quarto califa, Ali, em 661, o Islã se espalhou até que a metade do mundo conhecido encontrava-se sob o domínio muçulmano. Então, em 750, depois de um século de consolidação, o início do califado abássida (ou dinastia) deu início à "era de ouro" da civilização islâmica. As artes e as ciências floresceram igualmente. Artesãos islâmicos nos legaram magníficas pinturas, adornos esculpidos e os tecidos mais elaborados da história. O legado dos cientistas islâmicos é evidente a partir do número de palavras árabes que aparecem no vocabulário da ciência moderna, tais como *álgebra, alcalina* e *zênite*.

A riqueza da cultura islâmica foi, em grande parte, o resultado de uma sociedade rica e pacífica. Os califas abássidas estavam menos interessados em conquistas e se concentraram em estabelecer uma sociedade organizada e rica. Baixos impostos encorajaram o crescimento dos negócios, estimulando o comércio e a indústria, enquanto leis rígidas reduziam a corrupção e protegiam os cidadãos. Tudo isso dependia de um sistema eficiente de administração, e, por sua vez, os administradores dependiam de comunicações seguras por meio do uso de códigos. Além de codificar os segredos de Estado, encontra-se documentado que os funcionários do governo também protegiam o registro dos impostos, demonstrando um uso amplo e rotineiro da criptografia. Outras evidências nos chegam por intermédio dos muitos manuais administrativos, tais como o *Adab al-Kuttab* do século X (O manual dos secretários), que inclui uma seção específica sobre criptografia.

Os administradores em geral empregavam um alfabeto cifrado, que era um simples rearranjo do alfabeto original, como descrito anteriormente. Mas eles também usavam alfabetos que continham outros tipos de símbolos. Por exemplo, a letra **a** no alfabeto original poderia ser substituída por # no alfabeto cifrado, **b** podia ser substituído por + e assim por diante. *Cifra de substituição monoalfabética* é o nome dado a qualquer cifra de substituição na qual o alfabeto cifrado pode consistir em símbolos, assim como letras ou símbolos. Todas as cifras de substituição que encontramos até agora se encaixam na categoria geral de cifras de substituição monoalfabéticas.

Se fossem meramente familiarizados com o uso da cifra de substituição monoalfabética, os árabes não receberiam nenhuma menção significativa na história da criptografia. Contudo, além de empregar cifras, os estudiosos árabes foram capazes de quebrá-las. Eles inventaram a *criptoanálise*, a ciência que permite decifrar uma mensagem sem conhecer a chave. Enquanto o criptógrafo desenvolve novos métodos de escrita secreta, é o criptoanalista que luta para encontrar fraquezas nesses métodos, de modo a quebrar a mensagem secreta. Os criptoanalistas árabes tiveram sucesso na descoberta de um método para quebrar a cifra de substituição monoalfabética, uma cifra que tinha permanecido invulnerável durante vários séculos.

A criptoanálise só pôde ser inventada depois que a civilização atingiu um nível suficientemente sofisticado de estudo, em várias disciplinas, incluindo matemática, estatística e lingüística. A civilização muçulmana forneceu o berço ideal para a criptoanálise porque o Islã exige justiça em todas as esferas da atividade humana, e para consegui-la é necessário o conhecimento ou *ilm*. Todo muçulmano é obrigado a buscar o conhecimento em todas as suas formas, e o sucesso econômico do califado abássida fez com que os estudiosos dispusessem de tempo, dinheiro e materiais para cumprir com sua obrigação. Esforçaram-se em obter os conhecimentos das civilizações anteriores, obtendo textos egípcios, babilônios, hindus, chineses, farsi, siríacos, armênios, hebreus e romanos e traduzindo-os para o árabe. No ano 815, o califa al-Ma'mun estabeleceu em Bagdá a Bait al-Hikmah (Casa do Conhecimento), uma biblioteca e centro de tradução.

Ao mesmo tempo em que adquiria conhecimentos, a civilização islâmica foi capaz de propagá-los porque tinha obtido a arte da fabricação de papel dos chineses. A produção de papel deu origem à profissão de *warraqeen*, ou seja, "aquele que manuseia o papel", máquinas fotocopiadoras humanas que reproduziam os manuscritos, abastecendo uma nascente indústria editorial. Em seu auge, dezenas de milhares de livros foram publicados a cada ano e apenas em um subúrbio de Bagdá existiam mais de cem livrarias. Além de clássicos como

O LIVRO DOS CÓDIGOS

As mil e uma noites, essas lojas também vendiam livros sobre todos os assuntos imagináveis, ajudando a manter a sociedade mais culta e instruída do mundo.

Além de uma compreensão maior de assuntos leigos, a invenção da criptoanálise também dependia do crescimento dos estudos religiosos. Grandes escolas de teologia foram fundadas em Basra, Kufa e Bagdá, onde os teólogos examinavam cuidadosamente as revelações de Maomé contidas no Corão. Os teólogos estavam interessados em estabelecer a cronologia das revelações, e o faziam contando a freqüência das palavras contidas em cada revelação. A teoria era a de que certas palavras tinham evoluído muito recentemente e, se uma revelação continha um alto número de ocorrência dessas palavras raras, isto indicaria que ela pertenceria a uma parte posterior da cronologia. Os teólogos também estudavam o *Hadith*, que consistia nos pronunciamentos diários do profeta. Eles tentavam demonstrar que cada declaração era de fato atribuída a Maomé. Isso foi feito estudando-se a etimologia das palavras e a estrutura das frases, de modo a testar se determinados textos eram compatíveis com os padrões lingüísticos do profeta.

Sugestivamente, os estudiosos da religião não levaram seu escrutínio apenas ao nível de palavras. Eles também analisaram as letras individualmente e, em especial, descobriram que algumas letras são mais comuns do que outras. As letras **a** e **l** são mais comuns no idioma árabe, parcialmente devido ao artigo definido **al-**, enquanto a letra **j** aparece com uma freqüência dez vezes menor. Esta observação, aparentemente inócua, levaria ao primeiro grande avanço da criptoanálise.

Embora não se saiba quem percebeu em primeiro lugar que as freqüências das letras podiam ser exploradas de modo a quebrar códigos, a mais antiga descrição conhecida desta técnica nos vem de um cientista do século IX, Abu Yusef Ya'qub ibn Is-haq ibn as-Sabbah ibn omran ibn Ismail al-Kindi. Conhecido como "o filósofo dos árabes", al-Kindi foi o autor de 290 livros sobre medicina, astronomia, matemática, lingüística e música. Seu maior tratado só foi redescoberto em 1987, no Arquivo Otomano Sulaimaniyyah em Istambul, e se intitula "Um manuscrito sobre a decifração de mensagens criptográficas". Embora ele contenha discussões detalhadas sobre estatística, fonética e sintaxe arábicas, seu sistema revolucionário de criptoanálise se resume em dois parágrafos curtos:

> Um meio de se decifrar uma mensagem codificada, quando conhecemos seu idioma, é encontrar um texto diferente, na mesma língua, suficientemente longo

para preencher uma página. Então contamos a freqüência com que cada letra aparece. A letra que aparecer com maior freqüência chamamos de "primeira", enquanto a segunda mais freqüente recebe o nome de "segunda", a terceira em ordem de freqüência vira "terceira" e assim por diante, até contarmos todas as letras diferentes no texto.

Em seguida examinamos o criptograma que desejamos decifrar e também classificamos os seus símbolos. Descobrimos qual o símbolo que aparece com maior freqüência e o transformamos na "primeira" letra do texto que usamos como amostra. O segundo símbolo mais comum é transformado na "segunda" letra, enquanto o terceiro símbolo mais freqüente vira a "terceira" letra e assim por diante, até convertermos todos os símbolos do criptograma que desejamos decifrar.

A solução de al-Kindi é mais fácil de explicar em termos do alfabeto usado na Inglaterra. Em primeiro lugar, precisamos estudar um texto normal em inglês, talvez mesmo vários textos, de modo a estabelecer a freqüência de cada letra do alfabeto. Em inglês a letra mais comum é o e, seguido do t, e então do a, como é mostrado na Tabela 1. Em seguida examinamos o texto cifrado em questão, e calculamos a freqüência de cada letra. Se a letra mais comum no texto cifrado for, por exemplo, o J, então é muito provável que ela esteja substituindo o e. E se a segunda letra mais comum no texto codificado for o P, é provável que ele seja um substitutivo para o t e assim por diante. A técnica de al-Kindi, conhecida como *análise de freqüência,* mostra ser desnecessário verificar cada uma das bilhões de chaves em potencial. No lugar disso é possível revelar o conteúdo de uma mensagem misturada simplesmente analisando-se a freqüência dos caracteres no criptograma.

Entretanto, não é possível aplicar a receita de al-Kindi incondicionalmente, porque a lista padrão de freqüências na Tabela 1 representa apenas uma média e não vai corresponder exatamente às freqüências de qualquer texto. Por exemplo, uma breve mensagem discutindo os efeitos da atmosfera sobre os quadrúpedes listrados da África não seria decifrada pela análise de freqüências direta. "De Zanzibar a Zâmbia e ao Zaire, zonas de ozônio fazem as zebras correr em ziguezague." De um modo geral, textos curtos têm maior probabilidade de se desviarem significativamente das freqüências padrão, e se houver menos de cem letras, a decodificação será muito difícil. Por outro lado, textos mais longos têm maior probabilidade de seguir as freqüências padrão, embora isso não aconteça sempre. Em 1969 o romancista francês Georges Perec escre-

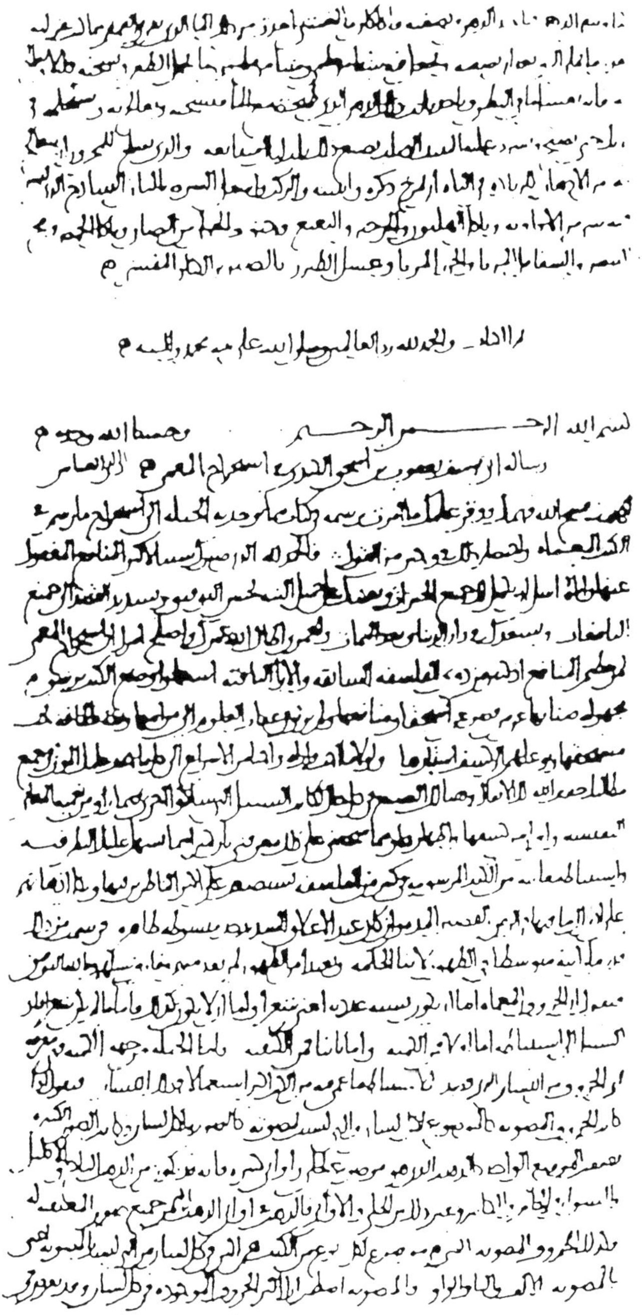

O LIVRO DOS CÓDIGOS

Fig. 6 A primeira página do manuscrito *On Deciphering Cryptographic Messages*, de al-Kindi, contendo a mais antiga descrição de criptoanálise por análise de freqüência.

veu *La Disparition*, um romance de 200 páginas que não usa palavras que contenham a letra **e**. Duplamente extraordinário é o fato de que o crítico e romancista inglês Gilbert Adair conseguiu traduzir *La Disparition* para o inglês, mantendo a ausência da letra **e**. Intitulada *A Void*, a tradução de Adair é surpreendentemente bem escrita (veja o Apêndice A). Se todo o livro fosse codificado através de uma cifra de substituição monoalfabética, uma tentativa ingênua de decifrá-lo poderia ser bloqueada pela ausência completa da letra mais freqüente do alfabeto inglês.

Tabela 1 Esta tabela de freqüências é baseada em passagens extraídas de jornais e romances e a amostragem total consistia em 100.362 caracteres do alfabeto. A tabela foi compilada por H. Beker e F. Piper e publicada originalmente em *Cipher Systems: The Protection of Comunmication*.

Letra	Porcentagem	Letra	Porcentagem
a	8,2	n	6,7
b	1,5	o	7,5
c	2,8	p	1,9
d	4,3	q	0,1
e	12,7	r	6,0
f	2,2	s	6,3
g	2,0	t	9,1
h	6,1	u	2,8
i	7,0	v	1,0
j	0,2	w	2,4
k	0,8	x	0,2
l	4,0	y	2,0
m	2,4	z	0,1

Tendo descrito a primeira ferramenta da criptoanálise, eu devo continuar dando um exemplo de como a análise de freqüências é usada para quebrar um texto cifrado. Evitei encher o livro de exemplos de criptoanálise, mas com a análise de freqüências farei uma exceção, parcialmente para mostrar que a análise de freqüências não é tão difícil quanto parece e também porque se trata da principal ferramenta da criptoanálise. Além disso, o exemplo que se segue nos dá uma visão do método de trabalho do criptoanalista. Embora a análise de freqüências exija um pensamento lógico, vocês também perceberão que ela exige astúcia, intuição, flexibilidade e conjecturas.

O LIVRO DOS CÓDIGOS

Criptoanalisando um texto cifrado

PCQ VMJYPD LBYK LYSO KBXBJXWXV BXV ZCJPO EYPD
KBXBJYUXJ LBJOO KCPK. CP LBO LBCMKXPV XPV IYJKL PYDBL,
QBOP KBO BXV OPVOV LBO LXRO CI SX'XJMI, KBO JCKO XPV
EYKKOV LBO DJCMPV ZOICJO BYS, KXUYPD: 'DJOXL EYPD, ICJ X
LBCMKXPV XPV CPO PYDBLK Y BXNO ZOOP JOACMPLYPD LC UCM
LBO IXZROK CI FXKL XDOK XPV LBO RODOPVK CI XPAYOPL EYPDK.
SXU Y SXEO KC ZCRV XK LC AJXNO X IXNCMJ CI UCMJ SXGOKLU?'

OFYRCDMO, LXROK IJCS LBO LBCMKXPV XPV CPO PYDBLK

Imagine que inteceptamos esta mensagem cifrada. O desafio é decifrá-la. Nós sabemos que o texto original está em inglês, e que foi misturado de acordo com uma cifra de substituição monoalfabética, mas não temos idéia de qual seja a chave. Pesquisar todas as chaves possíveis não é prático, por isso devemos aplicar a análise de freqüências. O que se segue é um guia, passo a passo, para criptoanalisar o texto cifrado, mas se você se sentir confiante pode ignorá-lo e tentar sua própria criptoanálise independente.

A reação imediata de qualquer criptoanalista ao ver um texto cifrado desse tipo é analisar a freqüência com que ocorrem todas as letras, o que resulta na Tabela 2. Não é surpreendente que a freqüência das letras varie. A pergunta é: será que podemos identificar o que representa qualquer uma delas, baseado em suas freqüências? O texto cifrado é relativamente curto; assim, não podemos aplicar a análise de freqüências de um modo simples e direto. Seria ingenuidade presumir que a letra mais comum nesse texto cifrado, o O, representasse a letra mais comum no idioma inglês, o e, ou que a oitava letra mais freqüente no texto cifrado, Y, representasse o h, que é a oitava letra mais freqüente no inglês. Uma aplicação incondicional da análise de freqüências levaria a uma mistura de letras sem sentido. Por exemplo, a primeira palavra PCQ seria decifrada como aov.

Contudo, podemos começar voltando nossa atenção apenas para as três letras que aparecem mais de trinta vezes no texto cifrado, ou seja: O, X e P. É razoavelmente seguro supor que as letras mais comuns no texto cifrado provavelmente representem as letras mais comuns do alfabeto inglês, mas não estejam necessariamente na ordem correta. Em outras palavras, não temos certeza de que O = e, X = t, e que P = a, mas podemos tentar a suposição de que:

O = e, t ou a,   X = e, t ou a,   P = e, t ou a.

Tabela 2 Análise de freqüência da mensagem cifrada

Letra	Freqüência		Letra	Freqüência	
	Ocorrência	Porcentagem		Ocorrência	Porcentagem
A	3	0,9	N	3	0,9
B	25	7,4	O	38	11,2
C	27	8,0	P	31	9,2
D	14	4,1	Q	2	0,6
E	5	1,5	R	6	1,8
F	2	0,6	S	7	2,1
G	1	0,3	T	0	0,0
H	0	0,0	U	6	1,8
I	11	3,3	V	18	5,3
J	18	5,3	W	1	0,3
K	26	7,7	X	34	10,1
L	25	7,4	Y	19	5,6
M	11	3,3	Z	5	1,5

De modo a prosseguir com confiança e determinar a identidade das letras mais comuns, O, X e P, precisamos empregar uma forma mais sutil de análise de freqüências. No lugar de simplesmente contar a freqüência com que aparecem as três letras, devemos voltar nossa atenção para com que freqüência elas aparecem ao lado das outras letras. Por exemplo, será que a letra O aparece antes ou depois de várias letras ou teria ela a tendência a ficar ao lado de algumas letras em especial? A resposta a esta pergunta nos dará uma boa indicação de se O representa uma vogal ou uma consoante. Se O for uma vogal, ela aparecerá antes e depois da maioria das letras, mas se for uma consoante ela tenderá a evitar a maioria das letras. Por exemplo, a letra e pode aparecer antes e depois de todas as outras letras, mas a letra t é raramente vista antes ou depois de b, d, g, j, k, m, q, ou v.

A tabela a seguir pega as três letras mais freqüentes no texto cifrado O, X e P e faz uma lista da freqüência com que cada uma aparece antes ou depois de cada letra. Por exemplo, o O aparece antes do A somente em uma ocasião, mas nunca aparece depois, dando o total de 1 no primeiro espaço. A letra O é vizinha da maioria das letras, e existem somente sete que ela evita completamente, o que é representado pelos sete zeros na fileira do **O**. A letra **X** é igualmente sociável, porque ela também fica ao lado da maioria das letras e evita apenas oito delas. Contudo a letra **P** é muito menos amistosa. Ela tende a ficar ao lado de apenas umas poucas letras e evita 15 delas. A evidência sugere que **O** e **X** representam vogais, enquanto **P** é uma consoante.

	A	B	C	D	E	F	G	H	I	J	K	L	M	N	O	P	Q	R	S	T	U	V	W	X	Y	Z
O	1	9	0	3	1	1	1	0	1	4	6	0	1	2	2	8	0	4	1	0	0	3	0	1	1	2
X	0	7	0	1	1	1	1	0	2	4	6	3	0	3	1	9	0	2	4	0	3	3	2	0	0	1
P	1	0	5	6	0	0	0	0	0	1	1	2	2	0	8	0	0	0	0	0	0	11	0	9	9	0

Agora devemos nos perguntar que vogais são representadas por **O** e **X**. Provavelmente se trata de **e** e **a**, as duas vogais mais populares do idioma inglês, mas será que **O** = **e** e **X** = **a**, ou é **O** = **a** e **X** = **e**? Um detalhe interessante no texto cifrado é que a combinação **OO** aparece duas vezes, enquanto **XX** não aparece nenhuma vez. E como as letras **ee** aparecem juntas com muito maior freqüência do que **aa** num texto em inglês, é provável que **O** = **e** e **X** = **a**.

Neste ponto conseguimos identificar com confiança duas das letras do texto cifrado. Nossa conclusão de que **X** = **a** é apoiada pelo fato de que o **X** aparece sozinho no texto cifrado, e o **a** é uma das duas únicas palavras do inglês formadas por uma única letra. Só uma outra letra aparece sozinha no texto cifrado e esta é o **Y**. Isto torna altamente provável que ela represente a outra palavra inglesa de uma letra só que é o **i**. Focalizar a atenção em palavras de uma só letra é um truque padrão da criptoanálise, e eu o incluí na lista de dicas criptoanalíticas do Apêndice B. Esse truque em particular funciona apenas porque este texto cifrado ainda mantém os espaços entre as palavras. Freqüentemente, um criptógrafo remove todos os espaços para tornar mais difícil aos interceptadores inimigos a decodificação da mensagem.

Embora tenhamos espaços entre as palavras, o truque seguinte também deve funcionar nos casos em que o texto cifrado foi unido numa linha contínua de caracteres. Esse truque nos permite identificar a letra **h** depois que tenhamos identificado a letra **e**. No idioma inglês a letra **h** aparece com freqüência antes da letra **e** (como em **the, then, they**, etc.), mas raramente ele ocorre depois do

SIMON SINGH

e. A tabela a seguir mostra com que freqüência o **O**, que pensamos representar o **e**, aparece antes e depois de todas as letras do texto cifrado. A tabela sugere que o **B** representa o **h**, porque ele aparece antes do **O** em nove ocasiões, mas nunca depois dele. Nenhuma outra letra na tabela tem esse relacionamento assimétrico com o **O**.

	A	B	C	D	E	F	G	H	I	J	K	L	M	N	O	P	Q	R	S	T	U	V	W	X	Y	Z
depois do O	1	0	0	1	0	1	0	0	1	0	4	0	0	0	2	5	0	0	0	0	2	0	1	0	0	
antes do O	0	9	0	2	1	0	1	0	0	4	2	0	1	2	2	3	0	4	1	0	0	1	0	0	1	2

Cada letra do idioma inglês tem sua própria personalidade, que lhe é única e que inclui sua freqüência e relacionamento com as outras letras. É esta personalidade que nos permite estabelecer a verdadeira identidade de uma letra, mesmo quando ela foi disfarçada pela substituição monoalfabética.

Até aqui já foram identificadas com confiança quatro letras, **O = e, X = a, Y = i**, e **B = h**, assim podemos começar a substituir algumas das letras do texto cifrado por suas equivalentes no texto original. Eu devo manter a convenção de deixar as letras do texto cifrado em maiúsculas enquanto as letras do texto decodificado ficam em minúsculas. Isso vai nos ajudar a distinguir as letras que ainda precisamos identificar daquelas que já são conhecidas.

PCQ VMJiPD LhiK LiSe KhahJaWaV haV ZCJPe EiPD KhahJiUaJ LhJee KCPK. CP Lhe LhCMKaPV aPV IiJKL PiDhL, QheP Khe haV ePVeV Lhe LaRe CI Sa'aJMI, Khe JCKe aPV EiKKev Lhe DJCMPV ZeICJe hiS, KaUiPD: 'DJeaL EiPD, ICJ a LhCMKaPV aPV CPe PiDhLK i haNe ZeeP JeACMPLiPD LC UCM Lhe IaZReK CI FaKL aDeK aPV Lhe ReDePVK CI aPAiePL EiPDK. SaU i SaEe KC ZCRV aK LC AJaNe a IaNCMJ CI UCMJ SaGeKLU?'

eFiRCDMe, LaReK IJCS Lhe LhCMKaPV aPV CPe PiDhLK

Este passo simples nos ajuda a identificar várias outras letras, porque podemos adivinhar algumas das palavras do texto cifrado. Por exemplo, as palavras de três letras mais comuns no ingles são **the** e **and**, e elas são relativamente fáceis

O LIVRO DOS CÓDIGOS

de localizar — **Lhe**, que aparece seis vezes e **aPV**, que aparece cinco vezes. Portanto, **L** provavelmente representa **t**, enquanto **P** provavelmente representa **n** e **V** representa **d**. Podemos agora substituir essas letras no texto cifrado por seus verdadeiros valores:

```
nCQ   dMJinD   thiK   tiSe   KhahJaWad   had   ZCJne   EinD
KhahJiUaJ thJee KCnK. Cn the thCMKand and liJKt niDht,
Qhen Khe had ended the taRe CI Sa'aJMl, Khe JCKe and
EiKKed the DJCMnd ZeICJe hiS, KaUinD: 'DJeat EinD, ICJ a
thCMKand and Cne niDhtK i haNe Zeen JeACMntinD tC UCM
the laZReK CI FaKt aDeK and the ReDendK CI anAient EinDK.
SaU i SaEe KC ZCRd aK tC AJaNe a laNCMJ CI UCMJ SaGeKtU?'

      eFiRCDMe, taReK IJCS the thCMKand and Cne niDhtK
```

Depois que algumas letras já foram determinadas, a criptoanálise avança muito rapidamente. Por exemplo, a palavra no começo da segunda frase é **Cn**. Toda palavra tem uma vogal, de modo que **C** deve ser uma vogal. Existem apenas duas vogais que ainda não indentificamos, **u** e **o**; o **u** não se encaixa, portanto o **C** deve representar o **o**. Também temos a palavra **Khe**, o que implica que o **K** deve representar ou **o** ou o **s**. Mas nós já sabemos que **L = t**, assim se torna claro que o **K = s**. Tendo identificado essas duas letras, nós as inserimos no texto cifrado e aparece então a frase **thoMsand and one niDhts**. Um palpite razoável é de que se trata do título **thousand and one nights** (Mil e uma noites), e parece provável que a última linha esteja nos dizendo que se trata de uma passagem de *Tales from the Thousand and One Nights*. Isto implica que **M = u, I = f, j = r, D = g, R = I, e S = m**.

Podíamos continuar tentando identificar as outras letras por palpite, mas no lugar disso vamos dar uma olhada no que sabemos sobre o alfabeto original e o alfabeto cifrado. Esses dois alfabetos formam a chave e foram usados pelo criptógrafo de modo a fazer a substituição da mensagem misturada. Ao identificar a verdadeira identidade das letras no texto cifrado, nós efetivamente estivemos descobrindo os detalhes do alfabeto cifrado. Um resumo de nossas conquistas, até agora, é dado pelos alfabetos, normal e cifrado, a seguir.

Alfabeto original	a b c d e f g h i j k l m n o p q r s t u v w x y z
Alfabeto cifrado	X - - V O I D B Y - - R S P C - - J K L M - - - - -

Examinando o alfabeto cifrado parcial, podemos completar a criptoanálise. A seqüência **VOIDBY** do alfabeto cifrado sugere que o criptógrafo escolheu uma frase-chave como base para o seu código. Um trabalho de suposição é suficiente para sugerir que a frase-chave pode ser **A VOID BY GEORGES PEREC**, que é reduzida a **AVOIDBYGERSPC** depois da remoção dos espaços e das repetições. Depois as letras continuam em ordem alfabética, omitindo-se qualquer uma que tenha aparecido na frase-chave. Neste caso em particular o criptógrafo teve o cuidado incomum de não começar a frase-chave no início do alfabeto cifrado, e sim três letras depois do começo. Isto é possível porque a frase-chave começa com a letra **A** e o criptógrafo queria evitar codificar **a** como **A**. Finalmente, tendo determinado o alfabeto cifrado completo, podemos decodificar todo o texto cifrado e a criptoanálise está completa.

Alfabeto original	a b c d e f g h i j k l m n o p q r s t u v w x y z
Alfabeto cifrado	X Z A V O I D B Y G E R S P C F H J K L M N Q T U W

Now during this time Shahrazad had borne King Shahriyar three sons. On the thousand and first night, when she had ended the tale of Ma'aruf, she rose and kissed the ground before him, saying: 'Great King, for a thousand and one nights I have been recounting to you the fables of past ages and the legends of ancient kings. May I make so bold as to crave a favour of your majesty?'

Epilogue, *Tales from the Thousand and One Nights*

Renascença no Ocidente

Entre os anos de 800 e 1200, os estudiosos árabes desfrutaram um vigoroso período de conquistas intelectuais. Ao mesmo tempo a Europa estava firmemente presa na Idade Média. Enquanto al-Kindi descrevia a invenção da criptoanálise, os europeus ainda lutavam com os elementos básicos da criptografia. As únicas instituições européias encorajadas ao estudo da escrita secreta eram os mosteiros, onde os monges estudavam a Bíblia em busca de significados ocultos, um fascínio que se manteve até os tempos modernos (ver Apêndice C).

Os monges medievais ficavam intrigados com o fato de que o Velho Testamento continha exemplos óbvios e deliberados de criptografia. Por exemplo, no Velho Testamento há trechos codificados com o *atbash,* uma forma tradicional de cifra de substituição hebraica. O atbash envolve tomar-se cada letra, anotar o número de espaços que ela dista do início do alfabeto e então substituí-la por uma letra que esteja a uma distância igual do fim do alfabeto. Em inglês isto significaria que o **a**, no início do alfabeto, seria substituído pelo **Z**, do final, o **b** seria substituído pelo **Y** e assim por diante. O termo atbash já sugere a substituição que ele descreve porque consiste na primeira letra do alfabeto hebreu, *aleph,* seguida da última letra *taw,* depois temos a segunda letra, *beth,* seguida da penúltima letra *shin.* Um exemplo de atbash aparece em Jeremias 25:26 e 51:41, onde "Babel" é trocada pela palavra "Sheshach". A primeira letra de Babel é *beth,* a segunda letra do alfabeto hebraico, sendo portanto substituída pela penúltima letra *shin*; a segunda letra de Babel também é *beth,* igualmente substituída por *shin.* A última letra de Babel é *lamed,* vigésima letra do alfabeto hebraico e assim substituída por *kaph,* vigésima letra contando-se do final do alfabeto.

O atbash e outras cifras bíblicas semelhantes provavelmente destinavam-se a acrescentar mistério ao texto no lugar de ocultar significados, mas foram suficientes para despertar o interesse em criptografia séria. Os monges europeus começaram a redescobrir as velhas cifras de substituição e inventaram novas, ajudando, no devido tempo, a reintroduzir a criptografia na civilização ocidental. O primeiro livro europeu a descrever o uso da criptografia foi escrito no século XIII pelo monge franciscano inglês e polímata Roger Bacon. *Epistle on the Secret Works of Art and the Nullity of Magic* inclui sete métodos para manter mensagens em segredo e acautela: "É louco o homem que escreve um segredo de qualquer modo que não aquele que o ocultará da plebe."

Por volta do século XIV o uso da criptografia tinha se tornado cada vez mais difundido, com alquimistas e cientistas usando-a para manter suas descobertas em segredo. Embora seja mais conhecido por suas realizações no campo da literatura, Geoffrey Chaucer também foi um astrônomo e um criptógrafo, responsável por um dos exemplos mais famosos entre os antigos textos codificados da Europa. Em seu *Treatise on the Astrolabe,* ele colocou algumas notas adicionais intituladas "The Equatorie of the Planetis", que incluem vários parágrafos cifrados. Chaucer substituiu letras por símbolos, por exemplo, **b** pelo δ. Um texto cifrado consistindo em estranhos símbolos no lugar de letras pode parecer mais complicado à primeira vista, mas equivale essencialmente ao processo tradicional de substituir letra por letra. O processo de codificação e o nível de segurança são exatamente os mesmos.

Por volta do século XV a criptografia européia era um setor em crescimento. O renascimento das artes, ciências e da educação durante a Renascença produziam o conhecimento necessário para a criptografia, enquanto um crescimento nas maquinações políticas oferecia uma ampla motivação para a comunicação secreta. A Itália, em especial, fornecia o ambiente ideal para a criptografia. Além de estar no coração da Renascença, ela consistia em cidades-estado independentes, cada uma tentando levar vantagem sobre a outra. A diplomacia florescia, e todo Estado enviava embaixadores para as demais cortes. Cada embaixador recebia mensagens de seu respectivo chefe de estado, contendo os detalhes da política externa que ele deveria implementar. E em resposta o embaixador remetia a informação que houvesse obtido. Claramente havia um grande incentivo para a comunicação cifrada em ambos os sentidos, de modo que cada Estado estabelecia seu escritório de códigos e todo embaixador tinha um secretário versado no assunto.

Ao mesmo tempo em que a criptografia estava se tornando uma ferramenta rotineira da diplomacia, a ciência de criptoanálise começava a aparecer no Ocidente. Os diplomatas tinham acabado de se familiarizar com as habilidades necessárias para se manterem comunicações, seguras e já existiam indivíduos tentando destruir esta segurança. É bem possível que a criptoanálise tenha sido descoberta independentemente na Europa, mas pode também ter vindo do mundo árabe. As descobertas islâmicas na ciência e na matemática tiveram uma forte influência no renascimento da ciência européia, e a criptoanálise pode ter figurado entre os conhecimentos importados.

O primeiro grande criptoanalista europeu foi Giovanni Soro, nomeado se-

O LIVRO DOS CÓDIGOS

cretário de cifras de Veneza em 1506. A reputação de Soro se espalhou pela Itália, e os estados aliados enviavam para Veneza as mensagens interceptadas para serem criptoanalisadas. Até mesmo o Vaticano, provavelmente o segundo maior centro de criptoanálise da Europa na época, enviava para Soro mensagens aparentemente indecifráveis que tinham caído em suas mãos. Em 1526 o papa Clemente VII mandou para ele duas mensagens cifradas e ambas foram devolvidas depois de serem criptoanalisadas com sucesso. E quando uma das mensagens cifradas do papa foi interceptada pelos florentinos, o pontífice enviou uma cópia para Soro, esperando que ele lhe garantisse ser ela indecifrável. Soro afirmou que não podia quebrar a cifra do papa, implicando que os florentinos seriam incapazes de descobrir seu significado. Contudo, isso poderia ser uma trama para dar aos criptógrafos do Vaticano um falso senso de segurança. Soro pode ter hesitado em revelar as fraquezas da cifra papal para não encorajar o Vaticano a procurar um código mais seguro, um que Soro não fosse capaz de quebrar.

Em outras partes da Europa, outras cortes também começavam a empregar criptoanalistas habilidosos como Philibert Babou, o criptoanalista do rei Francisco I da França. Babou tinha a reputação de ser incrivelmente persistente, trabalhando dia e noite e insistindo durante semanas até conseguir decodificar uma mensagem interceptada. Infelizmente para Babou, isso deu ao rei plena oportunidade de ter um longo caso com sua mulher. No final do século XVI a França consolidou sua capacidade na solução de códigos com a chegada de François Viète, que tinha um prazer especial em quebrar os códigos espanhóis. Os criptógrafos da Espanha, que pareciam ingênuos comparados com seus rivais do resto da Europa, mal puderam acreditar quando perceberam que suas mensagens eram perfeitamente legíveis para os franceses. O rei Filipe II da Espanha chegou ao ponto de enviar uma petição ao Vaticano, afirmando que a única explicação para a criptoanálise de Viète era a de que ele seria "um arquiinimigo compactuado com o demônio". Filipe pedia que Viète fosse julgado por uma Corte de Cardeais por suas ações demoníacas. Mas o papa, ciente de que seus próprios criptoanalistas já liam havia anos as cifras espanholas, rejeitou a petição do rei. As notícias sobre o pedido do rei logo chegaram aos ouvidos de especialistas de vários países, e os criptógrafos espanhóis se tornaram motivo de riso em toda a Europa.

O vexame dos espanhóis é sintomático do estado em que se encontrava a batalha entre criptógrafos e criptoanalistas. Aquele foi um período de transição, com os criptógrafos ainda dependentes de cifras de substituição monoalfabéticas, enquanto os criptoanalistas começavam a usar a análise de freqüência para rompê-las. Os que ainda não conheciam o poder da análise de freqüência continuavam a confiar na substituição monoalfabética, sem entender como criptoanalistas como Soro, Babou ou Viète eram capazes de ler suas mensagens.

Enquanto isso, os países que já tinham percebido a fraqueza da cifra de substituição monoalfabética direta estavam ansiosos por desenvolver uma cifra melhor, algo que pudesse impedir que as mensagens de seus governos fossem decodificadas por criptoanalistas inimigos. Uma das melhorias mais simples para a segurança da cifra de substituição monoalfabética foram os *nulos*, símbolos e letras que não eram equivalentes às letras verdadeiras, mas meramente zeros, que não representam nada. Por exemplo, podemos substituir cada letra por um número entre 1 e 99, o que deixa como sobra 73 números que não representam nada. Estes podem ser espalhados ao acaso por meio do texto cifrado, em variadas freqüências. Os nulos não representariam nenhum problema para o receptor da mensagem, que saberia que eles deveriam ser ignorados. Contudo, frustrariam um interceptador de mensagens inimigo ao confundi-lo em uma abordagem por análise de freqüência. Outro desenvolvimento igualmente simples foi que os criptógrafos às vezes escreviam deliberadamente as palavras com a grafia errada antes de codificar a mensagem. **Izto ten u efeitu di diziquilibrar seu kalkulo de frecuencia**, fazendo com que o criptoanalista tenha dificuldade em aplicar a análise de freqüência. Entretanto, o destinatário, que conhece a chave, pode decodificar e então lidar com a grafia errada, mas não ininteligível.

Outra tentativa para reforçar a cifra de substituição monoalfabética envolve a introdução de palavras-código. O termo *código* tem um amplo significado na linguagem comum e é freqüentemente usado para descrever qualquer método secreto de comunicação. Entretanto, como foi mencionado na Introdução, ele realmente tem um significado muito específico e se aplica apenas a certos tipos de substituição. Até agora nos concentramos na idéia da cifra de substituição, onde cada letra é substituída por uma letra diferente, um número ou um símbolo. Contudo, também é possível fazer substituições num nível muito mais alto, onde cada palavra seja representada por outra palavra ou símbolo. E é isso que chamamos de código, na linguagem técnica. Por exemplo:

assassinato	= D	general	= Σ	imediatamente	= 08
chantagem	= P	rei	= Ω	hoje	= 73
captura	= J	ministro	= ψ	esta noite	= 28
proteger	= Z	príncipe	= θ	amanhã	= 43

Mensagem original = **assassinem o rei esta noite**
Mensagem codificada = D-Ω-28

Tecnicamente um *código* é definido como uma substituição de palavras ou frases, enquanto a *cifra* é definida como uma substituição de letras. Por esse motivo, o termo *cifrar* significa misturar uma mensagem usando uma cifra, enquanto *codificar* significa ocultar usando um código. De modo semelhante, a palavra *decifrar* se aplica à tradução de uma mensagem cifrada, e *decodificar* a tradução de uma mensagem codificada. Os termos *encriptar* e *decriptar* são mais gerais e cobrem a codificação e decodificação de ambos, códigos e cifras. A Figura 7 apresenta um breve resumo dessas definições. De um modo geral, eu vou segui-las, mas quando o sentido for claro, posso usar o termo quebra de código para descrever um processo que na verdade é a solução de uma cifra — esta última frase pode ser mais precisa, mas a primeira é mais amplamente aceita.

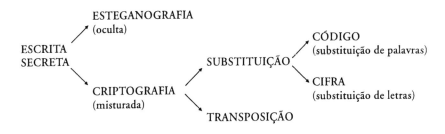

Fig. 7 A ciência da escrita secreta e suas principais ramificações.

À primeira vista, os códigos parecem oferecer mais segurança do que as cifras, porque as palavras são muito menos vulneráveis à análise de freqüência do que as letras. Para decifrar uma cifra monoalfabética você só precisa identificar a verdadeira identidade de cada um dos 26 caracteres, enquanto, para decifrar um código, você precisa identificar o valor verdadeiro de centenas, ou até mesmo milhares de palavras-código. Contudo, se examinarmos os códigos com mais detalhes, veremos que eles sofrem duas grandes desvantagens em relação às cifras. Primeira, depois de concordarem com as 26 letras do alfabeto cifrado (a chave), o remetente e o destinatário podem criptografar qualquer mensagem, mas conseguir o mesmo nível de flexibilidade com um código exigiria o penoso processo de definir uma palavra-código para cada um dos milhares de palavras possíveis do texto. O livro de código consistiria em centenas de páginas e acabaria parecendo um dicionário. Em outras palavras, escrever um livro-código é um trabalho exaustivo, e carregá-lo, um grande inconveniente.

Em segundo lugar, as conseqüências de ter um livro de código capturado pelo inimigo são devastadoras. Imediatamente toda a comunicação codificada se torna clara ao inimigo. Os remetentes e destinatários teriam que passar pelo complexo trabalho de criar um livro de códigos totalmente novo, e este pesado volume precisaria ser distribuído para todos os que pertencem à rede de comunicações, o que poderia significar transportá-lo em segurança para todas as embaixadas em todos os países. Em comparação, se o inimigo consegue capturar uma chave de cifra, é relativamente fácil criar um novo alfabeto cifrado de 26 letras que pode ser memorizado e distribuído facilmente.

Mesmo no século XVI os criptógrafos percebiam a fraqueza inerente dos códigos e preferiam confiar nas cifras, ou às vezes em *nomenclatores*. Um nomenclator é um sistema que usa um alfabeto cifrado, o qual é usado para misturar a maior parte da mensagem e uma lista limitada de palavras-código. Por exemplo, um livro de nomenclator pode consistir numa primeira página contendo o alfabeto cifrado, e então uma segunda página com a lista de palavras em código. Apesar da adição dessas palavras, o nomenclator não é mais seguro do que uma cifra simples, porque a maior parte da mensagem poderá ser decifrada usando-se a análise de freqüência, enquanto as palavras em código restantes poderão ser deduzidas a partir do contexto.

Além de lidar com a introdução do nomenclator, os melhores criptoanalistas também eram capazes de lidar com mensagens mal escritas e contendo nulos. Resumindo, eles podiam quebrar a maioria das cifras. Suas habilidades forne-

O LIVRO DOS CÓDIGOS

ceram um fluxo contínuo de segredos descobertos, que influenciavam as decisões de seus senhores e senhoras, afetando a história da Europa em momentos críticos.

E em nenhuma outra ocasião o impacto da criptoanálise foi ilustrado mais dramaticamente do que no caso de Maria, a rainha da Escócia. O resultado do seu julgamento dependia inteiramente da batalha entre seus criadores de códigos e os criptoanalistas da rainha Elizabeth. Maria foi uma das figuras mais importantes do século XVI — rainha da Escócia, rainha da França, pretendente ao trono inglês — e no entanto seu destino seria decidido por um pedaço de papel, a mensagem que ele trazia e se esta mensagem podia ou não ser decifrada.

O Complô de Babington

No dia 24 de novembro de 1542, as forças inglesas de Henrique VIII arrasaram o exército escocês na batalha de Solway Moss. Parecia que Henrique estava prestes a conquistar a Escócia e tomar a coroa do rei Jaime V. Depois da batalha, o abalado rei escocês sofreu um completo colapso mental acompanhado de uma deterioração física, refugiando-se no palácio em Falkland. Mesmo o nascimento de sua filha, Maria, duas semanas depois, não foi capaz de reanimar o soberano doente. Era como se ele estivesse esperando a notícia da chegada da herdeira para poder morrer em paz, certo de ter cumprido o seu dever. De fato, apenas uma semana depois do nascimento de Maria, o rei Jaime V morreu com apenas 30 anos de idade. A princesa bebê se tornara Maria, rainha da Escócia.

Maria nascera prematura e inicialmente havia um temor considerável de que ela não sobreviveria. Boatos correram na Inglaterra de que o bebê morrera, mas isso era apenas o desejo da corte inglesa, ansiosa por ouvir qualquer notícia que pudesse desestabilizar a Escócia. De fato Maria logo se tornou forte e saudável e, com a idade de nove meses, em 9 de setembro de 1543, foi coroada na capela do castelo Stirling, cercada por três condes que receberam em seu nome a coroa real, o cetro e a espada.

O fato de a rainha Maria ser tão jovem deu aos escoceses uma trégua quanto às incursões inglesas. Teria sido considerado desleal se Henrique VIII tentasse invadir o país cujo rei morrera recentemente e cuja rainha ainda era uma criança. No lugar disso, o rei inglês decidiu agradar Maria, na esperança de conseguir casá-la com seu filho Eduardo. Deste modo as duas nações ficariam unidas sob a soberania dos Tudor. Henrique começou suas manobras libertando os nobres escoceses capturados em Solway Moss, sob a condição de que eles defendessem sua campanha em favor de uma união com a Escócia.

Contudo, depois de considerar a oferta de Henrique, a corte escocesa a rejeitou em favor de um casamento com Francisco, o delfim da França. A Escócia preferia se aliar com outra nação católica, decisão que satisfazia à mãe de Maria, Maria de Guise, cujo casamento com Jaime V tivera o objetivo de cimentar a união entre Escócia e França. Maria e Francisco ainda eram crianças, mas os planos para o futuro especificavam que eles se casariam e Francisco subiria ao trono da França, com Maria como sua rainha, unindo assim a Escócia e a França. Enquanto isso não acontecia, a França defenderia a Escócia contra qualquer ofensiva dos ingleses.

A promessa de proteção parecia tranqüilizadora, principalmente depois que Henrique VIII trocou a diplomacia pela intimidação com o fim de persuadir os escoceses de que seu próprio filho era um pretendente mais adequado para Maria, a rainha da Escócia. Suas forças passaram a cometer atos de vandalismo, destruindo colheitas, queimando vilarejos e atacando cidades e vilas ao longo da fronteira. Essa "corte bruta", como ficou conhecida, continuou mesmo depois da morte de Henrique, em 1547. Sob os auspícios de seu filho, o rei Eduardo VI (o pretendente), os ataques culminaram na batalha de Pinkie Cleugh, na qual o exército escocês foi completamente derrotado. Como conseqüência deste massacre, ficou decidido que, para a segurança de Maria, ela deveria ir para a França. Lá, fora do alcance da ameaça inglesa, poderia se preparar para o casamento com Francisco. Assim, no dia 7 de agosto de 1548, com a idade de seis anos, ela velejou para o porto de Roscoff.

Os primeiros anos de Maria na corte francesa foram a época mais idílica de sua vida. Ela estava cercada de luxo, protegida de qualquer ameaça e começava a amar seu futuro marido, o delfim. Aos dezesseis anos eles se casaram e, no ano seguinte, Francisco e Maria foram coroados rei e rainha da França. Tudo parecia pronto para um retorno triunfante à Escócia quando seu marido, que sempre padecera de uma saúde frágil, ficou gravemente doente. Uma infecção no ouvido, que ele tinha desde criança, piorou. A inflamação se espalhou para o cérebro e começou a formar um abscesso. Em 1560, um ano depois de ser coroado, Francisco estava morto e Maria viúva.

O LIVRO DOS CÓDIGOS

Daí em diante a vida de Maria seria marcada pela tragédia. Quando voltou para a Escócia, em 1561, ela descobriu um país mudado. Durante sua longa ausência, Maria tinha confirmado sua fé católica, enquanto seus súditos escoceses se voltavam cada vez mais para a Igreja Protestante. Maria tolerou a vontade da maioria e a princípio reinou com relativo sucesso, até que, em 1565, ela se casou com seu primo, Henrique Stewart, o conde de Darnley, o que a colocou numa espiral descendente. Darnley era um homem bruto e perverso, cuja ambição descontrolada fez com que Maria perdesse a lealdade dos nobres escoceses. No ano seguinte Maria testemunhou todo o horror da natureza bárbara de seu marido quando ele assassinou o secretário dela, David Riccio, em sua presença. Estava claro para todos que, pelo bem da Escócia, era necessário se livrar de Darnley. Os historiadores ainda debatem se o complô foi instigado pelos nobres ou pela própria Maria, mas na noite de 9 de fevereiro de 1567 a casa de Darnley foi detonada e ele estrangulado quando tentava escapar. A única coisa boa que restou daquele casamento foi seu filho e herdeiro, Jaime.

O casamento seguinte de Maria, com James Hepburn, o quarto conde de Bothwell, não foi melhor. No verão de 1567 os nobres escoceses estavam tão desiludidos com sua rainha católica que mandaram Bothwell para o exílio e aprisionaram Maria, forçando-a a abdicar em favor de seu filho de 14 meses, Jaime VI, enquanto seu meio-irmão, o conde de Moray, atuava como regente. No ano seguinte Maria fugiu da prisão, reuniu um exército de seis mil monarquistas e fez uma tentativa final de recuperar sua coroa. Seus soldados enfrentaram o exército do regente no pequeno vilarejo de Langside, perto de Glasgow, enquanto Maria testemunhava a batalha do alto de um morro próximo. Embora fossem superiores em número, suas tropas não tinham disciplina e a rainha assistiu ao massacre. Quando a derrota se tornou inevitável, ela fugiu. O ideal teria sido que Maria viajasse para o leste, em direção à costa, e de lá para a França. Mas isto significaria cruzar o território de seu meio-irmão. Assim ela se dirigiu para o sul, para a Inglaterra, onde esperava que sua prima, Elizabeth I, lhe desse refúgio.

Foi um terrível erro de cálculo. Elizabeth ofereceu a Maria nada mais do que outra prisão. A razão oficial para o aprisionamento foi o assassinato de Darnley, mas o motivo verdadeiro é que Maria representava uma ameaça a Elizabeth, porque os católicos a consideravam a verdadeira rainha da Inglaterra. Através de sua avó, Margaret Tudor, a irmã mais velha de Henrique VIII,

Maria podia realmente reivindicar o trono, mas a última filha sobrevivente de Henrique, Elizabeth I, tinha prioridade. Para os católicos, todavia, Elizabeth era ilegítima por ser filha de Ana Bolena, segunda esposa de Henrique depois de ele se divorciar de Catarina de Aragão, desafiando o papa. Os católicos ingleses não reconheciam o divórcio de Henrique VIII nem seu casamento com Ana Bolena, e certamente não aceitavam sua filha, Elizabeth, como rainha. Para os católicos, Elizabeth era uma usurpadora bastarda.

Maria ficou aprisionada em diversos castelos e solares. Embora Elizabeth a considerasse uma das figuras mais perigosas da Inglaterra, muitos ingleses admiravam francamente os modos graciosos, a inteligência e a grande beleza de Maria. William Cecil, grão-ministro de Elizabeth, comentou que ela era "um doce e um belo entretenimento para todos os homens", enquanto Nicholas White, emissário de Cecil, fez uma observação semelhante. "Ela tem, além disso, uma graça sedutora, um belo sotaque escocês e uma inteligência inquiridora temperada com suavidade." Mas a cada ano que passava sua aparência se deteriorava, sua saúde ficava pior e ela começou a perder as esperanças.

Seu carcereiro, Sir Amyas Paulet, um puritano, era imune ao seu charme e a tratava com uma rispidez cada vez maior.

Em 1586, após 18 anos de prisão, Maria perdera todos os seus privilégios. Estava confinada ao Chartley Hall em Staffordshire e não tinha mais permissão de ir para a estação de águas em Buxton, o que aliviava suas doenças freqüentes. Em sua última visita a Buxton, ela usou um diamante para escrever no vidro de uma janela: "Buxton, cujas águas quentes fizeram teu nome famoso, provavelmente eu nunca a visitarei mais — Adeus." Tudo indica que ela suspeitava de que ia perder o pouco de liberdade que ainda lhe restava. A tristeza de Maria aumentou com a atitude de seu filho de 19 anos, o rei Jaime VI da Escócia. Maria sempre tivera esperanças de um dia poder escapar e voltar para a Escócia, onde compartilharia o poder com seu filho, a quem não via desde que ele tinha um ano de idade. Mas Jaime não sentia nenhum afeto pela mãe. Tinha sido criado pelos inimigos dela. Eles o ensinaram que Maria assassinara seu pai de modo a poder se casar com um amante. Jaime a desprezava e temia que ela lhe tomasse a coroa, caso retornasse um dia. Seu ódio em relação a Maria ficou demonstrado pelo fato de que Jaime não teve dúvidas em se oferecer para casar com Elizabeth I, a mulher responsável pelo cárcere de sua mãe (e que também era trinta anos mais velha do que ele). Mas Elizabeth recusou o pedido.

Maria escreveu para o filho, tentando mudar sua opinião, mas suas cartas

O LIVRO DOS CÓDIGOS

nunca chegaram à fronteira escocesa. A essa altura a rainha estava mais isolada do que nunca: todas as cartas que ela tentava enviar eram confiscadas e qualquer correspondência que chegasse era recolhida por seu carcereiro. O ânimo de Maria estava no ponto mais baixo e parecia que toda a esperança fora perdida. E foi sob essas circunstâncias severas e desesperadoras que, no dia 6 de janeiro de 1586, ela recebeu um surpreendente pacote de cartas.

As cartas eram dos simpatizantes de Maria no continente e tinham sido contrabandeadas até a prisão por Gilbert Gifford, um católico que deixara a Inglaterra em 1577 e fora treinado como sacerdote no Colégio Inglês de Roma. Ao voltar para a Inglaterra em 1585, ávido de servir a Maria, imediatamente visitou a embaixada francesa em Londres, onde se acumulara uma pilha de correspondência. A embaixada sabia que, se enviasse as cartas pela rota formal, Maria nunca iria vê-las. Contudo Gifford afirmava que seria capaz de enviar a correspondência para Chartley Hall, e com certeza cumpriu a palavra. A entrega foi a primeira de muitas, e Gifford começou uma carreira de mensageiro, não somente passando mensagens para Maria mas também coletando suas respostas. Desenvolvera um meio astuto de contrabandear as cartas até Chartley Hall. Ele levava as mensagens até uma cervejaria local, onde elas eram embrulhadas em um saco de couro, que era então escondido numa tampa oca usada para fechar o barril de cerveja. O cervejeiro entregava o barril em Chartley Hall, onde um dos servos de Maria abria a tampa e levava o conteúdo para a rainha dos escoceses. O processo funcionava de modo inverso, para retirar mensagens do castelo.

Enquanto isso, sem que Maria soubesse, um plano para salvá-la estava sendo elaborado nas tavernas de Londres. No centro da trama estava Anthony Babington, um rapaz de 24 anos bem conhecido na cidade como um boêmio charmoso e esperto. O que seus contemporâneos, que o admiravam, não sabiam é que Babington tinha um ressentimento profundo contra o governo que o perseguira, a sua família e sua religião. As políticas anticatólicas do Estado inglês tinham atingido um novo ápice de horrores. Padres eram acusados de traição e qualquer um que os abrigasse era punido com a tortura, a mutilação e o estripamento em vida. As missas católicas estavam banidas oficialmente e as famílias que permaneciam leais ao papa eram forçadas a pagar impostos escorchantes. O ódio de Babington foi alimentado pela morte de seu bisavô, lorde Darcy, decapitado por seu envolvimento com a Peregrinação da Graça, um levante católico contra Henrique VIII.

A conspiração começou numa noite de março de 1586, quando Babington e seis amigos se reuniram em The Plough, uma taverna perto de Temple Bar. Como observou o historiador Philip Caraman: "Com sua personalidade e seu charme excepcional ele atraiu para junto de si muitos jovens católicos, galantes e aventureiros, que se atreviam a defender a fé católica naqueles dias difíceis. Eles estavam prontos para embarcar em qualquer aventura árdua que pudesse beneficiar a sua causa." E nos meses seguintes emergiu um plano ambicioso para libertar Maria e assassinar a rainha Elizabeth. Isso incitaria uma rebelião que seria apoiada por uma invasão do exterior.

Os conspiradores concordaram em que o Plano Babington, como ficou conhecido, não poderia prosseguir sem o consentimento de Maria, mas não existia nenhum meio aparente de comunicação com ela. Então, no dia 6 de julho de 1586, Gifford apareceu na porta de Babington. Ele entregou-lhe uma carta de Maria onde ela dizia ter ouvido falar dele através de seus simpatizantes em Paris e queria saber mais a seu respeito. Babington escreveu uma carta detalhada na qual delineava seu plano, incluindo uma referência à excomunhão de Elizabeth pelo papa Pio V, em 1570, que ele acreditava tornar legítimo o seu assassinato.

> Eu, com dez cavalheiros e mais uma centena de nossos seguidores, libertaremos sua pessoa real das mãos de seus inimigos. E para a eliminação da usurpadora, ato para o qual ficamos livres com sua excomunhão, contamos com seis nobres cavalheiros que cuidarão da trágica execução pelo zelo que têm para com a causa católica e o serviço de Sua Majestade.

Como tinha feito anteriormente, Gifford usou seu truque de colocar a mensagem na tampa de um barril de cerveja de modo a passá-la pelos guardas de Maria. Isso pode ser considerado uma forma de esteganografia, já que a carta está sendo escondida. Como precaução extra, Babington cifrou a carta, de modo que, mesmo que fosse interceptada pelo carcereiro de Maria, ela seria indecifrável e o complô não seria descoberto. Ele usou uma cifra que não era uma simples substituição monoalfabética e sim um nomenclator, como mostra a Figura 8. Consistia em 23 símbolos que deviam substituir as letras do alfabeto (excluindo j, v e w), junto com 36 símbolos representando palavras e frases. Além disso havia quatro nulos (ff.— —. d.) e o símbolo ᵭ significando que o símbolo seguinte representava uma letra dupla.

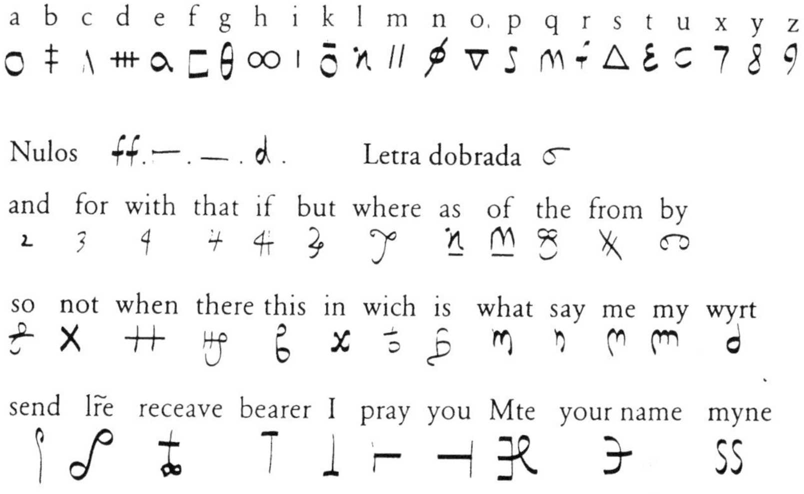

O LIVRO DOS CÓDIGOS

Fig. 8 O nomenclador de Maria, rainha da Escócia, consistindo em um alfabeto cifrado e uma palavra-código.

Gifford era jovem, ainda mais jovem do que Babington, e no entanto fazia a entrega das mensagens com confiança e astúcia. Seus aliados, como Colerdin, Pietro e Cornelys, o ajudavam a viajar pelo país sem despertar suspeitas e seus contatos com a comunidade católica lhe forneciam uma série de refúgios seguros entre Londres e Chartley Hall. Contudo, a cada vez que ia ou vinha de Chartley Hall, Gifford fazia um desvio. Embora atuasse aparentemente como agente de Maria, Gifford era na verdade um agente duplo. Em 1585, antes de voltar para a Inglaterra, ele escrevera uma carta para sir Francis Walsingham, primeiro-secretário da rainha Elizabeth, oferecendo seus serviços. Gifford percebia que sua formação católica seria uma máscara perfeita para que pudesse se infiltrar em complôs contra a rainha Elizabeth. Na carta para Walsingham, ele escreveu: "Tenho ouvido falar de seu trabalho e quero servi-lo. Eu não tenho escrúpulos nem medo do perigo. O que me ordenar eu farei."

E Walsingham era o mais implacável entre os ministros de Elizabeth. Uma figura maquiavélica, um mestre da espionagem, responsável pela segurança da monarca. Walsingham herdara uma pequena rede de espiões que rapidamente se expandiu para o continente, onde muitas das tramas contra Elizabeth estavam sendo concebidas. Após sua morte, descobriu-se que ele recebia relatórios regulares de 12 localidades na França, nove na Alemanha, quatro na Itália, quatro na Espanha e três nos Países Baixos, assim como tinha informantes em Constantinopla, Argel e Trípoli.

Walsingham recrutou Gifford como espião e, na realidade, foi Walsingham quem ordenou ao rapaz que fosse à embaixada francesa e se oferecesse como correio. E a cada vez que Gifford enviava ou recebia uma mensagem de Maria, ele a levava primeiro para Walsingham. O mestre espião então a passava para os seus falsificadores, que quebravam o selo de cada carta, faziam uma cópia e selavam de novo a carta original com uma estampa idêntica, antes de devolvê-la para Gifford. A carta, aparentemente intocada, seria entregue a Maria ou aos seus correspondentes, que não percebiam o que estava acontecendo.

Quando Gifford entregava a Walsingham uma carta de Babington para Maria, o primeiro objetivo era decifrá-la. Walsingham tinha encontrado códigos e cifras enquanto lia um livro escrito pelo matemático e criptógrafo italiano Girolamo Cardano (que, por acaso, tinha proposto uma forma de escrita para os cegos baseada no toque, um precursor de Braille). O livro de Cardano despertou o interesse de Walsingham, mas foi a decifração de um texto pelo criptoanalista holandês Philip van Marnix o que realmente o convenceu do poder que representava ter um quebrador de códigos a sua disposição. Em 1577, Filipe da Espanha estava usando cifras para se corresponder com seu meio-irmão e colega católico dom João da Áustria, que controlava a maior parte da Holanda. A carta de Filipe descrevia um plano para invadir a Inglaterra, mas foi interceptada por Guilherme de Orange, que a entregou a Marnix, seu secretário de cifras. Marnix decifrou o plano e Guilherme passou a informação para Daniel Rogers, um agente inglês que trabalhava no continente. Este, por sua vez, avisou Walsingham da invasão. Os ingleses reforçaram suas defesas, o que foi suficiente para deter qualquer tentativa de desembarque.

Consciente do valor da criptoanálise, Walsingham criou uma escola de cifras em Londres e empregou Thomas Phelippes como seu secretário de cifras. Era um homem de "baixa estatura, magro, com cabelo louro escuro e um rosto barbado marcado pela varíola. Tinha a visão deficiente e aparentava uns trinta anos de idade." Phelippes era um lingüista que falava francês, italiano, espanhol, latim e alemão, e o que era mais importante, tratava-se de um dos melhores criptoanalistas da Europa.

O LIVRO DOS CÓDIGOS

Ao receber qualquer mensagem de Maria, Phelippes a devorava. Sendo um mestre da análise de freqüência, era só uma questão de tempo antes que encontrasse uma solução. Phelippes estabelecia a freqüência de cada letra e atribuía valores experimentais àquelas que apareciam com mais freqüência. Quando uma abordagem em especial levava a resultados absurdos, ele voltava atrás e tentava substituições alternativas. Gradualmente identificava os nulos, as falsas iscas criptográficas e as colocava de lado. No fim, tudo o que restava era um punhado de palavras em código, cujo significado podia ser deduzido a partir do contexto.

Quando decifrou a mensagem de Babington para Maria, a qual propunha claramente o assassinato de Elizabeth, Phelippes imediatamente entregou o texto incriminador ao seu chefe. Neste ponto, Walsingham podia ter investido contra Babington, mas ele queria mais do que a execução de um punhado de rebeldes. Ele deu tempo ao tempo, esperando que Maria respondesse e assim se incriminasse no complô. Há muito Walsingham desejava a morte da rainha da Escócia, mas estava ciente da relutância de Elizabeth em executar sua prima. Contudo, se pudesse provar que Maria estava apoiando uma tentativa para tirar a vida de Elizabeth, certamente sua rainha permitiria a execução da rival católica. E as esperanças de Walsingham logo foram correspondidas.

No dia 17 de julho Maria respondeu a Babington, efetivamente assinando sua própria sentença de morte. Ela escreveu explicitamente sobre o "plano", mostrando uma preocupação especial quanto a que fosse libertada simultaneamente, ou antes do assassinato de Elizabeth, de outro modo seu carcereiro poderia receber a notícia e matá-la. Antes de chegar a Babington a carta passou, como era habitual, por Phelippes. Tendo criptoanalisado uma mensagem anterior, ele decifrou esta facilmente, lendo seu conteúdo e marcando-a com um 'П' sinal da forca.

Walsingham tinha agora toda a evidência necessária para condenar Maria e Babington, mas ainda não estava satisfeito. Para destruir a conspiração completamente, ele precisava dos nomes de todos os envolvidos. Ele pediu a Phelippes que forjasse um pós-escrito para a carta de Maria, que levasse Babington a revelar os nomes. Um dos talentos extras de Phelippes era o da falsificação, e se dizia que ele era capaz de "reproduzir a caligrafia de qualquer pessoa, se tivesse visto um original, tão perfeita como se a própria pessoa a tivesse escrito". A Figura 9 mostra o acréscimo colocado no final da carta de Maria para Babington. Pode-se decifrá-la usando o nomenclator de Maria, mostrado na Figura 8, para revelar a seguinte mensagem:

Eu gostaria de saber os nomes e os talentos dos seis cavalheiros que devem realizar o plano, já que posso, conhecendo as partes, lhes fornecer informações extras para que possam prosseguir, ou como, de tempos em tempos, devem agir. Do mesmo modo vocês, pelo mesmo motivo, poderão ter conhecimento de quem está pronto e qual o conhecimento de que dispõe.

A cifra de Maria demonstra claramente que uma cifra fraca pode ser pior do que nenhuma. Maria e Babington escreveram explicitamente sobre suas intenções porque acreditavam que sua comunicação era segura. Se estivessem se comunicando abertamente, teriam se referido ao plano de um modo mais discreto. Além disso, a confiança que tinham na cifra os tornou particularmente vulneráveis a aceitar a falsificação de Phelippes. Remetente e destinatário freqüentemente confiam tanto em uma cifra que consideram impossível que o inimigo possa reproduzi-la, inserindo um texto forjado. O uso correto de uma cifra forte é claramente um benefício para os dois, mas uma cifra fraca pode gerar um falso sentimento de segurança.

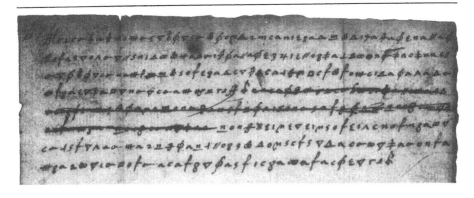

Fig. 9 O pós-escrito forjado acrescentado por Thomas Phelippes à mensagem de Maria. Pode ser decifrado através do nomenclador de Maria (Fig. 8).

Logo após receber a mensagem e seu pós-escrito, Babington precisava ir ao exterior para organizar a invasão e para isso tinha que se registrar no departamento de Walsingham, de modo a conseguir um passaporte. Este teria sido o momento ideal para capturar o traidor, mas o burocrata encarregado do escritório, John Scudamore, não esperava que o homem mais procurado da Inglaterra fosse aparecer em sua porta. Sem contar com o apoio necessário, ele

O LIVRO DOS CÓDIGOS

levou Babington para uma taverna próxima, ganhando tempo enquanto seu assistente reunia um grupo de soldados. Logo depois chegou uma mensagem à taverna, informando a Scudamore que era hora de efetuar a prisão. Babington, que até então de nada suspeitara, viu a nota. Ele disfarçou dizendo que ia pagar a cerveja e a refeição e se levantou, deixando a espada e o casaco na mesa, como se fosse voltar em pouco tempo. Fugiu pela porta dos fundos e escapou, indo primeiro para St. John Wood e depois para Harrow. Tentou se disfarçar cortando o cabelo curto e tingindo a pele com suco de nozes para esconder sua origem aristocrática. Conseguiu evitar a captura por dez dias, mas em 15 de agosto Babington e seis colegas foram capturados e levados para Londres. Os sinos de todas as igrejas da cidade tocaram em triunfo. O horror das execuções chegou a extremos. Nas palavras do historiador elizabetano William Camden, "todos foram castrados, estripados ainda vivos e conscientes e depois esquartejados".

Entrementes, no dia 11 de agosto, Maria e seu cortejo receberam a permissão especial de cavalgar pelos campos de Chartley Hall. Enquanto cruzavam os pântanos, ela viu alguns cavaleiros se aproximando e achou que eram os homens de Babington vindo para resgatá-la. Mas logo ficou claro que aqueles homens tinham chegado para prendê-la, não para libertá-la. Maria estava envolvida no Complô Babington e foi acusada com base no Auto de Associação, uma lei aprovada pelo parlamento em 1584 e especialmente criada para condenar qualquer um que se envolvesse em uma conspiração contra Elizabeth.

O julgamento ocorreu no castelo Fotheringhay, um lugar desolado e miserável, no meio dos pântanos de East Anglia. A audiência começou na quarta-feira, 15 de outubro, diante de dois ministros do Supremo Tribunal, quatro juízes, o ministro da Justiça, o secretário do Tesouro, Walsingham e vários condes, cavaleiros e barões. Na parte posterior da sala da corte havia espaço para espectadores tais como moradores do vilarejo local e servos dos comissários, todos ávidos em ver a rainha escocesa ser humilhada e implorar por sua vida. Mas Maria permaneceu calma e digna durante todo o julgamento. Sua principal defesa consistia em negar qualquer ligação com Babington. "Será que posso ser responsável pelos planos criminosos de um punhado de homens desesperados", ela disse, "planos que eles fizeram sem meu conhecimento ou participação?" Mas suas declarações não tiveram nenhum impacto diante das provas acumuladas contra ela.

Maria e Babington tinham confiado em uma cifra para manter seus planos secretos, mas viviam em uma época em que a criptografia estava enfraquecida pelos avanços na criptoanálise. Embora a cifra fosse uma proteção suficiente contra um amador, não tinha nenhuma chance de resistir ao ataque de um especialista em análise de freqüência. Na galeria dos espectadores estava Phelippes, ouvindo em silêncio enquanto as provas eram apresentadas a partir das cartas cifradas.

O julgamento chegou ao seu segundo dia, e Maria continuou a negar qualquer conhecimento do Complô Babington. Quando o julgamento terminou, ela deixou que os juízes decidissem seu destino, perdoando-os antecipadamente pela decisão. Dez dias depois o tribunal da corte se reuniu em Westminster e concluiu que Maria era culpada de "planejar e conceber, desde o dia 1º de junho, a morte e destruição da rainha da Inglaterra". Recomendaram a pena de morte, e Elizabeth assinou a sentença.

No dia 8 de fevereiro de 1587, no Grande Salão do Castelo de Fotheringhay, uma platéia de 300 pessoas se reuniu para assistir à decapitação. Walsingham estava determinado a minimizar o papel de Maria como mártir, e ordenou que as roupas da rainha, o cepo e tudo mais que se relacionasse com a execução fossem queimados para evitar que se transformassem em relíquias. Ele também organizou um luxuoso desfile funerário para seu sobrinho, Sir Philip Sidney, marcado para a semana seguinte. Sidney era uma figura popular e morrera combatendo os católicos na Holanda. Walsingham acreditava que uma parada magnífica em sua honra abafaria a simpatia por Maria. Entretanto, Maria também estava determinada a transformar sua última aparição num gesto de desafio, uma oportunidade de reafirmar sua fé católica e inspirar seus seguidores.

Enquanto o deão de Peterborough comandava as preces, Maria rezou em voz alta suas próprias preces pela salvação da Igreja Católica Britânica, por seu filho e por Elizabeth. Com o lema da família em mente, "Em meu fim está o meu princípio", ela se compôs e se aproximou do cepo. Os carrascos pediram o seu perdão e ela respondeu, "eu os perdôo de coração, porque agora espero que ponham um fim a todos os meus problemas". Richard Wingfield, em sua *Narration of the Last Days of the Queen of Scots (*Narrativa dos últimos dias da Rainha dos Escoceses), descreve os momentos finais:

Então ela se debruçou sobre o cepo, estendeu os braços e pernas e pronunciou a frase *In manus tuas domine* três ou quatro vezes. Finalmente um dos executores a segurou suavemente com uma das mãos enquanto o outro dava dois golpes com o machado até cortar a cabeça. E no entanto ainda restou uma cartilagem, e Maria soltou um pequeno gemido mas não se mexeu de onde estava... Seus lábios se entreabiram depois que a cabeça finalmente se separou do corpo. Um dos carrascos suspendeu seu vestido, olhando o pequeno cãozinho que se enfiara sob suas roupas. O bichinho teve que ser retirado à força e não quis se afastar do corpo, deitando-se entre a cabeça e os ombros, fato que não deixou de ser notado.

Fig. 10 A execução de Maria, rainha da Escócia.

2

· · · · · · · · · · · · · · ·

Le Chiffre Indéchiffrable

Durante séculos a cifra de substituição monoalfabética simples foi suficiente para guardar os segredos. Mas o desenvolvimento subseqüente da análise de freqüência, primeiro no mundo árabe e depois na Europa, destruiu sua segurança. A trágica execução de Maria, rainha da Escócia, ilustrou a fraqueza da substituição monoalfabética e na guerra entre criptógrafos e criptoanalistas parecia claro que os criptoanalistas estavam vencendo. Qualquer um que enviasse uma mensagem codificada tinha que aceitar a possibilidade de que um especialista inimigo poderia interceptá-la e conhecer seus segredos mais preciosos.

Cabia claramente aos criptógrafos criar uma nova cifra, mais forte, algo que pudesse vencer os criptoanalistas. Embora esta cifra só viesse a surgir no final do século XVI, suas origens podem ser traçadas até o polímata florentino do século XV, Leon Battista Alberti. Nascido em 1404, Alberti foi uma figura de destaque na Renascença — pintor, compositor, poeta e filósofo, assim como autor da primeira análise de perspectiva científica, de um tratado sobre a mosca doméstica e de uma oração para o seu cachorro. Mas ele é mais conhecido como arquiteto, tendo projetado a primeira Fonte de Trevi em Roma e escrito *De re aedificatoria*, o primeiro livro impresso sobre arquitetura, que serviu de catalisador para a transição entre o estilo gótico e o renascentista.

Por volta de 1640, Alberti estava caminhando pelos jardins do Vaticano quando encontrou seu amigo Leonardo Dato, o secretário pontífice, que começou a conversar com ele sobre alguns dos aspectos mais delicados da criptografia. Esta conversação casual levou Alberti a escrever um ensaio sobre o assunto, delineando o que ele acreditava ser uma nova forma de cifra. Naquela época todas as cifras de substituição exigiam um único alfabeto cifrado para codificar cada mensagem. Alberti propôs o uso de dois ou mais alfabetos cifrados, usados alternadamente, de modo a confundir os criptoanalistas em potencial.

Alfabeto original	a b c d e f g h i j k l m n o p q r s t u v w x y z
Alfabeto cifrado 1	F Z B V K I X A Y M E P L S D H J O R G N Q C U T W
Alfabeto cifrado 2	G O X B F W T H Q I L A P Z J D E S V Y C R K U H N

Por exemplo, aqui temos dois posssíveis alfabetos cifrados e podemos codificar uma mensagem alternando entre eles. Para cifrar a mensagem *hello* (alô) nós podemos modificar a primeira letra de acordo com o primeiro alfabeto cifrado, de modo que o h se torne um A, mas a segunda letra pode ser cifrada de acordo com o segundo alfabeto, de modo que o e se transforme no F. Já na terceira letra nós voltamos ao primeiro alfabeto, enquanto usamos o segundo para a quarta. Isso quer dizer que o primeiro l é cifrado como P, enquanto o segundo se transforma em A. A última letra, o, é cifrada de acordo com o primeiro alfabeto e se torna D. A palavra codificada completa se transforma em AFPAD. A vantagem crucial do sistema de Alberti é que a mesma letra do texto original não aparece necessariamente como uma única letra no texto cifrado, de modo que o l repetido em hello é cifrado diferentemente em cada caso. De modo semelhante, o A repetido no texto cifrado representa letras diferentes, no primeiro caso h e no segundo l.

Embora houvesse descoberto o avanço mais significativo das cifras num período de mil anos, Alberti não conseguiu desenvolver sua idéia, transformando-a num sistema completo de cifragem. Esta tarefa coube a um grupo diferente de intelectuais que aperfeiçoaram a idéia original. Primeiro apareceu Johannes Trithemius, um abade alemão nascido em 1462, depois Giovanni Porta, um cientista italiano nascido em 1535, e finalmente o diplomata francês Blaise de Vigenère, nascido em 1523. Vigenère tomou conhecimento dos trabalhos de Alberti, Trithemius e Porta quando, com a idade de 26 anos, foi mandado para Roma numa missão diplomática de dois anos. No começo seu interesse em criptografia era puramente prático e estava ligado ao seu trabalho diplomático. Então, com a idade de 39 anos, Vigenère concluiu que já tinha

Fig. 11 Blaise de Vigenère.

SIMON SINGH

acumulado dinheiro suficiente para abandonar a carreira e se concentrar em uma vida de estudos. Foi só então que ele examinou em detalhes as idéias de Alberti, Trithemius e Porta, misturando-as para formar uma nova cifra, coerente e poderosa.

Tabela 3 O quadrado de Vigenère.

Alfabeto correto	a b c d e f g h i j k l m n o p q r s t u v w x y z
1	B C D E F G H I J K L M N O P Q R S T U V W X Y Z A
2	C D E F G H I J K L M N O P Q R S T U V W X Y Z A B
3	D E F G H I J K L M N O P Q R S T U V W X Y Z A B C
4	E F G H I J K L M N O P Q R S T U V W X Y Z A B C D
5	F G H I J K L M N O P Q R S T U V W X Y Z A B C D E
6	G H I J K L M N O P Q R S T U V W X Y Z A B C D E F
7	H I J K L M N O P Q R S T U V W X Y Z A B C D E F G
8	I J K L M N O P Q R S T U V W X Y Z A B C D E F G H
9	J K L M N O P Q R S T U V W X Y Z A B C D E F G H I
10	K L M N O P Q R S T U V W X Y Z A B C D E F G H I J
11	L M N O P Q R S T U V W X Y Z A B C D E F G H I J K
12	M N O P Q R S T U V W X Y Z A B C D E F G H I J K L
13	N O P Q R S T U V W X Y Z A B C D E F G H I J K L M
14	O P Q R S T U V W X Y Z A B C D E F G H I J K L M N
15	P Q R S T U V W X Y Z A B C D E F G H I J K L M N O
16	Q R S T U V W X Y Z A B C D E F G H I J K L M N O P
17	R S T U V W X Y Z A B C D E F G H I J K L M N O P Q
18	S T U V W X Y Z A B C D E F G H I J K L M N O P Q R
19	T U V W X Y Z A B C D E F G H I J K L M N O P Q R S
20	U V W X Y Z A B C D E F G H I J K L M N O P Q R S T
21	V W X Y Z A B C D E F G H I J K L M N O P Q R S T U
22	W X Y Z A B C D E F G H I J K L M N O P Q R S T U V
23	X Y Z A B C D E F G H I J K L M N O P Q R S T U V W
24	Y Z A B C D E F G H I J K L M N O P Q R S T U V W X
25	Z A B C D E F G H I J K L M N O P Q R S T U V W X Y
26	A B C D E F G H I J K L M N O P Q R S T U V W X Y Z

Embora Alberti, Trithemius e Porta tenham feito contribuições essenciais, a cifra ficou conhecida como cifra de Vigenère em honra ao homem que a desenvolveu em sua forma final. A força da cifra de Vigenère consiste em que ela usa não apenas um, e sim 26 alfabetos cifrados distintos para criar a mensagem cifrada. O primeiro passo consiste em montar o chamado quadrado de Vigenère, como mostrado na Tabela 3: trata-se de um alfabeto normal seguido de 26 alfabetos cifrados, cada um deslocando uma letra em relação ao alfabeto anterior. Desse modo, a primeira fileira representa um alfabeto cifrado com a cifra de César, que avança uma letra na seqüência do alfabeto. De modo semelhante, a linha 2 representa um alfabeto cifrado com uma cifra de César deslocada duas casas, e assim por diante. A fileira no topo do quadrado, em letras minúsculas, representa as letras do alfabeto original. E você pode cifrar qualquer texto de acordo com qualquer um dos 26 alfabetos cifrados. Por exemplo, se o alfabeto cifrado número 2 for usado, então a letra **a** é cifrada como **C**; já se for usado o alfabeto cifrado número 12, o **a** será cifrado como **M**.

Se o remetente usar apenas um dos alfabetos cifrados em toda a sua mensagem, isto efetivamente resultaria em uma cifra de César simples, uma forma muito fraca de codificação, fácil de ser decifrada por um interceptador inimigo. Contudo, na cifra de Vigenère, uma linha diferente do quadrado (um alfabeto cifrado diferente) é usada para codificar letras diferentes da mensagem. Em outras palavras, o remetente da mensagem pode cifrar a primeira letra de acordo com a linha 5, a segunda de acordo com a linha 14 e a terceira de acordo com a linha 21, e assim por diante.

Para decifrar a mensagem, o destinatário precisa saber que linha do quadrado Vigenère foi usada para a cifragem de cada letra, por isso deve existir um sistema previamente combinado para a mudança entre as linhas. Consegue-se isso por intermédio do uso de uma palavra-chave. Para ilustrar como a palavra-chave pode ser usada junto com o quadrado de Vigenère para cifrar uma mensagem curta, vamos cifrar a frase **divert troops to east ridge** (desloque as tropas para a cordilheira leste), usando como palavra-chave **WHITE** (branco). Em primeiro lugar, a palavra-chave é escrita acima da mensagem e repetida até que cada letra da mensagem fique associada a uma letra da palavra. O texto cifrado é então gerado do seguinte modo. Para cifrar a primeira letra, **d**, nós começamos identificando a letra na palavra-chave acima, que é **W**, o que, por sua vez, define uma linha do quadrado de Vigenère. A linha que começa com **W**, ou seja, a linha 22, é o alfabeto cifrado que vamos usar para encontrar um subtituto para a letra **d**. Olhamos onde a coluna encabeçada pelo **d** cruza com a fileira começando com **W**, o que revela a letra **Z**. Conseqüentemente, a letra **d** no texto original será representada pelo **Z** no texto cifrado.

palavra-chave	W H I T E W H I T E W H I T E W H I T E W H I
texto original	d i v e r t t r o o p s t o e a s t r i d g e
texto cifrado	Z P D X V P A Z H S L Z B H I W Z B K M Z N M

Para cifrar a segunda letra da mensagem, i, o processo é repetido. A letra-chave acima de i é o H, e assim é cifrada por uma fileira diferente do quadra-do de Vigenère: A linha H (fileira 7), que é o novo alfabeto cifrado. Para cifrar i, olhamos onde a coluna encabeçada pelo i intercepta a fileira iniciada pelo i e temos a letra P. Conseqüentemente, a letra i no texto original é re-presentada pelo P no texto cifrado. Cada letra da palavra-chave indica um alfabeto cifrado em especial dentro do quadrado de Vigenère, e como a pa-lavra tem cinco letras, o remetente cifra a mensagem alternando cinco linhas do quadrado. A quinta letra da mensagem é codificada de acordo com a quinta letra da palavra-chave, o E, mas para cifrar a sexta letra nós retornamos à primeira letra da palavra. Uma palavra mais longa ou talvez uma frase-chave colocaria mais linhas de código no processo e aumentaria a complexidade da cifra. A Tabela 4 mostra um quadrado de Vigenère com cinco linhas em des-taque (ou seja, os cinco alfabetos cifrados) definidos pela palavra-chave **WHITE.**

A grande vantagem da cifra de Vigenère é que ela é imune à análise de freqüência descrita no Capítulo 1. Por exemplo, um criptoanalista, aplicando a análise de freqüência a um trecho do texto cifrado, geralmente começaria identificando a letra mais comum, o que no caso é **Z**. Ele então presumiria que ela representa a letra mais comum na língua inglesa, que é o **e**. Mas de fato a letra **Z** representa três letras diferentes, **d**, **H** e **s**, e não o **e**. Isto é um grande problema para o criptoanalista. E sua confusão aumenta porque a letra que aparece várias vezes no texto original pode ser representada por letras diferen-tes no texto cifrado. Por exemplo, a letra **o** é repetida em **troops**, mas é subs-tituída por duas letras diferentes — o **oo** é cifrado como **HS**.

Além de ser invulnerável à análise de freqüência, a cifra de Vigenère tem um número enorme de chaves. O remetente e o destinatário podem escolher qualquer palavra no dicionário, ou qualquer combinação de palavras, ou até mesmo criar palavras novas. Um criptoanalista não conseguiria decifrar a men-sagem procurando todas as chaves possíveis, porque o número de opções é sim-plesmente grande demais.

O LIVRO DOS CÓDIGOS

Tabela 4 O quadrado de Vigenère com as linhas definidas pela chave **WHITE** em destaque. A cifragem é realizada pela troca entre os cinco alfabetos cifrados em destaque, definidos por **W, H, I, T** e **E**.

Alfabeto correto	a b c d e f g h i j k l m n o p q r s t u v w x y z
1	B C D E F G H I J K L M N O P Q R S T U V W X Y Z A
2	C D E F G H I J K L M N O P Q R S T U V W X Y Z A B
3	D E F G H I J K L M N O P Q R S T U V W X Y Z A B C
4	E F G H I J K L M N O P Q R S T U V W X Y Z A B C D
5	F G H I J K L M N O P Q R S T U V W X Y Z A B C D E
6	G H I J K L M N O P Q R S T U V W X Y Z A B C D E F
7	H I J K L M N O P Q R S T U V W X Y Z A B C D E F G
8	I J K L M N O P Q R S T U V W X Y Z A B C D E F G H
9	J K L M N O P Q R S T U V W X Y Z A B C D E F G H I
10	K L M N O P Q R S T U V W X Y Z A B C D E F G H I J
11	L M N O P Q R S T U V W X Y Z A B C D E F G H I J K
12	M N O P Q R S T U V W X Y Z A B C D E F G H I J K L
13	N O P Q R S T U V W X Y Z A B C D E F G H I J K L M
14	O P Q R S T U V W X Y Z A B C D E F G H I J K L M N
15	P Q R S T U V W X Y Z A B C D E F G H I J K L M N O
16	Q R S T U V W X Y Z A B C D E F G H I J K L M N O P
17	R S T U V W X Y Z A B C D E F G H I J K L M N O P Q
18	S T U V W X Y Z A B C D E F G H I J K L M N O P Q R
19	T U V W X Y Z A B C D E F G H I J K L M N O P Q R S
20	U V W X Y Z A B C D E F G H I J K L M N O P Q R S T
21	V W X Y Z A B C D E F G H I J K L M N O P Q R S T U
22	W X Y Z A B C D E F G H I J K L M N O P Q R S T U V
23	X Y Z A B C D E F G H I J K L M N O P Q R S T U V W
24	Y Z A B C D E F G H I J K L M N O P Q R S T U V W X
25	Z A B C D E F G H I J K L M N O P Q R S T U V W X Y
26	A B C D E F G H I J K L M N O P Q R S T U V W X Y Z

O trabalho de Vigenère culminou em seu *Traicté des Chiffres* (Um tratado sobre a Escrita Secreta), publicado em 1586. Ironicamente, foi publicado no mesmo ano em que Thomas Phelippes, estava quebrando a cifra de Maria, a rainha da Escócia. Se o secretário de Maria tivesse lido este tratado, teria tomado conhecimento da cifra de Vigenère. As mensagens de Maria para Babington teriam confundido Phelippes e talvez a vida dela tivesse sido poupada.

Devido a sua força e sua garantia de segurança, pode parecer natural que a cifra de Vigenère fosse rapidamente adotada por outros secretários de cifras da Europa. Certamente eles teriam sentido alívio em obter, novamente, uma forma segura de cifragem? Mas, pelo contrário, o trabalho de Vigenère recebeu pouca atenção. Este sistema, aparentemente sem falhas, seria negligenciado pelos dois séculos seguintes.

De Vigenère ao Homem da Máscara de Ferro

As formas tradicionais de cifra de substituição, aquelas que existiam antes da cifra de Vigenère, eram chamadas de cifras de substituição monoalfabéticas, porque usavam apenas um alfabeto cifrado por mensagem. A cifra de Vigenère pertence a uma classe conhecida como *polialfabética*, porque emprega vários alfabetos cifrados por mensagem. A natureza polialfabética da cifra de Vigenère é responsável por sua força, mas também torna seu uso mais complicado. E o esforço adicional necessário para usar a cifra de Vigenère desestimulou seu emprego pela maioria das pessoas.

Para muitos dos usos do século XVII, a cifra de substituição monoalfabética era perfeitamente adequada. Se você queria garantir que seus servos não leriam sua correspondência particular, ou se queria proteger o seu diário dos olhos curiosos de sua esposa, então a velha cifra era ideal. A substituição monoalfabética era rápida, fácil de ser usada e garantida contra pessoas que não conheciam a criptoanálise. De fato, a substituição monoalfabética simples se manteve, sob várias formas, durante vários séculos (veja o Apêndice D). Para aplicações mais sérias, tais como comunicações militares e governamentais, onde a segurança era fundamental, a cifra monoalfabética direta era claramente inadequada. Os criptógrafos profissionais, lutando contra os criptoanalistas profissionais, precisavam de alguma coisa melhor, mas ainda hesitavam em adotar a cifra polialfabética devido a sua complexidade. Comunicações militares, em especial, exigem velocidade e simplicidade, enquanto um escritório diplomático pode enviar e receber centenas de mensagens a cada dia, portanto o tempo é essencial. Em conseqüência disso, os criptógrafos buscaram uma cifra intermediária, mais difícil de quebrar do que a cifra monoalfabética direta, mas que fosse mais simples de usar do que a cifra polialfabética.

Entre os vários candidatos havia a notavelmente eficaz *cifra de substituição homofônica*. Nela, cada letra é substituída por uma variedade de substitutivos,

O LIVRO DOS CÓDIGOS

seu número potencial sendo proporcional à freqüência da letra. Por exemplo, a letra **a** corresponde a 8 por cento de todas as letras que aparecem num texto em inglês, assim criamos oito símbolos para representá-la. Cada vez que aparecer um **a** no texto original, ele será substituído no texto cifrado por um dos oito símbolos escolhidos ao acaso, de maneira que, ao ser concluída a cifragem, cada símbolo corresponderá a aproximadamente 1 por cento do texto. Em comparação, a letra **b** corresponde a 2 por cento de todas as letras no inglês, de modo que colocaremos apenas dois símbolos para representá-la. Cada vez que aparecer um **b** no texto original, escolheremos um dos dois símbolos, e no final cada símbolo também corresponderá a 1 por cento do texto cifrado. Esse processo de usar símbolos numéricos para agirem como substitutos de cada letra continua por todo o alfabeto até chegarmos ao **Z**, uma letra tão rara que apenas um símbolo pode agir como substitutivo. No exemplo dado na Tabela 5, os substitutos das letras no alfabeto cifrado são números de dois dígitos, e aqui existem entre um e 12 substitutivos para cada letra do alfabeto original, dependendo da abundância relativa de cada letra.

Podemos pensar nos números de dois dígitos que correspondem à letra **a** como efetivamente representando o mesmo som no texto cifrado, ou seja, o som da letra **a**. Daí a origem do termo substituição homofônica, *homos* significando "mesmo" e *phone* significando "som" em grego. O objetivo de se oferecerem várias opções de substitutos para as letras mais populares é equilibrar as freqüências dos símbolos no texto cifrado. Se cifrarmos uma mensagem usando o alfabeto cifrado da Tabela 5, cada símbolo vai constituir cerca de 1 por cento de todo o texto. E se nenhum símbolo aparece mais freqüentemente do que outro, então o texto cifrado desafiará qualquer potencial ataque por análise de freqüência. Segurança perfeita? Não inteiramente.

O texto cifrado ainda contém muitas pistas sutis para um hábil criptoanalista. Como vimos no Capítulo 1, cada letra no idioma inglês tem sua própria personalidade, definida de acordo com sua relação com todas as outras letras, e isso pode ser percebido mesmo num texto cifrado por substituição homofônica. No inglês, assim como no português, o caso mais extremo de uma letra com personalidade distinta é o **q**, que só pode ser seguida por outra letra, o **u**. Se estivéssemos tentando decifrar um texto, podíamos começar notando que o **q** é uma letra rara e portanto provavelmente será representada por um único símbolo. E sabemos que o **u** corresponde a aproximadamente 3 por cento de todas as letras, e é provável que seja representado por três símbolos.

Assim, se encontrarmos no texto cifrado um símbolo que é sempre seguido de três símbolos específicos, então é razoável supor que o primeiro símbolo corresponde ao **q** e que os outros três símbolos representam o **u**. Outras letras são mais difíceis de localizar, mas também podem ser traídas por suas relações. Embora a cifra homofônica possa ser quebrada, ela é muito mais segura do que a cifra monoalfabética direta.

Tabela 5 Um exemplo de cifra de substituição homofônica. A linha superior representa o alfabeto original e o números abaixo, o alfabeto cifrado, com várias opções para as letras de ocorrência mais freqüente.

a	b	c	d	e	f	g	h	i	j	k	l	m	n	o	p	q	r	s	t	u	v	w	x	y	z
09	48	13	01	14	10	06	23	32	15	04	26	22	18	00	38	94	29	11	17	08	34	60	28	21	02
12	81	41	03	16	31	25	39	70			37	27	58	05	95		35	19	20	61		89		52	
33		62	45	24		50	73				51		59	07			40	36	30	63					
47			79	44		56	83				84		66	54			42	76	43						
53				46		65	88						71	72			77	86	49						
67				55		68	93						91	90			80	96	69						
78				57										99					75						
92				64															85						
				74															97						
				82																					
				87																					
				98																					

Uma cifra homofônica pode parecer semelhante a uma cifra polialfabética no sentido de que cada letra do texto original pode ser cifrada de modos diferentes, mas existe uma diferença crucial; na verdade, a cifra homofônica não passa de uma cifra monoalfabética. Na tabela homofônica mostrada anteriormente, a letra **a** pode ser representada por oito números. E de um modo significativo estes oito números representam apenas a letra **a**. Em outras palavras, uma letra no texto original pode ser representada por vários símbolos, mas cada símbolo pode representar apenas uma letra. Numa cifra polialfabética, uma letra será representada por símbolos diferentes, mas estes símbolos poderão representar letras diferentes durante a cifragem, o que torna tudo muito mais confuso.

O LIVRO DOS CÓDIGOS

Talvez a razão fundamental pela qual a cifra homofônica seja considerada monoalfabética é que, uma vez estabelecido, o alfabeto cifrado permanece constante durante todo o processo de cifragem. O fato de que o alfabeto cifrado contém várias opções para a codificação de cada letra é irrelevante. Contudo, um criptógrafo que esteja usando uma cifra polialfabética poderá mudar continuamente entre os diferentes alfabetos cifrados durante o processo de cifragem.

Reforçando-se a cifra monoalfabética por vários meios, tais como o acréscimo de homófonos, é possível cifrar mensagens com segurança sem precisar recorrer às complexidades da cifra polialfabética. Um dos melhores exemplos de cifra monoalfabética aperfeiçoada foi a Grande Cifra de Luís XIV. Ela era usada para codificar as mensagens mais secretas do rei, protegendo detalhes de seus planos, tramas e maquinações políticas. Uma dessas mensagens menciona um dos personagens mais enigmáticos da história da França, o Homem da Máscara de Ferro; graças ao poder da Grande Cifra, porém, a mensagem e seu notável conteúdo permaneceram indecifráveis e desconhecidos durante dois séculos.

A Grande Cifra foi inventada pela equipe de pai e filho Antoine e Bonaventure Rossignol. Antoine se tornara conhecido em 1626 quando recebeu uma carta codificada que fora capturada com um mensageiro que deixava a cidade sitiada de Réalmont. Antes do final do dia ele tinha decifrado a carta, revelando que o exército dos huguenotes, que tomara a cidade, estava à beira de um colapso. Os franceses, que até então não conheciam a situação desesperadora dos huguenotes, mandaram a carta de volta com a cópia decifrada. Sabendo que seu inimigo não recuaria, os huguenotes se renderam, dando aos franceses uma vitória fácil.

O poder da quebra de códigos se tornou óbvio e os Rossignol receberam altos postos na corte. Depois de servirem a Luís XIII, trabalharam como criptoanalistas para Luís XIV. Ele ficou tão impressionado que mudou seus escritórios para seus próprios aposentos, de modo que os Rossignol *père et fils* pudessem desempenhar um papel central na criação da política diplomática francesa. Um dos maiores tributos às suas habilidades é que a palavra *rossignol* virou uma gíria francesa para um instrumento que abre fechaduras, um reflexo da capacidade de pai e filho para abrir cifras.

A capacidade dos Rossignol em quebrar cifras deu-lhes uma percepção de como criar uma forma mais forte de cifragem, e eles inventaram o que chamaram de a Grande Cifra. A Grande Cifra era tão segura que desafiou os esforços de todos os criptoanalistas inimigos que tentaram roubar os segredos da França. Infelizmente, depois da morte de pai e filho, a Grande Cifra caiu em desuso e seus detalhes exatos foram rapidamente perdidos, o que significou que os papéis cifrados nos arquivos franceses não podiam mais ser lidos. A cifra era tão poderosa que desafiou os esforços das gerações seguintes de quebradores de códigos.

Os historiadores sabiam que os documentos cifrados com a Grande Cifra ofereceriam uma visão única das intrigas na França do século XVII, mas até o final do século XIX não foram capazes de decifrá-los. Então, em 1890, Victor Gendron, um historiador militar que pesquisava as campanhas de Luís XIV, descobriu uma nova série de cartas escritas na Grande Cifra. Incapaz de entendê-las, ele as passou para o comandante Étienne Bazeries, um distinto especialista do Departamento Criptográfico do Exército francês. Bazeries viu nas cartas um desafio final e passou os três anos seguintes de sua vida tentando decifrá-las.

As páginas cifradas continham milhares de números, mas só existiam 587 números diferentes. Era claro que a Grande Cifra era mais complicada do que uma cifra de substituição direta, porque esta exigiria apenas 26 números diferentes, um para cada letra. Inicialmente Bazeries pensou que o excesso de números representava homófonos e que vários números simbolizavam a mesma letra. Ele passou vários meses explorando esta abordagem, o que lhe custou um grande esforço, sem resultado. A Grande Cifra não era uma cifra homofônica.

Depois ele teve a idéia de que cada número poderia representar um par de letras, ou *dígrafo*. Existem apenas 26 letras individuais, mas há 676 pares de letras possíveis e isso é aproximadamente igual à variedade de números nos textos cifrados. Bazeries tentou decifrá-los examinando os números mais freqüentes no texto das cartas (**22, 42, 124, 125 e 341**), e presumindo que eles provavelmente simbolizavam os dígrafos franceses mais comuns (**es, en, ou, de, nt**). De fato ele estava aplicando a análise de freqüência ao nível de pares de letras. Infelizmente, de novo, após meses de trabalho, esta teoria também não produziu qualquer resultado.

Bazeries deve ter pensado em abandonar sua obsessão quando uma nova abordagem lhe ocorreu. Talvez a idéia do dígrafo não estivesse tão longe da verdade. Ele começou a considerar a possibilidade de que cada número representasse não um par de letras, mas uma sílaba inteira. Ele tentou achar uma

O LIVRO DOS CÓDIGOS

correspondência entre cada número e uma sílaba, e os números mais freqüentes presumivelmente representavam as sílabas mais comuns do idioma francês. Ele tentou várias permutações alternativas, todas resultando em combinações sem nexo — até que conseguiu identificar uma palavra em especial. Um conjunto de números (**124-22-125-46-345**) aparecia várias vezes em cada página, e Bazeries postulou que eles representavam **les-en-ne-mi-s** isto é, "**les enemis**". Foi uma descoberta crucial.

Bazeries pôde então continuar a examinar outras partes do texto cifrado onde esses números apareciam dentro de palavras diferentes. Ele inseriu as sílabas derivadas de "**les ennemis**" que revelaram partes das outras palavras. E como qualquer entusiasta de palavras cruzadas sabe, quando uma palavra está parcialmente completa, freqüentemente é possível adivinhar o resto. À medida que Bazeries completava novas palavras, também identificava outras sílabas, o que, por sua vez, o levava a descobrir outras palavras e assim por diante. Ele vivia aturdido, ou porque os valores silábicos nunca eram óbvios, ou porque alguns dos números representavam letras no lugar de sílabas, ou parcialmente devido ao fato de que os Rossignol tinha colocado armadilhas dentro da cifra. Por exemplo, um número não representava nem uma sílaba nem uma letra, e sim anulava o número anterior.

Mas quando o trabalho ficou pronto, Bazeries tornou-se a primeira pessoa em duzentos anos a conhecer os segredos de Luís XIV. O material decifrado fascinou os historiadores, que voltaram sua atenção para uma carta particularmente intrigante. Ela parecia resolver um dos grandes mistérios do século XVII: a verdadeira identidade do Homem da Máscara de Ferro.

O Homem da Máscara de Ferro era o foco de muita especulação desde que foi aprisionado primeiramente na fortaleza francesa de Pignerole, na Savóia. Quando foi transferido para a Bastilha, em 1698, as pessoas tentaram vê-lo, ainda que rapidamente. Alguns afirmaram que ele era alto, outros que era baixo, de cabelo preto ou louro, jovem ou velho. Alguns até afirmaram que ele era ela. Com tão poucos fatos disponíveis, todo mundo, de Voltaire a Benjamin Franklin, criou suas próprias teorias para explicar o caso do Homem da Máscara de Ferro. A teoria conspiratória mais popular em relação ao Máscara (como ele às vezes é chamado) diz que se tratava de um irmão gêmeo de Luís XIV, condenado à prisão para evitar qualquer controvérsia quanto ao verdadeiro herdeiro do trono. Uma versão desta teoria diz que existiriam descendentes do Máscara e uma linhagem real associada a ele. Um folheto, publicado em 1801, diz que o próprio Napoleão era descendente do Máscara, um boato que o imperador não negou, já que o ajudava em sua posição.

O mito do Máscara até mesmo inspirou poemas, prosas e dramas. Em 1848, Vítor Hugo começou a escrever uma peça intitulada *Gêmeos*, mas descobriu em seguida que Alexandre Dumas estava usando o mesmo tema e abandonou os dois atos que já escrevera. E desde então é o nome de Dumas que associamos à história do Homem da Máscara de Ferro. O sucesso do romance reforçou a idéia de que o Máscara era um parente do rei, e esta teoria persiste, apesar das evidências reveladas em uma das cartas que Bazeries decifrou.

A carta foi escrita por François de Louvois, ministro da Guerra de Luís XIV. Ele começa narrando os crimes de Vivien de Bulonde, comandante responsável por liderar um ataque contra a cidade de Cuneo, na fronteira da França com a Itália. Embora recebesse ordens de manter a sua posição, Bulonde ficou preocupado com a chegada de tropas inimigas vindas da Áustria e fugiu, deixando para trás suas munições e abandonando muitos soldados feridos. De acordo com o ministro da Guerra, estes atos colocavam em risco toda a campanha do Piemonte. A carta deixa claro que o rei considerava as ações de Bulonde um ato de extrema covardia:

> Sua Majestade conhece, melhor do que qualquer outra pessoa, as conseqüências deste ato e também está ciente de quão profundamente o nosso fracasso em tomar aquele lugar prejudicará a nossa causa. Um dano que deve ser reparado durante o inverno. Sua Majestade deseja que prendam imediatamente o general Bulonde e o levem para a fortaleza de Pignerole, onde ele ficará trancado em uma cela e sob guarda durante a noite. Durante o dia ele terá permissão de caminhar pelas ameias usando uma máscara.

Trata-se de uma referência explícita ao prisioneiro mascarado em Pignerole e com um crime suficientemente grave, com datas que parecem se encaixar no mito do Homem da Máscara de Ferro. Será que isto resolve o mistério? Mas não é de surpreender que aqueles que preferem as teorias conspiratórias tenham encontrado falhas em Bulonde como candidato. Por exemplo, existe o argumento de que, se Luís XIV realmente tentava manter seu gêmeo não reconhecido na prisão, então ele teria deixado uma série de pistas falsas. Talvez a carta cifrada estivesse lá para ser decifrada. E nesse caso Bazeries, o quebrador de códigos do século XIX, teria caído em uma armadilha do século XVII.

As Câmaras Negras

Reforçar a cifra monoalfabética acrescentando sílabas ou homófonos pode ter sido suficiente para os anos 1600, mas nos anos 1700 a criptoanálise já se industrializara, com equipes de criptoanalistas governamentais trabalhando em conjunto para decifrar muitas das cifras monoalfabéticas mais complexas. Cada potência européia tinha a chamada Câmara Negra, um centro nervoso para decifrar mensagens e reunir informações. A Câmara Negra mais famosa, disciplinada e eficiente era a dos Geheime Kabinets-Kanzlei em Viena.

Ela funcionava de acordo com um cronograma rigoroso, porque era fundamental que suas atividades nefastas não interrompessem o bom funcionamento do serviço postal. As cartas que deviam ser entregues às embaixadas em Viena chegavam na Câmara Negra às sete horas da manhã. Os secretários derretiam os selos e uma equipe de estenógrafos trabalhava em conjunto fazendo cópias das cartas. Se fosse necessário, um especialista em idiomas assumia a responsabilidade de duplicar textos incomuns. Em três horas as cartas eram novamente seladas em seus envelopes e voltavam para o correio central, de modo que pudessem ser entregues aos seus destinatários. A correspondência que transitasse apenas em território austríaco chegava na Câmara Negra às dez horas da manhã, e a correspondência que deixava as embaixadas vienenses para o exterior chegava às quatro horas da tarde. Todas essas cartas eram igualmente copiadas antes que pudessem prosseguir em suas viagens. A cada dia, centenas de cartas passavam pela Câmara Negra vienense.

As cópias eram então entregues aos criptoanalistas, sentados em pequenos quiosques, prontos para extrair o significado das mensagens. Além de fornecer informações inestimáveis aos imperadores da Áustria, a Câmara Negra de Viena também vendia as informações colhidas para outras potências européias. Em 1774 um acordo foi feito com Abbot Georgel, secretário da embaixada francesa. Duas vezes por semana ele receberia um pacote de informações pelo preço de mil ducados. Georgel então enviava essas cartas, supostamente contendo os segredos de vários monarcas, diretamente para Luís XV em Paris.

As Câmaras Negras efetivamente tornaram todas as formas de cifras monoalfabéticas inseguras. Enfrentando uma oposição tão profissional dos criptoanalistas, os criptógrafos foram afinal forçados a adotar a cifra de Vigenère, mais complexa, porém mais segura. E gradualmente os secretários de cifras passaram a usar as cifras polialfabéticas. Além de uma criptoanálise mais eficiente, havia outra pressão encorajando a mudança para formas mais seguras de cifragem: o desenvolvimento do telégrafo e a necessidade de proteger os telegramas de serem interceptados e decifrados.

Embora o telégrafo, junto com a revolução das telecomunicações, tenha surgido no século XIX, suas origens podem ser traçadas até 1753. Uma carta anônima, em uma revista escocesa, descreve como uma mensagem poderia ser enviada, por grandes distâncias, conectando-se 26 cabos entre o emissor e o receptor. Um cabo para cada letra do alfabeto. O emissor então poderia soletrar a mensagem enviando pulsos de eletricidade através de cada cabo. Por exemplo, para enviar um **alô**, o emissor começaria enviando um sinal através do fio **a** e depois pelo fio **l**, e assim por diante. O receptor de algum modo perceberia a corrente elétrica emergindo de cada fio e então leria a mensagem. Contudo, este "método rápido para transmitir informações", como o inventor o chamou, nunca foi construído, porque ainda existiam vários obstáculos de natureza técnica que precisavam ser superados.

Por exemplo, os engenheiros necessitavam de um sistema suficientemente sensível para detectar os sinais elétricos. Na Inglaterra, Sir Charles Wheatstone e William Fothergill Cooke construíram detectores com agulhas magnetizadas capazes de se moverem na presença de uma corrente elétrica que chegava. Por volta de 1839, o sistema Wheatstone-Cooke estava sendo usado para enviar mensagens entre as estações ferroviárias de West Drayton e Paddington, uma distância de 29 quilômetros. A reputação do telégrafo e sua extraordinária velocidade de comunicação logo se espalharam e nada foi mais eficaz para popularizar o seu poder do que o nascimento do segundo filho da rainha Vitória, o príncipe Alfred, em Windsor, no dia 6 de agosto de 1844. A notícia do nascimento foi telegrafada para Londres e, uma hora depois, *The Times* estava nas ruas, anunciando a boa nova. O jornal dava crédito à tecnologia que possibilitara este feito, mencionando que fora possível "graças ao poder extraordinário do Telégrafo Eletromagnético". No ano seguinte o telégrafo ficou ainda mais famoso quando ajudou a capturar John Tawell. Ele matou sua amante em Slough e tentou escapar a bordo de um trem que ia para Londres. A polícia local telegrafou a descrição de Trawell para Londres, e ele foi preso assim que chegou em Paddington.

O LIVRO DOS CÓDIGOS

Enquanto isso, na América, Samuel Morse construíra a primeira linha telegráfica, um sistema cobrindo uma distância de 60 quilômetros entre Baltimore e Washington. Morse usou um eletromagneto para amplificar o sinal, de modo que, ao chegar ao receptor, ele era suficientemente forte para fazer uma série de marcas curtas e longas no papel. Pontos e traços. Ele também desenvolveu o código Morse, hoje familiar, para traduzir cada letra do alfabeto na série de pontos e traços mostrada na Tabela 6. E para completar o sistema, Morse criou um receptor acústico, de modo que o destinatário pudesse ouvir cada série de letras como *bips* audíveis.

Na Europa, a versão de Morse gradualmente tomou o lugar do sistema de Wheatstone-Cook como o mais popular. Em 1851 uma forma européia de código Morse, que incluía letras acentuadas, foi adotada em todo o continente. À medida que os anos passavam, o código Morse e o telégrafo exerciam uma influência cada vez maior no mundo, permitindo que a polícia capturasse mais criminosos, ajudando os jornais a divulgarem as notícias mais recentes e fornecendo informações valiosas para os negócios, permitindo até que empresas distantes fizessem transações instantâneas.

Contudo, a proteção dessas informações freqüentemente valiosas era uma grande preocupação. O código Morse não é uma forma de criptografia, porque a mensagem não fica oculta. Os pontos e traços são meramente um meio de representar letras para a transmissão telegráfica. O código Morse nada mais é do que um alfabeto alternativo. O problema da segurança surge, primeiramente, porque qualquer um que deseje enviar uma mensagem terá que entregá-la para um especialista em código Morse, que lerá a mensagem para transmiti-la. Os telegrafistas tinham acesso a todas as mensagens e portanto havia o risco de uma empresa subornar um operador de telégrafo de modo a ter acesso às mensagens dos concorrentes. Este problema foi delineado num artigo publicado em 1853 no *Quarterly Review* da Inglaterra.

> Medidas devem ser tomadas para eliminar uma grande objeção que existe atualmente quanto ao envio de mensagens particulares pelo telégrafo — a violação de todos os segredos —, pois em qualquer situação meia dúzia de pessoas devem ler cada palavra que for enviada. Os funcionários da English Telegraph Company juram manter segredo, mas nós freqüentemente escrevemos coisas que não toleraríamos que estranhos lessem. Esta é uma falha séria do telégrafo, e precisa ser remediada de um modo ou de outro.

Tabela 6 Símbolos do código Morse internacional.

Símbolo	Código	Símbolo	Código
A	· –	W	· – –
B	– · · ·	X	– · · –
C	– · – ·	Y	– · – –
D	– · ·	Z	– – · ·
E	·	1	· – – – –
F	· · – ·	2	· · – – –
G	– – ·	3	· · · – –
H	· · · ·	4	· · · · –
I	· ·	5	· · · · ·
J	· – – –	6	– · · · ·
K	– · –	7	– – · · ·
L	· – · ·	8	– – – · ·
M	– –	9	– – – – ·
N	– ·	0	– – – – –
O	– – –	ponto final	· – · – · –
P	· – – ·	vírgula	– – · · – –
Q	– – · –	ponto de interrogação	· · – – · ·
R	· – ·	dois pontos	– – – · · ·
S	· · ·	ponto e vírgula	– · – · – ·
T	–	hífen	– · · · · –
U	· · –	barra	– · · – ·
V	· · · –	aspas	· – · · – ·

A solução era cifrar a mensagem antes de entregá-la ao telegrafista. O operador então transformaria o texto cifrado em código Morse antes de transmiti-lo. Além de impedir que os telegrafistas lessem materiais sigilosos, a cifra também anulava os esforços de qualquer espião que pudesse ter colocado uma escuta no fio do telégrafo. A cifra polialfabética de Vigenère era claramente o melhor meio de garantir o segredo das comunicações envolvendo negócios importantes. Era considerada indecifrável e tornou-se conhecida pela expressão francesa *le chiffre indéchiffrable*. Os criptógrafos estavam, finalmente, levando uma grande vantagem sobre os criptoanalistas.

Babbage Enfrenta a Cifra de Vigenère

A figura mais intrigante da criptoanálise do século XIX é Charles Babbage, um excêntrico gênio britânico mais conhecido por ter desenvolvido o precursor dos computadores modernos. Ele nasceu em 1791, filho de Benjamin Babbage, um rico banqueiro londrino. Quando Charles se casou sem o consentimento do pai, ele deixou de ter acesso à fortuna dos Babbage, mas ainda tinha dinheiro suficiente para manter uma independência financeira. Assim, iniciou uma vida de intelectual diletante, voltando sua mente para qualquer problema que despertasse seu interesse. Suas invenções incluem o velocímetro e o limpa-trilhos, uma estrutura que era colocada na dianteira das locomotivas a vapor para tirar o gado dos trilhos das ferrovias. Em termos de descobertas científicas ele foi o primeiro a perceber que a largura dos anéis de crescimento nas árvores dependia do clima em determinado ano. Daí Babbage deduziu que era possível determinar o clima de épocas passadas estudando árvores antigas. Ele também se deixou fascinar pela estatística, e como passatempo criou um conjunto de tabelas de mortalidade que são uma ferramenta básica para as companhias de seguro hoje em dia.

Babbage não se restringia a problemas científicos e de engenharia. O custo da postagem das cartas costumava depender da distância para onde a carta era enviada. Mas Babbage mostrou que o custo do trabalho necessário para calcular o preço de cada carta era maior do que o custo da postagem. Propôs então um sistema ainda em uso atualmente — um preço único para todas as cartas, independentemente do país onde vive o destinatário. Também se interessou pela política e pelas questões sociais no final de sua vida e iniciou uma campanha para acabar com os tocadores de realejo e músicos de rua que perambulavam por Londres. Babbage queixava-se de que a música "freqüentemente inicia uma dança de moleques maltrapilhos e homens embriagados, que aumentam o barulho com suas vozes discordantes. Outra classe de defensores da música de rua são aquelas damas de virtudes duvidosas e tendências promíscuas que freqüentemente usam a música como uma desculpa para exibir seus encantos nas janelas abertas." Infelizmente para Babbage os músicos contra-atacaram reunindo-se em grandes grupos em torno de sua casa e tocando o mais alto possível.

Mas o ponto crucial na carreira científica de Babbage aconteceu em 1821, quando ele e o astrônomo John Herschel examinavam um conjunto de tabelas matemáticas, do tipo usado para cálculos de astronomia, engenharia e navegação. Os dois ficaram aborrecidos com o número de erros existentes nas tabelas, que provocavam falhas em cálculos de grande importância. Um conjunto de tabelas, as *Efemérides naúticas para determinação de latitude e longitude no mar*, continha mais de mil erros. De fato, muitos naufrágios e desastres provocados por falhas de projeto eram atribuídos a tabelas com erros.

Essas tabelas matemáticas eram calculadas a mão, e as falhas aconteciam simplesmente como resultado de erro humano. Isso levou Babbage a exclamar: "Eu peço a Deus que esses cáculos possam ser feitos a vapor!" Isso o levou ao início de um trabalho extraordinário para construir uma máquina capaz de calcular tabelas sem falhas e com um alto grau de precisão. Em 1823 Babbage projetou o "Motor de Subtração nº 1", uma magnífica calculadora feita com 25 mil peças de precisão que seria construída com financiamento do governo. Mas embora fosse um inovador brilhante, Babbage não era um grande realizador. Depois de dez anos de trabalho ele abandonou o "Motor de Subtração nº 1" e começou um projeto inteiramente novo, o "Motor de Subtração nº 2".

Quando Babbage abandonou a sua primeira máquina, o governo perdeu a confiança que tinha nele e decidiu reduzir as perdas retirando-se do projeto — no qual já gastara a soma de 17.470 libras, o suficiente para construir um par de encouraçados. Foi provavelmente a retirada deste apoio que levou Babbage a fazer a seguinte queixa: "Proponha a um inglês qualquer princípio, qualquer instrumento, não importa o quão admirável ele seja, e vai observar que todo o esforço da mente britânica se volta para encontrar uma dificuldade, um defeito, ou uma impossibilidade naquilo. Se você lhe falar de uma máquina para descascar batatas, ele vai dizer que é impossível: e se você colocar a máquina para descascar uma batata diante de seus olhos, ele vai declará-la inútil, porque não pode descascar um abacaxi."

A falta de financiamento governamental fez com que Babbage nunca pudesse completar o seu "Motor de Subtração nº 2". Uma tragédia científica, já

Fig. 12 Charles Babbage.

que a máquina teria a característica única de ser programável. No lugar de meramente calcular um conjunto específico de tabelas, o "Motor de Subtração nº2" teria sido capaz de resolver uma variedade de problemas matemáticos, dependendo das instruções que recebesse. De fato a máquina era um esboço dos computadores modernos. O projeto incluía um "depósito" (memória) e um "triturador" (processador) que permitia que ela tomasse decisões e repetisse instruções, que são equivalentes aos comandos IF... THEN... e LOOP (SE... ENTÃO... REPITA" da programação moderna).

Um século depois, durante a Segunda Guerra Mundial, as primeiras versões eletrônicas da máquina de Babbage tiveram um efeito profundo na criptoanálise, mas durante a sua vida ele fez uma contribuição igualmente importante para a quebra de códigos: conseguiu quebrar a cifra de Vigenère, e assim produziu o maior avanço na criptoanálise desde que os estudiosos árabes do século IX decifraram a cifra monoalfabética com a invenção da análise de freqüência. O trabalho de Babbage não exigia cálculos mecânicos ou computações complexas. Ele empregou nada mais do que pura astúcia.

Babbage tornara-se interessado em códigos ainda muito jovem. Adulto, ele se lembrava de como o *hobby* de sua infância lhe trouxera problemas: "Os garotos maiores criavam cifras, mas se eu tivesse acesso a algumas poucas palavras, geralmente encontrava a chave. As conseqüências desta engenhosidade eram com freqüência dolorosas: os donos das mensagens decifradas às vezes batiam em mim, embora a culpa fosse da própria estupidez deles." Essas surras não o desencorajaram, e ele continuou fascinado pela criptoanálise. Babbage escreveu em sua autobiografia que "em minha opinião, a arte de decifrar é uma das mais fascinantes".

Logo ele adquiriu a reputação, na sociedade londrina, de ser um criptoanalista capaz de lidar com qualquer mensagem cifrada, e estranhos o abordavam com todo o tipo de problema. Por exemplo, Babbage ajudou um biógrafo desesperado a decifrar as notas taquigráficas de John Flamsteed, o primeiro astrônomo real. Ele também socorreu um historiador quebrando a cifra de Henrietta Maria, esposa de Carlos I. Em 1854 Babbage colaborou com um advogado e usou a criptoanálise para revelar provas cruciais num caso jurídico. Durante os anos ele acumulou um volumoso arquivo de mensagens cifradas, que planejava usar como base para um tratado sobre o assunto, intitulado *The Philosophy of Decyphering*. O livro conteria dois exemplos de cada tipo de cifra, sendo que um seria deixado como exercício para o leitor. Infelizmente, como no caso de muitos de seus grandes projetos, o livro nunca foi terminado.

Enquanto a maioria dos criptoanalistas desistira de quebrar a cifra de Vigenère, Babbage foi inspirado a tentar decifrá-la após uma troca de cartas com John Hall Brock Thwaites, um dentista de Bristol que tinha uma visão um tanto inocente das cifras. Em 1854, Thwaites afirmou ter inventado uma nova cifra, a qual, de fato, era equivalente à cifra de Vigenère. Ele escreveu para o *Journal of the Society of Arts* com a intenção de patentear sua idéia, aparentemente sem saber que estava chegando atrasado vários séculos. Babbage escreveu para a sociedade afirmando que "a cifra... é muito antiga e pode ser encontrada na maioria dos livros". Thwaites não aceitou e desafiou Babbage a decifrá-la. Se a cifra era ou não decifrável, era irrelevante para a questão de ser ou não nova. Mas a curiosidade de Babbage fora suficientemente despertada para que ele começasse a procurar uma fraqueza na cifra de Vigenère.

Quebrar uma cifra difícil é como escalar um penhasco íngreme. O criptoanalista está procurando qualquer reentrância ou fenda onde possa se apoiar. Em uma cifra monoalfabética o criptoanalista se agarra na freqüência das letras, porque as letras mais comuns no inglês como **e**, **t**, e **a** se destacam, não importa quão bem estejam disfarçadas. Na cifra polialfabética de Vigenère as freqüências são muito mais equilibradas, porque a palavra-chave é usada para alternar os alfabetos cifrados. Por esse motivo, à primeira vista a face do penhasco é perfeitamente lisa.

Lembre-se de que a grande força da cifra de Vigenère consiste em a mesma letra ser cifrada de vários modos diferente. Por exemplo, se a palavra-chave for **KING**, então cada letra no texto cifrado pode ser cifrada de quatro modos diferentes, porque a palavra-chave contém quatro letras. Cada letra da palavra-chave define uma cifra diferente no quadrado de Vigenère, como é mostrado na Tabela 7. A coluna **e** do quadrado aparece em destaque para mostrar que a letra é cifrada de modo diferente, dependendo de qual letra da palavra-chave esteja definindo a cifragem:

Se o **K** de **KING** for usado para cifrar **e**, então a letra resultante no texto cifrado é **O**.
Se o **I** de **KING** for usado para cifrar **e**, então a letra resultante no texto cifrado é **M**.
Se o **N** de **KING** for usado para cifrar **e**, então a letra resultante no texto cifrado é **R**.
Se o **G** de **KING** for usado para cifrar **e**, então a letra resultante no texto cifrado é **K**.

Tabela 7 Um quadrado de Vigenère usado em combinação com a chave **KING**. A palavra-chave determina quatro alfabetos cifrados distintos, assim, a letra e pode ser cifrada como **O, M, R** ou **K**.

Alfabeto correto	a b c d e f g h i j k l m n o p q r s t u v w x y z
1	B C D E F G H I J K L M N O P Q R S T U V W X Y Z A
2	C D E F G H I J K L M N O P Q R S T U V W X Y Z A B
3	D E F G H I J K L M N O P Q R S T U V W X Y Z A B C
4	E F G H I J K L M N O P Q R S T U V W X Y Z A B C D
5	F G H I J K L M N O P Q R S T U V W X Y Z A B C D E
6	G H I J K L M N O P Q R S T U V W X Y Z A B C D E F
7	H I J K L M N O P Q R S T U V W X Y Z A B C D E F G
8	I J K L M N O P Q R S T U V W X Y Z A B C D E F G H
9	J K L M N O P Q R S T U V W X Y Z A B C D E F G H I
10	K L M N O P Q R S T U V W X Y Z A B C D E F G H I J
11	L M N O P Q R S T U V W X Y Z A B C D E F G H I J K
12	M N O P Q R S T U V W X Y Z A B C D E F G H I J K L
13	N O P Q R S T U V W X Y Z A B C D E F G H I J K L M
14	O P Q R S T U V W X Y Z A B C D E F G H I J K L M N
15	P Q R S T U V W X Y Z A B C D E F G H I J K L M N O
16	Q R S T U V W X Y Z A B C D E F G H I J K L M N O P
17	R S T U V W X Y Z A B C D E F G H I J K L M N O P Q
18	S T U V W X Y Z A B C D E F G H I J K L M N O P Q R
19	T U V W X Y Z A B C D E F G H I J K L M N O P Q R S
20	U V W X Y Z A B C D E F G H I J K L M N O P Q R S T
21	V W X Y Z A B C D E F G H I J K L M N O P Q R S T U
22	W X Y Z A B C D E F G H I J K L M N O P Q R S T U V
23	X Y Z A B C D E F G H I J K L M N O P Q R S T U V W
24	Y Z A B C D E F G H I J K L M N O P Q R S T U V W X
25	Z A B C D E F G H I J K L M N O P Q R S T U V W X Y
26	A B C D E F G H I J K L M N O P Q R S T U V W X Y Z

De modo semelhante, palavras inteiras podem ser decifradas de modos diferentes: a palavra **the**, por exemplo, pode ser cifrada como **DPR, BUK, GNO** ou **ZRM**, dependendo de sua posição em relação à palavra-chave. Embora isso torne a criptoanálise difícil, ela não é impossível. O ponto importante a notar é que se existem apenas quatro modos de se cifrar a palavra **the**, e a mensagem original contém vários casos em que **the** aparece, então é altamente provável que algumas das quatro possíveis cifras seja repetida ao longo do texto cifrado. Isto é demonstrado no exemplo seguinte, no qual a frase

O LIVRO DOS CÓDIGOS

The Sun and the Man in the Moon foi cifrada usando o quadrado de Vigenère e a palavra-chave **KING**.

palavra-chave	K I N G K I N G K I N G K I N G K I N G K I N G
texto original	t h e s u n a n d t h e m a n i n t h e m o o n
texto cifrado	D P R Y E V N T N B U K W I A O X B U K W W B T

A palavra **the** encontra-se cifrada como **DPR** no primeiro caso, e como **BUK** na segunda e na terceira ocasiões. A razão para a repetição de **BUK** é que o segundo **the** encontra-se deslocado oito letras em relação ao terceiro, e oito é um múltiplo do comprimento da palavra-chave, que tem quatro letras de comprimento. Em outras palavras, o segundo **the** foi cifrado de acordo com o seu relacionamento com a palavra-chave (**the** encontra-se diretamente abaixo de **ING**); na ocasião em que chegamos ao terceiro **the**, a palavra-chave já foi alternada duas vezes para repetir o relacionamento e portanto repetir a cifragem.

Babbage percebeu que esse tipo de repetição lhe dava o ponto de apoio de que ele precisava para conquistar a cifra de Vigenère. Ele foi capaz de definir uma série de passos relativamente simples que poderiam ser seguidos por qualquer criptoanalista para quebrar a até então *chiffre indéchiffrable*. Para demonstrar sua técnica brilhante, vamos imaginar que interceptamos o texto cifrado mostrado na Figura 13. Nós sabemos que ele foi codificado usando-se a cifra de Vigenère, mas não sabemos nada sobre a mensagem original, e a palavra-chave é um mistério.

O primeiro passo na criptoanálise de Babbage é procurar por seqüências de letras que apareçam mais de uma vez no texto cifrado. Existem dois meios pelos quais tais repetições poderiam surgir. O mais provável é que a mesma seqüência de letras no texto original tenha sido cifrada usando-se a mesma parte da chave. Como alternativa, existe uma ligeira possibilidade de que duas seqüências diferentes de letras no texto original tenham sido cifradas usando-se partes diferentes da chave, o que, coincidentemente, teria levado a uma seqüência idêntica no texto cifrado. Se nos restringirmos a seqüências longas, então podemos esquecer, em grande parte, esta segunda possibilidade, e neste caso vamos considerar seqüências repetidas somente se elas forem de quatro letras ou mais. A Tabela 8 é um registro de tais repetições junto com

```
W U B E F I Q L Z U R M V O F E H M Y M W T
I X C G T M P I F K R Z U P M V O I R Q M M
W O Z M P U L M B N Y V Q Q Q M V M V J L E
Y M H F E F N Z P S D L P P S D L P E V Q M
W C X Y M D A V Q E E F I Q C A Y T Q O W C
X Y M W M S E M E F C F W Y E Y Q E T R L I
Q Y C G M T W C W F B S M Y F P L R X T Q Y
E E X M R U L U K S G W F P T L R Q A E R L
U V P M V Y Q Y C X T W F Q L M T E L S F J
P Q E H M O Z C I W C I W F P Z S L M A E Z
I Q V L Q M Z V P P X A W C S M Z M O R V G
V V Q S Z E T R L Q Z P B J A Z V Q I Y X E
W W O I C C G D W H Q M M V O W S G N T J P
F P P A Y B I Y B J U T W R L Q K L L L M D
P Y V A C D C F Q N Z P I F P P K S D V P T
I D G X M Q Q V E B M Q A L K E Z M G C V K
U Z K I Z B Z L I U A M M V Z
```

Fig. 13 O texto cifrado, quebrado pela cifra de Vigenère.

o espaçamento entre cada repetição. Por exemplo, a seqüência **E-F-I-Q** aparece na primeira linha do texto cifrado e depois na quinta linha, separadas entre si por 95 letras.

Além de ser usada para transformar o texto original em texto cifrado, a palavra-chave também é usada pelo destinatário para transformar o texto cifrado em texto original. Desse modo, se pudermos identificar a palavra-chave, a decifragem do texto será fácil. Nesse estágio ainda não temos informação suficiente para encontrar a palavra-chave, mas a Tabela 8 nos dá alguns bons indícios quanto ao seu comprimento. Tendo listado as seqüências que se repetem, e o espaçamento entre essas repetições, o resto da tabela é dedicado a identificar os *fatores* deste espaçamento — números que irão se dividir por este espaçamento. Por exemplo, a seqüência **W-C-X-Y-M** se repete depois de vinte letras e os números 1, 2, 4, 5, 10 e 20 são fatores, porque eles dividem 20 perfeitamente sem deixar resto. Esses fatores sugerem seis possibilidades:

O LIVRO DOS CÓDIGOS

(1) a chave tem 1 letra de comprimento e é repetida 20 vezes durante a cifragem.

(2) a chave tem 2 letras de comprimento e é repetida 10 vezes durante a cifragem.

(3) a chave tem 4 letras de comprimento e é repetida 5 vezes durante a cifragem.

(4) a chave tem 5 letras de comprimento e é repetida 4 vezes durante a cifragem.

(5) a chave tem 10 letras de comprimento e é repetida 2 vezes durante a cifragem.

(6) a chave tem 20 letras de comprimento e é repetida 1 vez durante a cifragem.

A primeira possibilidade pode ser eliminada porque a chave com apenas uma letra de comprimento dá origem a uma cifra monoalfabética — somente uma fila do quadrado de Vigenère seria usada durante toda a cifragem e o alfabeto cifrado permaneceria imutável. É improvável que um criptógrafo fizesse isso. Para indicar cada uma das possibilidades restantes um ✓ é colocado na coluna apropriada da Tabela 8. Cada ✓ indica um comprimento potencial de uma chave.

Tabela 8 Repetições e espaços no texto cifrado.

Seqüência repetida	Espaços repetidos	Tamanhos possíveis de chave (ou fatores)																		
		2	3	4	5	6	7	8	9	10	11	12	13	14	15	16	17	18	19	20
E-F-I-Q	95				✓															✓	
P-S-D-L-P	5				✓																
W-C-X-Y-M	20	✓		✓	✓					✓											✓
E-T-R-L	120	✓	✓	✓	✓	✓		✓		✓		✓				✓					✓

Para identificar se a chave tem 2, 4, 5, 10 ou 20 letras de comprimento, nós precisamos examinar os fatores em todos os outros espaçamentos. Como a palavra-chave parece ter 20 letras ou menos, a Tabela 8 enumera os fatores que são iguais ou menores do que 20 para cada um dos espaçamentos. Existe uma clara propensão para um espaçamento dividido por 5. De fato, todos os espaçamentos são divisíveis por 5. A primeira seqüência repetida, **E-F-I-Q**, pode ser explicada por uma palavra-chave de comprimento 5 repetida 19 vezes entre a primeira e a segunda cifragens. A segunda seqüência repetida, **P-S-D-L-P**, pode ser explicada por uma palavra-chave de comprimento 5 repetida apenas uma vez entre a primeira e a segunda cifragens. A terceira seqüência repetida **W-C-X-Y-M**, pode ser explicada por uma palavra-chave de comprimento 5 repetida 4 vezes entre a primeira e a segunda cifragens. A quarta seqüência repetida, **E-T-R-L** pode ser explicada por uma palavra-chave de comprimento 5 usada 24 vezes entre a primeira e a segunda cifragens. Resumindo, tudo é coerente com uma palavra-chave de cinco letras.

Presumindo que a palavra-chave tem de fato 5 letras de comprimento, o passo seguinte consiste em determinar as letras que formam a palavra. Por enquanto vamos chamar a palavra-chave de L_1-L_2-L_3-L_4-L_5, de modo que L_1 representa a primeira letra da palavra e assim por diante. O processo de cifragem teria começado com a cifragem da primeira letra do texto de acordo com a primeira letra da palavra-chave, ou seja, L_1. A letra L_1 define uma fileira do quadrado de Vigenère e fornece um alfabeto cifrado de substituição monoalfabética para a primeira letra do texto original. Contudo, quando chegou o momento de cifrar a segunda letra, o criptógrafo teria usado L_2 para definir uma fileira diferente do quadrado de Vigenère, obtendo um alfabeto diferente, com outra cifra de substituição monoalfabética. A terceira letra do texto teria sido cifrada de acordo com L_3, a quarta de acordo com L_4, e a quinta de acordo com L_5. Cada letra da palavra-chave está fornecendo um alfabeto cifrado diferente. Contudo, a sexta letra do texto original teria que ser cifrada novamente de acordo com L_1, e a sétima novamente de acordo com L_2, o ciclo se repetindo daí por diante. Em outras palavras, a cifra polialfabética consiste em cinco cifras monoalfabéticas e cada cifra monoalfabética é responsável pela cifragem de um quinto de toda a mensagem. Mas o que é mais importante é que nós já sabemos como criptoanalisar cifras monoalfabéticas.

Prosseguimos do seguinte modo. Sabemos que uma das fileiras do quadrado de Vigenère, definida por L_1, forneceu o alfabeto cifrado para codificar a primeira, a sexta, a décima primeira e a décima sexta letras... da mensagem. Portanto, se olharmos para as letras de números 1, 6, 11, 16... do texto cifrado poderemos usar a velha análise de freqüência para determinar qual é o alfabeto. A Figura 14 mostra a distribuição de freqüências das letras que aparecem nas posições 1, 6, 11, 16... do texto cifrado e que são **W, I, R, E**... Neste ponto lembre-se de que cada alfabeto cifrado do quadrado de Vigenère é simplesmente um alfabeto padrão deslocado de um valor entre 1 e 26. Portanto a distribuição de freqüência na Figura 14 deveria ter características semelhantes às da distribuição de freqüência num alfabeto padrão, exceto pelo acréscimo de um certo deslocamento. Comparando a distribuição de L_1 com a distribuição padrão, nós podemos determinar o deslocamento. A Figura 15 mostra a freqüência padrão de distribuição para um trecho de texto em inglês.

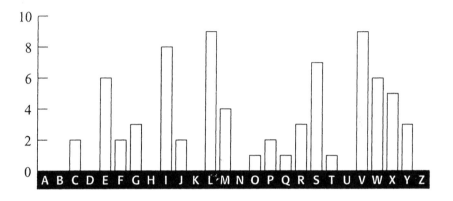

Fig. 14 Distribuição de freqüência para as letras da mensagem cifrada com o uso do alfabeto cifrado L_1 (número de ocorrências).

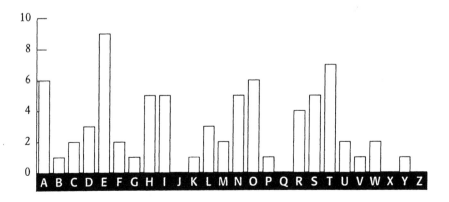

Fig. 15 Distribuição padrão de freqüência (número de ocorrências baseados em parte de um texto contendo o mesmo número de letras do texto cifrado).

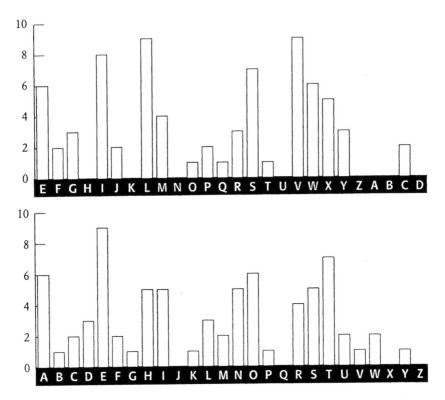

Fig. 16 A distribuição L_1 alterada em quatro letras para trás (acima), comparada com a distribuição de freqüência padrão (abaixo). Todos os picos maiores e depressões coincidem.

A distribuição padrão apresenta picos, platôs e vales, e para igualá-la com a distribuição da cifra de L_1 nós precisamos examinar a combinação de fatores mais visíveis. Por exemplo, os três picos em R-S-T na distribuição padrão (Figura 15) e a longa depressão à sua direita, que se estende ao longo de seis letras, de U a Z, forma um par bem visível de características. As únicas características semelhantes na distribuição de L_1 (Figura 14) são os três picos em V-W-X seguidos de uma depressão que se estende por seis letras, de Y a D. Isto sugere que todas as letras cifradas de acordo com L_1 foram deslocadas de quatro casas, ou que L_1 define um alfabeto cifrado que começa com E, F, G, H... Por sua vez, isso significa que a primeira letra da palavra-chave L_1 é provavelmente o E. Esta hipótese pode ser testada recuando-se a distribuição de L₁ por quatro letras e comparando-a com a distribuição padrão. A Figura 16 compara ambas as distribuições. A equivalência entre os picos maiores é muito forte, implicando que é seguro presumir que a palavra-chave realmente começa com E.

Resumindo, a procura de repetições no texto cifrado permitiu que identificássemos o comprimento da palavra-chave, que mostrou ser de cinco letras. Isso permitiu que dividíssemos o texto cifrado em cinco partes, cada uma delas cifrada de acordo com uma substituição monoalfabética definida por uma letra da palavra-chave. Ao analisarmos a fração do texto que foi cifrada de acordo com a primeira letra da palavra-chave, conseguimos demonstrar que a letra L₁ é provavelmente o E. Este processo é repetido de modo a identificar a segunda letra da palavra-chave. A distribuição de freqüência é estabelecida para a segunda, a sétima, a décima segunda, a décima sétima... letras do texto cifrado. E, novamente, a distribuição de freqüências resultante, mostrada na Figura 17, é comparada com a distribuição padrão de modo a deduzir seu deslocamento.

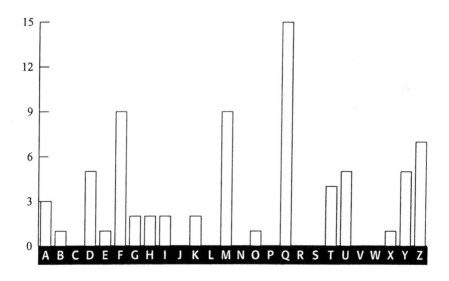

Fig. 17 Distribuição de freqüência das letras do texto cifrado quebrado com o uso do alfabeto cifrado L₂ (número de ocorrências).

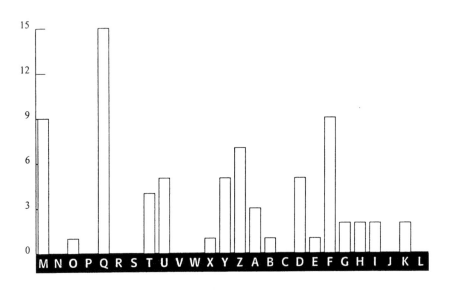

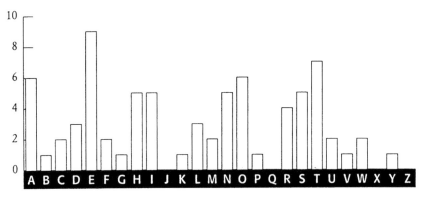

Fig. 18 A distribuição L$_2$ alterada em duas letras para trás (acima), comparada com a distribuição de freqüência padrão (abaixo). A maioria dos picos e depressões coincide.

Esta distribuição é mais difícil de analisar. Existem candidatos óbvios para os três picos vizinhos, que correspondem a R-S-T. Contudo, a depressão que se estende de G a L é muito distinta e provavelmente corresponde à depressão que esperaríamos ver se estendendo de U até Z na distribuição padrão. Se for este o caso, esperaríamos que os três picos R-S-T aparecessem em D, E e F, mas o pico em E está faltando. Por enquanto vamos desconsiderar o pico perdido

O LIVRO DOS CÓDIGOS

como um erro estatístico, e prosseguir com nossa reação inicial, de que a depressão de **G** até **L** seja uma característica reconhecível deslocada. Isto sugere que todas as letras cifradas de acordo com L_2 foram deslocadas 12 casas e que L_2 define um alfabeto cifrado que começa em **M, N, O, P**... e que a segunda letra da palavra-chave L_2 seria **M**. Novamente esta hipótese pode ser testada recuando-se a distribuição de L_2 12 letras e comparando-a com a distribuição padrão. A Figura 18 mostra as duas distribuições e a equivalência entre os maiores picos é muito forte, demonstrando que é seguro assumir que a segunda letra da palavra-chave seja de fato **M**.

Não vou continuar esta análise. É suficiente dizer que a análise da terceira, oitava e a décima terceira... letras indica que a terceira letra da palavra-chave é o **I**, enquanto a análise da quarta, nona e décima quarta letras... demonstra que a quarta letra é **L**, enquanto a análise da quinta, décima, décima quinta... letras demonstra que a quinta letra seja o **Y**. A palavra-chave é **EMILY**. Agora podemos reverter a cifra de Vigenère e completar a criptoanálise. A primeira letra do texto cifrado é o **W** e foi cifrada de acordo com a primeira letra da palavra-chave, o **E**. Trabalhando em sentido inverso, olhamos o quadrado de Vigenère e encontramos o **W** numa fileira começando pelo **E** e então descobrimos que letra está no topo daquela coluna. A letra é o **s**, o que a torna a primeira letra do texto original. Repetindo o processo vemos que o texto original começa com **sittheedownandhavenoshamecheekbyjowl**... Inserindo os espaços adequados entre as palavras e a pontuação, obtemos:

> Sit thee down, and have no shame,
> Cheek by jowl, and knee by knee:
> What care I for any name?
> What for order or degree?
>
> Let me screw thee up a peg:
> Let me loose thy tongue with wine:
> Callest thou that thing a leg?
> Which is thinnest? thine or mine?
>
> Thou shalt not be saved by works:
> Thou hast been a sinner too:
> Ruined trunks on withered forks,
> Empty scarecrows, I and you!

Fill the cup, and fill the can:
Have a rouse before de morn:
Every moment dies a man,
Every moment one is born.

Estes são versos de um poema de Alfred Tennyson intitulado "The Vision of Sin" (A visão do pecado). A palavra-chave é o primeiro nome da esposa de Tennyson, Emily Sellwood. Eu usei um trecho deste poema em particular como exemplo para a criptoanálise porque ele deu origem a uma curiosa correspondência entre Babbage e o grande poeta. Sendo um bom estatístico e um compilador de tabelas de mortalidade, Babbage ficou irritado com as linhas "Every moment dies a man. Every moment one is born"(A cada momento morre um homem, a cada momento um homem nasce), que são as últimas linhas do texto acima. Conseqüentemente, ele ofereceu uma correção para o poema "de outro modo belo" de Tennyson:

> Eu devo dizer que se isto fosse verdade a população do mundo não cresceria nem diminuiria... Sugiro que na próxima edição de seu poema escreva — "A cada momento um homem morre, a cada momento nascem 1 1/16... O número verdadeiro é tão longo, que eu não poderia escrevê-lo em uma única linha, mas acredito que o número 1 1/16 seja suficientemente preciso para a poema.
> Sinceramente, ao seu dispor
> Charles Babbage.

A criptoanálise bem-sucedida da cifra de Vigenère por Babbage foi provavelmente realizada em 1854, logo depois de sua discussão com Thwaites, mas a descoberta continuou desconhecida, porque não foi publicada. Ela só veio à luz no século XX, quando estudiosos examinaram as anotações de Babbage. Entrementes, a técnica foi descoberta independentemente por Friedrich Wilhelm Kasiski, um oficial da reserva do exército prussiano. Desde 1863, quando ele publicou este avanço na criptoanálise no *Die Geheimschriften und die Dechiffrir-kunst* (A escrita secreta e a arte de decifrá-la), a técnica tem sido conhecida como Teste de Kasiski e a contribuição de Babbage é geralmente ignorada.

E por que Babbage teria deixado de divulgar a quebra de uma cifra tão essencial? Ele certamente tinha o hábito de não terminar seus projetos, nem publicar suas descobertas, o que pode sugerir que este seria apenas mais um exemplo de sua atitude displicente. Contudo, há uma explicação alternativa. Sua descoberta aconteceu logo depois do início da guerra da Criméia e uma teoria diz que ela deu aos britânicos uma vantagem clara sobre o inimigo russo. É bem possível que a espionagem britânica tenha exigido que Babbage mantivesse seu trabalho em segredo, dando-lhes assim uma vantagem de nove anos sobre o resto do mundo. Se for este o caso, então ele se encaixa na longa tradição de ocultar conquistas na quebra de códigos no interesse da segurança nacional. Uma prática que continuou no século XX.

Das Colunas de Óbitos ao Tesouro Enterrado

Graças às descobertas feitas por Charles Babbage e Friedrich Kasiski, a cifra de Vigenère não era mais segura. Os criptógrafos não podiam mais garantir o segredo, agora que os criptoanalistas tinham contra-atacado para recuperar o controle na guerra das comunicações. E embora os criptógrafos tenham tentado criar novas cifras, nada de grande importância surgiu durante a segunda metade do século XIX. A criptografia profissional mergulhara na confusão. Contudo, o mesmo período testemunhou um enorme crescimento no interesse do grande público pelas cifras.

O desenvolvimento do telégrafo despertara o interesse comercial pela criptografia e foi também o responsável pela criação de um interesse público pelo assunto. O povo estava consciente da necessidade de proteger as mensagens pessoais, principalmente as de natureza altamente sensível. Quando necessário, as pessoas usavam cifras, ainda que isso aumentasse o tempo requerido para enviá-las, encarecendo o custo do telegrama. Os operadores de Morse podiam enviar mensagens em inglês à velocidade de até 35 palavras por minuto, porque eram capazes de memorizar frases inteiras e transmiti-las em uma única descarga de sinais. Mas a mistura de letras formada por um texto cifrado era de transmissão consideravelmente mais lenta, porque o operador precisava olhar continuamente para a mensagem escrita de modo a checar a seqüência de letras. As cifras usadas pelo público em geral não teriam resistido ao ataque de um criptoanalista profissional, mas eram suficientes para proteger os segredos contra os curiosos ocasionais.

À medida em que se acostumavam com as cifras, as pessoas começaram a expressar suas habilidades criptográficas numa grande variedade de maneiras. Por exemplo, os jovens apaixonados da Inglaterra vitoriana eram proibidos de expressar seu amor publicamente. Eles não podiam nem mesmo trocar cartas porque havia o risco de os pais interceptarem a correspondência e lerem o conteúdo. Isso fez com que os apaixonados passassem a trocar mensagens cifradas através das colunas de cartas dos jornais, colunas dedicadas a mensagens dos leitores. Eram apelidadas de "colunas de óbitos" e provocavam a curiosidade dos criptoanalistas, que observavam as mensagens e tentavam decifrar seus conteúdos comprometedores. Charles Babbage se dedicou a essa atividade junto com seus amigos, Sir Charles Wheatstone e o barão Lyon Playfair, que juntos foram responsáveis pela criação da hábil *cifra de Playfair* (descrita no Apêndice E). Em uma ocasião, Wheatstone decifrou uma nota colocada no *The Times* por um estudante de Oxford sugerindo a sua amada uma fuga da casa dos pais. Alguns dias depois Wheatstone inseriu sua própria mensagem, usando a mesma cifra, aconselhando ao jovem casal que não cometesse tal ato temerário. Pouco depois apareceu uma terceira mensagem, desta vez sem cifragem, onde a moça em questão dizia: "Querido Charlie, não escreva mais. Nossa cifra foi descoberta."

No devido tempo, uma grande variedade de notas cifradas apareceu nos jornais. Os criptógrafos começaram a inserir blocos de textos cifrados meramente para desafiar seus colegas. Em outras ocasiões, notas cifradas foram usadas para criticar figuras públicas e organizações. O jornal *The Times* certa vez publicou o seguinte comentário cifrado: "*The Times* é o Jeffreys da imprensa." O jornal era comparado ao notório juiz Jeffreys do século XVII, implicando que se tratava de uma publicação desumana e opressora que agia como porta-voz do governo.

Outro exemplo da familiaridade do povo com a criptografia foi o amplo uso da cifragem por pontos. O antigo historiador grego, Eneas, o Tático, sugeriu que uma mensagem secreta poderia ser transmitida fazendo-se pequenos pontos sob certas letras em uma página de texto aparentemente inócuo, exatamente como os pontos que aparecem sob algumas letras deste parágrafo. A carta então transmitiria uma mensagem secreta, fácil de ser lida pelo destinatário. Mas, se um intermediário olhasse para a página, provavelmente não perceberia a mensagem secreta. Dois mil anos depois os correspondentes britânicos usaram exatamente o mesmo método, não para obter sigilo, mas para evitar pagar os altos custos de postagem. Antes da reforma do sistema postal, em meados do século XIX, enviar uma carta custava um *shilling* para cada 160 quilômetros, caro demais para a maioria das pessoas. Entretanto, jornais podiam ser enviados gratuitamente e isto forneceu uma saída para os econômicos vitorianos. No lugar de enviar cartas, as pessoas começaram a usar o código de pontos para transmitir mensagens na primeira página de um jornal. Então enviavam o jornal pelo correio sem pagar um centavo.

O crescente fascínio do público pelas técnicas criptográficas fez com que os códigos e cifras logo aparecessem na literatura do século XIX. No romance de Júlio Verne *Viagem ao centro da Terra*, o primeiro passo na viagem épica consiste em decifrar um pergaminho com caracteres rúnicos. Os caracteres são parte de uma cifra de substituição que gera um texto em latim, que, por sua vez, só faz sentido quando as letras são invertidas: "Desça a cratera do vulcão Sneffels, quando a sombra do Scartaris vier acariciá-la, antes das calendas de julho, audacioso viajante, e chegarás ao centro da Terra." Em 1885 Verne também usou uma cifra como o elemento principal em seu romance *Mathias Sandorff*. Na Inglaterra, um dos melhores autores de ficção criptográfica foi Sir Arthur Conan Doyle. Não nos surpreende que Sherlock Holmes fosse um especialista em criptografia e, como ele explicou ao Dr. Watson, também "o autor de um pequeno artigo sobre o assunto no qual analiso cento e sessenta cifras separadas". A mais famosa decifração de Holmes é narrada na *Aventura dos dançarinos*, que envolve uma cifra formada por bonequinhos, cada pose representando uma letra distinta.

Fig. 19 Seção do texto cifrado de *The Adventure of the Dancing Men*, uma aventura de Sherlock Holmes escrita por Sir Arthur Conan Doyle.

No outro lado do Atlântico, Edgar Allan Poe também adquiriu um interesse pela criptoanálise. Escrevendo para o *Alexander Weekly Messenger* ele fez um desafio aos leitores, afirmando que poderia decifrar qualquer cifra de substituição monoalfabética. Centenas de leitores enviaram seus textos cifrados e ele conseguiu decifrar todos. Embora isso não exigisse nada mais do que uma análise de freqüência, os leitores de Poe ficaram admirados com suas conquistas. Um fã entusiástico proclamou que ele era "o mais profundo e habilidoso criptógrafo que já vivera".

Em 1843, ávido por explorar o interesse que tinha gerado, Poe escreveu um conto sobre cifras que tem sido amplamente reconhecido pelos criptógrafos profissionais como o melhor exemplo de literatura de ficção sobre o assunto. *O besouro dourado* conta a história de William Legrand, que descobre um besouro dourado fora do comum e o apanha, usando um pedaço de papel caído próximo. Naquela noite ele desenha o besouro dourado sobre o mesmo pedaço de papel e então segura o desenho junto do fogo para verificar sua precisão. Entretanto o desenho é apagado por uma tinta invisível revelada pelo calor das chamas. Legrand examina as letras que apareceram e fica convencido de que tem em suas mãos as instruções cifradas para a descoberta do tesouro do capitão Kidd. O resto da narrativa é uma clássica demonstração da análise de freqüência, que decifra as indicações do capitão Kidd e leva à descoberta de seu tesouro enterrado.

Embora *O besouro dourado* seja pura ficção, existe uma história verdadeira, do século XIX, que contém muitos dos mesmos elementos. O caso da cifra de Beale envolve aventuras pelo Velho Oeste, um *cowboy* que acumulou uma vasta fortuna, um tesouro enterrado de 20 milhões de dólares e um misterioso conjunto de documentos cifrados revelando o seu paradeiro. Muito do que sabemos sobre essa história, incluindo os papéis cifrados, está contido num folheto publicado em 1885. Embora tenha apenas 23 páginas, o folheto tem confundido gerações de criptoanalistas e atraído centenas de caçadores de tesouro.

A história começa no hotel Washington, em Lynchburg, Virgínia, 65 anos antes da publicação do folheto. De acordo com o folheto o hotel e seu dono, Robert Morriss, eram muito considerados: "Sua disposição amável, grande honradez, excelente gerenciamento e o ambiente limpo e ordeiro o tornaram famoso como hospedeiro, e sua reputação se estendeu aos outros estados. Seu hotel era o melhor da cidade e não havia nada igual." Em janeiro de 1820 um estranho chamado Thomas J. Beale chegou em Lynchburg e se hospedou no hotel Washington. Morriss relembra que "ele tinha um metro e oitenta de altura, com olhos negros e cabelos da mesma cor, mais compridos do que era a moda naquela época. Tinha um aspecto simétrico e evidenciava uma força e um vigor extraordinários, mas o que mais chamava a atenção era a pele moreno escura, como se o excesso de exposição ao sol o tivessem bronzeado em excesso. Mas isso não atrapalhava sua aparência, fazendo dele o homem mais vistoso que já vi." Embora Beale passasse o resto do inverno no hotel e fosse "extremamente popular com todos, especialmente com as damas", ele nunca falou de onde viera, sobre sua família ou o propósito de sua visita. Então, no final de março, o homem partiu tão subitamente quanto chegara.

Dois anos depois, em janeiro de 1822, Beale retornou ao hotel Washington "mais escuro e bronzeado do que nunca". Novamente ele passou o resto do inverno em Lynchburg e desapareceu na primavera. Mas antes de partir deixou uma caixa de ferro trancada sob a guarda de Morriss, dizendo que continha "documentos de valor, muito importantes". Morriss colocou a caixa no cofre e não pensou mais nada sobre seu conteúdo até receber uma carta de Beale, datada de 9 de maio de 1822 e enviada de St. Louis. Depois de algumas amenidades e de um parágrafo sobre uma viagem que ele planejava fazer às planícies "para caçar búfalos e encontrar ursos selvagens", a carta de Beale revelava a importância da caixa:

> Ela contém documentos que dizem respeito à minha fortuna e à de muitos homens envolvidos em negócios comigo e, no caso de minha morte, sua perda será irreparável. Você deve portanto guardá-la com cuidado e evitar tão grande catástrofe. Se nenhum de nós jamais retornar, por favor, guarde a caixa durante dez anos, a partir da data desta carta, e se nem eu nem nenhuma outra pessoa autorizada por mim pedir que a devolva durante este período, você deve abri-la, o que pode ser feito retirando-se a fechadura. Vai encontrar, além dos papéis endereçados a você, outros que serão indecifráveis sem a ajuda de uma chave.
>
> Esta chave eu deixei com um amigo meu nesta cidade, guardada e endereçada a você e com instruções para não ser entregue antes de junho de 1832. Com ela entenderá completamente o que deve fazer.

Morriss continuou a guardar a caixa, esperando que Beale viesse buscá-la, mas o homem misterioso nunca mais retornou a Lynchburg. Ele desapareceu sem explicações e nunca mais foi visto. Dez anos depois, Morriss deveria ter seguido as instruções da carta, mas ele parecia relutante em forçar a fechadura. A

THE

BEALE PAPERS,

CONTAINING

AUTHENTIC STATEMENTS

REGARDING THE

TREASURE BURIED

IN .

1819 AND 1821,

NEAR

BUFORDS, IN BEDFORD COUNTY, VIRGINIA,

AND

WHICH HAS NEVER BEEN RECOVERED.

PRICE FIFTY CENTS.

LYNCHBURG:
VIRGINIAN BOOK AND JOB PRINT,
1885.

Fig. 20 A folha de rosto de *The Beale Papers*, o folheto que continha tudo o que sabemos sobre o mistério do tesouro de Beale.

mensagem de Beale mencionava uma nota que lhe seria entregue em junho de 1832 e ela explicaria como decifrar os conteúdos da caixa.

Entretanto, a nota nunca chegou e talvez Morriss tenha sentido que não havia razão para abrir a caixa se não podia decifrar a mensagem dentro dela. Mais tarde, em 1845, a curiosidade de Morriss venceu e ele arrebentou a fechadura. A caixa continha três páginas de caracteres cifrados e uma nota escrita por Beale em inglês.

A nota revelava a verdade a respeito de Beale, da caixa e das cifras. Ela explicava que em abril de 1817, quase três anos antes de seu primeiro encontro com Morriss, Beale e outros 29 homens tinham partido em uma jornada através da América do Norte. Depois de viajarem pelos ricos campos de caça das planícies do Oeste, eles chegaram em Santa Fé, passando o inverno naquela "pequena cidade mexicana". Em março eles se dirigiram para o norte e começaram a rastrear "os imensos rebanhos de búfalos", caçando tantos quanto fosse possível ao longo do caminho. Então, de acordo com Beale, eles tiraram a sorte grande:

> Um dia, enquanto seguíamos os búfalos, acampamos em uma pequena ravina a uns 400 ou 500 quilômetros ao norte de Santa Fé. Com os cavalos amarrados preparávamos o jantar quando um dos homens decobriu o que parecia ser ouro em uma fenda nas rochas. Ele mostrou aos outros, que confirmaram que era mesmo ouro e a conseqüência natural é que todos ficaram muito empolgados.

A carta prosseguia explicando que Beale e seus homens, com a ajuda de uma tribo local, mineraram o local durante os 18 meses seguintes. Tinham acumulado então uma grande quantidade de ouro, assim como alguma prata que encontraram próximo dali. No devido tempo todos concordaram que sua riqueza devia ser levada para um local mais seguro. Assim decidiram levar o ouro e a prata para a Virgínia, a fim de esconder tudo em um local secreto. Em 1820 Beale foi a Lynchburg carregando o ouro e a prata, encontrou um local adequado e enterrou tudo. Foi nessa ocasião que ele se hospedou pela primeira vez no hotel Washington e fez amizade com Morriss. Quando partiu no final do inverno, Beale se reuniu com seus homens, que tinham continuado a trabalhar na mina em sua ausência.

Depois de mais 18 meses Beale voltou a Lynchburg com outra carga para aumentar o tesouro escondido. E desta vez havia um motivo adicional para sua viagem:

> Antes de deixar meus companheiros nas planícies, foi lembrado que, caso sofrêssemos algum acidente, nossos parentes não teriam acesso ao tesouro escondido se não tivéssemos o cuidado de nos prevenirmos contra tal eventualidade. Eu fui portanto instruído a encontrar uma pessoa inteiramente confiável, se tal pessoa pudesse ser encontrada, a qual, se fosse aceita pelo grupo, ficaria encarregada de realizar seus desejos em relação à parte de cada um.

Beale acreditava que Morriss era um homem íntegro, e por isso confiou a ele a caixa contendo as três páginas cifradas, que passaram a ser chamadas de cifras de Beale. Cada folha continha uma série de números (reproduzidos aqui nas Figuras 21, 22 e 23) que, depois de decifrados, forneceriam todos os detalhes relevantes. A primeira folha descrevia a localização do tesouro, a segunda delineava o seu conteúdo e a terceira folha listava os parentes dos homens que deveriam receber a parte de cada um. Quando Morriss leu tudo isso, já tinham se passado 23 anos desde que vira Thomas Beale pela última vez. Presumindo que Beale e seus homens estavam mortos, Morriss se sentiu na obrigação de encontrar o ouro e dividi-lo entre os parentes de todos eles. Contudo, sem a prometida chave, ele foi forçado a tentar quebrar as cifras, uma tarefa que atormentou sua mente pelos vinte anos seguintes e terminou em fracasso.

Em 1862, com a idade de 84 anos, Morriss percebeu que estava no fim de sua vida e que precisava compartilhar com alguém o segredo das cifras de Beale, do contrário, qualquer esperança de cumprir o testamento do homem morreria com ele. Morriss contou tudo para um amigo, mas infelizmente a identidade desta pessoa permanece um mistério. Tudo o que sabemos sobre o amigo de Morriss é que foi ele o autor do folheto em 1885 e daqui para a frente vou citá-lo simplesmente como *o autor*. No panfleto ele explica seus motivos para permanecer anônimo:

> Prevendo que esses papéis terão uma grande circulação e para evitar a torrente de cartas que chegarão de todos os estados da União fazendo todo o tipo de perguntas e exigindo respostas que, se eu tentar atender, vão ocupar todo o meu tempo e mudar as características do meu trabalho, eu decidi retirar meu nome da publicação, assegurando a todos os interessados que revelei tudo o

O LIVRO DOS CÓDIGOS

71, 194, 38, 1701, 89, 76, 11, 83, 1629, 48, 94, 63, 132, 16, 111, 95, 84, 341, 975,
14, 40, 64, 27, 81, 139, 213, 63, 90, 1120, 8, 15, 3, 126, 2018, 40, 74, 758, 485,
604, 230, 436, 664, 582, 150, 251, 284, 308, 231, 124, 211, 486, 225, 401, 370,
11, 101, 305, 139, 189, 17, 33, 88, 208, 193, 145, 1, 94, 73, 416, 918, 263, 28, 500,
538, 356, 117, 136, 219, 27, 176, 130, 10, 460, 25, 485, 18, 436, 65, 84, 200, 283,
118, 320, 138, 36, 416, 280, 15, 71, 224, 961, 44, 16, 401, 39, 88, 61, 304, 12, 21,
24, 283, 134, 92, 63, 246, 486, 682, 7, 219, 184, 360, 780, 18, 64, 463, 474, 131,
160, 79, 73, 440, 95, 18, 64, 581, 34, 69, 128, 367, 460, 17, 81, 12, 103, 820, 62,
116, 97, 103, 862, 70, 60, 1317, 471, 540, 208, 121, 890, 346, 36, 150, 59, 568,
614, 13, 120, 63, 219, 812, 2160, 1780, 99, 35, 18, 21, 136, 872, 15, 28, 170, 88, 4,
30, 44, 112, 18, 147, 436, 195, 320, 37, 122, 113, 6, 140, 8, 120, 305, 42, 58, 461,
44, 106, 301, 13, 408, 680, 93, 86, 116, 530, 82, 568, 9, 102, 38, 416, 89, 71, 216,
728, 965, 818, 2, 38, 121, 195, 14, 326, 148, 234, 18, 55, 131, 234, 361, 824, 5,
81, 623, 48, 961, 19, 26, 33, 10, 1101, 365, 92, 88, 181, 275, 346, 201, 206, 86,
36, 219, 324, 829, 840, 64, 326, 19, 48, 122, 85, 216, 284, 919, 861, 326, 985,
233, 64, 68, 232, 431, 960, 50, 29, 81, 216, 321, 603, 14, 612, 81, 360, 36, 51, 62,
194, 78, 60, 200, 314, 676, 112, 4, 28, 18, 61, 136, 247, 819, 921, 1060, 464, 895,
10, 6, 66, 119, 38, 41, 49, 602, 423, 962, 302, 294, 875, 78, 14, 23, 111, 109, 62,
31, 501, 823, 216, 280, 34, 24, 150, 1000, 162, 286, 19, 21, 17, 340, 19, 242, 31,
86, 234, 140, 607, 115, 33, 191, 67, 104, 86, 52, 88, 16, 80, 121, 67, 95, 122, 216,
548, 96, 11 , 201, 77, 364, 218, 65, 667, 890, 236, 154, 211, 10, 98, 34, 119, 56,
216, 119, 71, 218, 1164, 1496, 1817, 51, 39, 210, 36, 3, 19, 540, 232, 22, 141, 617,
84, 290, 80, 46, 207, 411, 150, 29, 38, 46, 172, 85, 194, 39, 261, 543, 897, 624, 18,
212, 416, 127, 931, 19, 4, 63, 96, 12, 101, 418, 16, 140, 230, 460, 538, 19, 27, 88,
612, 1431, 90, 716, 275, 74, 83, 11, 426, 89, 72, 84, 1300, 1706, 814, 221, 132,
40, 102, 34, 868, 975, 1101, 84, 16, 79, 23, 16, 81, 122, 324, 403, 912, 227, 936,
447, 55, 86, 34, 43, 212, 107, 96, 314, 264, 1065, 323, 428, 601, 203, 124, 95, 216,
814, 2906, 654, 820, 2, 301, 112, 176, 213, 71, 87, 96, 202, 35, 10, 2, 41, 17, 84,
221, 736, 820, 214, 11, 60, 760.

Fig. 21 A primeira cifra de Beale.

115, 73, 24, 807, 37, 52, 49, 17, 31, 62, 647, 22, 7, 15, 140, 47, 29, 107, 79, 84, 56,
239, 10, 26, 811, 5, 196, 308, 85, 52, 160, 136, 59, 211, 36, 9, 46, 316, 554, 122,
106, 95, 53, 58, 2, 42, 7, 35, 122, 53, 31, 82, 77, 250, 196, 56, 96, 118, 71, 140,
287, 28, 353, 37, 1005, 65, 147, 807, 24, 3, 8, 12, 47, 43, 59, 807, 45, 316, 101, 41,
78, 154, 1005, 122, 138, 191, 16, 77, 49, 102, 57, 72, 34, 73, 85, 35, 371, 59, 196,
81, 92, 191, 106, 273, 60, 394, 620, 270, 220, 106, 388, 287, 63, 3, 6, 191, 122, 43,
234, 400, 106, 290, 314, 47, 48, 81, 96, 26, 115, 92, 158, 191, 110, 77, 85, 197, 46,
10, 113, 140, 353, 48, 120, 106, 2, 607, 61, 420, 811, 29, 125, 14, 20, 37, 105, 28,
248, 16, 159, 7, 35, 19, 301, 125, 110, 486, 287, 98, 117, 511, 62, 51, 220, 37, 113,
140, 807, 138, 540, 8, 44, 287, 388, 117, 18, 79, 344, 34, 20, 59, 511, 548, 107,
603, 220, 7, 66, 154, 41, 20, 50, 6, 575, 122, 154, 248, 110, 61, 52, 33, 30, 5, 38, 8,
14, 84, 57, 540, 217, 115, 71, 29, 84, 63, 43, 131, 29, 138, 47, 73, 239, 540, 52, 53,
79, 118, 51, 44, 63, 196, 12, 239, 112, 3, 49, 79, 353, 105, 56, 371, 557, 211, 515,
125, 360, 133, 143, 101, 15, 284, 540, 252, 14, 205, 140, 344, 26, 811, 138, 115,
48, 73, 34, 205, 316, 607, 63, 220, 7, 52, 150, 44, 52, 16, 40, 37, 158, 807, 37, 121,
12, 95, 10, 15, 35, 12, 131, 62, 115, 102, 807, 49, 53, 135, 138, 30, 31, 62, 67, 41,
85, 63, 10, 106, 807, 138, 8, 113, 20, 32, 33, 37, 353, 287, 140, 47, 85, 50, 37, 49,
47, 64, 6, 7, 71, 33, 4, 43, 47, 63, 1, 27, 600, 208, 230, 15, 191, 246, 85, 94, 511, 2,
270, 20, 39, 7, 33, 44, 22, 40, 7, 10, 3, 811, 106, 44, 486, 230, 353, 211, 200, 31,
10, 38, 140, 297, 61, 603, 320, 302, 666, 287, 2, 44, 33, 32, 511, 548, 10, 6, 250,
557, 246, 53, 37, 52, 83, 47, 320, 38, 33, 807, 7, 44, 30, 31, 250, 10, 15, 35, 106,
160, 113, 31, 102, 406, 230, 540, 320, 29, 66, 33, 101, 807, 138, 301, 316, 353,
320, 220, 37, 52, 28, 540, 320, 33, 8, 48, 107, 50, 811, 7, 2, 113, 73, 16, 125, 11,
110, 67, 102, 807, 33, 59, 81, 158, 38, 43, 581, 138, 19, 85, 400, 38, 43, 77, 14, 27,
8, 47, 138, 63, 140, 44, 35, 22, 177, 106, 250, 314, 217, 2, 10, 7, 1005, 4, 20, 25,
44, 48, 7, 26, 46, 110, 230, 807, 191, 34, 112, 147, 44, 110, 121, 125, 96, 41, 51,
50, 140, 56, 47, 152, 540, 63, 807, 28, 42, 250, 138, 582, 98, 643, 32, 107, 140,
112, 26, 85, 138, 540, 53, 20, 125, 371, 38, 36, 10, 52, 118, 136, 102, 420, 150,
112, 71, 14, 20, 7, 24, 18, 12, 807, 37, 67, 110, 62, 33, 21, 95, 220, 511, 102, 811,
30, 83, 84, 305, 620, 15, 2, 108, 220, 106, 353, 105, 106, 60, 275, 72, 8, 50, 205,
185, 112, 125, 540, 65, 106, 807, 188, 96, 110, 16, 73, 33, 807, 150, 409, 400, 50,
154, 285, 96, 106, 316, 270, 205, 101, 811, 400, 8, 44, 37, 52, 40, 241, 34, 205,
38, 16, 46, 47, 85, 24, 44, 15, 64, 73, 138, 807, 85, 78, 110, 33, 420, 505, 53, 37,
38, 22, 31, 10, 110, 106, 101, 140, 15, 38, 3, 5, 44, 7, 98, 287, 135, 150, 96, 33, 84,
125, 807, 191, 96, 511, 118, 440, 370, 643, 466, 106, 41, 107, 603, 220, 275, 30,
150, 105, 49, 53, 287, 250, 208, 134, 7, 53, 12, 47, 85, 63, 138, 110, 21, 112, 140,
485, 486, 505, 14, 73, 84, 575, 1005, 150, 200, 16, 42, 5, 4, 25, 42, 8, 16, 811,
125, 160, 32, 205, 603, 807, 81, 96, 405, 41, 600, 136, 14, 20, 28, 26, 353, 302,
246, 8, 131, 160, 140, 84, 440, 42, 16, 811, 40, 67, 101, 102, 194, 138, 205, 51,
63, 241, 540, 122, 8, 10, 63, 140, 47, 48, 140, 288.

Fig. 22 A segunda cifra de Beale.

O LIVRO DOS CÓDIGOS

317, 8, 92, 73, 112, 89, 67, 318, 28, 96, 107, 41, 631, 78, 146, 397, 118, 98, 114,
246, 348, 116, 74, 88, 12, 65, 32, 14, 81, 19, 76, 121, 216, 85, 33, 66, 15, 108, 68,
77, 43, 24, 122, 96, 117, 36, 211, 301, 15, 44, 11, 46, 89, 18, 136, 68, 317, 28, 90,
82, 304, 71, 43, 221, 198, 176, 310, 319, 81, 99, 264, 380, 56, 37, 319, 2, 44, 53,
28, 44, 75, 98, 102, 37, 85, 107, 117, 64, 88, 136, 48, 154, 99, 175, 89, 315, 326,
78, 96, 214, 218, 311, 43, 89, 51, 90, 75, 128, 96, 33, 28, 103, 84, 65, 26, 41, 246,
84, 270, 98, 116, 32, 59, 74, 66, 69, 240, 15, 8, 121, 20, 77, 89, 31, 11, 106, 81,
191, 224, 328, 18, 75, 52, 82, 117, 201, 39, 23, 217, 27, 21, 84, 35, 54, 109, 128,
49, 77, 88, 1, 81, 217, 64, 55, 83, 116, 251, 269, 311, 96, 54, 32, 120, 18, 132, 102,
219, 211, 84, 150, 219, 275, 312, 64, 10, 106, 87, 75, 47, 21, 29, 37, 81, 44, 18,
126, 115, 132, 160, 181, 203, 76, 81, 299, 314, 337, 351, 96, 11, 28, 97, 318, 238,
106, 24, 93, 3, 19, 17, 26, 60, 73, 88, 14, 126, 138, 234, 286, 297, 321, 365, 264,
19, 22, 84, 56, 107, 98, 123, 111, 214, 136, 7, 33, 45, 40, 13, 28, 46, 42, 107, 196,
227, 344, 198, 203, 247, 116, 19, 8, 212, 230, 31, 6, 328, 65, 48, 52, 59, 41, 122,
33, 117, 11, 18, 25, 71, 36, 45, 83, 76, 89, 92, 31, 65, 70, 83, 96, 27, 33, 44, 50, 61,
24, 112, 136, 149, 176, 180, 194, 143, 171, 205, 296, 87, 12, 44, 51, 89, 98, 34, 41,
208, 173, 66, 9, 35, 16, 95, 8, 113, 175, 90, 56, 203, 19, 177, 183, 206, 157, 200,
218, 260, 291, 305, 618, 951, 320, 18, 124, 78, 65, 19, 32, 124, 48, 53, 57, 84, 96,
207, 244, 66, 82, 119, 71, 11, 86, 77, 213, 54, 82, 316, 245, 303, 86, 97, 106, 212,
18, 37, 15, 81, 89, 16, 7, 81, 39, 96, 14, 43, 216, 118, 29, 55, 109, 136, 172, 213,
64, 8, 227, 304, 611, 221, 364, 819, 375, 128, 296, 1, 18, 53, 76, 10, 15, 23, 19, 71,
84, 120, 134, 66, 73, 89, 96, 230, 48, 77, 26, 101, 127, 936, 218, 439, 178, 171, 61,
226, 313, 215, 102, 18, 167, 262, 114, 218, 66, 59, 48, 27, 19, 13, 82, 48, 162, 119,
34, 127, 139, 34, 128, 129, 74, 63, 120, 11, 54, 61, 73, 92, 180, 66, 75, 101, 124,
265, 89, 96, 126, 274, 896, 917, 434, 461, 235, 890, 312, 413, 328, 381, 96, 105,
217, 66, 118, 22, 77, 64, 42, 12, 7, 55, 24, 83, 67, 97, 109, 121, 135, 181, 203, 219,
228, 256, 21, 34, 77, 319, 374, 382, 675, 684, 717, 864, 203, 4, 18, 92, 16, 63, 82,
22, 46, 55, 69, 74, 112, 134, 186, 175, 119, 213, 416, 312, 343, 264, 119, 186, 218,
343, 417, 845, 951, 124, 209, 49, 617, 856, 924, 936, 72, 19, 28, 11, 35, 42, 40, 66,
85, 94, 112, 65, 82, 115, 119, 236, 244, 186, 172, 112, 85, 6, 56, 38, 44, 85, 72,
32, 47, 73, 96, 124, 217, 314, 319, 221, 644, 817, 821, 934, 922, 416, 975, 10, 22,
18, 46, 137, 181, 101, 39, 86, 103, 116, 138, 164, 212, 218, 296, 815, 380, 412,
460, 495, 675, 820, 952.

Fig. 23 A terceira cifra de Beale.

que sabia sobre o assunto e que não tenho nada a acrescentar às declarações aqui contidas.

Para proteger sua identidade, o autor pediu a James B. Ward, um membro respeitado da comunidade local e inspetor de estradas do condado, que agisse como agente e editor.

Tudo o que sabemos sobre a estranha história das cifras de Beale está no folheto, e assim, graças ao seu autor temos as cifras e a narrativa de Morriss. Além disso, o autor também conseguiu decifrar com sucesso a segunda cifra. Como a primeira e a terceira, a segunda cifra consiste em uma página cheia de números e o autor supôs que cada número representasse uma letra. Contudo, a extensão de números é muito maior que o número de letras no alfabeto, e ele percebeu que estava lidando com uma cifra que usa vários números para representar a mesma letra. Uma cifra que se encaixa neste critério é a chamada *cifra de livro*, na qual um livro, ou um outro texto qualquer, é usado como chave.

Primeiro o criptógrafo numera seqüencialmente cada palavra no texto-chave. Portanto cada número atua como um substituto para a letra inicial da palavra associada. [1]Por [2]exemplo, [3]se [4]o [5]remetente [6]e [7]o [8]destinatário [9]concordam [10]que [11]esta [12]frase [13]será [14]a [15]chave, [16]então [17]cada [18]palavra [19]será [20]numerada, [21]cada [22]número [23]fornecendo [24]logicamente [25]a [26]base [27]para [28]o [29]texto [30]cifrado. Em seguida é feita uma lista associando cada número à letra inicial da palavra relacionada com ele.

1 = p	11 = e	21 = c
2 = e	12 = f	22 = n
3 = s	13 = s	23 = f
4 = o	14 = a	24 = l
5 = r	15 = c	25 = a
6 = e	16 = e	26 = b
7 = o	17 = c	27 = p
8 = d	18 = p	28 = o
9 = c	19 = s	29 = t
10 = q	20 = n	30 = c

Agora podemos cifrar uma mensagem substituindo as letras no texto pelos números de acordo com a lista. Nesta lista a letra **f** seria substituída pelo número **12** ou pelo **23** , enquanto a letra e poderia ser substituída por **2**, **6** , **11** ou

O LIVRO DOS CÓDIGOS

16 . Como o texto-chave é uma frase curta, nós não temos números para substituir letras raras como **x** e **z**, mas temos letras suficientes para cifrar a palavra **beale**, que poderá ser **26-2-14-24-11**. Se o destinatário possui uma cópia do texto-chave, então decifrar a mensagem se torna uma tarefa simples. Contudo, se uma terceira pessoa interceptar somente o texto cifrado, a criptoanálise vai depender de se identificar, de algum modo, o texto-chave. O autor do folheto escreveu: "Com essa idéia em mente, eu fiz um teste em todos os livros que podia encontrar, numerando as letras e comparando-as com os números do manuscrito. Tudo inútil, até que a Declaração de Independência me forneceu a chave para uma das páginas e reacendeu minhas esperanças."

A Declaração de Independência revelou ser o texto-chave para a segunda cifra de Beale, e numerando-se as palavras da Declaração podemos decifrá-lo. A Figura 24 mostra o início da Declaração de Independência com as palavras numeradas de dez em dez, de modo a ajudar o leitor a perceber como deciframos o texto. A Figura 22 mostra o texto cifrado — o primeiro número é **115** e a palavra 115 na declaração é "instituted", assim o primeiro número representa o **i**. O segundo número no texto cifrado é **73** e a palavra número 73 na declaração é "hold", de modo que o segundo número representa o **h**. Aqui está todo o texto decifrado, como aparece no folheto seguido de sua tradução.

I have deposited in the county of Bedford, about four miles from Buford's, in an excavation or vault, six feet below the surface of the ground, the following articles, belonging jointly to the parties whose names are given in number "3," herewith:

The first deposit consisted of one thousand and fourteen pounds of gold, and three thousand eight hundred and twelve pounds of silver, deposited November, 1819. The second was made December, 1821, and consisted of nineteen hundred and seven pounds of gold, and twelve hundred and eighty eight pounds of silver; also jewels, obtained in St. Louis in exchange for silver to save transportation, and valued at $13,000.

The above is securely packed in iron pots, with iron covers. The vault is roughly lined with stone, and the vessels rest on solid stone, and are covered with others. Paper number "1" describes the exact locality of the vault, so that no difficulty will be had in finding it.

Eu depositei o conteúdo seguinte em uma escavação ou cripta, cerca de 1,80m abaixo da superfície do solo, no condado de Bedford, a 6 quilômetros de Buford's, tudo pertencendo às partes cujos nomes são dados no texto número "3":

O primeiro depósito consiste em mil e quatorze libras de ouro e três mil, oitocentas e doze libras de prata, depositadas em novembro de 1819. O segundo depósito foi feito em dezembro de 1821 e consiste em mil novecentas e sete libras de ouro e mil duzentas e oitenta e oito libras de prata. Também há jóias obtidas em St. Louis em troca da prata, para reduzir o peso do material transportado, valendo 13 mil dólares.

Tudo está acondicionado seguramente em potes de ferro com tampas de ferro. A cripta está cercada com pedras, os potes colocados em cima de pedra e cobertos com outras pedras. O texto "1" indica a localização exata da cripta, de modo que não haja dificuldade em descobri-la.

Vale a pena notar que há alguns erros no texto cifrado. Por exemplo, a decifração inclui as palavras "four miles", o que depende da palavra número 95 da Declaração de Independência começar com a letra *u*. Contudo a 95ª palavra é "*in*alienable". Isto pode ser o resultado de uma cifragem malfeita por parte de Beale, ou pode ser que Beale tivesse uma cópia da Declaração em que a 95ª palavra era "*un*alienable", o que aparece em algumas versões datadas do início do século XIX. De qualquer modo, a decifragem bem-sucedida indica o valor do tesouro — pelo menos 20 milhões de dólares nas cotações atuais do ouro e da prata.

Não é de surpreender que, depois de ficar sabendo do valor do tesouro, o autor passasse cada vez mais tempo analisando as outras duas folhas cifradas, em especial a primeira cifra, que descreve a localização do tesouro. Apesar de um esforço cansativo, ele fracassou, e as cifras não lhe trouxeram nada, exceto mágoa:

Em conseqüência do tempo que perdi em minha investigação, fui reduzido de uma relativa riqueza a uma penúria absoluta, causando sofrimento àqueles a quem era o meu dever proteger, e isto apesar de suas censuras. Afinal eu abri meus olhos para a condição em que estavam e resolvi cortar, de uma vez por todas, a minha ligação com este caso e se possível reparar meus erros. Para fazer isso, o melhor meio é colocar a tentação fora do meu alcance, e assim estou determinado a tornar pública toda a questão e tirar de meus ombros toda a responsabilidade para com o senhor Morriss.

O LIVRO DOS CÓDIGOS

Assim as cifras, junto com tudo mais que era conhecido pelo autor, foram publicadas em 1885. Embora um incêndio no depósito tenha destruído a maioria dos panfletos, aqueles que sobreviveram provocaram uma comoção em Lynchburg. Entre os mais ardentes caçadores de tesouro, atraídos pelas cifras de Beale, estavam os irmãos Hart, George e Clayton. Durante anos eles examinaram as cifras remanescentes, criando vários tipos de ataque criptoanalítico, ocasionalmente iludindo a si mesmos de que tinham encontrado uma solução. Uma abordagem falsa pode, às vezes, gerar algumas palavras intrigantes no meio de um mar de letras sem nexo, o que então encoraja o criptoanalista a criar uma série de desculpas para explicar a confusão. Para um observador isento, a decifragem não é mais do que um ato de fé em algo que o autor quer acreditar, mas para o caçador de tesouros, cego pela cobiça, tudo faz sentido. Um dos resultados de Hart o encorajou a usar dinamite para escavar um local em particular, mas a cratera resultante não revelou ouro. Embora Clayton Hart tenha desistido em 1912, George continuou a trabalhar na cifra de Beale até 1952. Um fanático por Beale ainda mais persistente foi Hiram Herbert Jr., que se tornou interessado pelo assunto em 1923 e cuja obsessão durou até a década de 1970. Ele também não conseguiu nada que pudesse mostrar para justificar seus esforços.

Criptoanalistas profissionais também embarcaram na busca pelo tesouro de Beale. Herbert O. Yardley, que fundou o Escritório de Cifras dos Estados Unidos (conhecido como Câmara Negra americana) no final da Primeira Guerra Mundial, ficou intrigado com as cifras de Beale, assim como o coronel William Friedman, figura dominante na criptoanálise norte-americana durante a primeira metade do século XX. Ele estava encarregado do Serviço de Informações e Senhas e transformou as cifras de Beale em parte do seu programa de treinamento, presumivelmente porque sua esposa lhe disse, uma vez, que as cifras tinham "uma engenhosidade diabólica, criada especialmente para enganar o leitor descuidado". O arquivo Friedman, estabelecido depois de sua morte, em 1969, no Centro de Pesquisas George C. Marshall, é consultado freqüentemente por historiadores militares, mas a grande maioria dos visitantes é de ávidos devotos de Beale, esperando seguir algumas das dicas do grande homem. Mais recentemente, uma das figuras principais na caça ao tesouro de Beale tem sido Carl Hammer, diretor aposentado de ciência de computação na Sperry Univac e que foi um dos pioneiros da criptoanálise por computador. De acordo com Hammer, "as cifras de Beale têm ocupado pelo menos

When, in the course of human events, it becomes [10]necessary for one people to dissolve the political bands which [20]have connected them with another, and to assume among the [30]powers of the earth, the separate and equal station to [40]which the laws of nature and of nature's God entitle [50]them, a decent respect to the opinions of mankind requires [60]that they should declare the causes which impel them to [70]the separation.

We hold these truths to be self-evident, [80]that all men are created equal, that they are endowed [90]by their Creator with certain inalienable rights, that among these [100]are life, liberty and the pursuit of happiness; That to [110]secure these rights, governments are instituted among men, deriving their [120]just powers from the consent of the governed; That whenever [130]any form of government becomes destructive of these ends, it [140]is the right of the people to alter or to [150]abolish it, and to institute a new government, laying its [160]foundation on such principles and organizing its powers in such [170]form, as to them shall seem most likely to effect [180]their safety and happiness. Prudence, indeed, will dictate that governments [190]long established should not be changed for light and transient [200]causes; and accordingly all experience hath shewn, that mankind are [210]more disposed to suffer, while evils are sufferable, than to [220]right themselves by abolishing the forms to which they are [230]accustomed.

But when a long train of abuses and usurpations, [240]pursuing invariably the same object evinces a design to reduce them [250]under absolute despotism, it is their right, it is their [260]duty, to throw off such government, and to provide new [270]Guards for their future security. Such has been the patient [280]sufferance of these Colonies; and such is now the necessity [290]which constrains them to alter their former systems of government. [300]The history of the present King of Great Britain is [310]a history of repeated injuries and usurpations, all having in [320]direct object the establishment of an absolute tyranny over these [330]States. To prove this, let facts be submitted to a [340]candid world.

Fig. 24 Os primeiros três parágrafos da Declaração de Independência dos EUA, no original, com cada décima palavra numerada. Esta é a chave para quebrar a segunda cifra de Beale.

O LIVRO DOS CÓDIGOS

10% das melhores mentes criptoanalíticas do país. E nem um centavo deste esforço deve ser lamentado. O trabalho — até mesmo as linhas de abordagem que levaram a becos sem saída — tem sido pago pelo avanço que provocou na melhoria da pesquisa de computadores." Hammer tem sido um membro proeminente da Associação do Tesouro e da Cifra de Beale, fundada na década de 1960 para encorajar o interesse no mistério. Inicialmente a associação exigia que qualquer membro que encontrasse o tesouro o partilhasse com os outros, mas esta obrigação parecia afastar muitos dos pesquisadores de Beale, e assim a Associação abandonou esta obrigação.

Apesar dos esforços combinados da Associação, dos caçadores de tesouros amadores e dos criptoanalistas profissionais, durante mais de um século o ouro, a prata e as jóias ainda não foram encontrados. Muitas tentativas de decifrar os textos giram em torno da Declaração de Independência, que é a chave para a segunda cifra de Beale. Embora a simples numeração das palavras da Declaração não revele nada de útil na primeira e na terceira cifras, os criptoanalistas já tentaram vários esquemas, tais como numerar de trás para a frente ou numerar palavras alternadas, mas até agora nada disso funcionou. Um problema é que a primeira cifra contém números tão altos quanto 2906, enquanto a Declaração só tem 1.322 palavras. Outros textos e livros já foram considerados como chaves em potencial, e muitos criptoanalistas aceitam a possibilidade de que tenha sido usado um sistema totalmente diferente de cifragem.

Você pode ficar surpreso com a força da cifra de Beale, especialmente tendo em mente que, quando deixamos a batalha entre os criadores e os quebradores de códigos, os decifradores estavam vencendo. Babbage e Kasiski tinham inventado um modo de quebrar a cifra de Vigenère, e os criadores de códigos tentavam elaborar algo que pudesse substituí-la. Então como é que Beale inventou uma coisa tão formidável? A resposta é que as cifras de Beale foram criadas sob circunstâncias que deram ao criptógrafo uma grande vantagem. As mensagens eram únicas, e como tinham relação com um tesouro tão valioso, Beale podia estar preparado para criar um texto-chave único para a primeira e a terceira cifras. De fato, se o texto-chave foi escrito pelo próprio Beale, isso pode explicar por que as pesquisas com os materiais publicados não revelaram nada. Podemos imaginar Beale escrevendo um ensaio de duas mil palavras sobre caçada de búfalos, do qual só existia uma única cópia. Somente a pessoa que tivesse este ensaio, o texto-chave único, seria capaz de decifrar a primeira e a terceira cifras de Beale. Beale menciona que deixara a chave "nas mãos de um amigo" em St. Louis, mas se o amigo perdeu ou destruiu a chave, então é possível que os criptoanalistas jamais decifrem Beale.

Criar um texto-chave único para uma mensagem é muito mais seguro do que usar uma chave baseada num livro publicado, mas isto só é prático se o remetente tem tempo de escrever o texto e é capaz de enviá-lo ao destinatário, coisas que não são práticas no caso de comunicações diárias, rotineiras. No caso de Beale, ele poderia criar seu texto-chave calmamente e entregá-lo ao seu amigo em St. Louis quando passasse pela cidade, e então fazer com que fosse remetido pelo correio ou apanhado em alguma ocasião futura arbitrária, quando o tesouro devesse ser coletado.

Uma teoria alternativa para explicar a indecifrabilidade das cifras de Beale é a de que o autor do folheto as sabotou, deliberadamente, antes de publicá-las. Talvez ele quisesse meramente provocar o aparecimento da chave, que poderia estar nas mãos do amigo de Beale em St. Louis. Se ele tivesse publicado as cifras de modo correto, então o amigo poderia decifrá-las e pegar o ouro. Assim o autor não receberia nenhuma recompensa por seus esforços. Contudo se as cifras estivessem alteradas de algum modo, o amigo cedo ou tarde perceberia que ia precisar da ajuda do autor e contataria o editor do folheto. E Ward, por sua vez, contataria o autor. Ele poderia entregar então as cifras corretas em troca de uma parte do tesouro.

Também é possível que o tesouro tenha sido achado há muitos anos, e que a retirada tenha sido feita em sigilo, sem chamar a atenção dos moradores locais. Os entusiastas de Beale, com uma queda para teorias conspiratórias, sugerem que a Agência de Segurança Nacional (NSA) já encontrou o tesouro. A instalação central de cifragem do governo americano tem acesso aos computadores mais poderosos e a algumas das mentes mais brilhantes do mundo. Eles podem ter descoberto algo naquelas cifras que escapou aos outros pesquisadores. E a ausência de qualquer anúncio estaria de acordo com a reputação de sigilo da NSA — já se disse que as iniciais NSA não seriam de National Security Agency (Agência de Segurança Nacional) e sim de "Never Say Anything" (nunca diga nada) ou "No Such Agency" (não existe tal agência).

E finalmente, não podemos excluir a possibilidade de que as cifras de Beale sejam uma fraude elaborada e que Beale nunca tenha existido. Os céticos su-

O LIVRO DOS CÓDIGOS

rem que um autor desconhecido se inspirou em "O besouro dourado" de Poe para inventar toda a história e publicar o folheto para lucrar com a cobiça dos outros. Aqueles que apóiam a teoria da fraude têm buscado incoerências e falhas na história de Beale. Por exemplo, de acordo com o folheto, a carta de Beale, que estava na caixa de ferro, teria sido escrita em 1822, mas ela contém a palavra *stampede* (estouro de manada). Esta palavra, todavia, só apareceu em textos escritos depois de 1834. Entretanto, é possível que a palavra estivesse sendo usada no Oeste selvagem em uma data anterior e que Beale a tivesse aprendido em suas viagens.

Um dos mais famosos descrentes é o criptógrafo Louis Kruh. Ele afirma ter encontrado evidências de que o autor do folheto também escreveu as cartas de Beale, tanto a carta que supostamente foi enviada de St. Louis quanto aquela que estava na caixa. Ele fez uma análise textual das palavras atribuídas ao autor e das palavras atribuídas a Beale para ver se existiam semelhanças. Kruh comparou aspectos tais como a porcentagem de frases começando com "The", "Of" e "And" e o número médio de vírgulas e pontos-e-vírgulas por frase, assim como o estilo do texto — o uso de negativos, negativos passivos, infinitivos, orações subordinadas, e assim por diante. Além das palavras do autor e das cartas de Beale, ele analisou o estilo de três outros virginianos do século XIX. Dos cinco conjuntos de textos, os de Beale e os do autor do panfleto foram os mais semelhantes, sugerindo que foram escritos pela mesma pessoa. Em outras palavras, isto sugere que o autor falsificou as cartas atribuídas a Beale e criou toda a história.

Por outro lado, muitas outras fontes fornecem evidências da veracidade das cifras de Beale. Em primeiro lugar, se as cifras não decifradas fossem uma fraude, poderíamos esperar que o falsificador tivesse escolhido os números ao acaso. Contudo, os números dão origem a padrões intrincados. Um dos padrões pode ser encontrado se usarmos a Declaração de Independência como chave para a primeira cifra. Ela não produz nenhuma palavra discernível, mas cria seqüências tais como **abfdefghiijklmmnohpp**. Embora isso não seja uma seqüência alfabética perfeita, ela certamente não é casual. Apesar de James Gillogly, da Associação Americana de Criptogramas, não estar convencido de que as cifras de Beale sejam autênticas, estima que as chances desta e de outras seqüências aparecerem ao acaso são menos de uma em cem bilhões, sugerindo que há um princípio criptográfico por trás da primeira cifra. Uma teoria diz que a Declaração é de fato uma chave, mas o texto resultante exige um segun-

116 SIMON SINGH

do estágio de deciframento. Em outras palavras, a primeira cifra de Beale foi feita por um processo de duas fases, chamado de supercifragem. Se isso for verdade, então a seqüência alfabética foi colocada lá como um sinal de encorajamento, um indício de que o primeiro estágio da decifração teria sido completado com sucesso.

Outras evidências da autenticidade das cifras vêm da pesquisa histórica, que pode ser usada para confirmar a narrativa de Thomas Beale. Peter Viemeister, um historiador local, reuniu os resultados de sua pesquisa no livro *The Beale Treasure — History of a Mistery* (O tesouro de Beale — história de um mistério). Ele começou sua pesquisa procurando qualquer evidência de que Thomas Beale tivesse existido. Usando o censo de 1790 e outros documentos, Viemeister identificou vários Thomas Beales nascidos na Virgínia e cujos históricos correspondiam aos poucos detalhes conhecidos. Viemeister também tentou corroborar os outros detalhes do folheto, tais como a viagem de Beale a Santa Fé e a descoberta do ouro. Por exemplo, existe uma lenda dos índios cheyennes, datando de uma época em torno de 1820, que fala de ouro e prata sendo retirados do Oeste e enterrado nas montanhas do Leste. Também a lista do agente postal do correio de St. Louis, de 1820, contém um "Thomas Beall", o que combina com a afirmação de que Beale teria passado pela cidade em 1820 em sua jornada para o Oeste, depois de deixar Lynchburg. O folheto também diz que Beale enviou a carta de St. Louis em 1822.

Assim, parece existir uma base para a história das cifras de Beale, e conseqüentemente elas continuam a fascinar os criptoanalistas e os caçadores de tesouros, gente como Joseph Jancik, Marilyn Parsons e seu cachorro Muffin. Em fevereiro de 1983, eles foram acusados de "violação de sepultura" depois de serem pegos escavando no cemitério de Mountain View Church no meio da noite. Não tendo descoberto nada mais do que um caixão, eles passaram o fim de semana na cadeia do condado e depois foram multados em 500 dólares. Esses coveiros amadores podem se consolar com o conhecimento de que não foram mais bem-sucedidos do que Mel Fisher, o caçador de tesouros profissional que conseguiu retirar 40 milhões de dólares em ouro do galeão espanhol afundado *Nuestra Senõra de Atocha*, que ele encontrou na costa de Key West, Flórida, em 1985. Em novembro de 1989, Fisher recebeu uma dica de um especialista em Beale da Flórida, que acreditava que o tesouro estaria enterrado em Graham's Mill, no condado de Bedford, na Virgínia. Apoiado por um grupo de ricos investidores, Fisher comprou a propriedade em nome de um Sr. Voda, para não despertar qualquer suspeita. Mas apesar de uma longa escavação, nada foi encontrado.

Alguns caçadores de tesouro abandonaram toda a esperança de decifrar as duas páginas de código restantes e têm se concentrado em buscar pistas na única cifra decifrada. Por exemplo, além de descrever o conteúdo do tesouro, a cifra diz que ele foi depositado "a seis quilômetros (quatro milhas) de Buford's", o que provavelmente se refere à comunidade de Buford, ou, mais especificamente, à Taverna de Buford, localizada no centro da Figura 25. A cifra também menciona que "a cripta está revestida de pedras", e assim muitos caçadores de tesouros têm pesquisado ao longo de Gosse Creek, que é uma rica fonte de pedras grandes. A cada verão a região atrai gente esperançosa, alguns armados com detectores de metal, outros acompanhados por videntes e místicos. A cidade de Bedford tem uma série de empresas que alugam o equipamento, incluindo escavadeiras industriais. Mas os fazendeiros locais não são tão amistosos com os estranhos, que freqüentemente invadem suas terras, danificam as cercas e cavam enormes buracos.

Tendo lido a história das cifras de Beale, você pode se sentir encorajado a enfrentar o desafio pessoalmente. O fascínio pela cifra inquebrável do século XIX, junto com o tesouro de 20 milhões de dólares, pode se mostrar irresistível. Contudo, antes de partir na busca pelo tesouro, ouça o conselho dado pelo autor do folheto.

Antes de divulgar esses documentos ao público, eu gostaria de dedicar uma palavra àqueles que se interessarem por eles e lhes dar um pequeno conselho, fruto de uma experiência amarga. E o conselho é o de que dediquem a esta tarefa apenas o tempo que sobrar de seus negócios, e se não tiverem tempo, deixem este assunto de lado... Novamente, nunca faça o que eu fiz, sacrificando os seus interesses e os de sua família numa busca que pode ser ilusória. Mas, como já disse, quando o seu dia de trabalho já estiver terminado, e você estiver confortavelmente sentado diante de sua lareira, então, dedicar-se um pouquinho a essa questão não vai prejudicar ninguém, e pode trazer uma recompensa.

Fig. 25 Parte do mapa do Levantamento Geológico dos EUA de 1891. O círculo representa um raio de seis quilômetros, e seu centro é a Taverna de Buford, local aludido na segunda cifra.

3

A Mecanização do Sigilo

No fim do século XIX, a criptografia vivia uma época de confusão. Desde que Babbage e Kasiski tinham destruído a segurança da cifra de Vigenère, os criptógrafos buscavam por uma nova cifra, algo que pudesse restabelecer as comunicações secretas, permitindo que os homens de negócios e os militares explorassem a rapidez do telégrafo sem que seus comunicados fossem roubados ou decifrados. Além disso, na virada do século, o físico italiano Guglielmo Marconi inventou uma forma ainda mais poderosa de telecomunicação, que aumentou a necessidade de uma codificação segura.

Em 1894, Marconi começou a realizar experimentos com uma propriedade curiosa dos circuitos elétricos. Sob certas condições, se um circuito é percorrido por uma corrente elétrica, pode induzir uma corrente em outro circuito isolado, a alguma distância do primeiro. Aperfeiçoando o projeto dos dois circuitos, aumentando a força e acrescentando antenas, Marconi logo foi capaz de transmitir e receber pulsos de informação através de distâncias de até 2,5 quilômetros. Ele tinha inventado o rádio. O telégrafo já estava bem estabelecido havia meio século, mas exigia um fio para transportar a mensagem entre o emissor e o receptor. O sistema de Marconi tinha a grande vantagem de ser sem fio — o sinal viajava como que por mágica, através do ar.

Em 1896, procurando apoio financeiro para sua idéia, Marconi emigrou para a Inglaterra, onde registrou sua primeira patente. Continuando com suas experiências, aumentou o alcance de suas comunicações por rádio, primeiro transmitindo uma mensagem por 15 quilômetros, através do canal de Bristol, e depois por 53 quilômetros, além do canal da Mancha, até a França. Ao mesmo tempo ele começou a buscar aplicações comerciais de sua invenção, apontando aos seus financiadores em potencial as duas principais vantagens do rádio: não exigia a construção de dispendiosas linhas telegráficas e tinha o potencial para enviar mensagens entre locais de outro modo isolados. Marconi conseguiu realizar um grande feito publicitário em 1899, quando equipou dois navios com rádios, de modo que os jornalistas que cobriam a Copa da América, a mais importante prova de iatismo do mundo, pudessem enviar relatos para Nova York, que seriam publicados nos jornais do dia seguinte.

O interesse aumentou ainda mais quando Marconi destruiu o mito de que as comunicações pelo rádio seriam limitadas pelo horizonte. Os críticos diziam que, como as ondas de rádio não podiam se curvar, e seguir a curvatura da Terra, as comunicações ficariam limitadas a uma distância de uns cem quilômetros. Marconi tentou provar que eles estavam enganados enviando uma mensagem de Poldhu, na Cornualha, para St. Johns, na Terra Nova, através de uma distância de 3.500 quilômetros. A partir de dezembro de 1901, durante três horas a cada dia, o transmissor em Poldhu enviava a letra S (ponto-ponto-ponto) repetidamente, enquanto Marconi ficava no alto dos penhascos varridos pelos ventos da Terra Nova tentando detectar as ondas de rádio. Dia após dia ele lutou para empinar uma enorme pipa, que erguia sua antena até o céu. Um pouco depois do meio-dia, de 12 de dezembro, Marconi detectou três pontos fracos: era a primeira mensagem de rádio transatlântica. A explicação para a conquista de Marconi permaneceu um mistério até 1924, quando os físicos descobriram a ionosfera, uma camada de atmosfera cujo limite inferior fica a 60 quilômetros de altura. A ionosfera age como um espelho, refletindo as ondas de rádio. As ondas do rádio também são refletidas pela superfície da Terra, de modo que as mensagens podem efetivamente chegar a qualquer ponto do planeta depois de uma série de saltos entre a ionosfera e a Terra.

A invenção de Marconi fascinou os militares, que a viam com uma mistura de desejo e medo. As vantagens táticas do rádio são óbvias: ele permite a comunicação direta entre dois pontos quaisquer sem a necessidade de estender um fio entre eles, algo que freqüentemente seria pouco prático e às vezes impossível. Até então, os comandantes da marinha baseados num porto não tinham meios de se comunicar com seus navios. Poderiam desaparecer durante meses, mas agora o rádio permitiria coordenar sua frota, onde seus navios estivessem. De modo semelhante, o rádio permitiria que os generais dirigissem suas campanhas, mantendo-se em contato contínuo com os batalhões, não importando seus movimentos. Tudo isso tornou-se possível graças à natureza das ondas de rádio, que emanam em todas as direções e chegam aos receptores onde quer que estejam. Contudo, esta propriedade penetrante do rádio também era sua maior fraqueza militar, já que as mensagens iriam inevitavelmente alcançar o inimigo, além de seu destinatário. Por esse motivo, uma codificação confiável se tornava uma necessidade. Se o inimigo ia interceptar todas as mensagens de rádio, então os criptógrafos tinham que encontrar um modo de impedir que elas fossem decifradas.

Esta característica dúbia do rádio — facilidade de comunicação e facilidade de interceptação — foi colocada em grande evidência com o início da Primeira Guerra Mundial. Todos os lados estavam ávidos por explorar o poder do rádio, mas não tinham certeza de como garantir a segurança. Juntos, o advento do rádio e da Grande Guerra intensificaram a necessidade de uma cifragem segura. Esperava-se uma nova descoberta, alguma nova cifra que restabelecesse o sigilo para os comandantes militares. Contudo, entre 1914 e 1918, não houve nenhuma grande descoberta, meramente uma coleção de fracassos criptográficos. Os criadores de códigos elaboraram várias cifras novas, mas, uma por uma, foram decifradas.

Uma das cifras de guerra mais famosas foi a cifra *ADFGVX*, introduzida no dia 5 de março de 1918, um pouco antes da grande ofensiva alemã que começou a 21 de março. Como em qualquer ataque, o avanço alemão se beneficiaria do elemento surpresa e um comitê de criptógrafos selecionara a cifra ADFGVX entre várias candidatas, acreditando que ela ofereceria a maior segurança. De fato eles estavam confiantes de que fosse imbatível. A força da cifra estava em sua natureza complexa, sendo uma mistura de substituição e transposição (vide o Apêndice F).

No princípio de junho de 1918, a artilharia alemã estava a apenas 100 quilômetros de Paris e se preparava para o avanço final. A única esperança dos aliados era quebrar a cifra ADFGVX para descobrir exatamente em que ponto de suas defesas os alemães planejavam penetrar. Felizmente eles tinham uma arma secreta, um criptoanalista chamado Georges Painvin. Um francês magro, de pele bronzeada e com uma mente penetrante, percebera seu talento para os enigmas criptográficos só depois de um encontro casual com um membro do Bureau du Chiffre, logo após o início da guerra. Daí em diante o seu talento inestimável foi devotado à detecção das fraquezas nas cifras alemãs. Ele lutou contra a ADFGVX dia e noite, num esforço que o fez perder quinze quilos do seu peso.

Mais tarde, na noite de 2 de junho, ele conseguiu decifrar uma mensagem em ADFGVX. A descoberta de Painvin levou a uma série de outras decifrações, incluindo uma mensagem que continha a ordem "Corram com as munições. Mesmo durante o dia, se não forem vistos". O início da mensagem indicava que fora enviada de um local entre Montdidier e Compiègne, cerca de 80 quilômetros ao norte de Paris. A necessidade urgente de munição revelava que ali se daria o ataque alemão. E o reconhecimento aéreo confirmou esta hipótese. Soldados aliados foram enviados para reforçar aquele trecho da linha de frente e, uma semana depois, a ofensiva alemã começou. Tendo perdido o elemento surpresa, o exército alemão foi obrigado a recuar numa batalha infernal que durou cinco dias.

A quebra da ADFGVX foi um exemplo típico da criptografia durante a Primeira Guerra Mundial. Embora houvesse um fluxo de novas cifras, estas eram todas variações ou combinações das cifras do século XIX que já tinham sido quebradas. Embora algumas delas oferecessem uma segurança inicial, não demorava muito para que os criptoanalistas levassem a melhor sobre elas. O maior problema para os criptoanalistas era então o volume de tráfego. Antes do advento do rádio, as mensagens interceptadas eram raras e preciosas, e os criptoanalistas festejavam cada uma. Contudo, na Primeira Guerra Mundial, a quantidade de mensagens pelo rádio era enorme e cada uma delas podia ser interceptada, gerando um fluxo contínuo de textos cifrados para ocupar as mentes dos criptoanalistas. Estima-se que os franceses interceptaram cem milhões de palavras das comunicações alemãs durante a Grande Guerra.

De todos os criptoanalistas do tempo da guerra, os franceses foram os mais eficientes. Quando entraram na guerra, já tinham a equipe mais poderosa de quebradores de códigos da Europa, uma conseqüência da derrota humilhante que a França sofrera durante a guerra franco-prussiana. Napoleão III, querendo recuperar sua popularidade em declínio, invadira a Prússia em 1870, mas não previra a aliança entre a Prússia ao norte e os estados alemães ao sul. Liderados por Otto von Bismarck, os prussianos avançaram sobre o exército francês como um rolo compressor, anexando as províncias da Alsácia e da Lorena e acabando com o domínio francês na Europa. Daí em diante, a ameaça de uma Alemanha unificada parece ter sido o estímulo de que precisavam os criptoanalistas franceses para dominar as habilidades necessárias para dar à França informações detalhadas dos planos do inimigo.

Fig. 26 Tenente Georges Painvin.

Foi neste clima que Auguste Kerckhoffs escreveu seu tratado *La Cryptographie militaire*. Embora fosse holandês, Kerckhoff passou a maior parte de sua vida na França e seu trabalho deu aos franceses um guia excepcional dos princípios da criptoanálise. E quando a Primeira Guerra Mundial começou, três décadas depois, os militares franceses tinham implementado as idéias de Kerckhoffs em escala industrial. Enquanto gênios solitários como Painvin buscavam quebrar novas cifras, equipes de especialistas, cada uma com habilidades especialmente desenvolvidas para lidar com determinadas cifras, cuidavam do trabalho diário. O tempo era essencial, e a linha de montagem dos criptoanalistas fornecia as informações de modo rápido e eficiente.

Sun-Tzu, autor de *A arte da guerra*, um texto de estratégia militar que data do século quatro antes de Cristo, declarou que: "Nada deve ser mais estimado do que a informação, mais bem pago do que a informação e nada deve ser mais confidencial do que o trabalho de coleta de informações." Os franceses acreditavam com convicção nas palavras de Sun-Tzu e, além de aperfeiçoarem suas habilidades criptoanalíticas, desenvolveram várias técnicas auxiliares para coletar informações pelo rádio, métodos que não envolviam a decifragem. Por exemplo, os postos de escuta franceses aprenderam a reconhecer o *punho* do operador de rádio. Depois de cifrada, a mensagem era enviada por código Morse, como uma série de pontos e traços, e cada operador podia ser identificado por suas pausas, a velocidade da transmissão e o comprimento relativo dos pontos e traços. O punho é equivalente ao estilo de caligrafia. Além de operar os postos de escuta, os franceses estabeleceram seis estações de radiogoniômetros capazes de determinar de que direção as mensagens estavam chegando. Cada estação movia sua antena até que o sinal ficasse mais forte, o que identificava a direção da fonte da mensagem. Combinando as informações direcionais de duas ou mais estações, era possível obter a localização exata das transmissões do inimigo. E combinando-se os dados do punho com os dados direcionais, era possível estabelecer a identidade e a localização de um batalhão em particular. A espionagem francesa podia então rastrear o seu avanço ao longo de vários dias, e, potencialmente, deduzir seu destino e objetivo. Esta forma de coleta de dados é conhecida como análise de tráfego e se torna particularmente valiosa depois da introdução de uma nova cifra. Cada nova cifra deixa os criptoanalistas temporariamente impotentes, mas uma mensagem indecifrável ainda pode fornecer informações pela análise de tráfego.

O LIVRO DOS CÓDIGOS

A vigilância dos franceses contrastava fortemente com a atitude dos alemães, que entraram na guerra sem um escritório militar de cifras. Foi só em 1916 que eles criaram o Abhorchdienst, uma organização devotada a interceptar as mensagens dos aliados. Parte dos motivos deste atraso está no avanço do exército alemão em território francês na fase inicial da guerra. Os franceses, à medida que recuavam, destruíam as linhas telegráficas, forçando os alemães a dependerem do rádio para a comunicação. E embora isso desse aos franceses um suprimento contínuo de mensagens alemãs interceptadas, o oposto não acontecia. Como os franceses estavam recuando para dentro de seu próprio território, eles ainda tinham acesso às suas linhas telegráficas e não precisavam se comunicar pelo rádio. E na ausência de comunicações francesas pelo rádio os alemães não podiam fazer interceptações, e portanto só se incomodaram em desenvolver seu departamento criptoanalítico quando a guerra já completara dois anos.

Os ingleses e os americanos também deram contribuições importantes para a criptoanálise aliada. A supremacia dos decifradores de códigos aliados e sua influência na Grande Guerra é mais bem ilustrada pela decifração de um telegrama alemão, interceptado pelos britânicos no dia 17 de janeiro de 1917. A história dessa decifração mostra o quanto a criptoanálise pode afetar o desenrolar de uma guerra no seu mais alto nível e demonstra as repercussões potencialmente arrasadoras do emprego de uma cifragem inadequada. Em questão de semanas o telegrama decifrado forçaria os Estados Unidos a reverem sua política de neutralidade, alterando o equilíbrio de forças na guerra.

Apesar dos apelos dos políticos ingleses e americanos, o presidente Woodrow Wilson passara os primeiros dois anos da guerra recusando-se a enviar tropas americanas para apoiar os aliados. Além de não querer sacrificar a juventude de seu país nos sangrentos campos de batalha da Europa, ele estava convencido de que a guerra só terminaria com um acordo negociado. Wilson achava que podia servir melhor ao mundo se permanecesse neutro e atuasse como mediador. Em novembro de 1916 ele viu as esperanças de um acordo quando os alemães nomearam um novo ministro das Relações Exteriores, Arthur Zimmermann, um gigante jovial, que parecia anunciar o início de uma nova era de diplomacia alemã inteligente. Os jornais norte-americanos publicaram manchetes tais como NOSSO AMIGO ZIMMERMANN e LIBERALIZAÇÃO DA ALEMANHA. Um artigo o anunciava "como uma das mais auspiciosas perspectivas para o futuro das relações germano-americanas". Contudo, sem que os americanos soubessem, Zimmermann não tinha intenções de buscar a paz. Na verdade ele estava planejando um aumento na ofensiva militar da Alemanha.

Em 1915, um submarino alemão submerso fora responsável pelo afundamento do transatlântico *Lusitania*, que afogara 1.198 passageiros, incluindo 128 civis norte-americanos. A perda do *Lusitania* teria levado a América para a guerra se não fossem as garantias da Alemanha de que, doravante, seus submarinos emergiriam antes de atacar, uma restrição destinada a evitar ataques acidentais contra navios mercantes. Entretanto, no dia 9 de janeiro de 1917, Zimmermann compareceu a uma importante reunião no castelo de Pless, na Alemanha, onde o Alto Comando Supremo tentava persuadir o Kaiser de que era hora de abandonar a promessa feita aos americanos e iniciar uma guerra submarina irrestrita. Os comandantes alemães sabiam que seus submarinos eram quase invulneráveis se lançassem seus torpedos enquanto permanecessem submersos, e este poderia ser o fator decisivo para a determinação do resultado da guerra. A Alemanha estivera construindo uma frota de duzentos submarinos, e o Alto Comando Supremo argumentava que um ataque irrestrito de submarinos cortaria as linhas de suprimento da Grã-Bretanha, subjugando-a pela fome e obrigando-a a se render em seis meses.

Uma vitória rápida era essencial. Uma guerra submarina ilimitada e o afundamento inevitável de navios mercantes norte-americanos certamente fariam os Estados Unidos declararem guerra contra a Alemanha. Tendo isso em mente, a Alemanha precisaria forçar uma rendição aliada antes que a América pudesse mobilizar suas tropas e provocar um impacto no teatro de operações europeu. No final do encontro em Pless, o Kaiser estava convencido de que poderia conquistar uma vitória rápida e assinou a ordem para o início de uma guerra submarina irrestrita, que começaria em 1º de fevereiro.

Nas três semanas que lhe restavam, Zimmermann criou uma política de segurança. Se a guerra submarina irrestrita aumentava a probabilidade de os Estados Unidos entrarem na guerra, então Zimmermann tinha um plano que poderia atrasar e enfraquecer o envolvimento americano na Europa, talvez até desencorajando-o completamente. A idéia de Zimmermann era propor uma aliança com o México, convencendo o presidente mexicano a invadir os Estados Unidos para recuperar territórios como o Texas, o Novo México e o Arizona. A Alemanha apoiaria o México em sua batalha contra o inimigo comum, ajudando financeira e militarmente.

Fig. 27 Arthur Zimmermann.

Além disso, Zimmermann queria que o presidente mexicano atuasse como mediador, convencendo os japoneses a atacarem os Estados Unidos. Deste modo a Alemanha ofereceria uma ameaça contra a costa leste americana, os japoneses atacariam do oeste, enquanto o México invadiria pelo sul. O objetivo principal de Zimmermann era criar tantos problemas para os americanos, em sua pátria, que eles não poderiam enviar tropas para a Europa. Assim a Alemanha poderia vencer a batalha no mar, ganhar a guerra na Europa e então se retirar da campanha americana. No dia 16 de janeiro, Zimmermann resumiu sua proposta num telegrama ao embaixador alemão em Washington, que, por sua vez, deveria retransmiti-lo ao embaixador alemão no México, o qual, finalmente, o entregaria ao presidente mexicano. A Figura 28 mostra o telegrama cifrado; e a mensagem traduzida se segue:

Pretendemos iniciar a guerra submarina irrestrita no dia primeiro de fevereiro. Apesar disso devemos tentar manter a neutralidade dos Estados Unidos. No caso de não termos sucesso, faremos ao México uma proposta de aliança na seguinte base: faremos a guerra juntos e a paz juntos, apoio financeiro generoso e a compreensão, de nossa parte, de que o México deve reconquistar seus territórios perdidos no Texas, Novo México e Arizona. Os detalhes do acordo ficam por sua conta. Deve informar ao presidente [do México] do que se encontra resumido acima assim que o início da guerra contra os Estados Unidos esteja certo e acrescentar a sugestão de que ele deve, por sua própria iniciativa, convidar o Japão para se unir a nós e ao mesmo tempo servir como mediador entre nós e o Japão. Chame a atenção do presidente para o fato de que o emprego irrestrito de nossos submarinos agora oferece uma perspectiva de levar a Inglaterra a assinar a paz dentro de alguns meses. Acuse recebimento.

Zimmermann

Zimmermann fora obrigado a cifrar seu telegrama porque a Alemanha sabia que os aliados estavam interceptando todas as suas comunicações transatlânticas, uma conseqüência da primeira ação ofensiva dos britânicos na guerra. Antes da aurora do primeiro dia da Primeira Guerra Mundial, o navio britânico *Telconia* se aproximara da costa germânica oculto pela escuridão, baixara a âncora e içara um feixe de cabos submarinos. Eram os cabos transatlânticos da Alemanha, seus elos de comunicação com o resto do mundo. Quando o sol se ergueu, os cabos tinham sido cortados. Este ato de sabotagem destinava-se a destruir os meios de comunicação mais seguros dos alemães, forçando-os a enviarem mensagens através de transmissões de rádio inseguras ou por meio de cabos de propriedade de outros países. Zimmermann foi forçado a enviar seu telegrama cifrado via Suécia, e uma cópia de segurança foi enviada através de um cabo americano, mais seguro. As duas rotas passavam pela Inglaterra, o que significou que o texto do telegrama Zimmermann, como ficaria conhecido, logo caiu em mãos britânicas.

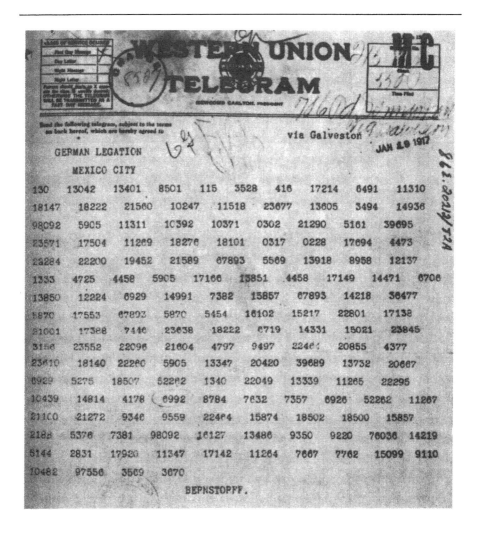

Fig. 28 O telegrama Zimmermann, como foi transmitido por von Bernstorff, embaixador alemão em Washington, a Eckhardt, embaixador alemão na Cidade do México.

O telegrama interceptado foi enviado imediatamente para a Sala 40, o escritório de cifras do Almirantado. O nome vinha do escritório onde se alojara inicialmente. A Sala 40 era uma estranha mistura de lingüistas, estudiosos dos clássicos e viciados em palavras cruzadas, capazes dos feitos mais engenhosos da criptoanálise. Por exemplo, o reverendo Montgomery, um habilidoso tradutor de trabalhos teológicos alemães, tinha decifrado uma mensagem secreta oculta num cartão-postal endereçado a Sir Henry Jones, 184 King's Road, Tighnabruaich, Escócia. O cartão-postal fora enviado da Turquia, assim, Sir Henry presumiu que era de seu filho, prisioneiro dos turcos. Contudo, ele ficou intrigado porque o cartão estava em branco e o endereço era peculiar. O vilarejo de Tighnabruaich era tão pequeno, que nenhuma das casas tinha números, e além disso não existia a King's Road. Mais tarde o reverendo Montgomery detectou a mensagem cifrada do cartão. O endereço era uma referencia à Bíblia, mais precisamente ao Primeiro Livro dos Reis, Capítulo 18, versículo 4: "Obadiah levou os cem profetas e escondeu cinqüenta em uma caverna, alimentando-os com pão e água." O filho de Sir Henry estava simplesmente tranqüilizando sua família de que estava sendo bem tratado por seus captores.

Quando o telegrama Zimmermann chegou na Sala 40 foi Montgomery quem recebeu a incumbência de decifrá-lo, com a ajuda de Nigel de Grey, um editor da firma de William Heinemann. Eles perceberam imediatamente que estavam lidando com uma forma de cifra usada apenas em comunicações diplomáticas de alto nível, e dedicaram toda urgência ao telegrama. Decifrá-lo estava longe de ser uma tarefa banal, mas os dois puderam se basear em análises anteriores de outros telegramas cifrados de modo semelhante. Em algumas horas a dupla de quebradores de código foi capaz de recuperar alguns trechos do texto, o suficiente para perceber que estava decifrando uma mensagem da maior importância. Montgomery e Grey continuaram seu trabalho, e no final do dia já podiam discernir o contorno geral dos terríveis planos de Zimmermann. Eles percebiam as terríveis implicações de uma guerra submarina total, mas ao mesmo tempo podiam ver que o ministro das Relações Exteriores da Alemanha estava encorajando um ataque contra os Estados Unidos, o que provavelmente levaria o presidente Wilson a abandonar a neutralidade americana. O telegrama continha a mais mortífera das ameaças, mas também a possibilidade de os Estados Unidos se unirem aos aliados.

Montgomery e Grey levaram o telegrama parcialmente decifrado ao almirante, Sir William Hall, diretor do Serviço Naval de Informações, esperando que ele passasse a informação aos americanos, arrastando-os para a guerra. Contudo, o almirante Hall simplesmente colocou a cópia parcialmente decifrada em seu cofre e encorajou os criptoanalistas a continuarem com o trabalho de preencher as lacunas. Ele hesitava em entregar aos americanos uma decifragem incompleta, no caso de que alguma advertência essencial ainda não estivesse decifrada. Outra preocupação também ocupava sua mente. Se os britânicos entregassem aos americanos o telegrama Zimmermann decifrado e os americanos reagissem publicamente, condenando a proposta agressão alemã, então os alemães perceberiam que sua cifra fora quebrada. Isso os estimularia a desenvolver um novo sistema decifragem, mais poderoso, sufocando um importante canal de informações. Em todo o caso, Hall estava ciente de que um ataque total dos submarinos começaria em duas semanas, o que, por sua vez, poderia ser o suficiente para estimular o presidente Wilson a declarar guerra contra a Alemanha. Não havia motivo para ameaçar uma fonte valiosa de informações quando o objetivo desejado poderia ser alcançado de qualquer maneira.

No dia 1º de fevereiro, como ordenado pelo Kaiser, a Alemanha começou uma guerra naval irrestrita. No dia 2 de fevereiro Woodrow Wilson reuniu seu gabinete para decidir qual seria a resposta americana. No dia 3 de fevereiro ele falou ao Congresso e anunciou que a América continuaria neutra, agindo como pacificadora, não como combatente. Isso contrariava as expectativas alemãs e aliadas. A resistência americana a se unir aos aliados não deixou outra escolha ao almirante Hall, exceto explorar o potencial do telegrama Zimmermann.

Naqueles 15 dias desde que Montgomery e Grey tinham entrado em contato com Hall, eles haviam completado o trabalho de decifragem. Além disso, Hall tinha encontrado um meio de impedir que os alemães suspeitassem de uma quebra em sua segurança. Ele percebia que von Bernstorff, o embaixador alemão em Washington, já teria entregue a mensagem a von Eckhardt, o embaixador alemão no México, tendo feito algumas pequenas mudanças. Por exemplo, von Bernstorff teria removido as instruções que lhe eram destinadas e mudado o endereço. Von Eckhardt então entregaria a versão revisada do telegrama, decifrada, ao presidente mexicano. Se Hall pudesse, de algum modo, obter esta versão mexicana do telegrama Zimmermann, então ela poderia ser publicada nos jornais e os alemães presumiriam que fora roubada do governo mexicano e não interceptada e decifrada pelos britânicos a caminho da América. Hall contactou um agente britânico no México, conhecido apenas como Mr. H. Ele estava infiltrado no Escritório Mexicano de Telégrafos. Mr. H conseguiu obter exatamente o que era necessário: a versão mexicana do telegrama Zimmermann.

E foi esta versão que Hall entregou a Arthur Balfour, secretário britânico de Estado para Assuntos Estrangeiros. No dia 23 de fevereiro Balfour chamou o embaixador americano, Walter Page, e lhe entregou o telegrama Zimmermann, no que chamou depois de "o momento mais dramático de toda a minha vida". Quatro dias depois o presidente Wilson viu com seus próprios olhos a "evidência eloqüente", como ele a chamou, a prova de que a Alemanha estava encorajando a agressão direta contra os Estados Unidos.

O telegrama foi liberado para a imprensa e afinal a nação americana foi confrontada com a realidade das intenções alemãs. Embora não restasse dúvida entre o povo americano de que deveriam retaliar, havia uma certa preocupação, dentro do governo, de que o telegrama pudesse ser uma fraude, criada pelos ingleses para garantir o envolvimento americano na guerra. Contudo, a questão da autenticidade logo desapareceu quando Zimmermann admitiu publicamente ser o autor. Em uma entrevista coletiva em Berlim, sem ser pressionado, ele simplesmente declarou. "Eu não posso negar, é verdade."

Na Alemanha, o Ministério das Relações Exteriores começou uma investigação para descobrir como os americanos tinham obtido o telegrama Zimmermann. Eles caíram na armadilha do almirante Hall e concluíram que "vários indícios sugerem que a traição foi cometida no México". Enquanto isso, Hall continuava a afastar toda a atenção dos criptoanalistas britânicos. Ele plantou uma história na imprensa de seu país criticando sua própria organização por não ter interceptado o telegrama Zimmermann, o que, por sua vez, gerou uma série de artigos atacando o serviço secreto britânico e elogiando os americanos.

No início do ano, Wilson dissera que seria "um crime contra a civilização" levar sua nação para a guerra, mas no dia 2 de abril de 1917 ele mudara de opinião: "Eu aconselho ao Congresso que considere as ações recentes do Governo Imperial como sendo de fato nada menos do que a guerra contra o governo e o povo dos Estados Unidos e que formalmente aceite o estado de beligerância que assim é lançado sobre ele." Uma única descoberta feita pelos criptoanalistas da Sala 40 conseguira sucesso onde três anos de diplomacia intensa tinham fracassado. Barbara Tuchman, historiadora americana e autora do livro *The Zimmermann Telegram*, oferece a seguinte análise:

Fig. 29 "Explodindo em suas mãos", charge de Rollin Kirby publicada em 3 de março de 1917 em *The World*.

Se o telegrama não tivesse sido interceptado nem publicado, inevitavelmente os alemães teriam feito alguma outra coisa que nos levaria para a guerra. Mas o tempo já estava se esgotando, e se tivéssemos nos atrasado um pouco mais os aliados teriam sido obrigados a negociar. Nesse ponto o telegrama Zimmermann mudou o curso da história... Em si mesmo era apenas um cascalho na longa estrada da história. Mas uma pedra pode matar um Golias, e esta matou a ilusão americana de que podíamos continuar nossas vidas separados dos outros país. Para os negócios do mundo era apenas uma pequena trama do ministro alemão. Mas para as vidas do povo americano significava o fim da inocência.

O Santo Graal da Criptografia

A Primeira Guerra Mundial testemunhou uma série de vitórias para os criptoanalistas, culminando com a decifração do telegrama Zimmermann. Desde a quebra da cifra de Vigenère, no século XIX, os decifradores de códigos levavam vantagem sobre os criadores de códigos. Então, perto do fim da guerra, quando os criptógrafos estavam totalmente desesperados, os cientistas na América fizeram uma descoberta espantosa. Eles descobriram que a cifra de Vigenère poderia ser usada como base para uma forma nova e mais formidável de cifragem. De fato, esta nova cifra poderia oferecer uma segurança perfeita.

A fraqueza fundamental da cifra de Vigenère é sua natureza cíclica. Se a palavra-chave tiver o comprimento de cinco letras, cada quinta letra do texto original, de cinco em cinco, será cifrada de acordo com o mesmo alfabeto de cifra. Se o criptoanalista puder identificar o comprimento da palavra-chave, então o texto cifrado pode ser tratado como uma série de cinco cifras monoalfabéticas e cada uma delas poderá ser quebrada com a análise de freqüência. Contudo, considere o que acontece se a palavra-chave ficar mais longa.

Imagine um texto de mil letras cifrado de acordo com a cifra de Vigenère e imagine que estamos tentando criptoanalisar o texto cifrado resultante. Se a palavra-chave usada para cifrar o texto tiver apenas cinco letras de comprimento, o estágio final da criptoanálise vai exigir que apliquemos a análise de freqüência a cinco conjuntos de 200 letras, o que é fácil. Mas se a palavra-chave tiver 20 letras de comprimento, o estágio final será uma análise de freqüência de 20 conjuntos de 50 letras, o que é consideravelmente mais difícil. E se a palavra-chave tiver mil letras, você enfrentará uma análise de freqüência de mil conjuntos de uma letra, o que é completamente impossível. Em outras palavras, se a palavra-chave (ou frase-chave) for tão longa quanto a mensagem, a técnica criptoanalítica desenvolvida por Babbage e Kasiski não vai funcionar.

Usar uma chave tão longa quanto a mensagem é muito bom, mas exige que o criptógrafo crie uma chave bem comprida. E se a mensagem tiver centenas de letras de comprimento, a chave também precisa ter centenas de letras de comprimento. No lugar de criar uma chave tão longa do nada, pode ser

O LIVRO DOS CÓDIGOS

tentador baseá-la em, digamos, a letra de uma canção. Ou o criptógrafo pode pegar um livro sobre observação de pássaros e basear sua chave em uma série de nomes de pássaros escolhidos ao acaso. Contudo, tais chaves possuem falhas fundamentais.

No exemplo seguinte, eu cifrei um texto com a cifra de Vigenère, usando uma chave tão longa quanto a mensagem. Todas as técnicas criptoanalíticas que descrevi anteriormente fracassarão. E, no entanto, a mensagem pode ser decifrada.

```
Chave           ? ? ? ? ? ? ? ? ? ? ? ? ? ? ? ? ? ? ? ? ? ? ?
Texto original  ? ? ? ? ? ? ? ? ? ? ? ? ? ? ? ? ? ? ? ? ? ? ?
Texto cifrado   V H R M H E U Z N F Q D E Z R W X F I D K
```

O novo sistema de criptoanálise começa com a suposição de que o texto cifrado contém algumas palavras comuns da língua inglesa, tais como o **the**. Em seguida vamos colocar o **the** em posições ao acaso, em vários pontos do texto cifrado, como mostrado a seguir, e deduzir que tipos de letras-chave seriam necessárias para transformar o **the** no texto cifrado adequado. Por exemplo, se supusermos que o **the** seja a primeira palavra do texto original, o que isto implicaria para as primeiras três letras da chave? A primeira letra da chave iria cifrar o **t** em **V**. Para determinar a primeira letra da chave nós pegamos o quadrado de Vigenère, seguimos a coluna encabeçada pelo **t** até chegarmos ao **V** e descobrimos que a letra que inicia esta linha é o **C**. Esse processo é repetido com o **h** e **e**, que seriam cifrados como **H** e **R** respectivamente, e em seguida temos candidatos para as três primeiras letras da chave, **CAN**. Tudo isso vem da suposição de que o **the** seja a primeira palavra do texto original. Nós colocamos o **the** em algumas outras posições e novamente deduzimos as letras correspondentes. (Você pode verificar o relacionamento entre cada letra do texto e do texto cifrado consultando o quadrado de Vigenère na Tabela 9.)

```
Chave           C A N ? ? ? B S J ? ? ? ? ? Y P T ? ? ? ?
Texto original  t h e ? ? ? t h e ? ? ? ? ? t h e ? ? ? ?
Texto cifrado   V H R M H E U Z N F Q D E Z R W X F I D K
```

Testamos os três **the** em três fragmentos arbitrários do texto cifrado e geramos três suposições quanto aos elementos de certas partes da chave. Mas como podemos determinar se qualquer um dos **the** está na posição correta? Nós suspeitamos que a chave consiste em palavras dotadas de significado, e podemos usar isto para nos ajudar. Se o **the** estiver em uma posição errada, provavelmente resultará numa seleção ao acaso de letras-chave. Contudo, se estiverem na posição correta, as letras-chave começarão a fazer sentido. Por exemplo, o primeiro **the** produz as letras-chave **CAN**, o que é encorajador, já que se trata de uma sílaba inglesa perfeitamente razoável. É possível que este **the** esteja na posição correta. O segundo **the** produz **BSJ**, uma combinação muito peculiar de consoantes, sugerindo que o segundo **the** é provavelmente um erro. Quanto ao terceiro **the**, ele produz **YPT**, uma sílaba pouco comum, mas que vale uma investigação posterior. Se **YPT** é realmente parte da chave, ele deve estar dentro de uma palavra maior e as únicas possibilidades são **APOCALYPTIC**, **CRYPT** e **EGYPT**, ou derivados dessas palavras. Mas como poderemos descobrir se essas palavras são partes da chave? Podemos testar cada hipótese inserindo as três palavras candidatas na chave, acima do trecho apropriado do texto cifrado e decifrando o texto correspondente.

Chave	C A N ? ? ? ? ? A P O C A L Y P T I C ? ?
Texto original	t h e ? ? ? ? ? n q c b e o t h e x g ? ?
Texto cifrado	V H R M H E U Z N F Q D E Z R W X F I D K

Chave	C A N ? ? ? ? ? ? ? ? ? C R Y P T ? ? ? ?
Texto original	t h e ? ? ? ? ? ? ? ? ? c i t h e ? ? ? ?
Texto cifrado	V H R M H E U Z N F Q D E Z R W X F I D K

Chave	C A N ? ? ? ? ? ? ? ? ? E G Y P T ? ? ? ?
Texto original	t h e ? ? ? ? ? ? ? ? ? a t t h e ? ? ? ?
Texto cifrado	V H R M H E U Z N F Q D E Z R W X F I D K

Se a palavra candidata não for parte da chave, ela provavelmente vai resultar num trecho aleatório de texto, mas se for parte da chave o texto resultante deverá fazer algum sentido. Com **APOCALYPTIC** como parte da chave, o texto resultante é uma mistura de letras totalmente sem sentido. Com **CRYPT**, o texto resultante é **cithe**, que não é algo tão inconcebível. Contudo, se **EGYPT** for

O LIVRO DOS CÓDIGOS

parte da chave, ele vai gerar **atthe**, o que é uma combinação mais promissora de letras, provavelmente representando as palavras **at the**.

Por enquanto vamos presumir que a maior probabilidade seja a de que **EGYPT** é parte da chave. Talvez a chave seja uma lista de países. Isto sugeriria que **CAN**, o trecho da chave que corresponde ao primeiro **the**, seja o começo de **CANADA**. Podemos testar essa hipótese trabalhando mais com o texto original, baseado na suposição de que **CANADA**, assim como **EGYPT**, seja parte da chave.

```
Chave          C A N A D A ? ? ? ? ? ? E G Y P T ? ? ? ?
Texto original t h e m e e ? ? ? ? ? ? a t t h e ? ? ? ?
Texto cifrado  V H R M H E U Z N F Q D E Z R W X F I D K
```

Nossa hipótese parece fazer sentido. **CANADA** implica que o texto original começa com **themee**, que é talvez o princípio de **the meeting**. Agora que deduzimos mais algumas letras do texto original, **ting**, podemos deduzir a parte correspondente da chave, que revela ser **BRAZ**. Certamente isto é o início de **BRAZIL**. Usando a combinação de **CANADABRAZILEGYPT** como a parte principal da chave conseguimos decifrar a frase seguinte: **the meeting is at the ????** a reunião será nas ????).

De modo a encontrar a palavra final do texto, a localização do encontro, a melhor estratégia será completar a chave testando, um por um, os nomes de todos os países possíveis e deduzindo o texto resultante. E o único texto lógico é deduzido se o fragmento final da chave for **CUBA**.

```
Chave          C A N A D A B R A Z I L E G Y P T C U B A
Texto original t h e m e e t i n g i s a t t h e d o c k
Texto cifrado  V H R M H E U Z N F Q D E Z R W X F I D K
```

Ou seja, o texto decifrado diz que "a reunião será nas docas". Assim, uma chave tão longa quanto a mensagem não é suficiente para garantir a segurança. O exemplo anterior não é seguro porque a chave era formada por palavras dotadas de significado. Nós começamos inserindo o **the** casualmente no texto e determinando as letras correspondentes da chave. Sabíamos que tínhamos colocado um **the** no local correto, porque as letras-chave pareciam fazer parte de palavras significativas. E daí usamos esses pedaços da chave para deduzir palavras inteiras da chave, o que nos deu mais fragmentos da mensagem que podíamos expandir para formar palavras inteiras e assim por diante. E todo esse processo de ir e vir entre mensagem e chave só foi possível porque a chave tinha uma estrutura inerente que consistia em palavras reconhecíveis. Entretanto, em 1918, os criptógrafos começaram a experimentar com chaves que eram desprovidas de estrutura. E o resultado era uma cifra indecifrável.

Tabela 9 O quadrado de Vigenère.

Alfabeto correto	a b c d e f g h i j k l m n o p q r s t u v w x y z
1	B C D E F G H I J K L M N O P Q R S T U V W X Y Z A
2	C D E F G H I J K L M N O P Q R S T U V W X Y Z A B
3	D E F G H I J K L M N O P Q R S T U V W X Y Z A B C
4	E F G H I J K L M N O P Q R S T U V W X Y Z A B C D
5	F G H I J K L M N O P Q R S T U V W X Y Z A B C D E
6	G H I J K L M N O P Q R S T U V W X Y Z A B C D E F
7	H I J K L M N O P Q R S T U V W X Y Z A B C D E F G
8	I J K L M N O P Q R S T U V W X Y Z A B C D E F G H
9	J K L M N O P Q R S T U V W X Y Z A B C D E F G H I
10	K L M N O P Q R S T U V W X Y Z A B C D E F G H I J
11	L M N O P Q R S T U V W X Y Z A B C D E F G H I J K
12	M N O P Q R S T U V W X Y Z A B C D E F G H I J K L
13	N O P Q R S T U V W X Y Z A B C D E F G H I J K L M
14	O P Q R S T U V W X Y Z A B C D E F G H I J K L M N
15	P Q R S T U V W X Y Z A B C D E F G H I J K L M N O
16	Q R S T U V W X Y Z A B C D E F G H I J K L M N O P
17	R S T U V W X Y Z A B C D E F G H I J K L M N O P Q
18	S T U V W X Y Z A B C D E F G H I J K L M N O P Q R
19	T U V W X Y Z A B C D E F G H I J K L M N O P Q R S
20	U V W X Y Z A B C D E F G H I J K L M N O P Q R S T
21	V W X Y Z A B C D E F G H I J K L M N O P Q R S T U
22	W X Y Z A B C D E F G H I J K L M N O P Q R S T U V
23	X Y Z A B C D E F G H I J K L M N O P Q R S T U V W
24	Y Z A B C D E F G H I J K L M N O P Q R S T U V W X
25	Z A B C D E F G H I J K L M N O P Q R S T U V W X Y
26	A B C D E F G H I J K L M N O P Q R S T U V W X Y Z

À medida que a Grande Guerra chegava ao seu final o major Joseph Mauborgne, diretor da pesquisa criptográfica do exército americano, introduziu o conceito de chave aleatória — uma chave que não consistia em uma série de palavras reconhecíveis e sim em séries de letras dispostas ao acaso. Ele defendia o emprego dessas chaves aleatórias como parte da cifra de Vigenère para produzir um nível de segurança sem precedentes. O primeiro estágio do sistema de Mauborgne era produzir um bloco grosso, formado por centenas de folhas de papel, cada folha contendo uma chave única na forma de linhas de letras colocadas numa seqüência aleatória. Haveria duas cópias deste bloco, uma ficaria com o remetente e outra com o destinatário da mensagem. Para cifrar uma mensagem, o remetente aplicaria a cifra de Vigenère usando a primeira folha do bloco como chave. A Figura 30 mostra três folhas deste bloco (na realidade cada folha conteria centenas de letras), seguida de uma mensagem cifrada usando a primeira chave aleatória da primeira folha. O destinatário pode decifrar facilmente o texto cifrado usando uma chave idêntica e revertendo a cifra de Vigenère. Depois que a mensagem é enviada com sucesso, recebida e decifrada, ambos, remetente e destinatário, destroem a folha do bloco que serviu como chave, de modo que ela nunca mais seja usada. E quando a mensagem seguinte for cifrada, a chave aleatória seguinte do bloco é empregada, depois destruída e assim por diante. E como cada chave é usada apenas uma única vez, esse sistema é conhecido como *bloco de cifras de uma única vez.*

Este bloco de cifras elimina todas as fraquezas anteriores. Imagine que a mensagem **attack the valley at dawn** (ataquem o vale ao amanhecer) tenha sido cifrada como na Figura 30 e em seguida transmitida pelo rádio e interceptada pelo inimigo. O texto cifrado é entregue ao criptoanalista inimigo que então tenta decifrá-lo. A primeira dificuldade é que, por definição, não há repetição na chave aleatória e por isso os métodos de Babbage e Kasiski não conseguem quebrar uma cifra do bloco de uma única vez. Como alternativa, o criptoanalista inimigo pode tentar a colocação do **the** em vários pontos para deduzir o trecho correspondente da chave, como fizemos ao decifrar a mensagem anterior. Se o criptoanalista tentar colocar o **the** no início da mensagem, o que é incorreto, o segmento correspondente da chave seria revelado como sendo **WXB**, que é uma série aleatória de letras sem sentido. Mas mesmo que o criptoanalista tentasse colocar o **the** para começar na sétima letra da mensagem, o que é correto, o segmento correspondente da chave se revelaria como **QKJ**, que é também uma série de letras ao acaso. Em outras palavras, o criptoanalista não poderia determinar se suas tentativas estão no lugar certo.

Folha 1	Folha 2	Folha 3
P L M O E	O I W V H	J A B P R
Z Q K J Z	P I Q Z E	M F E C F
L R T E A	T S E B L	L G U X D
V C R C B	C Y R U P	D A G M R
Y N N R B	D U V N M	Z K W Y I

Chave   P L M O E Z Q K J Z L R T E A V C R C B Y

Texto original   a t t a c k t h e v a l l e y a t d a w n

Texto cifrado   P E F O G J J R N U L C E I Y V V U C X L

Fig. 30 Três folhas, cada uma a possível chave para uma cifra de uma única vez. A mensagem é decifrada com o uso da folha 1.

Em desespero, o criptoanalista poderia tentar uma busca exaustiva de todas as chaves possíveis. Mas o texto cifrado consiste em 21 letras. Isto significa que existem aproximadamente 500.000.000.000.000.000.000.000.000.000 de chaves possíveis para serem testadas, o que está completamente além do possível, por meios humanos ou mecânicos. Entretanto, mesmo se o criptoanalista pudesse testar todas as chaves, existe um obstáculo ainda maior a ser superado. Verificando cada chave possível o criptoanalista certamente encontraria a mensagem certa — mas cada mensagem errada também seria revelada. Por exemplo, a seguinte chave, aplicada ao mesmo texto cifrado, gera uma mensagem completamente diferente:

Chave   M A A K T G Q K J N D R T I F D B H K T S

Texto original   d e f e n d t h e h i l l a t s u n s e t

Texto cifrado   P E F O G J J R N U L C E I Y V V U C X L

Se todas as chaves diferentes pudessem ser testadas, cada mensagem concebível de 21 letras poderia ser gerada e o criptoanalista seria incapaz de distinguir entre a certa e as erradas. Esta dificuldade não surgiria se a chave fosse uma série de palavras ou uma frase, porque as mensagens incorretas quase certamente teriam se associado a uma chave sem sentido, enquanto a mensagem correta ficaria ligada a uma chave dotada de significado.

A segurança do bloco de cifras de uma única vez é totalmente um resultado da chave aleatória. A chave injeta uma incerteza no texto cifrado e, se o texto é aleatório, ele não possui padrões, nenhuma estrutura, nada que um criptoanalista possa usar como apoio. De fato, pode ser provado matematicamente que é impossível para um criptoanalista quebrar uma mensagem cifrada com um bloco de cifras de uma única vez. Em outras palavras, não se acredita meramente que o bloco seja indecifrável, como aconteceu com a cifra de Vigenère no século XIX, *ele realmente oferece a segurança absoluta*. O bloco de uma única vez oferece a garantia do segredo: o Santo Graal da criptografia.

Afinal os criptógrafos tinham encontrado um sistema indecifrável. Contudo, a perfeição do bloco de cifras de uma única vez não acabou com a busca pelo segredo: na verdade ele raramente foi usado. Embora seja perfeito em teoria, ele não funciona na prática porque a cifra apresenta duas dificuldades fundamentais. Em primeiro lugar, há o problema de se produzirem chaves aleatórias em grande quantidade. Num único dia um exército pode trocar centenas de mensagens, cada uma contendo milhares de caracteres, assim os operadores de rádio iriam precisar de um suprimento diário de chaves equivalente a milhões de letras dispostas de modo aleatório. E fornecer uma seqüência tão grande de letras dispostas de modo aleatório é uma tarefa imensa.

Alguns dos antigos criptógrafos acharam que poderiam gerar uma grande quantidade de chaves aleatórias simplesmente batendo ao acaso no teclado de uma máquina de escrever. Contudo, sempre que se tenta fazer isso, o datilógrafo tende a cair no hábito de bater uma letra usando a mão esquerda e outra com a mão direita, alternando, portanto, entre os dois lados. Este pode ser um meio rápido de se gerar uma chave, mas a seqüência resultante apresenta uma estrutura e portanto não é mais aleatória — se o datilógrafo bater a letra **D**, do lado esquerdo do teclado, então a próxima letra será previsível no sentido de que será uma letra do lado direito do teclado. Mas se uma chave de uma única vez for verdadeiramente aleatória, então uma letra do lado esquerdo do teclado terá que ser seguida por outra letra do lado esquerdo em aproximadamente metade das ocasiões.

Os criptógrafos acabaram percebendo que é necessário um bocado de tempo, esforço e dinheiro para criar uma chave aleatória. As melhores podem ser produzidas usando-se processos físicos naturais, tais como a radioatividade, que sabemos exibir um comportamento verdadeiramente aleatório. O criptógrafo poderia colocar um pedaço de material radioativo em uma bancada e detectar suas emissões com um contador Geiger. Algumas vezes as emissões se sucedem numa seqüência rápida, às vezes há longos intervalos — o tempo entre as emissões é imprevisível e aleatório. O criptógrafo poderia então ligar um mostrador ao contador Geiger, onde as letras do alfabeto vão passando a uma velocidade fixa, mas param momentaneamente assim que uma emissão é detectada. E a letra que parar no mostrador será usada como a próxima na seqüência da chave. Em seguida o mostrador volta a passar as letras até que seja parado de novo pela próxima emissão, a letra imobilizada no mostrador sendo acrescentada à chave e assim por diante. Esta montagem garantiria a produção de uma chave verdadeiramente aleatória, mas não é prática para a criptografia diária.

E mesmo que você pudesse produzir um número suficiente de chaves aleatórias, haveria o segundo problema, ou seja, a dificuldade de produzi-las. Imagine o cenário de um campo de batalha onde centenas de operadores de rádio fazem parte da mesma rede de comunicações. Para começar, todos teriam que ter cópias idênticas do bloco de uma única vez. E em seguida, quando novos blocos fossem distribuídos, todos teriam que recebê-los simultaneamente. E, finalmente, todos deveriam se manter sincronizados, tendo certeza de que estavam usando a folha certa do bloco na hora certa. O uso generalizado do bloco de uma única vez encheria o campo de batalha com mensageiros e guarda-livros. Além disso, se o inimigo capturasse um conjunto de chaves, todo o sistema de comunicação ficaria comprometido.

Poderia ser tentador reduzir o problema de produção e distribuição das chaves reutilizando-se os blocos, mas isto seria um pecado mortal criptográfico. A reutilização dos blocos permitiria que os criptoanalistas inimigos decifrassem as mensagens com relativa facilidade. A técnica usada para decifrar dois trechos de texto cifrados com a mesma chave de uma única vez é explicada no Apêndice G, mas por enquanto o importante é notar que não existem atalhos no uso do bloco de cifras de uma única vez. Remetente e destinatário devem usar uma chave nova para cada mensagem.

O bloco de uma única vez é prático apenas para pessoas que necessitam de comunicações ultra-seguras e que podem se permitir arcar com o custo enorme de produzir e distribuir as chaves em segurança. Por exemplo, o telefone vermelho entre os presidentes da Rússia e dos Estados Unidos é codificado usando-se um bloco de cifras de uma única vez.

As falhas práticas do bloco, teoricamente perfeito, significavam que a idéia de Mauborgne nunca poderia ser usada no calor da batalha. Nos anos posteriores à Primeira Guerra Mundial, com todos os seus fracassos criptográficos, continuou a busca por um sistema prático que pudesse ser usado no conflito seguinte. Felizmente, para os criptógrafos, não demorou muito para que se fizesse uma descoberta, algo que restabeleceria a comunicação secreta no campo de batalha. De modo a reforçar suas cifras, os criptógrafos foram forçados a abandonar a abordagem do papel e do lápis e explorar a tecnologia mais avançada para mandar mensagens.

O Desenvolvimento das Máquinas de Cifragem — dos Discos de Cifras à Enigma

A primeira máquina criptográfica é o disco de cifras, inventado no século XV pelo arquiteto italiano Leon Alberti, um dos pais da cifra polialfabética. Ele pegou dois discos de cobre, um ligeiramente maior do que o outro, e gravou um alfabeto ao longo da borda de cada disco. Colocando o disco menor em cima do maior e fixando-os com um pino para agir como eixo, ele construiu algo semelhante ao disco de cifras mostrado na Figura 31. Os dois discos podem ser girados independentemente, de modo que os dois alfabetos possam mudar suas posições relativas e assim serem usados para cifrar uma mensagem com uma cifra de deslocamento simples de César. Por exemplo, para cifrar uma mensagem com uma cifra de César deslocada de uma casa, posicione o **A** externo ao lado do **B** interno — o disco exterior é o alfabeto original, enquanto o disco interior representa o alfabeto cifrado. Cada letra na mensagem é extraída do disco exterior, com a letra correspondente do disco menor sendo escrita como parte do texto cifrado. E para mandar uma mensagem com uma cifra de César deslocada de cinco casas, simplesmente gire o disco de modo que o **A** externo fique ao lado do **F** interno e então use o disco de cifras com este novo ajuste.

Ainda que seja um dispositivo muito básico, o disco de cifras facilita o trabalho de cifragem e tem sido usado por cinco séculos. A versão mostrada na Figura 31 foi usada durante a Guerra Civil americana. A Figura 32 mostra o Code-o-Graph, um disco de cifras usado pelo Capitão Meia-noite, herói de uma das primeiras novelas de rádio americanas. Os ouvintes podiam obter seus Code-o-Graphs escrevendo para os patrocinadores do programa, a Ovaltine, e enviando o rótulo de uma das caixas do produto. Às vezes o capítulo da novela poderia terminar com uma mensagem secreta do Capitão Meia-noite, que seus leais ouvintes podiam decifrar usando o Code-o-Graph.

Fig. 31 Um disco de cifra dos confederados utilizado na Guerra Civil americana.

O disco de cifras pode ser considerado um "misturador" que pega cada letra do texto original e a transforma em alguma outra coisa. O modo de operação descrito até agora é direto, e a cifra resultante é relativamente fácil de ser decifrada, mas o disco pode ser usado de modos mais complicados. Seu inventor, Alberti, sugeriu que se mudasse a disposição do disco durante uma mensagem, o que, na verdade, gera uma cifra polialfabética no lugar de uma monoalfabética. Por exemplo, Alberti poderia ter usado seu disco para cifrar a palavra **goodbye**, usando **LEON** como palavra-chave. Ele começaria ajustando o disco de acordo com a primeira letra da palavra-chave, movendo o **A** externo para ficar ao lado do **L** interno. Em seguida ele cifraria a primeira letra da mensagem, **g**, encontrando-a no disco externo e olhando a letra correspondente no disco interno, que é **R**. Para cifrar a segunda letra da mensagem ele reajustaria o disco de acordo com a segunda letra da palavra-chave, movendo o **A** externo para ficar ao lado do **E** interno. Então ele cifraria o **o** encontrando-o no disco externo e anotando a letra correspondente do disco interno que é **S**. O processo de cifragem continua com o disco de cifras sendo ajustado de acordo com as letras-chave **O**, depois **N**, e então voltando para o **L**, e assim por diante. Alberti teria efetivamente cifrado uma mensagem usando a cifra de Vigenère, com o seu primeiro nome agindo como chave. O disco de cifras acelera o trabalho e reduz os erros, comparado com o trabalho feito usando-se o quadrado de Vigenère.

Fig. 32 O Code-o-Graph do Capitão Meia-noite, que cifra cada letra do texto original (disco externo) como um número (disco interno), no lugar de usar uma letra.

Uma característica importante do uso do disco de cifras deste modo é o fato de que o disco está mudando o seu modo de mistura durante a cifragem. Embora este nível extra de complicação torne a cifra difícil de ser quebrada, ele não a torna indecifrável, porque estamos lidando simplesmente com uma versão mecanizada da cifra de Vigenère, e a cifra de Vigenère foi quebrada por Babbage e Kasiski. Contudo, quinhentos anos depois de Alberti, uma reencarnação mais complexa de seu disco levaria a uma nova geração de cifras, mais difíceis de serem quebradas do que qualquer outra coisa usada anteriormente.

Em 1918 o inventor alemão Arthur Scherbius e seu amigo Richard Ritter fundaram uma empresa, a Scherbius & Ritter. Era uma firma de engenharia inovadora que trabalhava com tudo, de turbinas a travesseiros aquecidos. Scherbius estava encarregado da área de pesquisa e desenvolvimento e buscava sempre novas oportunidades. Um de seus projetos era substituir os sistemas de criptografia inadequados, usados na Primeira Guerra Mundial, trocando-se as cifras de papel e lápis por uma forma de cifragem que usasse a tecnologia do século XX. Tendo estudado engenharia elétrica em Hanover e Munique, ele desenvolveu uma máquina criptográfica que era, basicamente, uma versão elétrica do disco de cifras de Alberti. Chamada de Enigma, a invenção de Scherbius se tornaria o mais terrível sistema de cifragem da história.

A máquina Enigma consistia em um certo número de componentes engenhosos, que ele combinou numa máquina de cifras intrincada e formidável. Contudo, se desmontarmos a máquina em suas partes constituintes e a reconstruirmos, por etapas, seus princípios básicos se tornarão aparentes. A forma básica da invenção de Scherbius consiste em três elementos conectados por fios: um teclado para a entrada de cada letra do texto original, uma unidade misturadora, que cifra cada letra, transformando-a na letra correspondente da mensagem cifrada, e um mostrador consistindo em várias lâmpadas para indicar as letras do texto cifrado. A Figura 33 mostra um esquema estilizado da máquina, limitada a um alfabeto de seis letras para maior simplificação. Para cifrar uma letra do texto original, o operador pressiona a tecla com a letra no teclado, o que envia um impulso elétrico para a unidade misturadora central e de lá para o outro lado, onde o sinal ilumina a letra correspondente ao texto cifrado no painel luminoso.

O misturador, um espesso disco de borracha cheio de fios, é a parte mais importante da máquina. Partindo do teclado, os fios entram no misturador em seis pontos diferentes e fazem uma série de voltas e torções dentro do misturador antes de emergirem de outros seis pontos no lado oposto. A fiação interna do misturador determina como as letras serão cifradas. O exemplo na Figura 33 diz que:

teclando um **a** vamos iluminar a letra **B**, o que significa que **a** será cifrado como **B**,

teclando um **b** vamos iluminar a letra **A**, o que significa que **b** será cifrado como **A**,

teclando um **c** vamos iluminar a letra **D**, o que significa que **c** será cifrado como **D**,

teclando um **d** vamos iluminar a letra **F**, o que significa que **d** será cifrado como **F**,

teclando um **e** vamos iluminar a letra **E**, o que significa que **e** será cifrado como **E**,

teclando um **f** vamos iluminar a letra **C**, o que significa que **f** será cifrado como **C**.

A mensagem **café** será cifrada como **DBCE**. Com esta regulagem básica, o misturador define essencialmente uma cifra alfabética e a máquina pode ser usada para implementar uma cifra de substituição monoalfabética simples.

Contudo, a idéia de Scherbius era a de que o disco misturador girasse automaticamente um sexto de uma revolução completa a cada vez que uma letra é cifrada (ou um vinte e seis avos de um giro completo para o alfabeto de 26 letras). A Figura 34(a) mostra a mesma disposição da Figura 33; e, novamente, se apertarmos a tecla da letra **b** vamos iluminar a letra **A**. Contudo, dessa vez, logo depois que teclamos uma letra, iluminando o quadro de lâmpadas, o misturador gira um sexto de uma revolução para a posição mostrada na Figura 34(b). Se teclarmos a letra **b** novamente, vamos fazer acender uma letra diferente, ou seja, o **C**. Logo depois o misturador gira mais uma vez, para a posição mostrada na Figura 34(c). E desta vez, se pressionarmos a letra **b**, vamos iluminar o **E**. Se teclarmos **b** seis vezes seguidas, vamos gerar o texto cifrado **ACEBDC**. Em outras palavras, o alfabeto cifrado muda depois de cada cifragem, e a codificação da letra **b** está mudando constantemente. Com esta regulagem giratória o misturador define, essencialmente, seis alfabetos cifrados, e a máquina pode ser usada para implementar uma cifra polialfabética.

A rotação do misturador é a característica mais importante do projeto de Scherbius. Mas, desta forma, a máquina sofre de uma fraqueza óbvia. Se datilografarmos **b** seis vezes faremos o misturador retornar à sua posição original, e se teclarmos o **b** novamente vamos repetir o padrão de cifragem. De um modo geral os criptógrafos buscam evitar a repetição porque ela leva à regularidade e a uma estrutura no texto cifrado, que são sintomas de uma cifra fraca. Este problema pode ser reduzido se introduzirmos um segundo disco misturador.

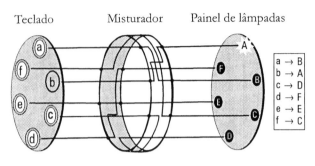

Fig. 33 Versão simplificada da máquina Enigma com um alfabeto de apenas seis letras. O elemento mais importante da máquina é o misturador. Pressionando-se um **b** no teclado, uma corrente atravessa o misturador, segue pela fiação interna e emerge de forma a acender a lâmpada **A**. Em resumo, **b** é cifrado como **A**. O quadro à esquerda indica como cada uma das seis letras é cifrada.

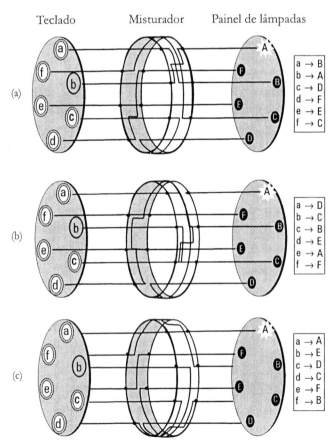

Fig. 34 A cada vez que uma letra é pressionada no teclado e cifrada, o misturador gira uma posição, mudando assim a forma como cada letra pode ser cifrada. Em (a), o misturador cifra **b** como **A**, mas em (b) o misturador, como nova orientação, cifra **b** como **C**. Em (c), após girar uma posição, o misturador cifra **b** como **E**. Depois de cifrar outras quatro letras e girar quatro posições, o misturador retorna à orientação original.

A Figura 35 é um esquema de uma máquina de cifragem com dois misturadores. Devido à dificuldade em se ilustrar um misturador tridimensional, com sua fiação interna em terceira dimensão, a Figura 35 mostra apenas uma representação bidimensional. Cada vez que uma letra é cifrada, o primeiro misturador gira um espaço, ou, em termos do diagrama bidimensional, cada fiação desce uma casa. Em contraste, o segundo disco misturador permanece estacionário a maior parte do tempo. Ele só se move depois que o primeiro misturador completar uma rotação. O primeiro misturador é equipado com um dente, e só quando este dente chegar a um certo ponto é que ele fará girar o segundo misturador de uma casa.

Na Figura 35(a) o primeiro misturador está em uma posição onde se encontra a ponto de fazer o segundo misturador se mover. Se teclarmos e cifrarmos uma letra, moveremos os mecanismos para a configuração mostrada na Figura 35(b), na qual o primeiro misturador se moveu uma casa e o segundo também. Se teclarmos e cifrarmos uma outra letra novamente, faremos o primeiro misturador se deslocar uma casa, Figura 35(c), mas desta vez o segundo misturador permanecerá estacionário. O segundo misturador não se moverá novamente até que o primeiro tenha completado uma rotação completa, o que levará mais cinco cifragens. Este arranjo é semelhante ao do mostrador de quilometragem de um carro — o rotor que representa os quilômetros gira bem rapidamente, e quando ele completa uma revolução completa, chegando ao número "9", ele desloca em uma casa o rotor que representa as dezenas de quilômetros.

A vantagem de se acrescentar um segundo misturador é que o padrão de cifragem não será repetido até que o segundo misturador esteja de volta ao ponto inicial, o que exige seis rotações completas do primeiro misturador, ou a cifragem de um total de 6 x 6 = 36 letras. Em outras palavras, existem 36 ajustes diferentes do misturador, o que equivale a trocar entre 36 alfabetos cifrados diferentes. E com o alfabeto completo de 26 letras, a máquina de cifragem vai alternar entre 26 x 26, ou seja 676 alfabetos cifrados. Assim, combinando-se os misturadores (algumas vezes chamados de rotores) é possível construir uma máquina de cifragem que alterna continuamente entre diferentes alfabetos cifrados. O operador tecla uma letra em especial e, dependendo do ajuste, ela pode ser cifrada de acordo com qualquer um entre centenas de alfabetos cifrados. Aí o ajuste do misturador muda, de modo que, quando a letra seguinte é acionada no teclado, ela é cifrada de acordo com um alfabeto cifrado

(a)

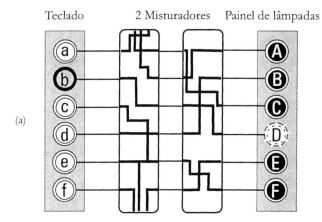

(b)

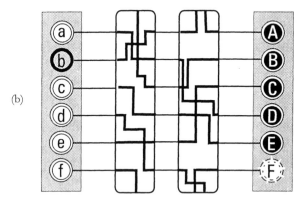

(c)

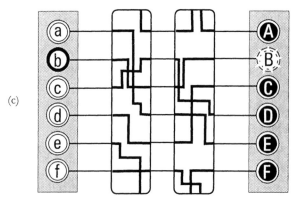

Teclado   2 Misturadores   Painel de lâmpadas

Fig. 35 Adicionando-se um segundo misturador, o padrão de cifragem não se repetirá até que 36 letras tenham sido cifradas; neste ponto, ambos os misturadores retornarão a sua posição original. Para simplificar o diagrama, os misturadores foram representados em apenas duas dimensões; no lugar de girar uma posição, os fios se movem uma posição para baixo. Se um fio partir da parte superior ou da inferior do misturador, pode-se seguir sua trajetória acompanhando-se o fio correspondente na base ou na parte superior do mesmo misturador. Em (a), **b** é cifrado como **D**. Após a cifragem, o primeiro misturador gira uma posição, ao mesmo tempo em que impulsiona o segundo misturador para que gire uma posição — o que acontece apenas uma vez em cada revolução completa da roda. A nova disposição é mostrada em (b), na qual **b** é cifrado como **F**. Após a cifragem, o primeiro misturador gira uma posição, mas desta vez o segundo misturador permanece fixo. Esta nova disposição é mostrada em (c), na qual **b** é cifrado como **B**.

diferente. Além do mais, tudo isso é feito com grande eficiência e precisão, graças ao movimento automático dos misturadores e à velocidade da eletricidade.

Antes de explicar em detalhes como Scherbius desejava que sua máquina fosse usada, é necessário descrever mais dois elementos da Enigma, que são mostrados na Figura 36. Em primeiro lugar, a máquina de cifragem padrão de Scherbius empregava um terceiro misturador para aumentar a complexidade — para um alfabeto completo, esses três misturadores forneciam 26 x 26 x 26, ou seja, 17.576 ajustes diferentes de misturadores. Em segundo lugar, Scherbius acrescentou um *refletor*. Um refletor se parece com um misturador, no sentido de que ele consiste num disco de borracha com uma fiação interna, mas a diferença é que ele não gira, e os fios entram por um lado e emergem do mesmo lado. Com o refletor em posição, o operador tecla uma letra, o que envia um sinal através dos três misturadores. Quando recebe o sinal, o refletor o envia de volta através dos três misturadores, mas ao longo de uma rota diferente. Por exemplo, com a instalação na Figura 36, se teclarmos a letra **b** enviaremos um sinal através dos três misturadores até o refletor, de onde o sinal retornará pelos fios até chegar na letra **D**. O sinal não sai realmente do teclado, como sugere a Figura 36, mas é desviado para o painel de lâmpadas. À primeira vista, o refletor parece ser um acréscimo inútil à máquina, devido a sua natureza estática, que não aumenta o número de alfabetos cifrados. Contudo, os benefícios se tornam claros quando observamos como a máquina realmente cifra e decifra uma mensagem.

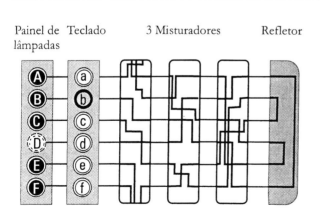

Painel de Teclado   3 Misturadores   Refletor
lâmpadas

Fig. 36 O projeto de Scherbius para a Enigma incluiu um terceiro misturador e um refletor que enviava a corrente de volta aos misturadores. Nesta disposição, se pressionarmos **b**, **D** se acenderá no painel de lâmpadas, representado aqui adjacente ao teclado.

Um operador deseja enviar uma mensagem secreta. Antes da cifragem começar, ele primeiro deve girar os misturadores para uma determinada posição inicial. Existem 17.576 ajustes possíveis, e portanto 17.576 posições iniciais possíveis. A disposição inicial dos misturadores vai determinar como a mensagem será cifrada. Podemos pensar na máquina Enigma em termos de um sistema geral de cifragem, e os ajustes iniciais é que determinam os detalhes exatos da cifragem. Em outras palavras, os ajustes iniciais fornecem a chave. Geralmente eles são indicados pelo livro de códigos, que enumera as chaves para cada dia e que é fornecido a todos que fazem parte da rede de comunicações. Distribuir os livros de código exige tempo e esforço, mas como existe apenas uma chave por dia, pode-se conseguir que um livro de códigos contendo 28 chaves seja enviado apenas uma vez a cada quatro semanas. Para comparação, se um exército fosse usar o bloco de cifras de uma única vez, seria necessário uma nova chave para cada mensagem e sua distribuição seria uma tarefa bem maior. Uma vez que os misturadores tenham sido ajustados de acordo com as instruções do livro de códigos, referentes àquele dia, o emissor pode iniciar a cifragem. Ele tecla a primeira letra da mensagem, vê qual letra se acendeu no painel de lâmpadas e a anota como a primeira letra do texto cifrado. Automaticamente o primeiro misturador já se moveu uma casa e o remetente da mensagem tecla a segunda letra do texto, e assim por diante. Depois de gerar o texto cifrado completo ele o entrega para um operador de rádio, que o transmite ao destinatário.

Para decifrar a mensagem, o destinatário precisa ter outra máquina Enigma e uma cópia do livro de códigos contendo o ajuste inicial dos misturadores para aquele dia específico. Ele ajusta a máquina de acordo com o livro e datilografa o texto cifrado, letra por letra, enquanto o painel de lâmpadas vai indicando as letras do texto original. Em outras palavras, o remetente datilografou o texto original para gerar o texto cifrado, e agora o receptor da mensagem datilografa o texto cifrado para obter o texto original — cifragem e decifragem são processos opostos como imagens num espelho. E a facilidade da decifragem é uma conseqüência da existência do refletor. Na Figura 36 podemos ver que, se teclarmos a letra **b** e seguirmos o caminho do sinal elétrico, vamos voltar para **D**. De modo semelhante, se acionarmos a tecla **d** e seguirmos o caminho, vamos voltar para **B**. A máquina cifra uma letra do texto em uma letra do texto cifrado e, se o mesmo ajuste for mantido, ela vai decifrar a mesma letra da mensagem cifrada de volta para a mesma letra do texto original.

Está claro que a chave e o livro de códigos que a contém nunca devem cair em mãos inimigas. É bem possível que um inimigo capture uma máquina Enigma, mas sem conhecer os ajustes usados para a cifragem, ele não vai decifrar facilmente uma mensagem interceptada. Sem o livro de códigos o criptoanalista inimigo terá que testar todas as chaves possíveis, o que significa testar todos os 17.576 ajustes possíveis dos misturadores. Um criptoanalista desesperado poderia colocar um ajuste qualquer em uma máquina Enigma capturada, datilografar um texto curto de uma mensagem cifrada e ver se o resultado faz algum sentido. Se não, ele mudaria a posição dos misturadores e tentaria de novo. Se ele puder checar uma disposição dos misturadores a cada minuto, e trabalhar dia e noite, levará quase duas semanas para verificar todos os ajustes possíveis. Este é um nível moderado de segurança, mas se o inimigo destacar uma dúzia de pessoas para esta tarefa, então todos os ajustes poderão ser verificados em um dia. Scherbius portanto decidiu aumentar o nível de segurança de sua invenção aumentando o número de ajustes iniciais e assim o número de chaves possíveis.

Ele poderia ter aumentado a segurança acrescentando mais misturadores (cada novo misturador aumentaria o número de chaves por um fator de 26), mas isto teria aumentado o tamanho da máquina Enigma. No lugar disso, ele acrescentou mais duas características. Em primeiro lugar, ele fez com que os misturadores pudessem ser removidos e trocados de lugar. Assim, por exemplo, o primeiro disco misturador poderia ser movido para a terceira posição enquanto o terceiro disco misturador viria para a primeira. Esta disposição dos discos afeta a cifragem, de modo que o arranjo exato é crucial tanto para a cifragem quanto para a decifragem. Existem seis modos diferentes de se disporem os três misturadores, de modo que esta característica aumenta o número de chaves, ou o número de ajustes iniciais possíveis, por um fator de seis.

A segunda característica nova foi a introdução de um painel de tomadas entre o teclado e o primeiro misturador. Esse painel permite que o operador, enviando a mensagem, possa inserir cabos elétricos que produzirão o efeito de trocar algumas das letras antes que elas entrem no misturador. Por exemplo, um cabo pode ser usado para conectar as tomadas **a** e **b** no painel de modo que, quando o criptógrafo quer cifrar a letra **b**, o sinal elétrico vai seguir o caminho da letra **a** nos misturadores e vice-versa. O operador da Enigma tinha seis cabos elétricos com pinos, o que significava que seis pares de letras podiam ser trocadas, deixando quatorze letras sem serem trocadas. As letras trocadas pelo painel de tomadas são parte do ajuste da máquina e devem vir especificadas no livro de códigos. A Figura 37 mostra o esquema de uma máquina com o painel de tomadas no lugar. Como o diagrama lida apenas com um alfabeto de seis letras, só um par de letras, **a** e **b**, foi trocado.

Existe mais uma característica no projeto de Scherbius, conhecida como o *anel*, que ainda não foi mencionada. Embora o anel tenha algum efeito sobre a cifragem, é a peça menos significativa de uma máquina Enigma, e eu decidi ignorá-lo nesta exposição (os leitores que quiserem conhecer o papel exato do anel devem consultar alguns dos livros na lista de sugestões de leitura como *Seizing the Enigma*, de David Kahn. A lista também inclui dois *sites* na Internet que contêm excelentes simuladores da Enigma que permitirão a você operar uma máquina Enigma virtual).

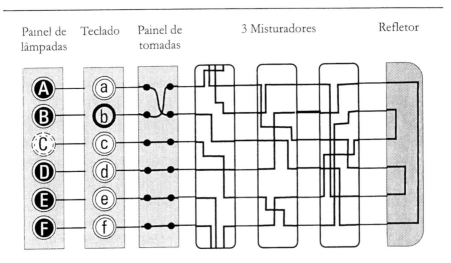

Fig. 37 O painel de tomadas é colocado entre o teclado e o primeiro misturador. A inserção de cabos possibilita a troca de um par de letras de forma que, neste caso, **b** é trocado por **a**. Agora, **b** é cifrado seguindo-se o caminho previamente associado à cifragem de **a**. Na Enigma de 26 letras, o operador teria seis cabos para permutar seis pares de letras.

Agora que conhecemos todos os elementos principais da máquina Enigma de Scherbius, podemos calcular o número de chaves, combinando o número de cabos do quadro de tomadas com o número de orientações e ajustes possíveis dos misturadores. A lista que se segue mostra cada variável da máquina e o número de possibilidades para cada um:

O LIVRO DOS CÓDIGOS

Orientação dos misturadores. Cada um dos três misturadores pode ser ajustado em 26 orientações diferentes. Existem, portanto, 26 x 26 x 26 ajustes: 17.576

Disposição dos misturadores. Os três misturadores (1, 2 e 3) podem ser posicionados em qualquer uma de seis ordens diferentes: 123, 132, 213, 231, 312, 321. 6

Painel de tomadas. O número de modos de se conectar, e portanto trocar seis pares de letras escolhidos entre 26 letras, é enorme: 100.391.791.500

Total. O número total de chaves possíveis é a multiplicação desses três números: 17.576 x 6 x 100.391.791.500 =

= 10.000.000.000.000.000

Uma vez que o emissor e o receptor tenham concordado com a disposição dos cabos no painel de tomadas, a ordem dos misturadores e suas orientações respectivas, tudo isso especificando uma chave, eles podem cifrar e decifrar mensagens facilmente. Contudo, um interceptador inimigo, que não conhece a chave, teria que verificar entre 10.000.000.000.000.000 de chaves possíveis para decifrar o texto. Explicando melhor, um criptoanalista persistente, capaz de testar um ajuste a cada minuto, precisaria de mais tempo do que a idade total do universo para checar cada ajuste. (Na verdade, como eu ignorei o efeito dos anéis nesses cálculos, o número de chaves possíveis é ainda maior e o tempo necessário para decifrar a Enigma ainda mais longo.)

Já que a maior contribuição ao número de chaves vem do painel de tomadas, você pode se perguntar por que Scherbius se incomodou com os misturadores. Sozinho, o quadro de tomadas forneceria uma cifra comum, porque ele funcionaria como nada mais do que uma cifra de substituição monoalfabética, trocando apenas 12 letras. O problema com o painel de tomadas é que a troca não muda depois de iniciada a cifragem, e assim ele produziria um texto cifrado capaz de ser decifrado pela análise de freqüência. Os misturadores contribuem com um número menor de chaves, mas sua disposição está mudando continuamente, o que significa que o texto cifrado resultante não pode ser quebrado com análise de freqüência. Ao combinar os misturadores e o painel de tomadas, Scherbius protegeu sua máquina contra o ataque da análise de freqüência. E ao mesmo tempo lhe deu um número enorme de chaves possíveis.

Scherbius conseguiu sua primeira patente em 1918. Sua máquina de cifragem cabia em uma caixa compacta medindo apenas 34 x 28 x 15 cm, mas pesava 12 quilos. A Figura 39 mostra uma Enigma com a tampa aberta, pronta para o uso. Podemos ver o teclado onde o texto original será datilografado e, acima dele, o painel de lâmpadas que mostra o texto cifrado resultante. Abaixo do teclado está o painel de tomadas, onde há mais do que seis pares de letras trocados pelos cabos, já que esta máquina Enigma, em especial, é uma modificação posterior do modelo original, o qual foi a versão descrita até agora. A Figura 40 mostra uma Enigma com a parte superior removida para mostrar outros detalhes, como os três misturadores.

Fig. 38 Arthur Scherbius.

Scherbius achava que a Enigma era invencível e que seu poder criptográfico produziria uma grande demanda por estas máquinas. Ele tentou encontrar um mercado para suas máquinas entre os militares e os homens de negócios, oferecendo versões diferentes para cada um. Por exemplo, ele ofereceu uma ver-

O LIVRO DOS CÓDIGOS

são básica da Enigma para os executivos e uma luxuosa versão diplomática, com uma impressora no lugar do painel de lâmpadas, para o Ministério das Relações Exteriores. O preço de cada unidade era muito alto, algo como 20 mil libras pela cotação atual.

Infelizmente, o alto custo da máquina desencorajou os compradores em potencial. Os homens de negócios disseram que não podiam pagar pela segurança da Enigma, mas Scherbius dizia que eles não poderiam viver sem ela. Ele argumentava que uma mensagem vital, interceptada por uma empresa rival, poderia custar uma fortuna, mas poucos empresários lhe deram atenção. Os militares alemães também não se entusiasmaram, porque não percebiam os danos causados por suas cifras inseguras durante a Grande Guerra. Por exemplo, eles tinham sido levados a acreditar que o telegrama Zimmermann fora roubado por espiões americanos no México e culpavam a segurança mexicana pelo fracasso. Eles ainda não sabiam que o telegrama fora de fato interceptado e decifrado pelos ingleses e que o fiasco Zimmermann fora um fracasso da criptografia alemã.

Scherbius não estava sozinho em sua frustração. Três outros inventores, em três países diferentes, tinham chegado, independente e quase simultaneamente, à idéia de uma máquina de cifras com misturadores giratórios. Na Holanda, em 1919, Alexander Koch obteve a patente número 10.700, mas não conseguiu transformar sua máquina de rotores num sucesso comercial e acabou vendendo os direitos de patente em 1927. Na Suécia, Arvid Damm obteve uma patente semelhante, mas até sua morte, em 1927, também não encontrara compradores. Nos Estados Unidos um inventor, Edward Hebern, tinha uma confiança total em sua Esfinge do Telégrafo Sem Fio, mas seu fracasso foi o maior de todos.

Em meados da década de 1920, Hebern começou a construir uma fábrica, ao custo de 380 mil dólares, para a produção de seu invento. Infelizmente, nesta época, o estado de espírito americano estava mudando da paranóia para a abertura. Na década anterior, após a Primeira Guerra Mundial, o governo norte-americano tinha estabelecido a Câmara Negra, um escritório de cifras muito eficiente, com uma equipe de vinte criptoanalistas liderados pelo extravagante, e igualmente brilhante, Herbert Yardley. Mais tarde Yardley escreveu que "A Câmara Negra esconde, guarda, vê e ouve tudo. Embora as venezianas estejam fechadas e as janelas cobertas por cortinas, seus olhos argutos penetram nas salas de reuniões secretas de Washington, Tóquio, Londres, Paris, Genebra, Roma. E seus ouvidos sensíveis captam os menores sussurros nas

Fig. 39 Uma máquina Enigma do Exército pronta para uso.

O LIVRO DOS CÓDIGOS 159

Fig. 40 Uma máquina Enigma com a tampa interna aberta, revelando três misturadores.

capitais do mundo". A Câmara Negra americana decifrou 45 mil criptogramas em uma década, mas quando Hebern construiu sua fábrica, Herbert Hoover tinha sido eleito presidente e estava tentando inaugurar uma nova era de confiança nos assuntos internacionais. Ele dissolveu a Câmara Negra, e seu secretário de Estado, Henry Stimson, declarou que "cavalheiros não devem ler a correspondência dos outros". E se um país acredita que é errado ler as mensagens dos outros, então ele também começa a acreditar que outros não vão ler sua própria correspondência e não vê utilidade para máquinas de cifragem extravagantes. Hebern só conseguiu vender doze máquinas, a um custo total de 1.200 dólares e, em 1926, foi processado por acionistas insatisfeitos e condenado pela Lei de Proteção às Sociedades da Califórnia.

Felizmente para Scherbius, os militares alemães foram levados a apreciar o valor da máquina Enigma graças a dois documentos ingleses. O primeiro foi o livro *A crise mundial* de Winston Churchill, publicado em 1923, que fornecia um relato dramático de como os ingleses tinham obtido acesso a um valioso material criptográfico alemão:

> No início de setembro de 1914, o cruzador ligeiro alemão *Magdeburg* afundou no Báltico. O corpo de um suboficial alemão afogado foi recolhido pelos russos, algumas horas depois. Ele segurava de encontro ao peito, com os braços enrijecidos pela morte, um livro de cifras e sinais e mapas minuciosamente quadriculados do mar do Norte e da baía de Heligoland. No dia 6 de setembro o adido naval russo me procurou. Ele tinha recebido uma mensagem de Petrogrado contando-lhe o que acontecera e que o Almirantado russo conseguira afinal decodificar partes das mensagens da marinha alemã com a ajuda do livro de cifras e sinais. Os russos achavam que a principal potência naval, representada pelo Almirantado britânico, deveria ficar com esses livros e mapas. Se enviássemos um navio para Alexandrov, os oficiais russos encarregados dos livros os trariam para a Inglaterra.

Este material ajudou os criptoanalistas da Sala 40 a decifrar as mensagens alemãs regularmente. Finalmente, quase uma década depois, os alemães perceberam as falhas na segurança de suas comunicações. Também em 1923 a Real Marinha Britânica publicou sua história oficial da Primeira Guerra Mundial onde repetia a afirmação de que a interceptação e a análise criptográfica das comunicações alemãs tinham dado aos aliados uma vantagem clara. Essas conquistas orgulhosas do Serviço Secreto britânico eram uma condenação clara

O LIVRO DOS CÓDIGOS

dos responsáveis pela segurança alemã, que então tiveram que admitir, em seu próprio relatório, que "o comando da frota alemã, cujas mensagens pelo rádio eram interceptadas e decifradas pelos ingleses, tinha jogado uma partida na qual o inimigo conhecia todas as suas cartas".

Os militares alemães organizaram uma investigação para determinar como seria possível evitar os fiascos criptográficos da Primeira Guerra Mundial e concluíram que a máquina Enigma oferecia a melhor solução possível. Em 1925 Scherbius começou a produção em massa de máquinas Enigma, que passaram a ser usadas pelos militares no ano seguinte. Posteriormente elas foram adotadas pelo governo e pelas empresas estatais, como as ferrovias. Essas Enigmas eram diferentes das poucas máquinas que Scherbius vendera anteriormente para os empresários porque os misturadores tinham uma fiação interna diferente. Os donos das Enigmas comerciais não tinham, portanto, um conhecimento completo das versões militares e governamentais.

Nas duas décadas seguintes os militares alemães compraram 30 mil máquinas Enigma. E a invenção de Scherbius deu aos alemães o sistema mais seguro de criptografia do mundo. Com ele, no início da Segunda Guerra Mundial, as comunicações estavam protegidas por um nível sem igual de cifragem. Naquela época parecia que a máquina Enigma desempenharia um papel vital na vitória nazista, mas ela acabou ajudando na queda de Hitler. Scherbius não viveu o suficiente para ver os sucessos e os fracassos do seu sistema de cifras. Em 1929, enquanto dirigia uma parelha de cavalos, ele perdeu o controle da carruagem e colidiu contra um muro, morrendo das lesões internas no dia 13 de maio.

4

·············

Decifrando a Enigma

Nos anos posteriores à Primeira Guerra Mundial, os criptoanalistas britânicos na Sala 40 continuaram a monitorar as comunicações alemãs. Em 1926 eles começaram a interceptar mensagens que os deixaram completamente confusos. A Enigma tinha entrado em ação, e à medida que o número de máquinas aumentava, a capacidade da Sala 40 para colher informações diminuía rapidamente. Os americanos e os franceses também tentaram quebrar a cifra da Enigma, mas suas tentativas produziram resultados igualmente desanimadores e eles logo perderam a esperança de vencê-la. A Alemanha tinha agora a rede de comunicações mais segura do mundo.

A rapidez com que os criptoanalistas aliados desistiram de decifrar a Enigma contrastava fortemente com sua perseverança, uma década antes, durante a Primeira Guerra Mundial. Enfrentando a perspectiva de uma derrota, os criptoanalistas aliados tinham trabalhado dia e noite para dominar as cifras germânicas. Parece que o medo era a principal força impulsionadora e que a adversidade é um dos fundamentos de uma decifração bem-sucedida. De modo semelhante, foi o medo e a adversidade que impulsionaram os criptoanalistas franceses no final do século XIX, quando enfrentaram o poder crescente da Alemanha. Entretanto, depois da Primeira Guerra Mundial, os aliados não temiam mais ninguém. A Alemanha fora destroçada pela derrota, os aliados encontravam-se numa posição de domínio e como resultado disso eles pareceram perder o zelo pela criptoanálise. Os especialistas aliados diminuíram em número e sua qualidade se deteriorou.

Um país, entretanto, não podia se permitir um relaxamento. Depois da Primeira Guerra Mundial a Polônia se restabeleceu como Estado independente, mas precupava-se com as ameaças pairando sobre sua nova soberania. A leste ficava a Rússia, uma nação ambiciosa, querendo espalhar seu comunismo. E a oeste ficava a Alemanha, desesperada em recuperar os territórios cedidos à Polônia depois da guerra. Espremidos entre esses dois inimigos, os poloneses buscavam desesperadamente obter informações estratégicas e fundaram um novo departamento de cifras, o Biuro Szyfrów. Se a necessidade é a mãe das invenções, então a adversidade é a mãe da criptoanálise. O sucesso do Biuro Szyfrów pode ser exemplificado pelo seu êxito durante a Guerra Russo-polonesa de 1919-1920. Só em agosto de 1920, quando os exércitos soviéticos encontravam-se nas portas de Varsóvia, o Biuro decifrou 400 mensagens inimigas. Sua monitoração das comunicações da Alemanha foi igualmente eficiente até 1926, quando eles também toparam com as mensagens da Enigma.

O encarregado de decifrar as mensagens alemãs era o capitão Maksymilian Ciezki, um dedicado patriota que crescera na cidade de Szamotuty, centro do nacionalismo polonês. Ciezki tivera acesso à versão comercial da máquina Enigma, a qual lhe revelou todos os princípios da invenção de Scherbius. Infelizmente, o modelo comercial era bem diferente do militar no que se refere à fiação dentro de cada misturador. E sem conhecer a fiação da máquina militar, Ciezki não tinha qualquer chance de decifrar as mensagens que eram enviadas pelo exército alemão. Ele ficou tão desesperado que, certa vez, empregou uma vidente numa tentativa frenética de obter algum significado das mensagens interceptadas. Não é surpresa nenhuma que a vidente não tenha conseguido fazer a descoberta de que o Biuro Szyfrów necessitava. Na verdade coube a um alemão descontente, Hans-Thilo Schmidt, dar o primeiro passo em direção à quebra da cifra Enigma.

Hans-Thilo Schmidt nasceu em Berlim, em 1888, filho de um eminente professor e de sua esposa aristocrata. Ele entrou para o exército e lutou na Primeira Guerra Mundial, mas o exército alemão considerou que ele não tinha valor suficiente para permanecer em suas fileiras depois dos cortes drásticos exigidos pelo Tratado de Versalhes. Schmidt então tentou se tornar um homem de negócios, mas acabou obrigado a fechar sua fábrica de sabão devido à hiperinflação e à depressão do pós-guerra. Sua família mergulhou na pobreza.

A humilhação dos fracassos de Schmidt era aumentada pelo sucesso de seu irmão mais velho. Rudolph também lutara na guerra, mas permanecera no exército depois dela. Durante a década de 1920 ele subiu rapidamente nas fileiras e acabou promovido a chefe do Estado-maior do Corpo de Sinaleiros. Era o responsável em garantir comunicações seguras, e de fato foi Rudolph quem aprovou, oficialmente, o uso da máquina Enigma pelo exército.

Depois que seu negócio faliu, Hans-Thilo foi forçado a pedir ajuda ao irmão. Rudolph arranjou um emprego para ele em Berlim, no Chiffrierstelle, escritório encarregado de administrar as comunicações cifradas da Alemanha. Era o centro de comando da Enigma, um estabelecimento altamente secreto que lidava com informações da mais alta importância. Quando assumiu o novo emprego, Hans-Thilo foi forçado a deixar sua família na Baviária, onde o custo de vida não era tão alto. Estava vivendo sozinho em Berlim, uma cidade onde tudo era caro. Isolado e invejando seu irmão perfeito. Ressentido em relação a um país que o rejeitara. O resultado foi inevitável. Vendendo informações sobre os segredos da Enigma para as potências estrangeiras, Hans-Thilo Schmidt obteve dinheiro e vingança, prejudicando a segurança de seu país e minando a organização de seu irmão.

Fig. 41 Hans-Thilo Schmidt.

Em 8 de novembro de 1931, Schmidt chegou ao Grand Hotel em Verviers, na Bélgica, para um encontro com um agente secreto francês, cujo codinome era Rex. Em troca de 10 mil marcos (o equivalente a 20 mil libras na cotação atual), ele permitiu que Rex fotografasse dois documentos: "Gebrauchsanweisung für die Chiffriermaschine Enigma" e "Schlüsselanleitung für die Chiffriermaschine Enigma". Esses documentos eram, basicamente, instruções para o uso da máquina Enigma, e embora não apresentassem descrições explícitas da fiação dentro de cada misturador, continham informações necessárias para que a disposição desta fiação fosse deduzida.

Graças à traição de Schmidt, agora, os aliados podiam criar uma réplica precisa da máquina Enigma usada pelos militares alemães. Contudo, isso não era suficiente para decifrar as mensagens cifradas. A força da cifra não dependia de a máquina ser mantida em segredo, e sim de que o ajuste inicial da máquina (a chave) permanecesse secreto. Se um criptoanalista quisesse decifrar uma mensagem interceptada, além de ter uma réplica da máquina Enigma, ele ainda teria que descobrir qual dos trilhões de chaves possíveis fora usada para cifrá-la. Um memorando alemão exemplificara isto dizendo, "ao avaliar a segurança do sistema cifrado, presumimos que o inimigo tem uma máquina a sua disposição".

O Serviço Secreto francês já tinha um ponto de partida, tendo encontrado um informante na pessoa de Schmidt e obtido os documentos que sugeriam a fiação da máquina militar. Mas os criptoanalistas franceses não estavam aptos a enfrentar o desafio, não sendo capazes de utilizar a informação adquirida. Depois da Primeira Guerra Mundial eles tinham sofrido de excesso de confiança e falta de motivação. O Bureau du Chiffre nem se deu ao trabalho de tentar construir uma réplica da máquina Enigma militar, porque estava convencido de que o estágio seguinte, a obtenção da chave para decifrar uma determinada mensagem, era impossível.

Entretanto, dez anos antes, os franceses tinham assinado um acordo de cooperação militar com os poloneses. E os poloneses manifestaram interesse em obter qualquer coisa ligada à Enigma. Assim, de acordo com o documento, assinado na década anterior, os franceses simplesmente entregaram as fotografias dos documentos de Schmidt para seus aliados, deixando a tarefa sem esperanças de decifrar a Enigma para o Biuro Szyfrów. O Biuro sabia que os documentos eram apenas um ponto de partida, mas, ao contrário dos franceses, eles tinham o medo de uma invasão para estimulá-los. Os poloneses fica-

O LIVRO DOS CÓDIGOS

ram convencidos de que havia um atalho para a chave em uma mensagem cifrada pela Enigma. E se empregassem esforço e engenhosidade suficientes, poderiam encontrar este atalho.

Além de revelar a fiação interna dos misturadores, os documentos de Schmidt também explicavam em detalhes o esquema dos livros de códigos usados pelos alemães. A cada mês os operadores da Enigma recebiam um novo livro-código que especificava qual a chave que seria usada para cada dia. Por exemplo, no primeiro dia do mês, o livro de códigos especificava a seguinte *chave do dia*:

(1) *Disposição do quadro de tomadas:*	A/L - P/R - T/D - B/W - K/F- O/Y.
(2) *Disposição dos misturadores*	2-3-1.
(3) *Orientação dos misturadores*	Q-C-W

Juntas, a disposição dos misturadores e suas orientações são conhecidas como ajustes dos misturadores. Para implementar esta chave diária em especial, o operador da Enigma ajustaria sua máquina do seguinte modo:

(1) *Disposição do quadro de tomadas:* Troque a letra **A** pela **L**, ligando-as através de um cabo no quadro, e, de modo semelhante, troque **P** e **R**, então **T** e **D**, **B** e **W**, **K** e **F** e, finalmente, **O** e **Y**.

(2) *Disposição dos misturadores:* Coloque o segundo misturador na primeira fenda da máquina, o terceiro na segunda fenda e o primeiro na terceira fenda.

(3) *Orientação dos misturadores:* Cada misturador tem um alfabeto gravado em sua borda, o que permite que o operador possa colocá-lo numa orientação em especial. Neste caso o operador giraria o primeiro misturador, na fenda 1, de modo que o **Q** ficaria na parte de cima, rodaria o misturador da fenda dois até o **C** ficar no topo e giraria o disco na fenda 3 para colocar o **W** no alto.

Um meio de cifrar mensagens seria codificar todo o tráfego daquele dia de acordo com a chave especificada. Isto significaria que, durante todo o dia, no começo de cada mensagem, todos os operadores das Enigmas ajustariam suas máquinas de acordo com a mesma chave. Então, cada vez que fosse necessário transmitir uma mensagem, ela seria primeiro datilografada na máquina e a cifra resultante seria gravada e entregue ao operador de rádio para ser transmitida. No ponto de destino, o operador do receptor de rádio registraria a mensagem captada, iria entregá-la ao operador da Enigma que então a datilografaria na máquina, já ajustada de acordo com a mesma chave do dia. O resultado seria a mensagem original.

Este processo é razoavelmente seguro, mas fica enfraquecido pelo uso repetido da mesma chave diária para cifrar as centenas de mensagens que possam ser enviadas num único dia. De um modo geral, é verdadeiro dizer que, se uma única chave for usada para cifrar uma enorme quantidade de material, então torna-se mais fácil para um criptoanalista deduzi-la. Uma grande quantidade de material, cifrada de um modo idêntico, dá ao criptoanalista uma chance proporcionalmente maior de identificar a chave. Por exemplo, retornando as cifras mais simples, é muito mais fácil quebrar uma cifra monoalfabética com a análise de freqüência se existem centenas de páginas de material cifrado do que se houver apenas um par de frases.

Como uma precaução extra, os alemães habilmente usavam os ajustes da chave diária para transmitir uma nova *chave de mensagem* para cada mensagem. As chaves de mensagem teriam as mesmas disposições do quadro de tomadas e o mesmo arranjo de misturadores da chave do dia, mas diferentes orientações para os misturadores. E como as novas orientações dos misturadores não estariam no livro de códigos, o emissor da mensagem tinha que transmiti-las em segurança para o receptor, de acordo com o seguinte processo. Em primeiro lugar o emissor ajusta sua máquina de acordo com a chave do dia, que inclui uma orientação para os misturadores, digamos **QCW**. Em seguida ele escolhe, ao acaso, uma nova orientação para os misturadores, digamos **PGH**. Ele então cifra **PGH** de acordo com a chave do dia. A chave da mensagem é datilografada duas vezes na máquina Enigma, para fornecer uma dupla verificação ao receptor. Por exemplo, o emissor pode cifrar a chave de mensagem **PGHPGH** como **KIVBJE**. Repare que os dois **PGHs** são cifrados de modo diferente (o primeiro como **KIV**, o segundo como **BJE**) porque os misturadores da Enigma giram depois de cada letra, e mudam o modo geral de cifragem. O emissor então muda sua máquina para o ajuste **PGH** e cifra a mensagem de acordo com sua chave de mensagem. No local onde a mensagem é recebida, a máquina é ajustada, inicialmente, de acordo com a chave daquele dia, **QCW**.

O LIVRO DOS CÓDIGOS

As primeiras seis letras da mensagem **KIVBJE** são datilografas e revelam **PGHPGH**. O receptor então sabe que deve reajustar seus misturadores para **PGH**, a chave de mensagem, e pode então decifrar o corpo principal da mensagem.

Isso equivale ao emissor e o receptor entrarem em acordo quanto a uma chave para a cifra principal. Então, no lugar de usar essa cifra principal para cifrar todas as mensagens, eles a usam meramente para cifrar a nova chave de cada mensagem, cifrando-a de acordo com a nova chave. Se os alemães não usassem chaves de mensagem, tudo — talvez milhares de mensagens contendo milhões de letras — teria sido enviado usando a mesma chave diária. Contudo, se a chave diária é usada apenas para transmitir chaves de mensagem, então ela cifra apenas uma quantidade limitada de texto. Se existem mil chaves de mensagem sendo enviadas em um único dia, então a chave do dia irá cifrar apenas seis mil letras. E como cada chave de mensagem é escolhida ao acaso e usada para cifrar apenas uma única mensagem, ela cifra uma quantidade limitada de texto, talvez apenas algumas centenas de caracteres.

À primeira vista esse sistema parece invencível, mas os criptoanalistas poloneses não se deixaram abater. Eles estavam preparados para explorar cada abordagem de modo a achar uma fraqueza na máquina Enigma e seu uso de chaves diferentes para o dia e para as mensagens. No *front* da batalha contra a Enigma encontrava-se um novo tipo de criptoanalista. Durante séculos presumira-se que os melhores criptoanalistas seriam peritos na estrutura da linguagem, mas a chegada da Enigma levou os poloneses a mudarem sua política de recrutamento. A Enigma era uma cifra mecânica, e o Biuro Szyfrów concluiu que uma mente mais científica poderia ter uma chance melhor de quebrá-la. O Biuro organizou um curso de criptografia e convidou vinte matemáticos, após cada um deles prestar um juramento de sigilo. Os matemáticos eram todos da Universidade de Poznán. Embora não fosse a instituição acadêmica mais respeitada da Polônia, tinha a vantagem de ficar localizada na região oeste do país, num território que fora parte da Alemanha até 1918. Esses matemáticos portanto falavam alemão fluentemente.

Três dos vinte demonstraram uma aptidão para solucionar cifras e foram recrutados pelo Biuro. O mais capaz entre eles era Marian Rejewski, um homem tímido, de 33 anos de idade, que usava óculos. Ele anteriormente estudara estatística esperando fazer carreira no ramo dos seguros. Embora fosse um estudante competente na universidade, foi dentro do Biuro Szyfrów que ele encontrou sua verdadeira aptidão. Cumpriu seu aprendizado quebrando uma série de cifras tradicionais antes de enfrentar o desafio mais difícil da Enigma. Trabalhando sozinho, Rejewski concentrou todas as suas energias nas complexidades da máquina de Scherbius. Como matemático, ele tentaria analisar todos os aspectos do funcionamento da máquina, sondando os efeitos dos misturadores e do quadro de tomadas. Contudo, como acontece com todos os matemáticos, o seu trabalho exigia inspiração assim como lógica. Como disse outro criptoanalista matemático, do tempo da guerra, o decifrador de códigos criativo deve, "necessariamente, comungar diariamente com sombrias inspirações para realizar seus feitos de jiu-jítsu mental".

A estratégia de Rejewski para atacar a Enigma centrava-se no fato de que a repetição é a inimiga da segurança: a repetição produz padrões, e os criptoanalistas prosperam com os padrões. A repetição mais óbvia na cifragem da Enigma era a chave da mensagem, cifrada duas vezes no início de cada mensagem. Se o operador escolher **ULJ** como chave de mensagem, então ele terá que cifrá-la duas vezes, de modo que **ULJULJ** pode se transformar em **PEFNWZ**, que será enviada primeiro, antes da mensagem real. Os alemães exigiam esta repetição de modo a evitar os erros causados por interferências no rádio ou erros dos operadores. Mas eles não previam que tal coisa colocaria em risco a segurança da máquina.

Todo dia Rejewski se encontrava diante de uma nova remessa de mensagens interceptadas. Todas elas começavam com as seis letras da repetição da chave de mensagem, contendo três letras, todas cifradas de acordo com a mesma chave escolhida para aquele dia. Por exemplo, ele poderia receber quatro mensagens que começariam com as seguintes chaves de mensagem cifradas:

	1ª	2ª	3ª	4ª	5ª	6ª
Primeira mensagem	L	O	K	R	G	M
Segunda mensagem	M	V	T	X	Z	E
Terceira mensagem	J	K	T	M	P	E
Quarta mensagem	D	V	Y	P	Z	X

Neste caso as primeiras e quartas letras são cifragens da mesma letra, ou seja, da primeira letra da chave de mensagem. Também a segunda e a quinta letras são cifras de uma mesma letra, a segunda da chave de mensagem. E, finalmente, as terceiras e sextas letras são a mesma letra cifrada, a terceira da chave. No nosso exemplo, L e R na primeira mensagem são cifras da mesma letra, a primeira da chave da mensagem. E a razão pela qual esta mesma letra é cifrada de modo diferente, primeiro como L e depois como R, é porque entre as duas cifragens, o primeiro misturador da Enigma moveu três casas, mudando o modo geral de mistura.

O fato de que L e R são cifras da mesma letra permitiu que Rejewski deduzisse uma pequena característica do ajuste inicial da máquina. O ajuste do primeiro misturador, que é desconhecido, cifrou a primeira letra, igualmente desconhecida, como L e então, outra disposição, três casas a partir da disposição inicial, que ainda desconhecemos, cifrou a mesma letra da chave diária, igualmente desconhecida, como R.

Esta característica pode parecer vaga, cheia de fatores desconhecidos, mas pelo menos demonstra que as letras L e R possuem uma relação íntima, criada pelo ajuste inicial da máquina Enigma, a chave daquele dia. E à medida que cada nova mensagem é interceptada, é possível identificar outras relações entre a primeira e a quarta letras da chave de mensagem repetida. Todas essas relações são reflexos do ajuste inicial da máquina Enigma. Por exemplo, a segunda mensagem acima nos diz que M e X estão relacionadas, e a terceira nos revela uma relação entre J e M, a quarta entre D e P. Rejewski começou a resumir essas relações fazendo uma tabela. Para as quatro mensagens, que temos até agora, a tabela reflete as ligações ente (L,R), (M,X), (J,M) e (D,P):

Primeira letra	A	B	C	D	E	F	G	H	I	J	K	L	M	N	O	P	Q	R	S	T	U	V	W	X	Y	Z
Quarta letra				P								M			R	X										

Se Rejewski tivesse acesso a um número suficiente de mensagens, num único dia, ele seria capaz de completar o alfabeto de relacionamentos. A tabela seguinte mostra um conjunto completo de relações:

Primeira letra	A	B	C	D	E	F	G	H	I	J	K	L	M	N	O	P	Q	R	S	T	U	V	W	X	Y	Z
Quarta letra	F	Q	H	P	L	W	O	G	B	M	V	R	X	U	Y	C	Z	I	T	N	J	E	A	S	D	K

Fig. 42 Marian Rejewski.

Rejewski não tinha idéia de qual era a chave diária, e não sabia que chaves de mensagem estavam sendo escolhidas, mas ele sabia que elas resultavam desta tabela de relacionamentos. Se as chaves diárias fossem diferentes, então a tabela de relacionamentos teria sido completamente diferente. A pergunta seguinte era se existia algum meio de se determinar a chave diária observando a tabela de relacionamentos. Rejewski começou a procurar padrões dentro da tabela, estruturas que pudessem indicar a chave diária. Em seguida ele começou a estudar um tipo específico de padrão, que produzia correntes de letras. Por exemplo, na tabela, o **A** na fileira de cima era ligado ao **F** na fileira de baixo, de modo que em seguida ele procurava o **F** na fileira de cima. Descobria que o **F** estava ligado ao **W** e então ele procurava o **W** na fila de cima e descobria que ele estava ligado ao **A**, que começou tudo. A corrente estava completa.

Com as letras restantes do alfabeto, Rejewski podia gerar mais correntes. Ele fez uma lista de todas as correntes e anotou o número de ligações, os elos, em cada uma:

O LIVRO DOS CÓDIGOS

A→ F →W→ A   3 ligações
B→Q→ Z → K → V → E → L → R → I → B   9 ligações
C→H → G → O → Y → D → P → C   7 ligações
J →M→ X → S → T → N → U → J   7 ligações

Até agora só consideramos as ligações entre as primeiras e as quartas letras desta chave repetida de seis letras. De fato, Rejewski repetiria todo esse exercício para as relações entre a segunda e a quinta letras, para a terceira e a sexta letras, identificando as correntes em cada caso e o número de elos em cada uma.

Rejewski notou que as correntes mudavam a cada dia. Às vezes havia um monte de correntes curtas, às vezes apenas algumas correntes longas. E, é claro, as letras dentro das correntes mudavam. As características das correntes eram, claramente, o resultado do ajuste da chave diária — uma complexa conseqüência da disposição dos fios no quadro de tomadas, da disposição dos misturadores e de suas orientações. Contudo, permanecia a questão de como Rejewski poderia determinar a chave diária a partir dessas correntes. Qual das 10.000.000.000.000.000 de chaves diárias possíveis correspondia a um padrão particular das correntes? O número de possibilidades era grande demais.

Foi nesse ponto que Rejewski teve um *insight* profundo. Embora a disposição do quadro de tomadas e o ajuste dos misturadores afetasse os detalhes das correntes, suas contribuições poderiam ser separadas. Em especial existe um aspecto das correntes que é totalmente dependente do ajuste dos misturadores e que não tem nada a ver com a disposição do quadro de tomadas: o número de elos nas correntes é puramente uma conseqüência do ajuste dos misturadores. Por exemplo, vamos pegar o exemplo anterior e presumir que a chave diária exigisse que as letras S e G fossem trocadas como parte da disposição dos fios no quadro de tomadas. Se nós mudarmos este elemento da chave diária, removendo o fio que troca S e G, e usando-o para trocar, digamos, T e K, então as correntes mudariam da seguinte maneira:

$$A \rightarrow F \rightarrow W \rightarrow A \qquad \text{3 ligações}$$
$$B \rightarrow Q \rightarrow Z \rightarrow T \rightarrow V \rightarrow E \rightarrow L \rightarrow R \rightarrow I \rightarrow B \qquad \text{9 ligações}$$
$$C \rightarrow H \rightarrow S \rightarrow O \rightarrow Y \rightarrow D \rightarrow P \rightarrow C \qquad \text{7 ligações}$$
$$J \rightarrow M \rightarrow X \rightarrow G \rightarrow K \rightarrow N \rightarrow U \rightarrow J \qquad \text{7 ligações}$$

Algumas das letras nas correntes mudaram, mas, o que é crucial, o número de elos em cada corrente permaneceu constante. Rejewski tinha identificado um aspecto das correntes que era, unicamente, um reflexo do ajuste dos misturadores.

O número total de ajustes dos misturadores é o número de arranjos entre os misturadores (6) multiplicado pelo número de orientações dos misturadores (17.576), o que dá 105.456. Assim, no lugar de se preocupar com qual das 10.000.000.000.000.000 de chaves diárias encontra-se associada a um conjunto em especial de correntes, Rejewski podia se ocupar com um problema drasticamente mais simples: qual dos 105.456 ajustes dos misturadores está associado ao número de elos dentro de um conjunto de correntes? Este número ainda é grande, mas é aproximadamente cem bilhões de vezes menor do que o número total de chaves diárias possíveis. Resumindo, a tarefa se tornou cem bilhões de vezes mais fácil, certamente dentro da capacidade humana.

Rejewski procedeu do seguinte modo. Graças à espionagem de Hans-Thilo Schmidt ele tivera acesso a réplicas das máquinas Enigma. Sua equipe começou a trabalhosa tarefa de verificar cada um dos 105.456 ajustes dos misturadores, catalogando o comprimento das correntes que eram geradas por cada um deles. Levou um ano inteiro para completar o catálogo, mas uma vez que o Biuro tinha acumulado esses dados, Rejewski podia, finalmente, começar a decifrar a Enigma.

Cada dia ele olhava as chaves de mensagem cifradas, as primeiras seis letras de todas as mensagens interceptadas, e usava esta informação para construir uma tabela de relacionamentos. Isto lhe permitiria rastrear as correntes e estabelecer o número de ligações em cada uma. Por exemplo, a análise da primeira e quarta letras poderia resultar em quatro correntes com 3, 9, 7 e 7 ligações. Analisando a segunda e a quinta letras, o resultado poderia ser quatro correntes com 2, 3, 9 e 12 ligações. Já a análise da terceira e da sexta letras poderia resultar em cinco correntes com 5, 5, 5, 3 e 8 ligações. Rejewski ainda não teria idéia da chave diária, mas ele sabia que ela produziria três conjuntos de correntes com os seguintes números de correntes e ligações em cada uma:

O LIVRO DOS CÓDIGOS

4 correntes da primeira e da quarta letras com	3, 9, 7 e	7 ligações
4 correntes da segunda e da quinta letras com	2, 3, 9 e	12 ligações.
5 correntes da terceira e da sexta letras com	5, 5, 5, 3 e	8 ligações

Rejewski podia agora recorrer ao seu catálogo que continha cada ajuste de misturadores indexado de acordo com o tipo de correntes que iria gerar. Tendo encontrado a anotação no catálogo com o número certo de correntes e o número apropriado de elos em cada uma, ele imediatamente saberia os ajustes dos misturadores para aquela chave diária em particular. As correntes eram realmente impressões digitais, a evidência que traía o ajuste inicial do misturador e suas orientações. Rejewski estava trabalhando como um detetive que encontra uma impressão digital na cena de um crime e então usa seu arquivo para compará-la com a de um suspeito.

Embora tivesse identificado o ajuste dos misturadores para a chave diária, Rejewski ainda tinha que estabelecer a disposição dos fios no quadro de tomadas. E embora existissem centenas de bilhões de possibilidades para a colocação dos fios, esta era uma tarefa relativamente fácil. Rejewski começaria ajustando os misturadores de sua réplica da Enigma de acordo com o resultado de sua análise da chave diária. Ele então retiraria todos os fios do quadro de tomadas, de modo que este não produzisse mais nenhum efeito. Finalmente ele pegaria um trecho de texto cifrado interceptado e o datilografaria na máquina Enigma. Isso resultaria numa seqüência de letras sem sentido, porque a fiação do quadro de tomadas era desconhecida e estava ausente. Contudo, freqüentemente, algumas frases vagamente reconhecíveis apareceriam, tais como **alliveinbelrin**, e isto poderia ser "arrive in Berlin" (chega em Berlim). Se este palpite fosse correto, então ele implicaria que as letras **R** e **L** foram ligadas e trocadas por um fio no quadro de tomadas, enquanto **A, I, V, E, B** e **N** não foram. Analisando-se outras frases, seria possível identificar outros cinco pares de letras que teriam sido trocados pelo painel de tomadas. E tendo estabelecido a disposição dos fios e já tendo descoberto o ajuste dos misturadores, Rejewski teria completado a decifração da chave diária e poderia então decifrar todas as mensagens enviadas naquele dia.

Rejewski simplificara imensamente a sua tarefa de encontrar a chave diária ao separar o problema de achar os ajustes dos misturadores do problema de encontrar a disposição dos cabos no painel de tomadas. Separados, ambos os problemas eram solucionáveis. Originalmente, nós estimamos que levaria mais do que toda a idade do universo para verificar todas as chaves possíveis da Enigma. Contudo, Rejewski levara um ano fazendo o seu catálogo de comprimentos de correntes, e depois disso ele podia encontrar a chave diária antes que o dia terminasse. E uma vez que tivesse a chave do dia, ele possuía a mesma informação que o receptor da mensagem e poderia decifrá-las com igual facilidade.

Depois da descoberta de Rejewski, as comunicações da Alemanha se tornaram transparentes. A Polônia não estava em guerra com a Alemanha, mas havia uma ameaça de invasão, e o alívio polonês com a conquista da Enigma foi imenso. Se pudessem saber o que os generais alemães tinham em mente, havia uma chance de que pudessem se defender. O destino da nação polonesa dependera de Rejewski, e ele não desapontara o seu país. O ataque de Rejewski contra a Enigma foi, verdadeiramente, uma das grandes realizações da criptoanálise. Eu tive que resumir seu trabalho em algumas poucas páginas, e assim omiti muitos dos detalhes técnicos e todos os becos sem saída. A Enigma é uma máquina de cifragem muito complicada e decifrá-la exigiu um imenso poder intelectual. Minhas simplificações não devem levá-lo a subestimar a extraordinária conquista de Rejewski.

O sucesso polonês na quebra da Enigma pode ser atribuído a três fatores: medo, matemática e espionagem. Sem o medo de uma invasão, os poloneses poderiam ter se sentido desencorajados pela aparente invulnerabilidade da cifra da Enigma. Sem a matemática, Rejewski não teria sido capaz de analisar as correntes. E sem Schmidt, cujo nome em código era "Asche", com seus documentos, a fiação dos misturadores não teria sido descoberta e a criptoanálise não teria nem mesmo começado. Rejewski não hesitou em expressar sua dívida para com Schmidt: "Os documentos de 'Asche' foram recebidos como um presente dos céus e todas as portas se abriram imediatamente."

Os poloneses usaram com sucesso a técnica de Rejewski durante vários anos. Quando Hermann Göring visitou Varsóvia em 1934, estava totalmente inconsciente do fato de que suas comunicações estavam sendo interceptadas e decifradas. Quando ele e outras personalidades alemãs colocaram uma coroa de flores no Túmulo do Soldado Desconhecido, ao lado dos escritórios do Biuro Szyfrów, Rejewski pôde observá-los de uma janela, satisfeito com o conhecimento de que poderia ler suas mensagens mais secretas.

Mesmo quando os alemães fizeram uma pequena alteração no modo como transmitiam as mensagens, Rejewski contra-atacou. Seu velho catálogo de comprimentos de correntes se tornou inútil, mas no lugar de reescrevê-lo, ele pro-

O LIVRO DOS CÓDIGOS

jetou uma versão mecanizada do seu sistema de catalogação, que poderia procurar automaticamente os ajustes corretos dos misturadores. A invenção de Rejewski era uma adaptação da máquina Enigma, capaz de verificar rapidamente cada um dos 17.576 ajustes até encontrar um equivalente. Devido aos seis arranjos possíveis na seqüência de misturadores, era necessário ter seis máquinas de Rejewski funcionando em paralelo, cada uma representando um dos arranjos possíveis. Juntas, elas formavam uma unidade de quase um metro de altura, e era capaz de encontrar a chave diária em aproximadamente duas horas. As unidades eram chamadas de *bombas*, um nome que pode ser um reflexo do ruído tiquetaqueante que elas faziam enquanto verificavam os ajustes dos misturadores. Uma explicação alternativa diz que Rejewski teve a idéia para as máquinas enquanto estava num café, saboreando uma *bomba*, um sorvete em forma de hemisfério. As bombas efetivamente mecanizaram o processo de decifragem. Era uma resposta natural à Enigma, que mecanizara a cifragem.

Durante a maior parte da década de 1930, Rejewski e seus colegas trabalharam incansavelmente na descoberta das chaves da Enigma. Mês após mês a equipe tinha que enfrentar as tensões da criptoanálise enquanto consertava, continuamente, os defeitos mecânicos nas bombas, e ao mesmo tempo lidava com um fluxo inesgotável de mensagens cifradas. Suas vidas passaram a ser dominadas pela busca da chave diária, a peça vital de informação que revelaria o significado das mensagens cifradas. Contudo, sem que os decifradores poloneses soubessem, a maior parte do seu trabalho era desnecessária. O diretor do Biuro, major Gwido Langer, já tinha as chaves diárias da Enigma, mas as mantinha escondidas em sua escrivaninha.

Através dos franceses, Langer ainda recebia informações de Schmidt. As atividades nefastas do espião alemão não terminaram em 1931 com a entrega dos dois documentos sobre a operação da Enigma, mas continuaram durante sete anos. Ele se encontrou com Rex, o agente secreto francês, em vinte ocasiões, freqüentemente em chalés alpinos isolados, onde a privacidade era garantida. A cada encontro, Schmidt entregava um ou mais livros-código, cada um contendo um mês de chaves diárias. Eram os mesmos livros-código distribuídos a todos os operadores alemães das Enigmas e continham toda a informação necessária para cifrar e decifrar mensagens. No total, ele forneceu livros-código contendo 38 meses de chaves diárias. Essas chaves teriam poupado a Rejewski uma quantidade enorme de tempo e esforço, reduzindo a necessidade das bombas e poupando a mão-de-obra, que poderia ser usada em outras seções do

178   SIMON SINGH

Biuro. Contudo, o extraordinariamente astuto Langer decidiu não contar a Rejewski que tinha as chaves. Privando-o das chaves, Langer achava que o estava preparando para o dia inevitável em que as chaves não estariam mais disponíveis. Ele sabia que, se a guerra começasse, Schmidt ficaria impossibilitado de comparecer aos encontros secretos, e Rejewski seria forçado a se tornar auto-suficiente. Langer achava que Rejewski devia praticar a auto-suficiência em tempo de paz, como preparação para o que viria.

As habilidades de Rejewski chegaram, afinal, ao seu limite em 1938, quando os criptógrafos alemães aumentaram a segurança da Enigma. Os operadores receberam dois novos misturadores, de modo que o arranjo dos misturadores poderia agora usar qualquer conjunto de três dos cinco misturadores disponíveis. Anteriormente existiam apenas três misturadores (rotulados 1, 2 e 3) para escolher e seis modos de dispô-los, mas agora havia dois misturadores extras (4 e 5) e o número de disposições subiu para 60, como mostrado na Tabela 10. O primeiro desafio de Rejewski era descobrir a fiação interna dos dois novos misturadores. Mas o mais preocupante era que ele precisava construir um número dez vezes maior de bombas, cada uma representando um arranjo diferente de misturadores. O custo de construir essa bateria de bombas era quinze vezes maior do que todo o orçamento anual do Biuro para gastos com equipamentos. E no mês seguinte a situação piorou, quando o número de fios no quadro de tomadas aumentou de seis para dez. No lugar de doze letras sendo trocadas, antes de entrarem nos misturadores, agora havia vinte. E o número de chaves possíveis aumentou para 159.000.000.000.000.000.000.

Tabela 10 Arranjos possíveis com cinco misturadores.

Arranjos com 3 misturadores	Arranjos disponíveis com mais 2 misturadores							
123	124	125	134	135	142	143	145	152	153
132	154	214	215	234	235	241	243	245	251
213	253	254	314	315	324	325	341	342	345
231	351	352	354	412	413	415	421	423	425
312	431	432	435	451	452	453	512	513	514
321	521	523	524	531	532	534	541	542	543

Fig. 43 Veículo de comando do general Heinz Guderian. Uma máquina Enigma pode ser vista em uso no canto inferior esquerdo da foto.

Em 1938 as interceptações e decifragens dos poloneses tinham chegado ao ápice, mas no começo de 1939 os novos misturadores e cabos extras sufocaram o fluxo de informações. Rejewski, que fizera avançar as fronteiras da criptoanálise nos anos anteriores, ficou confuso. Ele provara que a Enigma não era indecifrável, mas sem os recursos para verificar cada ajuste possível dos misturadores não podia mais encontrar as chaves diárias, e a decifragem tornava-se impossível. Em circunstâncias tão desesperadas, Langer pode ter sido tentado a ceder as chaves, mas elas não estavam mais sendo entregues. Pouco antes da introdução dos novos misturadores, Schmidt rompera contato com o agente Rex. Durante sete anos ele fornecera as chaves que eram desnecessárias devido à invenção polonesa. E agora, quando os poloneses precisavam das chaves, elas não estavam mais disponíveis.

A nova invulnerabilidade da Enigma foi um golpe arrasador para a Polônia, porque a Enigma não era apenas um meio de comunicação, ela estava no coração da estratégia da *blitzkrieg* de Hitler. O conceito de *blitzkrieg* ("guerra relâmpago") envolvia um ataque rápido, intenso e coordenado, o que significava que grandes divisões de tanques tinham que se comunicar entre si, e com a artilharia e a infantaria. Além disso, as forças de terra recebiam o apoio aéreo dos bombardeiros de mergulho Stuka, o que dependia de comunicações eficientes e seguras entre as tropas na linha de frente e os aeroportos. O lema da *blitzkrieg* era "ataque rápido através de comunicações rápidas". E se os poloneses não pudessem decifrar a Enigma, não haveria esperanças de deter a investida alemã, que se encontrava claramente a apenas alguns meses no futuro. A Alemanha já ocupara os Sudetos e, em 27 de abril de 1939, ela descumpriu seu tratado de não-agressão com a Polônia. A retórica antipolonesa de Hitler tornou-se cada vez mais agressiva. Langer estava determinado a não deixar que seus avanços criptoanalíticos, até então ocultos dos aliados, fossem perdidos no caso de uma invasão alemã. Se a Polônia não podia se beneficiar do trabalho de Rejewski, então, pelo menos, que os aliados tivessem uma chance de tentar explorá-los. Talvez a Grã-Bretanha ou a França, com os recursos extras de que dispunham, pudessem desenvolver completamente o conceito da bomba.

No dia 30 de junho o major Langer telegrafou aos seus colegas franceses e britânicos, convidando-os a irem a Varsóvia, para debater alguns assuntos urgentes, relacionados com a Enigma. No dia 24 de julho, importantes criptoanalistas franceses e britânicos chegaram ao quartel-general do Biuro, sem

O LIVRO DOS CÓDIGOS

saber o que esperar. Langer os levou para uma sala onde havia um objeto coberto com um pano preto. Ele puxou o pano, revelando dramaticamente uma das bombas de Rejewski. A platéia ficou assombrada ao saber como Rejewski estivera decifrando a Enigma havia anos. Os poloneses estavam uma década à frente do mundo. Os franceses ficaram particularmente admirados, porque o trabalho dos poloneses se baseara em resultados da espionagem francesa. Eles tinham entregue as informações de Schmidt para os poloneses porque acreditavam que elas não tinham nenhum valor, mas os poloneses mostraram que estavam errados.

E como uma surpresa final, Langer ofereceu aos britânicos e aos franceses duas réplicas sobressalentes da Enigma e as plantas e diagramas das bombas, que deveriam ser enviadas a Paris na mala diplomática. De lá, no dia 16 de agosto, uma das máquinas Enigma foi mandada para Londres. Foi contrabandeada através do canal como parte da bagagem do autor teatral Sacha Guitry e de sua esposa, a atriz Yvonne Printemps, de modo a não despertar a suspeita dos espiões alemães, que estariam monitorando os portos. Duas semanas depois, em 1º de setembro, Hitler invadiu a Polônia.

O Ganso que Jamais Grasnava

Por treze anos os britânicos e os franceses tinham acreditado que a cifra Enigma era indecifrável, mas agora havia uma esperança. As revelações dos poloneses tinham demonstrado que a cifra tinha falhas, o que aumentou o moral dos criptoanalistas aliados. O progresso polonês parara com a introdução de novos misturadores e de novos cabos de ligação, mas permanecia o fato de que a Enigma não era mais considerada uma cifra perfeita.

Os avanços poloneses também demonstraram para os aliados o valor de empregar matemáticos como decifradores de códigos. Na Inglaterra, a Sala 40 sempre fora dominada por lingüistas e especialistas nos clássicos, mas agora havia um esforço concentrado para equilibrar a equipe com matemáticos e cientistas. Eles foram recrutados pricipalmente por uma rede de velhos companheiros, com aqueles que trabalhavam na Sala 40 contactando seus ex-colegas de Oxford e Cambridge. Havia também uma rede de amigas, que recrutava mulheres, estudantes universitárias de instituições como o Colégio Newnham e o Colégio Girton, em Cambridge.

Os novos recrutas não eram levados para a Sala 40, e sim para Bletchley Park, em Buckinghamshire, onde ficava a sede da Escola de Cifras e Códigos do Governo (GC&CS), uma nova organização para a quebra de códigos que tomaria o lugar da Sala 40. Bletchley Park podia alojar uma equipe muito maior, o que era importante devido à enchente de mensagens cifradas que era esperada assim que a guerra começasse. Durante a Primeira Guerra Mundial a Alemanha transmitira dois milhões de palavras por mês, mas previa-se que a maior disponibilidade de rádios na Segunda Guerra Mundial resultaria na transmissão de dois milhões de palavras por dia.

Fig. 44 Em agosto de 1939, os quebradores de código britânicos visitaram Bletchley Park para avaliar sua conveniência como sede da Escola de Cifras e Códigos do Governo. Para não levantar suspeitas entre os moradores do lugar, declararam tratar-se de parte do destacamento de tiro do capitão Ridley.

No centro de Bletchley Park havia uma grande mansão vitoriana, em estilo Tudor-gótico, que fora construída no século XIX pelo financista Sir Herbert Leon. Com sua biblioteca, salão de jantar e salão de bailes decorado, a casa serviria de escritório central para toda a operação em Bletchley. O comandante Alastair Denniston, diretor do GC&CS, tinha um escritório no andar térreo com vista para os jardins. Vista que logo foi prejudicada pela construção de numerosas casinhas de madeira. Essas construções alojavam as várias atividades de quebra de códigos. Por exemplo, a Casa 6 era especializada na análise das comunicações do exército alemão pela Enigma. A Casa 6 passava suas mensagens decifradas para a Casa 3, onde operadores de espionagem traduziam as mensagens e tentavam usar suas informações. A Casa 8 se especializava na versão naval da Enigma e passava suas decifragens para a Casa 4, para tradução e coleta de informações. Inicialmente a equipe de Bletchley Park era formada por duzentas pessoas, mas em cinco anos a mansão e suas casas alojariam sete mil homens e mulheres.

Durante o outono de 1939 os cientistas e matemáticos de Bletchley aprenderam as minúcias da cifra Enigma e rapidamente dominaram as técnicas polonesas. Bletchley contava com mais recursos e uma equipe maior do que o Biuro Szyfrów polonês, e assim eles foram capazes de lidar com uma seleção maior de misturadores e com o fato de que a Enigma era agora dez vezes mais difícil de decifrar. A cada vinte e quatro horas os decifradores de códigos britânicos passavam pela mesma rotina. À meia-noite, os operadores alemães das Enigmas mudavam para uma nova chave diária e, nesse ponto, quaisquer avanços que a equipe de Bletchley tivesse feito no dia anterior não poderiam mais ser usados para decifrar as mensagens. Os decifradores agora tinham que recomeçar o trabalho de identificação da nova chave diária. Isso levava várias horas, mas assim que descobriam os ajustes da Enigma para aquele dia, a equipe de Bletchley poderia começar a decifrar as mensagens alemãs que já tinham se acumulado, revelando informações inestimáveis para o esforço de guerra.

A surpresa é uma arma preciosa para o comandante que puder contar com ela. Mas se Bletchley podia decifrar a Enigma, os planos dos alemães tornavam-se visíveis, como se os britânicos fossem capazes de ler as mentes do Alto Comando Alemão. Se os britânicos pudessem captar a notícia de um ataque iminente, eles poderiam enviar reforços ou adotar uma ação evasiva. E se pudessem decifrar os debates dos alemães quanto a suas próprias fraquezas, os aliados poderiam focalizar suas ofensivas. As decifragens de Bletchley foram da maior importância. Por exemplo, quando a Alemanha invadiu a Dinamarca e a Noruega em abril de 1940, Bletchley forneceu uma imagem detalhada das operações alemãs. De modo semelhante, durante a Batalha da Inglaterra, os criptoanalistas foram capazes de dar um alerta prévio dos ataques dos bombardeiros, incluindo as horas e os locais. Eles também podiam fornecer dados continuamente atualizados sobre o estado da Luftwaffe, tais como o número de aviões que tinham sido perdidos e a velocidade com que estavam sendo substituídos. Bletchley enviava toda esta informação para a sede do MI6, que os passava para o Ministério da Guerra, o Ministério da Aeronáutica e o Almirantado.

Enquanto influenciavam o desenrolar da guerra, os criptoanalistas às vezes ainda achavam tempo para relaxar. De acordo com Malcolm Muggeridge, que atuou no serviço secreto e visitou Bletchley, um passatempo favorito era o jogo de *rounders*, semelhante ao beisebol:

> Todo o dia, depois do almoço, se o tempo estivesse propício, os quebradores de códigos jogavam uma partida no jardim da mansão, assumindo uma atitude meio séria ante uma atividade que seria considerada frívola e insignificante em comparação com seus estudos.
>
> Assim eles discutiam sobre algum detalhe do jogo com o mesmo fervor com que poderiam questionar o determinismo e o livre-arbítrio, ou se o mundo começara com o *big bang* ou era o resultado de um processo de criação contínua.

Fig. 45 Quebradores de código de Bletchley relaxam com uma partida de *rounders*.

O LIVRO DOS CÓDIGOS

Depois de dominar as técnicas polonesas, os criptoanalistas de Bletchley começaram a inventar seus próprios atalhos para encontrar as chaves da Enigma. Por exemplo, eles aproveitaram o fato de que os operadores alemães da Enigma ocasionalmente escolhiam chaves de mensagem óbvias. Para cada mensagem o operador devia selecionar uma chave de mensagem diferente, três letras selecionadas ao acaso. Contudo, no calor da batalha, no lugar de forçar a mente para bolar uma chave casual, os operadores cansados às vezes pegavam três letras consecutivas do teclado da Enigma (Figura 46), tais como **QWE** ou **BNM**. Essas chaves de mensagem previsíveis se tornaram conhecidas como *cílios*.

Outro tipo de cílio era o uso repetido da mesma chave de mensagem, talvez as iniciais da namorada do operador — de fato, um conjunto de iniciais, C.I.L, pode ter dado origem ao nome. Antes de tentar decifrar a Enigma pelo modo mais difícil, era rotina, entre os criptoanalistas, testar os cílios, e seus palpites às vezes davam resultado.

Os cílios não eram fraquezas da máquina Enigma, eles eram fraquezas do modo como a Enigma estava sendo usada. Erros humanos, nos mais altos níveis da cadeia de comando, também comprometiam a segurança da cifra. Os responsáveis pela produção dos livros-código tinham que decidir quais os misturadores que seriam usados a cada dia, e em quais posições. Eles tentavam garantir que as disposições dos misturadores fossem imprevisíveis, sem permitir que qualquer misturador ficasse na mesma posição por dois dias seguidos. Assim, se rotularmos os misturadores como 1, 2, 3, 4 e 5, então, no primeiro dia, poderíamos ter o arranjo 134 e no segundo dia o 215, mas não 214, porque o misturador número 4 não poderia ficar na mesma posição por dois dias seguidos. Isso pode parecer uma estratégia sensata, já que muda constantemente as posições dos misturadores, mas, na verdade, tal regra tornava a vida mais fácil para os criptoanalistas. Excluir certas seqüências para evitar que um misturador ficasse na mesma posição significava que os criadores dos livros de códigos na verdade estavam reduzindo pela metade o número de arranjos possíveis. Os criptoanalistas de Bletchley perceberam o que estava acontecendo e exploraram ao máximo. Depois que identificavam a disposição dos misturadores para um determinado dia, eles imediatamente eliminavam metade das disposições para o dia seguinte. E assim, sua carga de trabalho era cortada pela metade.

De um modo semelhante, havia uma regra para a disposição dos fios no quadro de tomadas. Elas não podiam incluir nenhuma troca entre uma letra e sua vizinha, o que significava que **S** poderia ser trocada por qualquer letra exceto

R e T. A teoria era de que tais trocas óbvias deviam ser evitadas deliberadamente, mas novamente a implementação de tal regra reduzia drasticamente o número de chaves possíveis.

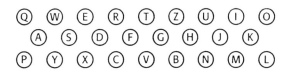

Fig. 46 *Layout* do teclado da Enigma.

A busca por novos atalhos criptoanalíticos era necessária porque a máquina Enigma continuou a evoluir ao longo da guerra. Os criptoanalistas eram continuamente forçados a inovar, a reprojetar e melhorar as bombas e a criar estratégias inteiramente novas. Parte do motivo para seu sucesso era a combinação bizarra de matemáticos, cientistas, lingüistas, especialistas na cultura clássica, mestres do xadrez e viciados em palavras cruzadas dentro de cada casa. Um problema intratável era passado para a casa seguinte, até que chegasse a alguém com as ferramentas mentais certas para resolvê-lo, ou alguém que pudesse resolvê-lo parcialmente antes de passá-lo adiante. Gordon Welchman, que estava encarregado da Casa 6, descreveu sua equipe como "uma matilha de cães de caça tentando pegar o cheiro da presa". Houve muitos criptoanalistas notáveis e muitos avanços significativos, e precisaríamos de vários livros grossos para descrever em detalhes as contribuições de cada indivíduo. Entretanto, existe uma figura que deve ser destacada: foi Alan Turing quem identificou a maior fraqueza da Enigma e a explorou sem piedade. Graças a Turing tornou-se possível quebrar a cifra da Enigma mesmo sob as circunstâncias mais difíceis.

Alan Turing foi concebido no outono de 1911, em Chatrapur, uma cidade perto de Madras, no sul da Índia, onde seu pai, Julius Turing, era um membro da administração civil indiana. Julius e sua esposa Ethel decidiram que seu filho deveria nascer na Grã-Bretanha, e voltaram para Londres, onde Alan nasceu no dia 23 de junho de 1912. O pai voltou para a Índia logo depois e sua mãe o seguiu, 15 meses mais tarde, deixando Alan sob os cuidados de babás e amigas até que ele tivesse idade para entrar para o jardim de infância.

Em 1926, aos 14 anos de idade, Turing tornou-se aluno da Escola Sherborne, em Dorset. O início de seu primeiro período escolar coincidiu com uma greve geral, mas Turing estava decidido a não faltar ao primeiro dia de aula. Assim, ele pedalou 100 quilômetros, sozinho em sua bicicleta, de Southampton até Sherborne, uma façanha que saiu no jornal local. Ao final do primeiro ano na escola ele ganhara a fama de ser um rapaz tímido e desajeitado, cujas únicas habilidades eram na área da ciência. O objetivo de Sherborne era transformar meninos em homens desenvolvidos, capazes de comandar o Império, mas Turing não partilhava desta ambição, e sua vida, como estudante, foi de maneira geral infeliz.

Seu único amigo verdadeiro em Sherborne era Christopher Morcom, que, como Turing, se interessava por ciência. Juntos eles debatiam as últimas descobertas e faziam suas próprias experiências. O relacionamento impulsionou a capacidade intelectual de Turing, mas também teve um profundo efeito emocional sobre ele. Andrew Hodges, biógrafo de Turing, escreve que "aquele foi seu primeiro amor... ele tinha aquele sentimento de entrega, aquela ampliação da consciência, como se uma cor brilhante explodisse sobre um mundo em preto e branco". A amizade durou quatro anos, mas Morcom parece não ter percebido os sentimentos profundos de Turing em relação a ele. Então, durante o último ano em Sherborne, Turing perdeu para sempre a chance de dizer o que sentia. Na quinta-feira, 13 de fevereiro de 1930, Christopher Morcom morreu subitamente de tuberculose.

Turing ficou arrasado com a perda da única pessoa que jamais amaria. E seu modo de enfrentar a morte de Morcom foi se entregar a seus estudos científicos, de modo a realizar o potencial do amigo. Morcom, que parecia ser o mais inteligente dos dois, já tinha conquistado uma bolsa na Universidade Cambridge. Turing julgou que era seu dever também conseguir um lugar em Cambridge e então fazer as descobertas que seu amigo teria feito se não morresse. Ele pediu à mãe de Christopher que lhe mandasse uma foto do filho e, quando ela chegou, Turing escreveu agradecendo: "Ela está na minha escrivaninha agora, para me encorajar em meu árduo trabalho."

Em 1931 ele foi admitido no King's College em Cambridge. Chegou durante um período de intensos debates sobre a natureza da matemática e da lógica e encontrou-se cercado por algumas das vozes mais importantes, como Bertrand Russell, Alfred North Whitehead e Ludwig Wittgenstein. No centro da discussão estava a questão da *indecidibilidade*, uma questão controvertida desenvolvida pelo lógico Kurt Gödel. Sempre se presumira, pelo menos em teoria, que todas as questões da matemática poderiam ser respondidas. Contudo, Gödel demonstrou que poderia haver uma minoria de questões que estariam além do alcance da prova lógica, as chamadas questões indecidíveis. Os matemáticos ficaram traumatizados com a notícia de que sua ciência não era a disciplina todo-poderosa que eles acreditavam ser. Tentaram salvá-la, procurando um meio de identificar as embaraçosas questões indecidíveis, de modo que pudessem separá-las de modo seguro. Foi esse objetivo que mais tarde inspirou Turing a escrever seu trabalho científico mais influente, "Sobre os números computáveis", publicado em 1937. Na peça de Hugh Whitemore, *Breaking the Code*, sobre a vida de Turing, um personagem pergunta a Turing o significado de seu artigo. Ele responde. "É sobre o certo e o errado. Em termos gerais é um trabalho técnico sobre a lógica matemática, mas é também sobre a dificuldade em diferenciar o certo do errado. As pessoas pensam, a maioria das pessoas pensa, que na matemática nós sempre sabemos o que é certo e o que é errado. Não é assim. Não é mais assim."

Em sua tentativa de identificar as questão indecidíveis, o artigo de Turing descrevia uma máquina imaginária, projetada para executar uma operação matemática em especial, ou algoritmo. Em outras palavras, a máquina seria capaz de realizar uma série de etapas fixas, prescritas, que, por exemplo, resultariam na multiplicação de dois números. Turing imaginava que os números a serem multiplicados seriam introduzidos na máquina através de uma fita de papel, como o papel perfurado usado para colocar uma melodia em uma pianola. E a resposta da multiplicação sairia em outra folha de papel. Turing imaginava toda uma série dessas *máquinas de Turing*, cada uma projetada para uma tarefa específica, tais como dividir, elevar ao quadrado ou fatorar. Então ele levou a idéia adiante de um modo mais radical.

Ele imaginou uma máquina cujo funcionamento interno pudesse ser alterado, de modo a fazê-la executar todas as funções de todas as máquinas de Turing concebíveis. As alterações seriam feitas inserindo-se fitas cuidadosamente selecionadas, que transformariam esta única máquina flexível em máquina de dividir, máquina de multiplicar ou em qualquer outro tipo de máquina. Turing chamou este engenho hipotético de *máquina universal de Turing*, porque ele poderia responder a qualquer questão que pudesse ser respondida pela lógica. Infelizmente, revelou-se não ser sempre possível, logicamente, responder a uma pergunta sobre a indecidibilidade de outra pergunta. E assim, mesmo uma máquina universal de Turing seria incapaz de identificar todas as questões indecidíveis.

Fig. 47 Alan Turing.

Os matemáticos que leram o artigo de Turing ficaram desapontados pelo fato de o monstro de Gödel não poder ser vencido, mas, como prêmio de consolação, Turing lhes dera o esquema para a criação do moderno computador programável. Ele conhecia o trabalho de Babbage, e a máquina universal de Turing pode ser vista como uma reencarnação do Motor Diferencial nº 2. De fato, Turing fora além e fornecera uma sólida base teórica para a computação, dando ao computador um potencial até então não imaginado. Mas ainda era a década de 1930 e não existia tecnologia para transformar em realidade a máquina universal de Turing. Contudo, ele não ficou desanimado de que suas teorias estivessem além do que era tecnicamente possível. Meramente queria um reconhecimento da comunidade matemática, que de fato aplaudiu o seu trabalho como um dos avanços mais importantes do século. E Turing tinha apenas 26 anos.

Aquele foi um período particularmente feliz e bem-sucedido para ele. Durante a década de 1930, Turing ascendeu no mundo acadêmico até tornar-se membro do King's College, lar da elite intelectual do mundo. Levava uma vida típica de professor de Cambridge, misturando a matemática pura com atividades mais triviais. Ele 1938 ele resolveu assistir ao desenho *Branca de Neve e os Sete Anões,* contendo a cena memorável em que a Bruxa Malvada mergulha uma maçã no veneno. Depois disso os colegas ouviam Turing repetir, continuamente, a cantoria macabra, "Mergulhe a maçã no caldo, e deixe a morte sonolenta penetrar".

Turing adorou seus anos em Cambridge. Além do sucesso acadêmico, encontrou-se num ambiente que o tolerava e apoiava. A homossexualidade era bem aceita na universidade, o que significava que ele estava livre para ter uma série de relacionamentos, sem ter que se preocupar com quem poderia descobrir ou o que os outros poderiam dizer. E embora não tivesse embarcado em nenhum relacionamento sério, de longo prazo, parecia estar satisfeito com sua vida. Então, em 1939, a carreira acadêmica de Turing foi interrompida abruptamente. A Escola de Cifras e Códigos do Governo o convidou para tornar-se criptoanalista em Bletchley. No dia 4 de setembro de 1939, um dia depois de Neville Chamberlain declarar guerra contra a Alemanha, Turing se mudou da opulência do quadrilátero de Cambridge para a hospedaria Crown Inn, em Shenley Brook End.

Todo o dia ele pedalava cinco quilômetros de Shenley Brook End até Bletchley Park, onde passava parte do tempo nas casas, contribuindo para o esforço rotineiro de quebra dos códigos, e parte do tempo na sala de pesquisas teóricas de Bletchley, que fora, anteriormente, um depósito de maçãs, peras e ameixas de Sir Herbert Leon. Era ali que os criptoanalistas pensavam e debatiam os novos problemas, ou tentavam se preparar para enfrentar problemas que poderiam surgir no futuro. Turing voltou suas atenções para o que aconteceria se os militares alemães mudassem o seu sistema de trocar chaves de mensagem. Os sucessos iniciais de Bletchley dependiam do trabalho de Rejewski, que explorara o fato de que os operadores da Enigma cifravam duas vezes cada chave de mensagem (por exemplo, se a chave de mensagem fosse **YGB**, o operador cifraria **YGBYGB**). Essa repetição deveria garantir que o operador não cometesse erros, mas criava uma falha na segurança da Enigma. Os criptoanalistas britânicos acreditavam que não demoraria muito para os alemães perceberem que a repetição da chave estava comprometendo sua cifra, e, quando isso acontecesse, os operadores receberiam ordens para abandonar a repetição, confundindo todas as técnicas de quebra de códigos usadas em Bletchley. Era o trabalho de Turing encontrar um modo alternativo para atacar a Enigma, uma abordagem que não dependesse da repetição da chave de mensagem.

À medida que as semanas iam passando, Turing percebeu que Bletchley estava acumulando uma vasta biblioteca de mensagens decifradas e que muitas delas obedeciam a uma estrutura rígida. Estudando velhas mensagens decifradas, ele acreditava que podia, às vezes, prever parte do conteúdo de uma mensagem ainda não decifrada, baseando-se em quando ela fora enviada e de onde. Por exemplo, a experiência mostrava que os alemães enviavam relatórios cifrados sobre a previsão do tempo logo depois das seis horas da manhã de cada dia. Assim, uma mensagem cifrada interceptada as 6:05h, quase certamente conteria **wetter**, a palavra alemã para "tempo". O protocolo rigoroso, usado por qualquer organização militar, significava que tais mensagens eram altamente uniformes em seu estilo, de modo que Turing podia até mesmo ter confiança quanto à posição de **wetter** dentro da mensagem cifrada. Por exemplo, a experiência poderia indicar-lhe que as primeiras seis letras de um texto cifrado em particular correspondiam a **wetter**. E sempre que um pedaço de texto original pode ser associado com um pedaço do texto cifrado, essa combinação é conhecida como uma *cola*.

Turing tinha certeza de que poderia usar as colas para decifrar a Enigma. Se ele tivesse um texto cifrado e conhecesse um trecho específico dele, digamos **ETJWPX**, representando **wetter**, seu desafio era identificar os ajustes da máquina Enigma que transformariam **wetter** em **ETJWPX**. O modo direto, mas não prático de fazer isso, seria o criptoanalista pegar uma máquina Enigma, datilografar **wetter** e ver se o texto cifrado correto saía dela. Se não saísse, o criptoanalista mudaria os ajustes da máquina, trocando os fios no quadro de tomadas, e trocando e reorientando os misturadores. Depois datilografaria **wetter** novamente. E se o texto cifrado correto não surgisse, ele mudaria os ajustes de novo, de novo e de novo. O único problema com essa abordagem, da tentativa e erro, era o fato de que existiam 159.000.000.000.000.000.000 de ajustes possíveis para verificar, de modo que achar aquele que transformava **wetter** em **ETJWPX** ainda era uma tarefa aparentemente impossível.

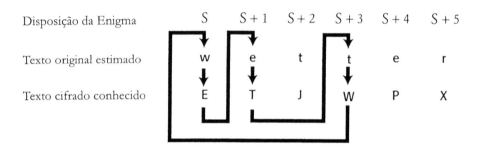

Fig. 48 Uma das colas de Turing, mostrada aqui como um laço.

Para simplificar o problema, Turing tentou seguir a estratégia de Rejewski de separar os ajustes. Ele queria divorciar o problema de encontrar o ajuste dos misturadores (descobrir que misturador estava posicionado em que fenda, e quais seriam suas orientações respectivas) do problema de encontrar as ligações no quadro de tomadas. Por exemplo, se ele pudesse encontrar algo na cola que não tivesse relação nenhuma com a disposição dos fios, então tornar-se-ia razoável verificar cada uma das restantes 1.054.560 possíveis combinações dos misturadores (60 arranjos x 17.576 orientações). Tendo encontrado os ajustes corretos dos misturadores, ele poderia deduzir as ligações no quadro de tomadas.

Posteriormente sua mente focalizou um tipo particular de cola que continha ligações internas, semelhantes às correntes exploradas por Rejewski. As correntes de Rejewski ligavam letras dentro da chave de mensagem repetida. Contudo, os elos de Turing não tinham nada a ver com a chave de mensagem, ele estava trabalhando com a possibilidade de que logo os alemães parariam de enviar chaves de mensagem repetidas. No lugar disso, os elos de Turing conectavam letras do texto original e do texto cifrado dentro de uma cola. Por exemplo, a cola mostrada na Figura 48 contém um elo ou laço. Lembre-se de que as colas são apenas suposições, mas se presumirmos que a cola está correta, poderemos ligar as letras w → E, e → T, t → W como parte de um elo. Embora não saibamos nada sobre os ajustes da Enigma, podemos rotular o primeiro ajuste, seja ele qual for, como S. Nesse primeiro ajuste nós sabemos que w é cifrado como E. Depois da primeira cifragem, o primeiro misturador se move de uma casa para a posição S + 1, e a letra e é cifrada como T. O misturador avança outra casa e cifra uma letra que não está no elo, assim ignoramos esta cifragem. O misturador gira, avançando mais uma casa e novamente chegamos a uma letra que está no elo. No ajuste S + 3, sabemos que a letra t é cifrada como W. Em resumo, nós sabemos que

No ajuste S,	a Enigma cifra w como E
No ajuste S + 1	a Enigma cifra e como T
No ajuste S + 3	a Enigma cifra t como W.

Até agora o elo parece ser nada mais do que um padrão curioso, mas Turing seguiu rigorosamente as implicações dos relacionamentos dentro do elo, e viu que eles davam-lhe o atalho drástico de que ele precisava para decifrar a Enigma. No lugar de trabalhar com apenas uma máquina Enigma para testar cada ajuste, Turing começou a imaginar três máquinas separadas, cada uma lidando com a cifragem de um elemento do elo. A primeira máquina tentaria cifrar w em E, a segunda tentaria cifrar e em T e a terceira t em W. As três máquinas teriam ajustes idênticos, exceto a segunda, que teria as orientações de seus misturadores deslocadas de uma casa em relação à primeira, este ajuste sendo rotulado como S + 1, e a terceira teria as orientações de seus misturadores deslocadas três casas adiante da primeira, este ajuste sendo classificado como S + 3. Turing então imaginou um criptoanalista frenético mudando continuamente a posição dos cabos no quadro de tomadas, trocando os misturadores em suas fendas e mudando suas orientações de modo a chegar à cifragem correta. Os cabos que mudassem de posição na primeira máquina também mudariam de modo idêntico nas outras duas. Se a seqüência dos misturadores fosse mudada na primeira máquina, também o seria nas outras duas. E, o que seria crucial, qualquer que fosse a orientação dos misturadores na primeira máquina, a segunda teria a mesma orientação, só que deslocada de uma casa, enquanto a terceira teria a mesma orientação avançando três casas adiante.

Turing parece não ter conseguido muito. O criptoanalista ainda tem que verificar todos os 159.000.000.000.000.000.000 de disposições possíveis, e, para tornar as coisas piores, ele agora tem que fazê-lo, simultaneamente, em todas as três máquinas, no lugar de uma. Contudo, o passo seguinte na idéia de Turing transforma o desafio e o simplifica tremendamente. Ele imaginou ligar as três máquinas, conectando fios elétricos entre a entrada e a saída de dados de cada máquina, como é mostrado na Figura 49. De fato, o elo na cola é reproduzido pelo elo no circuito elétrico. Turing imaginou a máquina mudando suas disposições de cabos e misturadores, como foi descrito anteriormente, mas somente quando todos os ajustes estivessem corretos, para todas as três máquinas, é que o circuito se completaria, permitindo que a corrente fluísse entre todas as máquinas. Se Turing acrescentasse uma lâmpada ao circuito, a passagem da corrente faria com que ela se acendesse, sinalizando que o ajuste correto fora encontrado. Nesse ponto, todas as três máquinas ainda precisam verificar todas as 159.000.000.000.000.000.000 de disposições possíveis de modo a fazer a lâmpada se acender. Contudo, o que fizemos até agora foi meramente um preparativo para o salto lógico final de Turing. Aquele que simplificará a tarefa centenas de bilhões de vezes num único golpe.

Turing tinha montado o seu circuito elétrico de tal modo a anular o efeito do quadro de tomadas, de modo que pudesse ignorar os bilhões de ajustes possíveis na disposição dos fios. A Figura 49 mostra que a corrente elétrica entrou na primeira Enigma, passou pelos misturadores e emergiu em alguma letra desconhecida que vamos chamar de L_1. A corrente então flui através do quadro de tomadas, que transforma L_1 em E. Esta letra E está conectada por um fio à letra e na segunda Enigma e, à medida que a corrente passa pelo segundo quadro de tomadas, ela é transformada de volta em L_1. Em outras palavras, os dois quadros de tomadas se cancelam mutuamente. De modo semelhante, a corrente que sai dos misturadores da segunda Enigma entra no quadro de tomadas em L_2 antes de ser transformada em T. Esta letra T está ligada por um fio à letra t na terceira Enigma e, à medida que a corrente flui através do terceiro quadro de tomadas, ela é transformada novamente em L_2. Resumindo, os quadros de tomadas se cancelam mutuamente ao longo do circuito inteiro, de modo que Turing podia ignorá-los completamente.

Turing só precisava ligar a saída do primeiro conjunto de misturadores, L_1, diretamente na entrada do segundo conjunto de misturadores, também L_1, e assim por diante. Infelizmente ele não conhecia o valor da letra L_1, de modo que teria que conectar todas as 26 saídas do primeiro conjunto de misturadores a todas as 26 entradas correspondentes no segundo conjunto de misturadores, e assim por diante. De fato, agora teríamos 26 circuitos elétricos, e cada um contaria com uma lâmpada para sinalizar quando um circuito fosse completado. Os três conjuntos de misturadores então simplesmente verificariam cada uma das 17.576 orientações, com o segundo conjunto de misturadores sempre um passo à frente do primeiro, e o terceiro conjunto sempre dois passos adiante do segundo. Mais tarde, quando as orientações corretas dos misturadores fossem encontradas, um dos circuitos se completaria e uma lâmpada acenderia. Se os misturadores mudassem suas orientações a cada segundo, levaria apenas cinco horas para verificar todas as orientações.

Só restavam dois problemas: poderia acontecer de todas as três máquinas estarem funcionando com o arranjo errado de misturadores, porque as máquinas Enigma funcionavam com três misturadores escolhidos ao acaso entre um conjunto de cinco, colocados em qualquer ordem, o que resulta em 60 arranjos possíveis. Daí que, se todas as 17.576 orientações forem verificadas, e a lâmpada não tiver se acendido, será necessário tentar outro dos 60 arranjos possíveis e continuar tentando até que o circuito se complete.

Ou o criptoanalista poderia ter sessenta conjuntos de três Enigmas funcionando em paralelo.

O segundo problema envolve encontrar a disposição dos fios no quadro de tomadas depois que as orientações e o arranjo dos misturadores são descobertos. Isto é relativamente simples. Usando uma máquina Enigma com o arranjo e as orientações corretas dos misturadores, o criptoanalista datilografa o texto cifrado e olha para o texto original que sai do outro lado. Se o resultado for **tewwer** no lugar de **wetter**, então fica claro que os fios do quadro de tomadas devem ser inseridos de modo a trocar as letras **w** e **t**. E se datilografarmos outros trechos do texto cifrado veremos outras disposições dos fios serem reveladas.

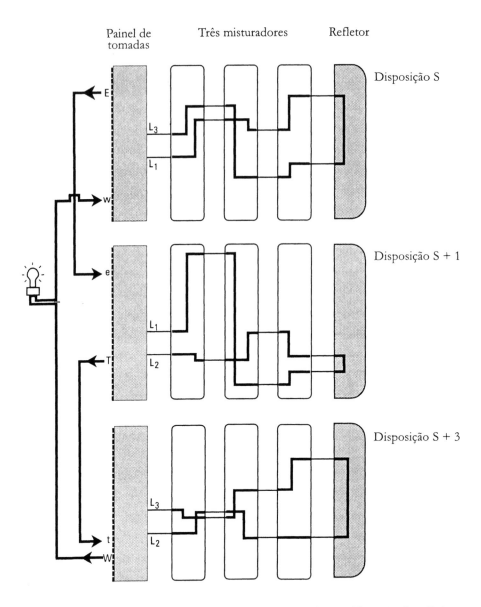

Fig. 49 O laço na cola pode estar em paralelo com o laço elétrico. Três máquinas Enigma são dispostas de forma idêntica, exceto pelo fato de a segunda máquina ter seu misturador movido uma posição para a frente (disposição S + 1), e o terceiro ter seu misturador movido duas posições para a frente (disposição S + 3). A saída de cada Enigma é conectada à entrada da seguinte. Os misturadores giram em harmonia até que o circuito é completado e as luzes se acendem. No diagrama acima, o circuito está completo, correspondendo à disposição correta.

O LIVRO DOS CÓDIGOS

A combinação de colas, elos e máquinas conectadas eletricamente resultou num feito extraordinário de criptoanálise, e somente Turing, com seu conhecimento único em máquinas matemáticas, poderia tê-lo conseguido. Suas meditações sobre máquinas imaginárias de Turing destinavam-se a responder a questões exotéricas sobre a indecidibilidade matemática, mas esta pesquisa, puramente acadêmica, lhe deu as ferramentas mentais certas para projetar uma máquina prática, capaz de resolver problemas muito reais.

Bletchley foi capaz de obter cem mil libras para transformar a idéia de Turing em engenhos funcionais, que receberam o nome de bombas, porque sua abordagem mecânica tinha uma semelhança passageira com a bomba de Rejewski. Cada uma das bombas de Turing consistia em doze conjuntos de misturadores Enigma conectados eletricamente e assim era capaz de lidar com elos muito mais longos de letras. A unidade completa teria dois metros de altura, por dois de comprimento e um metro de largura. Turing finalizou o projeto no início de 1940, e o trabalho de construção foi entregue à fábrica British Tabulating Machinery, em Letchworth.

Enquanto esperava a entrega das bombas, Turing continuou seu trabalho diário em Bletchley. As notícias do grande avanço logo se espalharam entre os outros criptoanalistas veteranos, que reconheceram Turing como um decifrador de códigos com um dom singular. De acordo com Peter Hilton, colega de Turing em Bletchley, "Alan Turing era obviamente um gênio, mas era um gênio amistoso, fácil de abordar. Ele sempre tinha tempo e boa vontade para explicar suas idéias, e não era um especialista limitado, seus pensamentos percorriam uma vasta gama das ciências exatas."

Entretanto, tudo o que se referia à Escola de Códigos e Cifras do Governo era altamente secreto, de modo que ninguém, fora de Bletchley Park, sabia da extraordinária realização de Turing. Por exemplo, seus pais não tinham idéia de que Alan fosse um decifrador de códigos, muito menos o principal criptoanalista britânico. Ele uma vez contou a sua mãe que estava envolvido em algum tipo de pesquisa militar, mas não entrou em detalhes. Ela ficou desapontada de que isso não tivesse resultado num corte de cabelo mais respeitável para seu filho. Embora Bletchley fosse dirigido pelos militares, eles tinham decidido tolerar o cabelo comprido e as excentricidades daqueles professores. Turing raramente se barbeava, suas unhas estavam cheias de sujeira e as roupas amarrotadas. Contudo, se os militares teriam tolerado sua homossexualidade é algo que permanece desconhecido. Jack Good, um veterano de Bletchley, comentou: "Felizmente as autoridades não sabiam que Turing era homossexual. De outro modo, poderíamos ter perdido a guerra."

O protótipo da primeira bomba, batizada de *Victory*, chegou em Bletchley no dia 14 de março de 1940. A máquina entrou em operação imediatamente, mas os resultados iniciais não foram muito satisfatórios. A máquina revelou-se mais lenta do que se esperava, levando uma semana para encontrar uma chave em particular. Houve um esforço concentrado para aumentar a eficiência da bomba e um projeto modificado foi apresentado, algumas semanas depois. Levaria mais quatro meses para construir a bomba aperfeiçoada. E enquanto isso os criptoanalistas teriam que enfrentar a calamidade que tinham previsto. Em 10 de maio de 1940 os alemães mudaram o protocolo de troca de chaves. Eles não mais repetiam a chave de mensagem e daí em diante o número de decifragens bem-sucedidas da Enigma caiu drasticamente. O blecaute nas informações durou até 8 de agosto, quando a nova bomba chegou. Batizada de *Agnus Dei*, e apelidada *Agnes*, esta máquina correspondeu às expectativas de Turing.

Em dezoito meses havia mais quinze bombas em operação, explorando as colas, verificando os ajustes dos misturadores, revelando chaves, cada uma estalando como um milhão de agulhas de tricô. Se tudo estava correndo bem, uma bomba podia encontrar uma chave da Enigma em uma hora. E depois que a disposição dos fios no quadro de tomadas e o ajuste dos misturadores (a chave de mensagem) foram estabelecidos para uma mensagem em especial, era fácil deduzir a chave daquele dia. E todas as mensagens enviadas naquele mesmo dia poderiam ser decifradas.

Embora as bombas representassem um avanço vital na criptoanálise, a decifragem não se tornara uma mera formalidade. Havia muitas barreiras a serem vencidas antes que as bombas pudessem começar a procurar uma chave. Por exemplo, para operar uma bomba primeiro precisava-se encontrar uma cola. Os decifradores mais experientes dariam as colas para os operadores das bombas, mas não havia garantia de que tivessem deduzido o significado correto do texto cifrado. E mesmo que tivessem a cola certa, ela poderia estar no lugar errado — os criptoanalistas poderiam ter suposto que uma mensagem cifrada continha uma certa frase, mas associado esta frase ao trecho errado do texto cifrado. Contudo, havia um truque bem hábil para verificar se a cola estava na posição correta.

O LIVRO DOS CÓDIGOS

Na cola seguinte, o criptoanalista está confiante em que o texto original está correto, mas ele não tem certeza se corresponde ao trecho correto de texto cifrado.

Texto original estimado   w e t t e r n u l l s e c h s
Texto cifrado conhecido   I P R E N L W K M J J S X C P L E J W Q

Mas uma das características da Enigma era sua incapacidade de cifrar uma letra como ela mesma, o que é uma conseqüência do refletor. A letra **a** nunca poderia se cifrada como **A**, a letra **b** nunca seria cifrada como **B**, e assim por diante. A cola acima deve portanto estar desalinhada porque o primeiro **e** em **wetter** corresponde a um **E** no texto cifrado. Para encontrar o alinhamento correto, nós simplesmente fazemos o texto original e o texto cifrado deslizarem, um ao longo do outro, até que nenhuma letra corresponda ao seu equivalente. Se deslizarmos o texto original uma casa para esquerda, a correspondência ainda falha porque, desta vez, o primeiro **s** em **sechs** corresponde a um **S** no texto cifrado. Contudo, se deslocarmos o texto original uma casa para a direita, não ocorrem cifragens proibidas. Esta cola, portanto, deve estar na posição correta e pode ser usada como base para uma decifragem pela bomba:

Texto original estimado   w e t t e r n u l l s e c h s
Texto cifrado conhecido   I P R E N L W K M J J S X C P L E J W Q

As informações obtidas em Bletchley eram passadas apenas às mais altas patentes militares e a membros selecionados do gabinete de guerra. Winston Churchill tinha plena consciência da importância das decifragens em Bletchley e visitou os quebradores de códigos no dia 6 de setembro de 1941. Ao encontrar-se com alguns dos criptoanalistas, ficou surpreso com a mistura bizarra de gente que lhe fornecia informações tão valiosas. Além dos matemáticos e dos lingüistas, havia uma autoridade em porcelana, um curador do Museu de Praga, o campeão de xadrez da Grã-Bretanha e numerosos especialistas no jogo de bridge. Churchill murmurou para Sir Stewart Menzies, chefe do Serviço de

Informações Secretas: "Eu lhe disse para apelar para tudo, mas não esperava que seguisse minhas ordens tão literalmente." Mas, apesar do comentário, ele tinha um grande afeto por aquela equipe heterogênea, chamando-os de "os gansos que botam ovos de ouro e jamais grasnam".

Fig. 50 Uma bomba de Bletchley Park em ação.

A visita destinava-se a aumentar o moral dos decifradores de códigos, mostrando-lhes que seu trabalho era apreciado nos mais altos escalões. Mas também teve o efeito de dar a Turing e seus colegas a confiança para abordar Churchill quando a crise surgiu. Para aproveitar ao máximo as bombas, Turing precisava de uma equipe maior, mas seus pedidos eram bloqueados pelo comandante Edward Travis, que assumira o cargo de diretor de Bletchley, e achava não ter justificativas para recrutar mais gente. No dia 21 de outubro de 1941 os criptoanalistas agiram de modo insubordinado, ignorando Travis e escrevendo diretamente para Churchill.

O LIVRO DOS CÓDIGOS

Caro primeiro-ministro

Há algumas semanas o senhor nos deu a honra de sua visita e acreditamos que considera importante o nosso trabalho. Deve ter visto que, graças em boa parte à energia e à perspicácia do comandante Travis, estamos bem equipados com as "bombas" para quebrar os códigos Enigma da Alemanha. Achamos, entretanto, que o senhor deveria saber que este trabalho está sendo atrasado, e, em alguns casos, nem é feito, principalmente porque não temos gente suficiente para lidar com ele. Nossa razão para lhe escrever diretamente é que há meses estamos fazendo tudo o que é possível através dos canais normais, e achamos que a situação não vai melhorar sem sua intervenção...
Somos seus servos mais leais
A.M. Turing
W.G. Welchman
C.H.O'D. Alexander
P.S. Milner-Barry

Churchill não hesitou em responder. Passou imediatamente um memorando para seu principal assistente:

AGIR PRONTAMENTE

Certifique-se de que eles tenham tudo o que pedem, em caráter de extrema prioridade, e me informe quando tiver sido feito.

Daí em diante não houve mais obstáculos para recrutar pessoal ou obter materiais. No final de 1942 havia 49 bombas e uma nova estação de bombas foi inaugurada em Gayhurst Manor, logo ao norte de Bletchley. Como parte da estratégia de recrutamento, a Escola de Cifras e Códigos do Governo publicou uma carta no *Daily Telegraph*. Ela fazia um desafio anônimo aos leitores, perguntando se alguém seria capaz de resolver as palavras cruzadas do jornal (Figura 51) em menos de 12 minutos. Acreditava-se que especialistas em palavras cruzadas também seriam bons quebradores de códigos, completando as mentes científicas que já estavam em Bletchley — mas é claro, nada disso era mencionado no jornal. Os 25 leitores que responderam ao desafio foram convidados para fazer um teste de palavras cruzadas na rua Fleet. Cinco deles com-

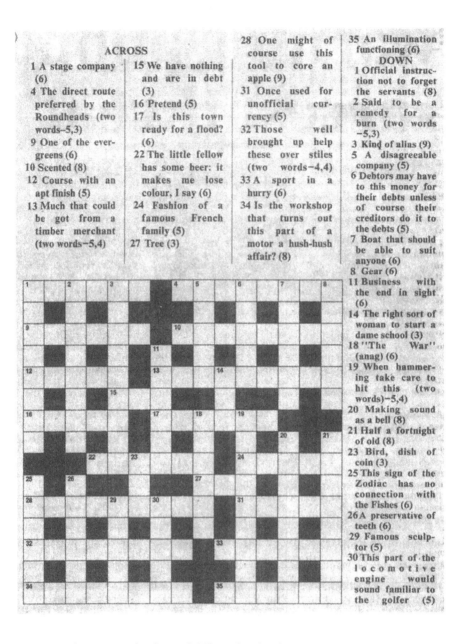

Fig. 51 As palavras cruzadas do *Daily Telegraph* utilizadas como teste para recrutar novos quebradores de código (solução no Apêndice H).

O LIVRO DOS CÓDIGOS

pletaram as palavras cruzadas no tempo exigido e outro só deixou de completar uma palavra ao final dos 12 minutos. Algumas semanas depois, todos os seis foram entrevistados pelo serviço militar de informações e recrutados como decifradores de códigos em Bletchley Park.

Roubando Livros de Código

Até aqui, neste capítulo, o tráfego de mensagens pela Enigma foi tratado como se fosse um gigantesco sistema de comunicações, mas na realidade havia várias redes distintas. O Exército alemão no Norte da África, por exemplo, tinha a sua própria rede separada e seus operadores das Enigmas recebiam livros de códigos diferentes dos usados na Europa. Assim, se Bletchley tivesse sucesso em identificar uma chave diária usada no Norte da África, ele seria capaz de decifrar todas as mensagens que os alemães enviassem para o Norte da África naquele dia, mas a chave não teria utilidade para decifrar as mensagens sendo transmitidas na Europa. De modo semelhante, a Luftwaffe tinha a sua própria rede de comunicações, e, para decifrar o tráfego de mensagens para a Luftwaffe, Bletchley teria que decifrar a chave diária da Luftwaffe.

Algumas redes eram mais difíceis de decifrar do que outras. A Kriegsmarine era a mais difícil de todas, porque a Marinha alemã usava uma versão mais sofisticada da máquina Enigma. Por exemplo, os operadores da Enigma naval podiam escolher entre oito misturadores, no lugar de cinco, o que significava que eles tinham um número quase seis vezes maior de arranjos de misturadores, o que resultava em seis vezes mais chaves para serem verificadas em Bletchley. A outra diferença na Enigma naval se relacionava com o refletor, responsável por mandar o sinal elétrico de volta pelos misturadores. Na Enigma padrão o refletor ficava sempre fixo, em uma orientação específica, mas na Enigma naval o refletor poderia se fixado em 26 orientações diferentes. Daí que o número de chaves possíveis aumentava por um fator de 26.

A criptoanálise da Enigma naval tornava-se ainda mais difícil porque os operadores da Marinha eram muito cuidadosos em não mandar mensagens padronizadas, assim privando Bletchley de suas colas. E além disso, a Kriegsmarine também instituíra um sistema mais seguro para selecionar e transmitir chaves de mensagem.

Misturadores extras, um refletor variável e mensagens não padronizadas, junto com um novo sistema de troca de chaves de mensagem, se uniam para tornar as comunicações navais alemãs impenetráveis.

O fracasso de Bletchley em decifrar a Enigma naval significava que a Kriegsmarine começava a levar vantagem na Batalha do Atlântico. O almirante Karl Dönitz tinha desenvolvido uma estratégia em duas etapas altamente eficiente para a guerra naval. Ela começava com os submarinos se espalhando e percorrendo o Atlântico em busca dos comboios aliados. Assim que um deles localizava um alvo, iniciava o passo seguinte de chamar os outros submarinos para o local. O ataque só começava quando uma grande matilha de submarinos fora reunida (os alemães chamavam seus submarinos de "lobos do mar", daí o termo matilha ou alcatéia para designar um grupo). Para que essa estratégia de ataque coordenado tivesse sucesso, era essencial que a Kriegsmarine possuísse comunicações seguras. A Enigma naval fornecia esse tipo de comunicações e os ataques dos submarinos tiveram um impacto devastador sobre o transporte marítimo aliado, que fornecia à Grã-Bretanha a comida e os armamentos de que ela tanto necessitava.

E enquanto as comunicações com os submarinos permanecessem secretas, os aliados não teriam idéia da localização dos submarinos, não podendo traçar rotas seguras para os comboios. Parecia que a única estratégia do Almirantado para determinar a localização dos submarinos era marcar os locais onde os navios britânicos tinham afundado. Entre junho de 1940 e junho de 1941, os aliados perderam uma média de 50 navios por mês, e corriam o risco de não ser capazes de construir novos navios em tempo hábil para substituir as perdas. E além da destruição intolerável de navios, também havia um custo humano terrível — 50 mil marinheiros aliados morreram durante a guerra. A menos que as perdas pudessem ser reduzidas drasticamente, os britânicos corriam o risco de perder a Batalha do Atlântico, o que significaria perder a guerra. Churchill escreveria mais tarde: "No meio daquela torrente de acontecimentos violentos pairava uma ansiedade suprema. Batalhas podiam ser perdidas ou ganhas, empreendimentos podiam ter sucesso ou fracassar, territórios seriam conquistados ou abandonados, mas o que dominava a nossa capacidade de continuar a guerra, ou mesmo de nos mantermos vivos, era o nosso domínio das rotas oceânicas e o livre acesso aos nossos portos".

A experiência polonesa e o caso de Hans-Thilo Schmidt ensinaram à equipe de Bletchley Park que, se uma empreitada intelectual não consegue quebrar uma cifra, então é necessário confiar na espionagem, no roubo e na infiltração para obter as chaves inimigas. Ocasionalmente Bletchley conseguiria um avanço contra a Enigma naval graças a um plano engenhoso da RAF. Os aviões britânicos lançavam minas sobre um local escolhido, obrigando os navios alemães a enviar mensagens de aviso para as outras embarcações. Essas advertências, cifradas pela Enigma, conteriam inevitavelmente um mapa de referência, mas, o que era crucial, este mapa com a localização das minas já seria conhecido pelos britânicos, de modo que poderia ser usado como cola. Em outras palavras, Bletchley sabia que um trecho em especial do texto cifrado representava um determinado conjunto de coordenadas. Semear minas para obter colas era conhecido como "jardinagem", mas exigia que a RAF voasse em missões especiais, de modo que não podia ser feito regularmente. Bletchley tinha que encontrar outra maneira de quebrar o código da Enigma naval.

Uma estratégia alternativa dependia do roubo de chaves. Um dos planos mais ousados para roubar chaves da Enigma foi bolado por Ian Fleming, o criador de James Bond, que foi membro do Serviço Secreto Naval durante a guerra. Ele sugeriu que um bombardeiro alemão capturado fizesse um pouso de emergência no Canal da Mancha, perto de um navio alemão. Os marinheiros alemães se aproximariam do avião para resgatar seus companheiros. A tripulação do bombardeiro, aviadores ingleses fingindo ser alemães, entraria no navio e capturaria seus livros de código. Esses livros de código alemães continham a informação necessária para estabelecer a chave de cifragem, e como os navios passavam longos períodos longe de suas bases, os livros de códigos seriam válidos para pelo menos um mês. Capturando esses livros, a equipe de Bletchley seria capaz de decifrar a Enigma naval durante um mês inteiro.

Depois de aprovar o plano de Fleming, conhecido como Operação Impiedosa, o Serviço Secreto britânico começou a preparar um bombardeiro Heinkel para um pouso forçado no mar e reuniu uma tripulação de ingleses que falavam alemão. A data marcada foi o início do mês, de modo a capturar um livro-código novo. Fleming foi para Dover, de modo a supervisionar a operação, mas infelizmente não havia tráfego de barcos alemães naquela área, de modo que o plano foi adiado indefinidamente. Quatro dias depois, Frank Birch, que dirigia o departamento naval de Bletchley, registrou a reação de Turing e de seu colega Peter Twinn: "Turing e Twinn me procuraram como agentes funerários que tivessem perdido um bom defunto há dois dias, e fumegaram com o cancelamento da Operação Impiedosa."

Mais tarde a operação foi cancelada, mas livros-código alemães acabaram sendo capturados durante uma série de ataques ousados contra navios meteorológicos e submarinos. Esses "furtos", como eram chamados, deram a Bletchley os documentos necessários para acabar com o blecaute de informações. Com a Enigma naval transparente, Bletchley podia determinar a localização dos submarinos e a Batalha do Atlântico começou a mudar em favor dos aliados. Os comboios podiam ser guiados para longe dos submarinos e os contratorpedeiros britânicos podiam até mesmo passar para a ofensiva, procurando e afundando os submarinos.

Era vital que o Alto Comando alemão nunca suspeitasse de que os aliados tinham furtado os livros de código das Enigmas. Se os alemães descobrissem que sua segurança fora penetrada, eles reforçariam as Enigmas e Bletchley estaria de volta ao ponto de partida. Como no caso do telegrama Zimmermann, os britânicos tomaram várias precauções para evitar despertar suspeitas, tais como afundar a embarcação alemã depois de roubar seus livros de códigos. Isso faria o almirante Dönitz acreditar que o material cifrado fora para o fundo do oceano e não caíra em mãos aliadas.

Depois que o material secreto era capturado, era preciso tomar outras precauções antes de explorar o resultado das informações. Por exemplo, as decifragens da Enigma davam a localização de vários submarinos, mas seria tolice atacar todos eles, porque um aumento súbito e inexplicado nas vitórias britânicas alertaria os alemães de que suas comunicações estavam sendo decifradas. Conseqüentemente, os aliados permitiam que alguns submarinos escapassem, e só atacavam os outros depois que um avião de observação era enviado, para justificar a aproximação do contratorpedeiro algumas horas depois. Como alternativa, os aliados podiam enviar mensagens falsas, descrevendo avistamentos de submarinos que forneceriam explicações suficientes para o ataque.

Apesar desta política, para minimizar os indícios de que a Enigma fora decifrada, as ações dos britânicos às vezes provocavam suspeitas entre os especialistas da segurança alemã. Em certa ocasião Bletchley decifrou uma mensagem da Enigma dando a localização exata de um grupo de petroleiros e navios de suprimentos alemães, num total de nove. O Almirantado decidiu não afundar todos os navios, já que uma varredura completa dos alvos levantaria suspeitas entre os alemães. Eles informaram aos contratorpedeiros a localização exata de apenas sete navios, o que deveria permitir que o *Gadania* e o *Gonzenheim* escapassem ilesos. Os sete navios escolhidos foram realmente afundados, mas os destróieres da Marinha Real acidentalmente encontraram os dois navios que deviam ser poupados, e os afundaram também. As tripulações dos contratorpedeiros não sabiam nada sobre a Enigma ou a política de não levantar suspeitas — apenas acreditavam estar cumprindo com seu dever. Em Berlim, o almirante Kurt Fricke resolveu investigar este e outros ataques semelhantes, explorando a possibilidade de que os britânicos tivessem decifrado a Enigma. O relatório concluiu que as numerosas perdas eram, ou o resultado natural do azar ou eram provocadas por um espião britânico infiltrado na Kriegsmarine. A quebra da Enigma era considerada impossível e inconcebível.

Os Criptoanalistas Anônimos

Além de decifrar a Enigma germânica, Bletchley Park também teve sucesso em decifrar as mensagens italianas e japonesas. As informações obtidas dessas três fontes receberam o nome código de Ultra, e os Arquivos de Dados da Ultra foram responsáveis por dar aos aliados uma vantagem clara em todas as grandes arenas do conflito. No norte da África, a Ultra ajudou a destruir as linhas de suprimento dos alemães e informou aos aliados sobre as condições das forças do general Rommel, permitindo que o Oitavo Exército resistisse aos avanços germânicos. A Ultra também advertiu quanto à invasão alemã da Grécia, o que permitiu que as tropas britânicas se retirassem sem sofrer grandes perdas. De fato, a Ultra forneceu relatórios precisos sobre a situação do inimigo em todo o Mediterrâneo. Essas informações foram particularmente valiosas quando os aliados desembarcaram na Itália e na Sicília em 1943.

Em 1944 a Ultra desempenhou um papel importante na invasão aliada da Europa. Por exemplo, nos meses anteriores ao Dia D, as decifrações de Bletchley forneceram uma imagem detalhada das concentrações de tropas alemãs ao longo da costa francesa. Sir Harry Hinsley, historiador oficial do Serviço Secreto britânico durante a guerra, escreveu:

> À medida que se acumulavam, as informações da Ultra provocavam alguns choques desagradáveis. Em especial, elas revelaram, na segunda metade de maio — após algumas indicações perturbadoras de que os alemães tinham concluído que a região entre Le Havre e Cherbourg era a área provável, ou principal

da invasão — que eles estavam enviando reforços para a Normandia e para a península de Cherbourg. Mas a evidência chegou em tempo de permitir que os aliados modificassem os planos para os desembarques em cima e atrás da praia de Utah. É singular o fato de que, antes que a força expedicionária partisse, a estimativa aliada quanto ao número, identificação e localização das divisões inimigas no oeste, 58 ao todo, fossem precisas em tudo, exceto dois itens entre os considerados de importância operacional.

Ao longo da guerra, os quebradores de códigos de Bletchley sabiam que o seu trabalho era essencial, e a visita de Churchill reforçara esta convicção. Todavia, os criptoanalistas nunca recebiam quaisquer detalhes operacionais ou eram informados de como suas decifrações estavam sendo usadas. Por exemplo, eles não receberam informação nenhuma sobre a data do Dia D e marcaram um baile para a noite anterior ao desembarque. O preocupado comandante Travis, diretor de Bletchley e a única pessoa no local que conhecia os planos do Dia D, não podia dizer ao pessoal do Comitê de Dança da Casa 6 para cancelar a festa porque isto seria um indício claro da iminência de uma grande ofensiva e uma falha na segurança. Assim o baile aconteceu. No final, o mau tempo adiou os desembarques por 24 horas, e assim os decifradores de códigos tiveram tempo de se recuperar da festa. No dia dos desembarques a resistência francesa destruiu os fios telefônicos, obrigando os alemães a se comunicarem unicamente por rádio, o que, por sua vez, deu a Bletchley a oportunidade de interceptar e decifrar mais mensagens. E naquela grande virada da guerra, Bletchley foi capaz de fornecer uma imagem ainda mais detalhada das operações militares alemãs.

Stuart Milner-Barry, um dos criptoanalistas da Casa 6, escreveu: "Eu não imagino que já houvesse acontecido uma guerra, desde a era clássica, na qual um dos lados pudesse ler todas as informações militares e navais do outro lado." Um relatório americano chegou a uma conclusão semelhante. "A Ultra criou, entre os chefes de estado-maior e as cúpulas políticas, um estado mental que transformou a tomada de decisões. Saber que você conhece o que o seu inimigo está fazendo produz um sentimento muito tranqüilizador. Um sentimento que cresce, imperceptivelmente, ao longo do tempo, à medida que você observa regularmente os pensamentos, modos, hábitos e ações do inimigo. Este conhecimento torna o seu próprio planejamento menos experimental e mais garantido, menos angustiante e mais confiante."

O LIVRO DOS CÓDIGOS

Tem sido defendido, embora com controvérsias, que as conquistas de Bletchley Park foram um fator decisivo para a vitória aliada. O que é certo é que os quebradores de códigos de Bletchley encurtaram a guerra de modo significativo. Isso se torna evidente se reencenarmos a Batalha do Atlântico e especularmos o que poderia ter acontecido sem o benefício das informações da Ultra. Para começar, mais navios e mais suprimentos certamente teriam sido perdidos devido às ações da frota de submarinos que dominava o Atlântico. Isto teria comprometido o elo vital com a América e forçado os aliados a desviarem pessoal e recursos para a construção de novos navios. Os historiadores calculam que os planos aliados teriam sido atrasados por vários meses, o que resultaria no adiamento do Dia D para o ano seguinte. De acordo com Sir Harry Hinsley, "a guerra, em vez de acabar em 1945, teria terminado em 1948, se a Escola de Códigos e Cifras do Governo não fosse capaz de ler as cifras Enigma e produzir as informações Ultra".

Durante esse período de atraso, mais vidas se perderiam na Europa. Hitler teria feito um uso maior de suas armas "V", provocando danos no sul da Inglaterra. O historiador David Kahn resume o impacto da quebra da Enigma: "Ela salvou vidas. Não apenas vidas aliadas e russas, ao encurtar a guerra, mas vidas alemãs, italianas e japonesas também. Algumas das pessoas que estavam vivas depois da Segunda Guerra Mundial não teriam sobrevivido se não fossem essas soluções. Esta é a dívida que o mundo tem para com os quebradores de códigos, este é o valor humano de seus triunfos."

Depois da guerra, as conquistas de Bletchley permaneceram um segredo bem guardado. Tendo decifrado as mensagens com sucesso, durante a guerra, os britânicos queriam continuar com suas operações de coleta de dados, e hesitavam em divulgar suas capacidades. De fato, a Grã-Bretanha tinha capturado milhares de máquinas Enigma e as distribuíra para suas ex-colônias, que acreditavam que a cifra era tão segura quanto fora para os alemães. Os britânicos não fizeram nada para desiludi-los desta crença e decifraram, rotineiramente, suas comunicações secretas durante os anos seguintes.

Entrementes a Escola de Códigos e Cifras de Bletchley Park foi fechada e os milhares de homens e mulheres que contribuíram para a criação da Ultra foram dispersos. As bombas foram desmontadas e cada pedaço de papel relacionado com as decifrações do tempo de guerra foi queimado ou trancado em cofres. As atividades britânicas de quebra de códigos foram oficialmente transferidas para o recém-formado Quartel-General de Comunicações do

Governo (GCHQ), em Londres, que se mudou para Cheltenham em 1952. Embora alguns criptoanalistas passassem a trabalhar para o GCHQ, a maioria deles voltou à vida civil, presos a um juramento de sigilo que os impedia de revelar o papel vital que tinham desempenhado no esforço de guerra aliado. Enquanto aqueles que tinham lutado batalhas convencionais podiam relatar suas realizações heróicas, os outros, que lutaram batalhas intelectuais não menos importantes, tinham que suportar o embaraço de fugir a perguntas sobre suas atividades em tempo de guerra. Welchman lembra como um dos jovens criptoanalistas que trabalhara com ele na Casa 6 recebeu uma carta mordaz de seu antigo reitor, acusando-o de ser uma vergonha para a escola, por não ter lutado no *front*. Derek Taunt, que também trabalhara na Casa 6, resumiu a verdadeira contribuição de seus colegas. "Nosso grupo alegre certamente não esteve com o rei Henrique no dia de São Crispim, mas não ficamos na cama e não temos motivo para nos sentirmos culpados por termos estado onde estávamos."

Depois de três décadas de silêncio, o segredo em torno de Bletchley Park finalmente terminou no início da década de 1970. O capitão F. W. Winterbotham, que fora responsável pela distribuição das informações da Ultra, começou a importunar o governo britânico. Ele argumentava que os países da Commonwealth tinham parado de usar a cifra Enigma e que não havia mais nada a ser ganho escondendo-se o fato de que os britânicos a tinham decifrado. Os serviços de informações concordaram, relutantemente, e permitiram que ele escrevesse um livro sobre o trabalho feito em Bletchley Park. Publicado no verão de 1974, o livro de Winterbotham, *The Ultra Secret,* foi um sinal ao pessoal de Bletchley de que eles estavam livres, finalmente, para comentar suas atividades durante a guerra. Gordon Welchman sentiu um alívio enorme: "Eu evitava comentar os acontecimentos da época da guerra, com medo de que pudesse revelar informações provenientes da Ultra e não de algum outro relato publicado... eu sentia que esses acontecimentos me libertavam do meu juramento de sigilo do tempo de guerra."

Aqueles que tinham contribuído para uma parte tão grande do esforço de guerra podiam agora receber o reconhecimento merecido. Possivelmente, a conseqüência mais extraordinária das revelações de Winterbotham foi que Rejewski pôde perceber as enormes conseqüências de suas vitórias contra a Enigma no período anterior à guerra. Depois da invasão da Polônia, Rejewski escapara para a França, e quando a França foi invadida ele fugiu para a Inglaterra. Teria

O LIVRO DOS CÓDIGOS

sido natural se ele tivesse se tornado parte da equipe Enigma britânica, mas, no lugar disso, ele foi relegado ao trabalho de lidar com cifras rotineiras, numa pequena unidade do serviço de informações, em Boxmoor, perto de Hemel Hempstead. Não está claro por que uma mente tão brilhante foi excluída de Bletchley Park, mas, em conseqüência disso, ele ignorava completamente as atividades da Escola de Códigos e Cifras do Governo. Até a publicação do livro de Winterbotham, Rejewski não sabia que suas idéias tinham fornecido o fundamento para a decifragem rotineira da Enigma durante a guerra.

Mas, para alguns, a publicação do livro de Winterbotham chegou muito tarde. Muitos anos depois da morte de Alastair Denniston, o primeiro diretor de Bletchley, sua filha recebeu uma carta de um de seus colegas: "Seu pai foi um grande homem em cujo débito todas as pessoas de língua inglesa permanecerão por um longo tempo, se não para sempre. A parte triste é que tão poucos soubessem o que ele fez."

Alan Turing foi outro criptoanalista que não viveu o bastante para receber qualquer reconhecimento público. No lugar de ser aclamado como herói, ele foi processado por sua homossexualidade. Em 1952, ao se queixar de um roubo para a polícia, ele ingenuamente revelou que estava tendo um relacionamento homossexual. A polícia achou que não tinha outra opção a não ser prendê-lo e acusá-lo de "Alta indecência, contrária à Seção 11 da Lei Criminal, Emenda de 1885". Os jornais divulgaram o julgamento subseqüente e a condenação, e Turing foi humilhado publicamente.

O segredo de Turing fora revelado e sua sexualidade era agora de conhecimento público. O governo britânico tomou-lhe seu passe de segurança e ele foi proibido de trabalhar em projetos de pesquisa relacionados com o desenvolvimento do computador. Turing foi forçado a consultar um psiquiatra e teve que se submeter a um tratamento com hormônios, que o deixou obeso e impotente. Durante os dois anos seguintes ele mergulhou cada vez mais na depressão e, no dia 7 de junho de 1954, foi para o seu quarto levando um jarro com uma solução de cianeto e uma maçã. Vinte anos antes Turing tinha cantado a canção da Bruxa Malvada: "Mergulhe a maçã no caldo e deixe a morte sonolenta penetrar." Agora ele estava pronto para obedecer ao encanto. Mergulhou a maçã no cianeto e comeu vários pedaços. Com a idade de apenas quarenta e dois anos, um dos verdadeiros gênios da criptoanálise cometia o suicídio.

5

· · · · · · · · · · · · · · ·

A Barreira do Idioma

Enquanto os decifradores de códigos britânicos estavam quebrando a cifra da Enigma alemã e alterando o curso da guerra na Europa, seus colegas americanos exerciam uma influência igualmente importante sobre os acontecimentos no teatro do Pacífico ao decifrar a máquina de cifras japonesa, conhecida como Púrpura. Por exemplo, em junho de 1942, os americanos decifraram uma mensagem que delineava um plano japonês para atrair as forças navais americanas para as ilhas Aleutas, simulando um ataque. Isso permitiria que a marinha japonesa tomasse seu objetivo real, a ilha Midway. Embora os navios americanos simulassem cair na armadilha, deixando Midway, eles não foram muito longe. E quando os criptoanalistas americanos interceptaram e decifraram a ordem japonesa para atacar Midway, os navios puderam voltar rapidamente e defender a ilha numa das batalhas mais importantes da guerra no Pacífico. De acordo com o almirante Chester Nimitz, a vitória americana em Midway "foi essencialmente uma vitória da coleta de informações. Ao tentar um ataque surpresa, os japoneses foram surpreendidos".

Quase um ano depois, os criptoanalistas americanos identificaram uma mensagem mostrando o itinerário de uma visita que o almirante Isoruko Yamamoto, comandante-em-chefe da frota japonesa, faria ao norte das ilhas Salomão. Nimitz decidiu mandar aviões de caça para interceptar a aeronave de Yamamoto e derrubá-la. Yamamoto, que era famoso por sua pontualidade compulsiva, aproximou-se de seu destino exatamente às 8 horas da manhã, como marcado no cronograma interceptado. E à sua espera havia 18 caças americanos P-38. Eles conseguiram matar umas das figuras mais influentes do alto comando japonês.

Embora as cifras alemãs e japonesas da Enigma e da Púpura acabassem sendo quebradas, elas forneceram alguma segurança ao serem implementadas e foram um desafio real para os criptoanalistas britânicos e americanos. Na verdade, se as máquinas de cifragem tivessem sido usadas adequadamente — sem chaves de mensagem repetidas, sem cílios, sem restrições aos ajustes no quadro de tomadas e na disposição dos misturadores e sem mensagens estereotipadas, que resultavam nas colas — é bem possível que elas nunca tivessem sido decifradas.

A verdadeira força, e o potencial das máquinas de cifragem, foi demonstrada pela Typex (ou Type X), a máquina de cifras usadas pelo exército e a força aérea britânicos e pela SIGABA (ou M-143-C) usada pelos militares americanos. Essas duas máquinas eram mais complexas do que a Enigma e ambas foram usadas corretamente, permanecendo indecifráveis durante toda a guerra. Os criptógrafos aliados confiavam em que as máquinas eletromecânicas complicadas poderiam garantir comunicações seguras. Entretanto, máquinas de cifragem complicadas não são o único meio de enviar mensagens em segurança. De fato, uma das formas mais seguras de cifragem, usada na Segunda Guerra Mundial, era também uma das mais simples.

Durante a campanha no Pacífico, os comandantes americanos começaram a perceber que as máquinas de cifragem, como a SIGABA, tinham um defeito fundamental. Embora a cifragem eletromecânica oferecesse níveis relativamente altos de segurança, ela era tremendamente lenta. As mensagens tinham que ser datilografadas na máquina, letra por letra, e o texto cifrado, produzido pela máquina, também precisava ser anotado, letra por letra. Então o texto cifrado completo tinha que ser transmitido pelo operador do rádio.

O operador do rádio que recebia a mensagem cifrada devia passá-la para o especialista em cifras, que então selecionaria cuidadosamente a chave correta e datilografaria o texto cifrado na máquina de cifras, para decifrá-la, letra por letra. O tempo e o espaço necessários para esta operação delicada estavam disponíveis nos centros de comando ou a bordo de um navio, mas a cifragem por máquina não é adequada para os ambientes mais hostis e intensos, como as ilhas do Pacífico. Um correspondente de guerra descreveu as dificuldades de comunicação durante o calor de um combate na selva: "Quando a luta ficava confinada a uma pequena área, tudo tinha que ser feito em fração de segundo. Não havia tempo para cifragem e decifragem. Nessas ocasiões o inglês das ruas

O LIVRO DOS CÓDIGOS

se tornava o último recurso, e quanto mais vulgar melhor." Infelizmente para os americanos, muitos soldados japoneses tinham estudado em colégios americanos e eram fluentes no inglês, incluindo as gírias e palavrões. Informações valiosas sobre as táticas e estratégias dos americanos estavam caindo nas mãos do inimigo.

Um dos primeiros a reagir ao problema foi Philip Johnston, um engenheiro de Los Angeles, que era muito velho para combater, mas queria contribuir para o esforço de guerra. No início de 1942 ele começou a formular um sistema de cifragem inspirado em suas experiências de infância. Como filho de um missionário protestante, Johnston crescera nas reservas dos índios navajo do Arizona e, em conseqüência disso, mergulhara intensamente na cultura navajo. Ele era uma das poucas pessoas fora da tribo que podia falar o idioma deles fluentemente, o que permitia que atuasse como intérprete nas conversas entre os navajo e os agentes do governo. Seu trabalho, nesta capacidade, culminou com uma visita à Casa Branca, quando Johnston, então com nove anos de idade, serviu de tradutor para dois navajos que foram pedir ao presidente Theodore Roosevelt um tratamento mais justo para sua comunidade. Plenamente consciente de quão impenetrável era a linguagem dos índios, para as pessoas de fora da tribo, Johnston passou a achar que o idioma navajo, ou qualquer outra linguagem dos nativos americanos, poderia servir como um código virtualmente impenetrável. Se cada batalhão no Pacífico empregasse um par de nativos americanos como operadores de rádio, a segurança das comunicações ficaria garantida.

Ele levou esta idéia para o tenente-coronel James E. Jones, oficial de sinais da área em Camp Elliott, na periferia de San Diego. Bastou dizer algumas frases em navajo para o atônito oficial, e Johnston conseguiu persuadi-lo de que a idéia valia um exame mais sério. Quinze dias depois ele retornou com dois navajos, prontos a fazerem uma demonstração de teste diante de altos oficiais dos fuzileiros. Os navajos ficaram isolados um do outro, um deles recebeu seis mensagens típicas em inglês, que traduziu para o idioma navajo e a transmitiu para seu colega, pelo rádio. O navajo junto do receptor traduziu as mensagens de volta para o inglês, escreveu-as num papel, entregando-as para os oficiais, que as compararam com os originais. O resultado foi impecável, e os oficiais autorizaram um projeto-piloto, ordenando que o recrutamento começasse imediatamente.

Mas, antes de recrutar alguém, o tenente-coronel Jones e Philip Johnston tinham que decidir se faziam outro estudo preliminar com os navajos ou selecionavam outra tribo. Johnston tinha usado homens da tribo navajo na sua demonstração original porque tinha contatos pessoais com a tribo, mas isso não os tornava, necessariamente, a escolha ideal. O critério mais importante para a seleção era simplesmente uma questão de números: os fuzileiros precisavam encontrar uma tribo capaz de fornecer um número grande de homens que fossem fluentes no inglês e alfabetizados. A falta de investimentos do governo significava que a alfabetização era muito baixa na maioria das reservas. As atenções se voltaram para as quatro tribos maiores: navajo, sioux, chippewa e os pima-papago.

Os navajos eram a maior das tribos, mas a menos alfabetizada, enquanto os pima-papago eram os mais alfabetizados, mas os menos numerosos. Havia pouco para escolher entre as quatro tribos e finalmente a decisão acabou se baseando em outro fator crítico. De acordo com o relatório oficial sobre a idéia de Johnston:

> Os navajos são a única tribo dos Estados Unidos que não esteve infestada de estudantes alemães durante os últimos vinte anos. Esses alemães estudaram os vários dialetos tribais, disfarçando-se como estudantes de arte, antropólogos e etc. e, sem dúvida, adquiriram um bom conhecimento de todos os dialetos tribais, exceto o dos navajos. Por esta razão, os navajos são a única tribo disponível a oferecer completa segurança para o tipo de trabalho em consideração. Deve se notar também que o dialeto tribal navajo é completamente incompreensível para todas as outras tribos e todas as outras pessoas, exceto os 28 americanos que fizeram um estudo desse dialeto. Esta linguagem equivale a um código secreto para o inimigo e plenamente adequada para comunicações rápidas e seguras.

Na época em que os Estados Unidos entraram na Segunda Guerra Mundial, os navajos estavam vivendo em condições muito duras e sendo tratados como um povo inferior. E no entanto seu conselho tribal apoiou o esforço de guerra e declarou sua lealdade: "Não existe concentração mais pura de americanismo do que entre os Primeiros Americanos". Os navajos estavam tão ansiosos para lutar que alguns deles mentiram a repeito da idade, ou comeram grande quantidade de bananas e engoliram muita água para chegar ao peso mínimo de 55 quilos. E não houve dificuldades para encontrar candidatos adequados para

O LIVRO DOS CÓDIGOS

servirem como codificadores navajos, como eles se tornariam conhecidos. Quatro meses após o bombardeio de Pearl Harbour, 29 navajos, alguns deles com idade de apenas 15 anos, começaram um curso de oito semanas em comunicações com o Corpo dos Fuzileiros Navais.

Mas antes que o treinamento começasse, o Corpo de Fuzileiros tinha que superar um problema que atrapalhara o único código que já fora baseado em uma linguagem dos nativos americanos.

No norte da França, durante a Primeira Guerra Mundial, o capitão E. W. Horner, da Companhia D, 141ª Infantaria, ordenou que oito homens da tribo choctaw fossem empregados como operadores de rádio. Obviamente nenhum inimigo entendia sua linguagem, e os choctaws forneceriam comunicações seguras. Contudo, esse sistema de cifragem tinha uma falha fundamental, porque a linguagem dos choctaws não tinha nenhum equivalente para o moderno jargão militar. Um termo técnico específico em uma mensagem poderia ser traduzido para uma expressão vaga em choctaw, com o risco de ser mal interpretada pelo receptor.

Tabela 11 Nomes em código navajo para aviões e navios.

Avião de caça	Beija-flor	Da-he-tih-hi
Avião de observação	Coruja	Ne-as-jah
Avião torpedeiro	Andorinha	Tas-chizzie
Bombardeiro	Bútio	Jay-sho
Bombardeiro de mergulho	Falcão	Gini
Bombas	Ovos	A-ye-shi
Veículo anfíbio	Rã	Chal
Encouraçado	Baleia	Lo-tso
Contratorpedeiro	Tubarão	Ca-lo
Submarino	Peixe de ferro	Besh-lo

O mesmo problema poderia ter surgido com o idioma navajo, mas o Corpo de Fuzileiros planejava criar um dicionário de termos navajos para substituir palavras inglesas que, de outro modo, seriam intraduzíveis para o inglês, eliminando assim qualquer ambigüidade. Os índios em treinamento ajudaram a formar esse vocabulário, escolhendo palavras que descreviam o mundo natural para indicar termos militares específicos. Assim os nomes dos pássaros foram usados para indicar aviões, e os nomes de peixes dados aos navios (Tabela 11). Oficiais comandantes se tornaram chefes guerreiros, pelotões viraram "tribos da lama", fortificações eram "abrigos nas cavernas" e os morteiros foram chamados de "canhões agachados".

Ainda que o dicionário completo contivesse 274 palavras, havia o problema de traduzir palavras menos previsíveis e nomes de pessoas e lugares. A solução foi criar um alfabeto fonético, codificado, para soletrar palavras difíceis. Por exemplo, a palavra "Pacífico" seria soletrada como "pig, ant, cat, ice, fox, ice, cat" (porco, formiga, gato, gelo, raposa, gelo, gato), que então seria traduzida para o navajo como **bi-sodih, wol-la-chee, moasi, tkin, ma-e, tkin, moasi.** O alfabeto navajo completo é fornecido na Tabela 12. Em oito semanas os aprendizes de codificadores navajos tinham memorizado todo o vocabulário e o alfabeto, eliminando a necessidade de livros-código que poderiam cair em mãos inimigas. Para os navajos, guardar tudo na memória era comum, porque, tradicionalmente, sua linguagem não tivera forma escrita. Eles estavam acostumados a memorizar as histórias de seu folclore e as histórias de família. Como disse um dos aprendizes, William McCabe: "Entre os navajos tudo fica guardado na memória — canções, preces, tudo. É desse modo que fomos criados."

No final de seu treinamento, os navajos foram submetidos a um teste. Os encarregados da transmissão traduziram uma série de mensagens do inglês para o navajo e as enviaram pelo rádio. Os receptores traduziram as mensagens de volta para o inglês, usando o dicionário memorizado e o alfabeto quando era necessário. O resultado foi impecável. Para verificar a capacidade do sistema, uma gravação das transmissões foi dada à Inteligência Naval, a unidade que quebrara a Púrpura, a mais difícil das cifras japonesas. Depois de três semanas de intensa criptoanálise, os decifradores navais ainda estavam confusos com as mensagens. Eles chamaram o idioma navajo de uma "estranha sucessão de sons guturais, nasais e feitos com a língua torcida... nós não podíamos nem mesmo transcrevê-los, muito menos decifrá-los". O código navajo foi considerado um sucesso. Dois soldados navajos, John Benally e Johnny Manuelito, foram instruídos a ficar e treinar o grupo seguinte de recrutas, enquanto os outros 27 codificadores navajos foram destinados a quatro regimentos e enviados para o Pacífico.

O LIVRO DOS CÓDIGOS

Tabela 12 O alfabeto codificado navajo

A	Ant (formiga)	Wol-la che	N	Nut (noz)	Nesh-chee
B	Bear (urso)	Shus	O	Owl (coruja)	Ne-ash-jsh
C	Cat (gato)	Moasi	P	Pig (porco)	Bi-sodih
D	Deer (cervo)	Be	Q	Quiver (tremer)	Ca-yeailth
E	Elk (alce)	Dzeh	R	Rabbit (coelho)	Gah
F	Fox (raposa)	Ma-e	S	Sheep (ovelha)	Dibeh
G	Goat (cabra)	Klizzie	T	Turkey (peru)	Than-zie
H	Horse (cavalo)	Lin	U	Ute (tribo indígena)	No-da-ih
I	Ice (gelo)	Tkin	V	Victor (vencedor)	A-keh-di-glini
J	Jackass (burro)	Tkele-cho-gi	W	Weasel (doninha)	Gloe-ih
K	Kid (garoto)	Klizzie-yazzi	X	Cross (cruz)	Al-an-as-dzoh
L	Lamb (cordeiro)	Dibeh-yazzi	Y	Yucca (iuca)	Tsah-as-zih
M	Mouse (camundongo)	Na-as-tso-si	Z	Zinc (zinco)	Besh-do-gliz

As forças japonesas tinham atacado Pearl Harbor no dia 7 de dezembro de 1941 e logo depois dominaram grande parte do Pacífico ocidental. As tropas japonesas aniquilaram a guarnição americana na ilha de Guam no dia 10 de dezembro, tomaram Guadalcanal, uma das ilhas do arquipélago Salomão, no dia 13 de dezembro, e Hong Kong capitulou em 25 de dezembro. Em 2 de janeiro de 1942 as tropas americanas nas Filipinas se renderam. Os japoneses planejavam consolidar seu controle do Pacífico no verão seguinte, construindo um campo de pouso em Guadalcanal, que serviria como base para bombardeiros. Isso permitiria que destruíssem as linhas de suprimento dos aliados, tornando impossível qualquer contra-ataque. O almirante Ernest King, chefe de Operações Navais dos Estados Unidos, insistiu para que a ilha fosse atacada antes que o campo de pouso estivesse terminado. No dia 7 de agosto, a Primeira Divisão dos Fuzileiros iniciou a invasão de Guadalcanal. Os primeiros grupos de desembarque incluíam os primeiros codificadores navajos a entrar em ação.

Embora os índios estivessem confiantes de que suas habilidades seriam uma bênção para os *marines,* suas primeiras tentativas só geraram confusão. Muitos dos operadores de rádio regulares não sabiam do novo código e enviaram mensagens de pânico por toda a ilha, avisando que os japoneses estavam transmi-

Fig. 52 Os primeiros 29 navajos operadores de código posam para uma fotografia tradicional de graduação.

tindo nas freqüências americanas. O coronel no comando imediatamente interrompeu as comunicações dos navajos até se convencer de que valia a pena continuar insistindo. Um dos codificadores se lembra de como o código navajo entrou de novo em ação:

> O coronel teve uma idéia. Ele disse que ficaria conosco com uma condição: se eu pudesse ser mais rápido do que o seu "código dos brancos" — uma coisa mecânica com um cilindro que tiquetaqueava. Ambos mandamos mensagens, pela minha voz e pelo cilindro branco. Ambos recebemos as respostas e a corrida foi para verificar quem decodificaria a resposta primeiro. Me perguntaram "quanto tempo vai levar? Duas horas?" E eu respondi: "Provavelmente dois minutos." O outro cara ainda estava decodificando quando eu terminei minha mensagem de resposta no tempo de quatro minutos e meio. Eu disse: "Coronel, quando o senhor vai desistir daquela coisa cilíndrica?" Ele não respondeu. Apenas acendeu seu cachimbo e se afastou.

O LIVRO DOS CÓDIGOS

Os codificadores logo provaram o seu valor no campo de batalha. Durante um episódio na ilha de Saipan, um batalhão dos fuzileiros tomou posições até então mantidas pelos soldados japoneses, que se retiraram. Subitamente, uma salva de artilharia explodiu bem perto. Eles estavam sob ataque de fogo dos americanos, que não sabiam de seu avanço. Os fuzileiros enviaram mensagens pelo rádio explicando sua posição, mas as salvas continuaram porque a artilharia suspeitava de que as transmissões fossem de japoneses passando por americanos. Somente quando uma mensagem foi enviada em navajo, os atacantes perceberam o erro e interromperam o bombardeio. Uma mensagem em navajo nunca poderia ser falsificada, e sempre se poderia confiar nela.

A reputação dos codificadores índios logo se espalhou, e no final de 1942 havia um pedido para mais 83 homens. Os navajos serviram em todas as seis divisões do Corpo dos Fuzileiros Navais e às vezes eram emprestados para outras forças americanas. Sua guerra de palavras logo os transformou em heróis. Outros soldados se ofereciam para carregar seus rádios e fuzis e eles receberam até guarda-costas, parcialmente para protegê-los de seus próprios camaradas. Em pelo menos três ocasiões, os codificadores foram confundidos com soldados japoneses e capturados por seus colegas americanos. Só foram soltos quando seus companheiros de batalhão testemunharam por eles.

A impenetrabilidade do código navajo devia-se ao fato de que seu idioma pertence à família Na-Dene de linguagens, que não tem ligações com qualquer idioma europeu ou asiático. Por exemplo, um verbo navajo é conjugado não apenas de acordo com o sujeito, mas também de acordo com o objeto. A terminação do verbo depende de a que categoria de objeto ele pertence: longo (como lápis ou cachimbo), delgado e flexível (como a cobra ou a língua), granuloso (como o açúcar ou o sal), embrulhado (como o trigo), viscoso (lama e fezes) e muitos outros. O verbo também incorpora advérbios e vai refletir se o orador experimentou aquilo que está dizendo ou se ouviu falar a respeito. Conseqüentemente, um único verbo pode equivaler a uma frase inteira, tornando virtualmente impossível para os estrangeiros decifrarem seu significado.

Mas apesar de sua força, o código navajo ainda sofria de duas falhas importantes. A primeira era que as palavras que não pertenciam ao vocabulário natural dos índios nem estavam na lista de 274 palavras-código autorizadas tinham que ser soletradas usando-se o alfabeto especial. Isso tomava tempo e, assim, ficou decidido acrescentar outros 234 termos comuns ao dicionário. Por exemplo, os países receberam apelidos navajo: "Chapéu enrolado" para a Austrália, "Cercada pelas águas" para a Inglaterra, "Cabelo em tranças" para a China, "Chapéu de ferro" para a Alemanha", "Terra flutuante" para as Filipinas e "Sheep Pain" (Dor de cordeiro) para a Espanha.

O segundo problema se relacionava com as palavras que ainda precisavam ser soletradas. Se os japoneses percebessem que as palavras estavam sendo soletradas, eles poderiam concluir que era possível usar a análise de freqüência para identificar que palavras em navajo representavam quais letras. Logo se tornaria óbvio que a palavra mais usada era **dzeh**, que significa *elk* (alce), e que representa o **e**, a letra mais comum da língua inglesa. Apenas soletrar o nome da ilha de Guadalcanal e repetindo a palavra **wol-la-chee** (*ant* — formiga) quatro vezes seria um grande indício de que ela representa a letra **a**. A solução era acrescentar mais palavras para atuar como substitutos extras (homófonas) para as letras mais usadas. Duas palavras extras foram introduzidas como alternativa para cada uma das seis letras mais comuns (**e, t, a, o, i, n**) e uma palavra extra para as seis letras seguintes mais comuns (**s, h, r, d, l, u**). A letra **a**, por exemplo, agora podia também ser substituída pelas palavras **be-la-sana** (*apple* — maçã) ou **tse-nihl** (*axe* — machado). Portanto Guadalcanal podia ser soletrada com apenas uma repetição: **klizzie, shi-da, wol-la-chee, lha-cha-eh, be-la-sana, dibeh-yazzie, moasi, tse-nihl, nesh-chee, tse-nihl, ah-jad** (*goat, uncle, ant, dog, apple, lamb, cat, axe, nut, axe, leg* — cabra, tio, formiga, cachorro, maçã, cordeiro, gato, machado, noz, machado, perna).

À medida que a guerra se intensificava no Pacífico, e os americanos avançavam das ilhas Salomão para Okinawa, os codificadores navajos desempenharam um papel cada vez mais importante. Durante os primeiros dias do ataque contra Iwo Jima, mais de oitocentas mensagens em navajo foram enviadas sem erros. De acordo com o general-de-divisão Howard Conner, "sem os navajos, os fuzileiros nunca teriam tomado Iwo Jima". A contribuição dos codificadores navajos é ainda mais extraordinária quando se considera que, de modo a cumprir suas tarefas, eles freqüentemente tinham que enfrentar e desafiar seus próprios temores místicos mais profundos. Os navajos acreditam que os espíritos dos mortos, *chindi*, tentarão se vingar dos vivos, a menos que os ritos cerimoniais sejam realizados sobre o corpo. A guerra no Pacífico foi especialmente sangrenta, com cadáveres espalhados pelo campo de batalha, e no entanto os codificadores conseguiram manter a coragem para continuar, apesar dos *chindi* que os assombravam. No livro de Doris Paul, *The Navajo Code Talkers*, um dos índios relembra um incidente que exemplifica sua bravura, dedicação e serenidade:

Fig. 53 Cabo Henry Bake, Jr. (esquerda) e soldado de primeira classe George H. Kirk usando o código navajo nas densas florestas de Bougainville em 1943.

Se você erguesse sua cabeça 15 centímetros estava acabado, tão intenso era o tiroteio. E então, nas horas mais incertas, sem nenhuma trégua do nosso lado ou do deles, caía um silêncio mortal. Foi num momento desses que aquele japonês não conseguiu agüentar mais. Ele se levantou, gritando e urrando a plenos pulmões e correu para a nossa trincheira, agitando uma longa espada de samurai. Eu imagino que ele levou de uns 25 a 40 tiros antes de cair.

Havia um colega comigo na trincheira. Aquele japonês cortou-lhe a garganta, direto através das cordas vocais até a parte posterior do pescoço. Ele ainda respirava através da traquéia. E o som que fazia, tentando respirar, era horrível. Acabou morrendo, é claro. E quando o japonês o atingiu, o sangue espirrou em minha mão, que segurava o microfone. Eu estava chamando em código, pedindo ajuda. E eles me contaram que, apesar do que tinha acontecido, cada sílaba de minha mensagem tinha sido enviada com perfeição.

Ao todo houve 420 codificadores navajo. E embora sua bravura como combatentes fosse reconhecida, o papel especial que desempenharam, para garantir a segurança das comunicações, era informação secreta. O governo os proibiu de falarem sobre seu trabalho, e sua contribuição única não chegou ao conhecimento público. Exatamente como Turing e os criptoanalistas de Bletchley Park, os navajos foram ignorados durante décadas. Posteriormente, em 1968, o código navajo foi retirado da classificação secreta, e no ano seguinte os codificadores se reuniram pela primeira vez. Então, em 1982, eles foram homenageados quando o governo batizou o dia 14 de agosto como "Dia nacional dos codificadores navajos". Contudo, o maior tributo ao trabalho desses índios é o simples fato de que seu código foi um dos poucos, em toda a história, que nunca foi decifrado. O major-brigadeiro Seizo Arisue, chefe do serviço secreto japonês, admite que, embora tivessem decifrado o código da Força Aérea americana, eles não conseguiram nada com o código navajo.

Decifrando Idiomas Perdidos e Escritas Antigas

O sucesso do código navajo se baseou no fato simples de que o idioma materno de uma pessoa não tem nenhum sentido para qualquer pessoa que não o conheça. De muitas maneiras, a tarefa que os criptoanalistas japoneses enfrentaram é semelhante à dos arqueólogos que tentam decifrar uma linguagem há muito esquecida, talvez registrada numa escrita extinta. Mas o desafio dos arqueólogos é muito mais grave. Por exemplo, enquanto os japoneses tinham um fluxo contínuo de palavras em navajo para tentar identificar, a informação disponível para o arqueólogo pode, às vezes, não passar de uma coleção de tabuletas de barro. Além disso, o decifrador de códigos arqueológicos freqüentemente não tem idéia do contexto ou do conteúdo do texto antigo, indícios que os decifradores militares podem usar, normalmente, para ajudá-los a quebrar uma cifra.

Traduzir textos antigos parece uma busca quase inútil, e, no entanto, muitos homens e mulheres já se dedicaram a este empreendimento árduo. Sua obsessão é impulsionada pelo desejo de entender os escritos de nossos ancestrais, permitindo-nos falar suas palavras e vislumbrar seus pensamentos e suas vidas. Talvez o gosto pela decifragem de escritos antigos possa ser resumido por Maurice Pope, ator de *The Story of Decipherment*: "A decifragem é de longe a conquista mais glamourosa da sabedoria. Existe um toque de mágica nos escritos desconhecidos, principalmente os de um passado remoto, e uma glória correspondente se liga à pessoa que conseguir solucionar primeiro o seu mistério."

A tradução de escritas antigas não é parte da batalha evolutiva entre os criadores e os decifradores de códigos porque, embora existam quebradores de códigos na forma dos arqueólogos, não houve criadores de códigos. Ou seja, na maioria dos casos de decifragens arqueológicas, não houve uma tentativa deliberada da parte do escriba original em ocultar o significado de seu texto. O restante deste capítulo, que é uma narrativa sobre as decifragens arqueológicas, é portanto um ligeiro desvio do tema principal do livro. Contudo, os princípios da decifragem arqueológica são, essencialmente, os mesmos da criptoanálise militar convencional. De fato, muitos quebradores de códigos militares têm sido atraídos pelo desafio de traduzir escritas antigas. Isso acontece, provavelmente, porque as decifragens arqueológicas são uma pausa refrescante da decifração militar, oferecendo um enigma puramente intelectual no lugar de um desafio militar. Em outras palavras, a motivação é a curiosidade e não a animosidade.

A mais famosa e possivelmente a mais romântica de todas as decifragens foi a tradução dos hieróglifos egípcios. Durante séculos os hieróglifos foram um mistério, e aos arqueólogos só restava especular sobre o seu significado. Contudo, graças a um método clássico de quebra de códigos, os hieróglifos acabaram sendo decifrados, e, desde então, os arqueólogos têm podido ler relatos em primeira mão da história, cultura e crenças dos antigos egípcios. A decifragem dos hieróglifos estabeleceu uma ponte sobre os milênios que nos separam da civilização dos faraós.

Os mais antigos hieróglifos datam do ano 3000 a.C. e esta forma de escrita enfeitada perdurou pelos três mil e quinhentos anos seguintes. Embora os símbolos elaborados dos hieróglifos fossem ideais para decorar as paredes dos templos majestosos (a palavra grega *hieroglyphica* significa "entalhes sagrados"), eles eram demasiado complicados para registrar as transações mundanas. Por isso, a *hierática* evoluiu paralelamente com os hieróglifos, tratando-se de uma escrita para o dia-a-dia, na qual cada símbolo hieroglífico era substituído por uma representação estilizada, mais fácil e rápida de escrever. Por volta do ano 600 a.C. o hierático foi substituído por uma escrita ainda mais simples, conhecida como *demótico*, o nome sendo derivado da palavra grega *demotika*, que significa "popular", refletindo suas funções leigas. Hieróglifos, hierático e demótico são, essencialmente, a mesma escrita — pode-se quase considerá-las como meramente caracteres tipográficos diferentes.

Todas as três formas de escrita são fonéticas, ou seja, os caracteres representam em boa parte sons distintos, exatamente como as letras do alfabeto. Por mais de três mil anos os antigos egípcios usaram essas escritas em todos os aspectos de suas vidas, como usamos a nossa escrita hoje. Então, perto do final do século IV, no espaço de uma geração, as escritas egípcias desapareceram. Os últimos exemplares que podemos datar são encontrados na ilha de Philae. Uma inscrição hieroglífica num templo foi gravada em 394, e um trecho de grafiti em demótico foi datado de 450. A expansão do cristianismo foi responsável pela extinção das escritas egípcias, proibindo o seu uso de modo a erradicar qualquer ligação com o passado pagão do Egito. As antigas escritas foram substituídas pelo copta, que consiste nas 24 letras do alfabeto grego, suplementadas pelos seis caracteres demóticos usados para representar os sons egípcios que não podiam ser expressos pelo grego. A dominação do copta foi tão completa, que a habilidade em ler os hieróglifos, o demótico e a hierática desapareceu. A antiga linguagem egípcia continuou a ser falada e evoluiu para se tornar o que é conhecido como a linguagem copta, mas no decorrer do tempo ambas, a linguagem e a escrita copta, foram substituídas pela expansão do idioma árabe no século XI. O elo lingüístico final com os antigos reinos do Egito fora rompido, e o conhecimento necessário para ler as histórias dos faraós se perdera.

O interesse nos hieróglifos ressurgiu no século XVII quando o papa Sixtus V reurbanizou a cidade de Roma de acordo com uma nova rede de avenidas, erguendo obeliscos trazidos do Egito em cada interseção. Os estudiosos tentaram decifrar o significado dos hieróglifos nos obeliscos, mas foram iludidos por uma hipótese falsa: ninguém estava preparado para aceitar a idéia de que os hieróglifos pudessem representar caracteres fonéticos, ou *fonogramas*. A idéia da escrita fonética era considerada muito avançada para uma civilização tão antiga. Os estudiosos do século XVII estavam convencidos de que os hieróglifos

O LIVRO DOS CÓDIGOS

eram *semagramas* — que aqueles caracteres intrincados representassem idéias inteiras, e não fossem nada mais do que uma primitiva escrita pictórica. A crença de que os hieróglifos fossem meramente uma escrita pictórica era mantida até mesmo pelos estrangeiros que visitaram o Egito na época em que eles ainda eram usados. Diodorus Siculus, um historiador grego do primeiro século a.C., escreveu:

> Acontece que as formas das letras egípcias tomam o aspecto de todos os tipos de criaturas vivas e das extremidades do corpo humano ou dos utensílios... já que esta escrita não expressa uma idéia por uma combinação de sílabas, uma se ligando a outra, e sim pela aparência externa do que foi copiado ou pelo significado metafórico impresso na memória pela prática... Assim o falcão representa para eles tudo o que acontece rapidamente, porque esta criatura é a mais rápida entre os animais alados. E a idéia é transferida, através da metáfora apropriada, para todas as coisas rápidas e para aquelas coisas em que a velocidade é necessária.

À luz de tais relatos, talvez não seja surpreendente que os estudiosos do século XVII tentassem decifrar os hieróglifos interpretando cada um deles como se fosse uma idéia completa. Por exemplo, em 1652, o jesuíta alemão Athanasius Kircher publicou um dicionário de interpretações alegóricas intitulado *Œdipus ægyptiacus* e o utilizou para produzir uma série de estranhas e maravilhosas interpretações. Um punhado de hieróglifos, que agora sabemos serem meramente o nome do faraó Apries, foram traduzidos por Kircher como: "As benesses do divino Osíris devem ser buscadas por meio de cerimônias sagradas e da corrente do Genii, de modo a que as dádivas do Nilo possam ser obtidas." Hoje as traduções de Kircher parecem ridículas, mas seu impacto sobre outros candidatos a decifradores foi imenso. Kircher era mais do que apenas um egiptologista. Ele escreveu um livro sobre criptografia, construiu uma fonte musical, inventou uma lanterna mágica (precursora do cinema) e desceu pela cratera do Vesúvio, o que lhe deu o título de "pai da vulcanologia". Este jesuíta foi amplamente reconhecido como o mais respeitado intelectual de sua época, e, em conseqüência disso, suas idéias influenciaram gerações de egiptólogos.

Um século e meio depois de Kircher, no verão de 1798, as antigüidades egípcias foram submetidas a um novo escrutínio quando Napoleão Bonaparte enviou uma equipe de historiadores, cientistas e desenhistas no rastro de seu exército invasor. Esses acadêmicos, ou "cachorros pequineses", como os soldados os chamavam, fizeram um trabalho extraordinário ao mapear, desenhar, transcrever, medir e registrar tudo o que testemunhavam. Em 1799, os estudiosos franceses encontraram a mais famosa laje de pedra da história da arqueologia. Ela foi descoberta por uma tropa de soldados franceses estacionados em Fort Julien, na cidade de Rosetta, no delta do Nilo. Os soldados tinham recebido a tarefa de derrubar um antigo muro, abrindo caminho para uma extensão do forte. Embutida no muro havia uma pedra com um extraordinário conjunto de inscrições: o mesmo trecho de texto fora escrito trêz vezes, em grego, demótico e em hieróglifos. A Pedra de Rosetta, como ficou conhecida, parecia ser o equivalente a uma cola criptoanalítica, como as colas que ajudaram os decifradores de Bletchley Park a quebrarem o código da Enigma. O texto em grego, que podia ser lido facilmente, era de fato um trecho de texto original, que podia ser comparado com os textos cifrados em demótico e em hieróglifos. A Pedra de Rosetta era, potencialmente, um meio de decifrar os antigos símbolos egípcios.

Os estudiosos reconheceram imediatamente a importância da pedra e a enviaram para o Instituto Nacional do Cairo, para um estudo detalhado. Entretanto, antes que o instituto pudesse iniciar qualquer pesquisa séria, ficou claro que o exército francês estava prestes a ser derrotado pelas forças britânicas. Os franceses então levaram a Pedra de Rosetta do Cairo para a segurança relativa de Alexandria, mas, ironicamente, quando eles finalmente se renderam, o artigo XVI do Tratado de Capitulação entregava aos britânicos todas as antigüidades existentes em Alexandria, enquanto aquelas que estivessem no Cairo poderiam ser levadas para a França. Em 1802 a inestimável lápide de basalto negro (medindo 118 cm de altura, 77 cm de largura e 30 cm de espessura, e pesando ¾ de tonelada) foi enviada a Portsmouth a bordo do navio HMS *L'Egyptienne*, e no final daquele ano foi colocada no Museu Britânico, onde permanece até hoje.

A tradução do grego revelou que a Pedra de Rosetta exibia um decreto do conselho geral dos sacerdotes egípcios emitido no ano de 196 a.C. O texto registra os benefícios que o faraó Ptolomeu concedera ao povo do Egito e detalhava as honras que os sacerdotes, em troca, tinham oferecido ao faraó. Por exemplo, eles declaravam que um "festival seria celebrado ao rei Ptolomeu, eterno amado de Ptah, o deus Epifanio Eucaristos, anualmente nos templos

O LIVRO DOS CÓDIGOS 229

Fig. 54 A Pedra de Rosetta, gravada em 196 a.C. e redescoberta em 1799, contém o mesmo texto escrito em três diferentes registros: hieróglifos (acima), demótico (ao centro) e grego (embaixo).

de toda a terra, durante cinco dias, a partir do Primeiro de Troth. E que todos deveriam usar guirlandas, realizar sacrifícios e libações, além das outras honras usuais". Se as outras duas incrições contivessem o mesmo decreto, a decifragem dos textos em hieróglifos e em demótico seria um trabalho simples. Contudo, havia três obstáculos a serem superados. Em primeiro lugar, a Pedra de Rosetta fora seriamente danificada, como pode ser visto na Figura 54. O texto em grego consiste em 54 linhas, das quais pelo menos 26 estão truncadas. O texto em demótico consiste em 32 linhas, das quais falta o princípio das primeiras 14 linhas (note que a escrita demótica e os hieróglifos se lêem da direita para a esquerda). O texto em hieróglifos é o que se encontra em piores condições, com metade das linhas completamente perdidas e as 14 linhas restantes (correspondentes às últimas 28 linhas do texto em grego) parcialmente cortadas. A segunda barreira para a decifragem é que os dois textos em egípcio referem-se à antiga linguagem dos faraós, que ninguém falava havia oito séculos. Embora seja possível encontrar um conjunto de símbolos egípcios correspondentes a um conjunto de palavras em grego, o que permitiria que os arqueólogos deduzissem o seu significado, era impossível determinar o som das palavras em egípcio. E a menos que os arqueólogos soubessem como as palavras egípcias eram faladas, eles não poderiam deduzir a fonética dos símbolos. E, finalmente, o legado intelectual de Kircher ainda encorajava os arqueólogos a pensarem na escrita egípcia em termos de semagramas e não fonogramas. Por esse motivo, poucas pessoas jamais consideraram tentar uma decifragem fonética dos hieróglifos.

Um dos primeiros estudiosos a questionar o preconceito de que os hieróglifos eram uma escrita pictórica foi o prodígio inglês e polímata Thomas Young. Nascido em 1733, em Milverston, Somerset, Young foi capaz de ler fluentemente com a idade de dois anos. Aos 14 anos ele já tinha estudado grego, latim, francês, italiano, hebraico, caldeu, siríaco, samaritano, árabe, persa, turco e etíope. Foi quando se tornou um estudante brilhante do Emmanuel College em Cambridge, onde estudou medicina. Contudo, dizem que ele se interessava apenas pelas doenças e não pelos pacientes. Gradualmente começou a se concentrar mais em pequisas e menos no cuidado dos doentes.

Young realizou uma série extraordinária de experiências médicas, muitas delas com o objetivo de explicar como o olho humano funciona. Ele determinou que a percepção das cores é o resultado de três tipos distintos de receptores, cada um sensível a uma das cores primárias. Em seguida, colocou anéis de metal em torno de um globo ocular vivo e mostrou que a focalização não exigia a distorção do olho inteiro, postulando que uma lente interior fazia todo o trabalho. Seu interesse na ótica o levou à física e a outra série de descobertas. Ele publicou "A Teoria Ondulatória da Luz", um trabalho clássico sobre a natureza da luz e criou uma explicação nova e melhor sobre as marés. Também definiu formalmente o conceito de energia e publicou trabalhos revolucionários sobre a elasticidade. Young parecia capaz de lidar com problemas em quase todos os assuntos, mas isso não era inteiramente uma vantagem. Sua mente ficava fascinada tão facilmente, que ele saltava de assunto em assunto, embarcando na solução de um novo problema antes de terminar o último.

Fig. 55 Thomas Young.

Quando Young ouviu falar na Pedra de Rosetta, ela se tornou um desafio irresistível para ele. No verão de 1814 ele partiu para suas férias anuais no balneário de Worthing, levando consigo uma cópia das três inscrições. Young fez sua descoberta ao se concentrar num conjunto de hieróglifos circundados por uma linha, chamada *cártula*. Seu palpite foi de que esses hieróglifos estavam envoltos num anel porque representavam alguma coisa de grande importância, possivelmente o nome do faraó Ptolomeu, porque seu nome grego, Ptolemaios, era mencionado no texto em grego. Se isso fosse verdade, permitiria a Young descobrir a fonética dos hieróglifos correspondentes, porque o nome do faraó seria pronunciado quase do mesmo modo, em qualquer linguagem. A cártula de Ptolomeu é repetida seis vezes na Pedra de Rosetta, algumas vezes na, assim chamada, versão padrão, e, às vezes, numa versão mais longa e elaborada. Young presumiu que a versão longa fosse o nome de Ptolomeu acrescido de seus títulos, e assim se concentrou nos símbolos que apareciam na versão padrão, sugerindo valores sonoros para cada hieróglifo (Tabela 13).

Tabela 13 Decifração de Young de ⟨ cártula ⟩, a cártula de Ptolomeu (versão padrão) da Pedra de Rosetta.

Hieróglifo	Fonema de Young	Fonema atual
□	p	p
◠	t	t
𝑓	opcional	o
𝌫	lo ou ole	l
⊂	ma ou m	m
⋔	i	i ou y
⋂	osh ou os	s

Embora não soubesse, na ocasião, Young conseguiu correlacionar a maioria dos hieróglifos com os sons corretos. Felizmente ele colocou os dois primeiros hieróglifos (□, ◠), que apareciam um sobre o outro, em sua ordem fonética correta. O escriba posicionara os hieróglifos deste modo por razões estéticas, à custa da clareza fonética. Os escribas costumavam escrever desse modo para evitar brechas e manter uma harmonia visual. Às vezes eles chegavam mesmo

O LIVRO DOS CÓDIGOS

a trocar letras em contradição direta com qualquer formação fonética, meramente para aumentar a beleza da inscrição. Depois desta decifragem, Young descobriu uma cártula em uma inscrição copiada do templo de Karnak, em Tebas, que ele suspeitava ser o nome de uma rainha ptolomaica, Berenika (ou Berenice). Ele repetiu a estratégia e os resultados são mostrados na Tabela 14.

Tabela 14 Decifração de Young de ⟨𓂧𓈖𓈖𓃂𓏏⟩ , a cártula de Berenika do templo de Karnak.

Hieróglifo	Fonema de Young	Fonema atual
𓂧	bir	b
⬭	e	r
〰	n	n
𓏭𓏭	i	i
𐤀	opcional	k
𓅓	ke ou ken	a
𓏺	terminação no feminino	terminação no feminino

Dos treze hieróglifos em ambas as cártulas, Young identificara a metade com perfeição e deduzira a quarta parte de modo parcialmente correto. Ele também identificara corretamente o símbolo do sufixo feminino, colocado depois dos nomes de rainhas e deusas. Embora não conhecesse o grau de seu sucesso, a presença de 𓏭𓏭 em ambas as cártulas, representando o i em ambas as ocasiões, devia ter indicado a Young que ele estava no caminho certo, dando-lhe a confiança de que necessitava para continuar com as decifragens. Contudo, seu trabalho foi subitamente interrompido. Parece que ele nutria um respeito demasiado pela argumentação de Kircher, de que os hieróglifos eram semagramas, e não estava preparado para destruir esse paradigma. Young se desculpou de suas próprias descobertas fonéticas notando que a dinastia ptolomaica descendia de Lagus, um general de Alexandre, o Grande. Em outras palavras, os Ptolomeu eram estrangeiros, e Young especulou que seus nomes teriam que ser grafados foneticamente porque não haveria um único semagrama natural dentro da lista padrão de hieróglifos. Ele resumiu seus pensamentos comparando os hieróglifos com os caracteres chineses, que os europeus estavam apenas começando a compreender:

Fig. 56 Jean-François Champollion.

É extremamente interessante traçar alguns dos passos pelos quais a escrita alfabética parece ter surgido da hieroglífica. Um processo que pode, de fato, até um certo ponto, ser ilustrado pelo modo como os chineses modernos expri-

O LIVRO DOS CÓDIGOS

mem uma combinação de sons estrangeiros, os caracteres se tornam simplesmente "fonéticos" através de uma marca apropriada, no lugar de reter o seu significado original. Esta marca, em alguns livros impressos atualmente, está muito próxima do anel cercando os nomes em hieróglifos.

Young chamou essas descobertas de "uma diversão para algumas horas de lazer". Ele perdeu o interesse nos hieróglifos e concluiu seu trabalho resumindo-o num artigo para o *Suplemento da Enciclopédia Britânica* de 1819.

Enquanto isso, na França, um jovem e promissor lingüista, Jean-François Champollion, estava preparado para levar as idéias de Young até a sua conclusão natural. Embora ainda não tivesse completado trinta anos, Champollion era fascinado pelos hieróglifos havia duas décadas. Sua obsessão começou em 1800, quando o matemático francês Jean-Baptiste Fourier, que fora um dos cães pequineses originais de Napoleão, apresentou Champollion, então com dez anos de idade, a sua coleção de antigüidades egípcias, muitas delas decoradas com inscrições bizarras. Fourier explicou que ninguém podia interpretar aquela escrita enigmática, e o jovem prometeu que um dia resolveria o mistério. Apenas sete anos depois, com a idade de dezessete anos, ele apresentou um trabalho intitulado "O Egito sob o domínio dos faraós". Era tão inovador, que o rapaz foi imediatamente eleito para a Academia em Grenoble. Quando soube que se tornara professor antes dos vinte anos, Champollion ficou tão emocionado que desmaiou.

Ele continuou a assombrar seus colegas, dominando idiomas como o latim, o grego, o hebraico, o etíope, o sânscrito, o pahlevi, o árabe, o sírio, o caldeu, o persa e o chinês, tudo de modo a se preparar para seu ataque contra os hieróglifos. Sua obsessão é ilustrada por um incidente, em 1808, quando ele esbarrou em um velho amigo na rua. O amigo mencionou casualmente que Alexandre Lenoir, um bem conhecido egiptólogo, tinha publicado uma decifragem completa dos hieróglifos. Champollion ficou tão arrasado que desmaiou na hora (ele parecia ter um talento especial para isso). Toda a sua razão de viver parecia depender da esperança de ser o primeiro a ler a escrita dos antigos egípcios. Felizmente para ele a decifragem de Lenoir era tão fantástica quanto as tentativas de Kircher no século XVII, e o desafio permanecia.

Em 1822, Champollion aplicou a abordagem de Young para outras cártulas. O naturalista britânico W. J. Bankes tinha trazido um obelisco com inscrições em grego e em hieróglifos para Dorset e publicara recentemente uma litografia desse texto bilíngüe, que incluía cártulas de Ptolomeu e Cleópatra. Champollion obteve uma cópia e conseguiu associar valores sonoros aos hieróglifos individuais (Tabela 15). As letras **p, t, o, l** e **e** são comuns a ambos os nomes, em quatro casos elas são representadas pelos mesmos hieróglifos em Ptolomeu e Cleópatra e, em apenas um caso, o da letra **t**, existe uma discrepância. Champollion presumiu que o som de **t** pudesse ser representado por dois hieróglifos, exatamente como o som de **c** em inglês pode ser representado por **c** ou **k**, como em *cat* (gato) e *kid* (garoto). Inspirado por esse sucesso, Champollion começou a estudar cártulas que não tinham uma tradução bilíngüe, substituindo, sempre que possível, os valores sonoros para os hieróglifos que ele tinha derivado das cártulas de Ptolomeu e Cleópatra. Sua primeira cártula misteriosa (Tabela 16) continha um dos maiores nomes dos tempos antigos. Era óbvio para Champollion que a cártula, que parecia se ler **a-l-?-s-e-?-t-r-?**, representava o nome **alksentrs** — Alexandre em grego, ou Alexander, em inglês. Também se tornou aparente para ele que os escribas não gostavam muito de usar vogais, freqüentemente as omitiam, presumindo que os leitores não teriam problema de acrescentar as vogais ausentes. Com dois novos hieróglifos sob seu domínio, o jovem estudioso examinou outras inscrições e decifrou uma série de cártulas. Contudo, todo este progresso era meramente uma extensão do trabalho de Young. Todos os nomes, como Alexandre e Cleópatra, eram estrangeiros, apoiando a teoria de que a fonética era usada apenas em palavras ausentes no vocabulário original egípcio.

Tabela 15 Decifração de Champollion de $\boxed{\text{🝔}}$ e $\boxed{\text{🝔}}$, as cártulas de Ptolomeu e Cleópatra do obelisco de Bankes.

Hieróglifo	Fonema	Hieróglifo	Fonema
□	p	⊿	c
⌒	t	🐦	l
🦅	o	𓊪	e
🐦	l	🦅	o
⊏	m	□	p
𓈖𓈖	e	🦅	a
𓏤	s	⌒	t
		⌒	r
		🦅	a

O LIVRO DOS CÓDIGOS

Então, no dia 14 de setembro de 1822, Champollion recebeu relevos do templo de Abu Simbel, contendo cártulas anteriores ao período da dominação greco-romana. A importância dessas cártulas é a de que elas eram suficientemente antigas para conter nomes tradicionais egípcios, e no entanto eles ainda eram soletrados — uma clara evidência contra a teoria de que somente os nomes estrangeiros seriam soletrados. Champollion se concentrou em uma cártula que continha apenas quatro hieróglifos ⬭ . Os primeiros dois símbolos eram desconhecidos, mas o par repetido no final 𝖨𝖨 era conhecido da cártula de Alexandre (**alksentrs**) como representando ambos a letra **s**. Assim que a cártula significava (?-?-**s-s**). Nesse ponto Champollion recorreu ao seu vasto conhecimento de lingüística. Embora o copta, o idioma que descendia diretamente da antiga linguagem egípcia, tivesse deixado de ser uma língua viva no século XI, ainda existia, em forma fossilizada, na liturgia da Igreja Cristã Copta. Champollion aprendera o copta quando era adolescente e era tão fluente nesse idioma que o usava para registrar anotações em seu diário. Contudo, até aquele momento, ele nunca tinha considerado que o copta pudesse ser o idioma dos hieróglifos.

Tabela 16 Decifração de Champollion de ⬭ , a cártula de Alksentrs (Alexandre).

Hieróglifo	Fonema
🦅	a
🐥	l
⌣	?
⌐	s
⌐	e
⌐	?
⌐	t
⌐	r
⌐	?

Champollion imaginou se o primeiro sinal na cártula, ☉, não poderia ser um semagrama representando o sol, ou seja, uma figura do sol seria o símbolo para a palavra "sol". Então, num lampejo de gênio intuitivo, ele presumiu que o significado sonoro para o semagrama seria a palavra copta para sol, **ra**. Isso lhe deu a seqüência (**ra-?-s-s**). E só o nome de um faraó parecia se encaixar. Descontando-se a irritante omissão das vogais, e presumindo que a letra que faltava era o **m**, aquele seria o nome de Rameses (Ramsés), um dos maiores faraós, e um dos mais antigos. O encanto estava quebrado. Até mesmo os nomes tradicionais eram soletrados foneticamente. Champollion entrou correndo no escritório de seu irmão e declarou, "Je tiens l'affaire!" (Eu consegui!), mas outra vez sua paixão pelos hieróglifos o dominou e ele desmaiou, ficando de cama nos cinco dias seguintes.

Champollion tinha demonstrado que os escribas às vezes exploravam o princípio do rébus. No rébus, ainda encontrado em jogos para crianças, as palavras longas são partidas em seus componentes fonéticos, os quais são então representados por semagramas. Por exemplo, a palavra *belief* (crença) pode ser dividida em duas sílabas, *be-lief*, que podem ser reescritas como *bee-leaf* (abelha-folha). No lugar de escrever a palavra foneticamente, ela pode ser representada pela imagem de uma abelha (*bee*) e de uma folha (*leaf*). No exemplo descoberto por Champollion, apenas a primeira sílaba (**ra**) era representada por uma imagem do tipo rébus, uma figura do sol, enquanto o resto da palavra era escrito de forma mais convencional.

O significado do semagrama do sol na cártula de Ramsés é enorme, porque ele claramente restringe as possibilidades quanto ao idioma falado pelos escribas. Por exemplo, os escribas não poderiam falar grego, porque isso significaria que a cártula seria pronunciada "helios-meses". A cártula só faria sentido se os escribas falassem uma forma de copta, porque, então, a cártula se pronunciaria "ra-meses".

Embora isto fosse apenas mais uma cártula, sua decifragem claramente demonstrou os quatro princípios fundamentais dos hieróglifos. Primeiro, a linguagem daquela escrita é, no mínimo, relacionada com o copta, e, de fato, o exame de outros hieróglifos mostrou que era o copta puro e simples. Segundo, semagramas são usados para representar algumas palavras, como, por exemplo, a palavra "sol" sendo representada pela simples imagem de um sol. Terceiro, algumas palavras longas eram escritas usando-se inteira, ou parcialmente, o princípio do rébus. E, finalmente, para a maior parte de sua escrita, os anti-

O LIVRO DOS CÓDIGOS 239

gos escribas usavam um alfabeto fonético relativamente convencional. Esta descoberta final é a mais importante, e Champollion chamou a fonética de "alma" dos hieróglifos.

Usando seu profundo conhecimento do copta, Champollion começou a decifrar os hieróglifos fora das cártulas, de modo abundante e sem dificuldades. Em dois anos ele já tinha identificado os valores fonéticos da maioria dos hieróglifos, e descoberto que alguns deles representavam combinações de duas e até três consoantes. Isto, às vezes, dava aos escribas a opção de escrever palavras usando vários hieróglifos simples ou então apenas alguns hieróglifos multiconsoantes.

Champollion enviou seus resultados iniciais em uma carta a Monsieur Dacier, o secretário permanente da Académie des Inscriptions da França. Depois, em 1824, com a idade de 34 anos, ele publicou todas as suas descobertas num livro intitulado *Précis du système hiéroglyphique*. Pela primeira vez em 14 séculos era possível ler a história dos faraós, como fora escrita por seus escribas. Para os lingüistas, aqui estava uma oportunidade de estudar a evolução da linguagem e da escrita através de um período de três mil anos. Os hieróglifos podiam ser acompanhados desde o terceiro milênio antes de Cristo até o quarto século de nossa época. Além disso, a evolução dos hieróglifos poderia ser comparada com as escritas em hierático e demótico, que agora também poderiam ser decifradas.

Durante vários anos a política e a inveja impediram que a magnífica realização de Champollion fosse aceita universalmente. Thomas Young foi um crítico particularmente mordaz. Em algumas ocasiões ele negou que os hieróglifos fossem em grande parte fonéticos, em outras vezes aceitou a argumentação, mas se queixou de ter chegado a esta conclusão antes de Champollion, dizendo que o francês meramente preenchera as lacunas. Muito da hostilidade de Young resultava do fato de que Champollion não lhe dera nenhum crédito, ainda que fosse provável que a descoberta inicial de Young tivesse lhe fornecido a inspiração para a decifragem completa.

Em julho de 1828, Champollion embarcou em sua primeira expedição ao Egito, que durou 18 meses. Foi uma oportunidade extraordinária para que ele visse, pela primeira vez, as inscrições que até então só pudera observar em desenhos e litografias. Trinta anos antes, a expedição de Napoleão fizera loucas suposições sobre o significado dos hieróglifos que adornavam os templos, mas agora Champollion podia ler, caractere por caractere, e reinterpretá-los corretamente. Sua visita aconteceu na hora exata. Três anos depois, tendo escrito suas notas e anotado os desenhos e as traduções de sua expedição ao Egito, ele sofreu um grave derrame. Os desmaios que sofrera ao longo de sua vida eram talvez sintomas de uma doença mais séria, agravada por seus estudos intensos e obsessivos. Ele morreu no dia 4 de março de 1832, com a idade de quarenta e um anos.

O Mistério da Linear B

Nos dois séculos desde a descoberta de Champollion, os egiptólogos continuaram a aperfeiçoar sua compreensão sobre as complexidades dos hieróglifos. Seu nível de compreensão é agora tão elevado, que os pesquisadoress são capazes de entender hieróglifos cifrados, os quais estão entre os mais antigos textos cifrados do mundo. Algumas das inscrições encontradas nas tumbas dos faraós foram cifradas usando-se uma variedade de técnicas que incluem a cifra de substituição. Às vezes símbolos falsos eram usados no lugar dos hieróglifos padronizados, e, em outras ocasiões, um hieróglifo foneticamente diferente, mas visualmente semelhante, seria usado no lugar do correto. Por exemplo, o hieróglifo da víbora chifruda, que geralmente representa o **f**, seria colocado no lugar da serpente que representa o **z**. Geralmente esse epitáfios cifrados não eram criados para serem indecifráveis, e sim para agir como quebra-cabeças destinados a despertar a curiosidade dos passantes, que assim seriam tentados a pararem diante da tumba, no lugar de seguir em frente.

Tendo conquistado os hieróglifos, os arqueólogos prosseguiram, decifrando outras escritas antigas, incluindo os textos cuneiformes da Babilônia, as runas Kök-Turki da Turquia, e o alfabeto brâmane da Índia. Contudo, a boa nova para os novos Champollions é que ainda restam várias escritas para serem decifradas, tais como as escritas etruscas e dos hindus (vide o Apêndice I). A grande dificuldade para se decifrarem as escritas restantes é que não existem colas, nada que permita ao decifrador de códigos descobrir o significado dos textos antigos. No caso dos hieróglifos egípcios, foram as cártulas que serviram como colas, dando a Young e Champollion os primeiros indícios de sua base fonética. Sem as colas, a decifragem de textos antigos parece impraticável, e no entanto existe um exemplo notável de uma escrita antiga que foi decifrada sem a ajuda de uma cola. A Linear B, uma escrita de Creta que data da Idade do

Bronze, foi decifrada sem o auxílio de qualquer pista dada pelos antigos escribas. Ela foi decifrada com uma combinação de lógica e inspiração, num exemplo poderoso de criptoanálise pura. De fato, a decifragem da Linear B é considerada, de um modo geral, como a maior de todas as decifragens arqueológicas.

A história da Linear B começa com as escavações feitas por Sir Arthur Evans, um dos mais eminentes arqueólogos do início do século. Evans estava interessado no período da história grega descrito por Homero em seus dois épicos, a *Ilíada* e a *Odisséia*. Homero narra a história da guerra de Tróia, da vitória dos gregos e das aventuras subseqüentes do herói conquistador Ulisses — eventos que supostamente teriam acontecido no século XII a.C.

Fig. 57 Sítios antigos em torno do mar Egeu. Depois de ter descoberto tesouros micênicos na Grécia, Sir Arthur Evans começou a procurar tabuletas com inscrições; a primeira tabuleta Linear B foi descoberta na ilha de Creta, o centro do império minóico.

Alguns estudiosos do século XIX tinham descartado os épicos de Homero como nada mais do que lendas, mas em 1872 o arqueólogo alemão Heinrich Schliemam descobrira o local onde se erguera a própria Tróia, perto da costa oeste da Turquia e, subitamente, os mitos de Homero tornavam-se história. Entre 1872 e 1900 os arqueólogos descobriram mais evidências de um rico período de história pré-helênica, que antecedia ao período clássico grego de Pitágoras, Platão e Aristóteles em cerca de 600 anos. O período pré-helênico durou de 2800 a 1100 a.C. e foi durante os últimos quatro séculos que a civilização atingiu seu apogeu. No território grego, o seu centro ficava em torno de Micenas, onde os arqueólogos descobriram um grande conjunto de artefatos e tesouros. Contudo, Sir Arthur Evans ficara perplexo com a incapacidade desses arqueólogos em encontrarem qualquer forma de escrita. Ele não podia aceitar que uma sociedade tão sofisticada fosse completamente analfabeta e resolveu provar que a civilização micênica tivera alguma forma de escrita.

Depois de se encontrar com vários comerciantes atenienses de antigüidades, Sir Arthur acabou achando algumas pedras gravadas que eram, aparentemente, selos da era pré-helênica. Os sinais nos selos pareciam ser emblemas e não uma escrita genuína, como os símbolos usados em heráldica. Entretanto, esta descoberta deu-lhe o impulso para continuar em sua busca. Dizia-se que aquelas pedras vinham da ilha de Creta, e em especial de Cnossos, que a lenda dizia ter sido o palácio do rei Minos, centro de um império que dominara o mar Egeu. Sir Arthur partiu para Creta e começou a escavar em março de 1900. Os resultados foram tão espetaculares quanto rápidos. Ele descobriu os restos de um palácio luxuoso, percorrido por uma intrincada rede de passagens e adornado com afrescos mostrando rapazes saltando sobre touros ferozes. Evans especulou que o esporte de saltar sobre os touros estava, de alguma forma, ligado à lenda do Minotauro, o monstro com cabeça de touro, que se alimentava dos jovens, e ele sugeriu que a complexidade das passagens dentro do palácio tinha inspirado a história do labirinto do Minotauro.

No dia 31 de março Sir Arthur começou a desencavar o tesouro que mais procurava. Inicialmente ele descobriu uma única tabuleta de barro com uma incrição, então, alguns dias depois, todo um baú de madeira cheio delas, depois pilhas de material escrito além de todas as suas expectativas. Todas essas tabuletas de barro tinham sido deixadas secar ao sol no lugar de serem cozidas num forno, o que permitia que fossem reutilizadas simplesmente acrescentando-se água. Ao longo dos séculos a chuva deveria tê-las dissolvido, fazendo com

O LIVRO DOS CÓDIGOS

que fossem perdidas para sempre. Contudo, parece que o palácio de Cnossos fora destruído pelo fogo, o que cozinhara as tabuletas, ajudando a preservá-las por três mil anos. Estavam em tão boas condições, que ainda era possível notar as impressões digitais dos escribas.

As tabuletas se dividiam em três categorias. O primeiro conjunto, datado de entre 2000 a 1650 a.c., consistia meramente em desenhos, provavelmente semagramas, aparentemente relacionados com os símbolos nos emblemas que Sir Arthur Evans tinha comprado dos comerciantes em Atenas. O segundo conjunto, datado de entre 1750 e 1450 a.c. estava cheio de caracteres formados por linhas simples, por isso tal escrita foi chamada de Linear A. O terceiro conjunto de tabuletas, datadas de entre 1450 e 1375 a.C. tinha uma escrita que parecia ser um refinamento da Linear A, daí sendo chamada de Linear B. Como a maioria das tabuletas continha a Linear B e como ela era a escrita mais recente, Sir Arthur e outros arqueólogos acreditavam que a Linear B teria mais chances de ser decifrada.

Muitas das tabuletas pareciam conter relações de estoques. Com tantas colunas de caracteres numéricos foi relativamente fácil deduzir o sistema de contagem, mas os caracteres fonéticos eram muito mais intrigantes. Eles pareciam uma coleção sem nexo de rabiscos arbitrários. O historiador David Kahn descreveu alguns dos caracteres individuais como "um arco gótico envolvendo uma linha vertical, uma escada, um coração atravessado por uma barra, um tridente torto com uma farpa, um dinossauro de três pernas olhando para trás, um A com uma barra horizontal extra, um S invertido, um copo de cerveja comprido, meio cheio, com um laço amarrado na borda; e outras dezenas não se pareciam com nada". Só duas coisas úteis podiam ser deduzidas sobre a Linear B. Primeira, a direção da escrita era claramente da esquerda para a direita, já que qualquer espaço sobrando no final da linha estava à direita. Em segundo lugar, havia 90 caracteres distintos, o que implicava que a escrita era quase certamente silábica. Escritas puramente alfabéticas costumam ter entre 20 e 40 caracteres (o russo, por exemplo, tem 36 caracteres e o arábico 28). No extremo oposto estão as escritas que dependem de semagramas e que tendem a ter centenas ou milhares de caracteres (o chinês tem mais de cinco mil). As escritas silábicas ficam no meio, com 50 a 100 caracteres silábicos. Além desses dois fatos, a Linear B era um mistério.

O problema fundamental era que ninguém podia ter certeza do idioma em que fora escrita a Linear B. Inicialmente houve especulações de que a Linear B era uma forma escrita de grego, porque sete dos seus caracteres tinham uma semelhança próxima dos caracteres da escrita cipriota clássica, que foi uma forma de escrita grega usada entre 600 e 200 a.C. Mas as dúvidas começaram a aparecer. A consoante final mais comum no grego é o **s**, e, conseqüentemente, o caractere final mais comum na escrita cipriota é o ⌐ , que representa a sílaba **se** — como os caracteres são silábicos, uma consoante solitária tem que ser representada por uma combinação consoante-vogal, a vogal permanecendo muda. Esta mesma característica também aparece na Linear B, mas é raramente encontrada no final de uma palavra, indicando que essa escrita não poderia ser o grego. O consenso geral era de que a Linear B, uma escrita mais antiga, representava um idioma extinto e desconhecido. Quando esta linguagem morreu, a escrita permaneceu e evoluiu ao longo dos séculos para se transformar na escrita cipriota, que era usada para escrever em grego. Portanto as duas escritas pareceriam semelhantes, mas expressariam linguagens totalmente diferentes.

Sir Arthur Evans foi um grande defensor da teoria de que a Linear B não era uma forma escrita do grego, e ele acreditava que ela representaria o idioma nativo de Creta. Evans se convencera de que havia uma forte evidência arqueológica apoiando seu argumento. Por exemplo, suas descobertas na ilha de Creta sugeriam que o império do rei Minos, conhecido como império minóico, era muito mais avançado do que a civilização micênica no continente. O império minóico não era um domínio do império micênico, e sim um rival, possivelmente até mesmo a potência dominante. O mito do Minotauro apoiava esta posição. A lenda descreve como o rei Minos exigia que os atenienses lhe mandassem grupos de rapazes e moças para serem sacrificados ao Minotauro. Resumindo, Evans concluiu que os minóicos eram tão bem-sucedidos que teriam retido a sua linguagem nativa no lugar de adotar o grego, o idioma de seus rivais.

Embora ficasse amplamente aceito que os minóicos falavam seu próprio idioma, não-grego (a Linear B representaria esta linguagem), houve um ou dois hereges que afirmaram que os minóicos falavam e escreviam em grego. Sir Arthur não aceitou esportivamente essa dissidência e usou sua influência para punir os que discordavam de suas opiniões. Quando A. J. B. Wace, professor de arqueologia na Universidade de Cambridge, falou a favor da teoria de que a Linear B representava o grego, Sir Arthur o excluiu de todas as escavações e o obrigou a se retirar da Escola Britânica em Atenas.

O LIVRO DOS CÓDIGOS 245

Fig. 58 Uma tabuleta Linear B, *c.* 1400 a.C.

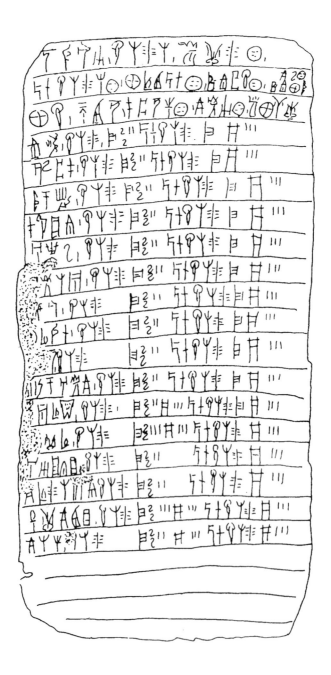

Em 1939 a controvérsia "grego *versus* não-grego" aumentou quando Carl Blegen, da Universidade de Cincinnati, descobriu um novo depósito de tabuletas com a Linear B no palácio de Nestor, em Pilos. Isso era extraordinário, porque Pilos fica no território grego e teria sido parte do império micênico, não minóico. A minoria de arqueólogos que acreditava que a Linear B era em grego argumentou que isso favorecia a sua hipótese: a Linear B fora encontrada no continente, onde se falava grego e portanto a Linear B representaria o grego. A Linear B fora também encontrada em Creta, de modo que os minóicos também falariam grego. Os defensores de Evans reverteram o mesmo argumento: os minóicos de Creta falavam a linguagem minóica; a Linear B fora encontrada em Creta, portanto a Linear B representa a linguagem minóica. A Linear B fora encontrada no continente, assim eles também falavam minóico por lá. Sir Arthur foi enfático: "Não havia lugar em Micenas para dinastias de idioma grego... a cultura, como a linguagem, ainda era minóica em seu cerne."

Na verdade, a descoberta de Blegen não obrigava, necessariamente, que os micenianos e os minóicos tivessem o mesmo idioma. Na Idade Média, muitos estados europeus, independente de sua linguagem nativa, mantinham seus registros em latim. Talvez o idioma da Linear B fosse a língua franca entre os contadores do Egeu, facilitando o comércio entre nações que não falavam o mesmo idioma.

Durante quatro décadas todas as tentativas de decifrar a Linear B terminaram em fracasso. Então, em 1941, com a idade de noventa anos, Sir Arthur morreu. Ele não viveria para testemunhar a decifração da Linear B, ou para ler o significado dos textos que descobrira. De fato, naquela época, pareciam existir poucas prespectivas de que algum dia decifraríamos a Linear B.

Juntando Sílabas

Depois da morte de Sir Arthur Evans, o arquivo de tabuletas da Linear B e suas próprias notas arqueológicas ficaram disponíveis apenas para um círculo restrito de arqueólogos, ou seja, aqueles que apoiavam sua teoria de que a Linear B representaria um idioma minóico distinto. Contudo, em meados da década de 1940, Alice Kober, uma estudiosa dos clássicos no Brooklyn College, conseguiu acesso a esse material e começou uma análise meticulosa e imparcial da escrita.

Para aqueles que a conheciam apenas de passagem, Kober parecia muito comum — uma professora deselegante, sem charme ou carisma, com uma abordagem um tanto realista da vida. Contudo, sua paixão pela pesquisa era imensurável. "Ela trabalhava com um entusiasmo contido", lembra Eva Brann, uma antiga estudante que se tornou arqueóloga na Universidade de Yale. "Ela uma vez me disse que o único jeito de saber que você fez alguma coisa verdadeiramente grande é quando você sente um formigamento na espinha."

Fig. 59 Alice Kober.

De modo a decifrar a Linear B, Kober percebeu que teria que abandonar todas as noções preconcebidas. Ela focalizou sua atenção em nada mais do que a estrutura geral da escrita e a construção das palavras individuais. Em particular, ela percebeu que certas palavras formavam trios, como se fossem a mesma palavra aparecendo de três formas levemente diferentes. Numa palavra do trio a raiz era idêntica, mas havia três terminações possíveis. Ela concluiu que a Linear B representava uma linguagem altamente flexível, de modo que as terminações das palavras eram mudadas de modo a refletir gênero, tempo, desinência e assim por diante. O inglês é ligeiramente semelhante porque, por exemplo, nós conjugamos "I decipher, you decipher, he deciphers" com o verbo na terceira pessoa recebendo um "s". Contudo, as linguagens antigas tendem a ser muito mais rígidas no uso de tais terminações. Kober publicou um trabalho no qual ela descrevia a natureza flexiva de dois grupos específicos de palavras, como mostrado na Tabela 17, cada grupo retendo suas raízes respectivas, mas recebendo terminações diferentes, de acordo com os três casos.

Para facilidade de debate, cada símbolo da Linear B recebeu um número de dois dígitos, como mostrado na Tabela 18. Usando esses números, as palavras na Tabela 17 podem ser reescritas como na Tabela 19. Ambos os grupos de palavras parecem ser nomes, substantivos, mudando suas terminações de acordo com a desinência — o caso 1 seria nominativo, o 2 acusativo e o 3 dativo, por exemplo. Parece claro que os dois primeiros símbolos em ambos os grupos de palavras (**25-67-** e **70-52-**) são ambos raízes gramaticais, já que se repetem independente do caso. Contudo, o terceiro símbolo é mais intrigante. Se o terceiro símbolo é parte da raiz, então ele deve permanecer constante para uma dada palavra, não importando o caso, mas isso não acontece. Na

Tabela 17 Duas palavras flexivas em Linear B.

	Palavra A	Palavra B
Caso 1		
Caso 2		
Caso 3		

SIMON SINGH

Tabela 18 Sinais da Linear B e os números atribuídos a eles.

01		30		59	
02		31		60	
03		32		61	
04		33		62	
05		34		63	
06		35		64	
07		36		65	
08		37		66	
09		38		67	
10		39		68	
11		40		69	
12		41		70	
13		42		71	
14		43		72	
15		44		73	
16		45		74	
17		46		75	
18		47		76	
19		48		77	
20		49		78	
21		50		79	
22		51		80	
23		52		81	
24		53		82	
25		54		83	
26		55		84	
27		56		85	
28		57		86	
29		58		87	

palavra A o terceiro símbolo é **37** para os casos 1 e 2, mas **05** para o caso 3. Na palavra B o terceiro símbolo é **41** para os casos 1 e 2, mas **12** para o caso 3. Alternadamente, se o terceiro símbolo não é parte da raiz, talvez ele seja parte da terminação, mas esta possibilidade é igualmente problemática. Para um dado caso, a terminação deveria ser a mesma, não importando a palavra, mas para os casos 1 e 2 o terceiro símbolo é **37** na palavra A e **41** na palavra B, e para o caso 3 o terceiro símbolo é **05** na palavra A, mas **12** na palavra B.

O terceiro símbolo desafiava as expectativas porque não parecia ser parte da raiz ou da terminação. Kober resolveu o paradoxo invocando uma teoria de que cada símbolo representaria uma sílaba, presumivelmente uma combinação de consoante seguida de vogal. Ela propôs que a terceira sílaba poderia ser a sílaba de união, representando parte da raiz e da terminação. A consoante poderia contribuir com a raiz e a vogal com a terminação. Para ilustrar sua teoria, ela deu como exemplo a linguagem akadiana, que também possui sílabas de união e é altamente flexiva. *Sadanu* é um caso 1 de nome akadiano que muda para *sadani* no segundo caso e *sadu* no terceiro (Tabela 20). Fica claro que as três palavras consistem em uma raiz, **sad-**, e de uma terminação, **-anu** (caso 1), **-ani** (caso 2) ou **-u** (caso 3), com **-da-**, **-da-**, ou **-du-** como a sílaba de união. Esta sílaba é a mesma nos casos 1 e 2, mas diferente no caso 3. Este é exatamente o padrão observado nas palavras da Linear B — o terceiro símbolo em cada uma das palavras da Linear B de Kober deve representar sílabas de união.

Tabela 19 As duas palavras flexivas na Linear B reescritas em números.

	Palavra A	Palavra B
Caso 1	25-67-37-57	70-52-41-57
Caso 2	25-67-37-36	70-52-41-36
Caso 3	25-67-05	70-52-12

Ao meramente identificar a natureza flexiva da Linear B e a existência das sílabas de união, Kober tinha feito mais progresso do que qualquer outra pessoa na decifragem da escrita minóica, e no entanto isso era só o começo. Ela estava a ponto de fazer uma dedução ainda maior. No exemplo akadiano, as sílabas de união mudam de -*da*- para -*du*, mas a consoante é a mesma em ambas as sílabas. De modo semelhante, as sílabas da Linear B, 37 e 05 na palavra A, devem partilhar a mesma consoante, assim como as sílabas 41 e 12 na palavra B. Pela primeira vez, desde que Evans descobrira a Linear B, começavam a surgir fatos sobre a fonética dos símbolos. Kober também estabeleceu outro conjunto de relações ente os caracteres. Estava claro que as palavras A e B do caso 1 devem ter as mesmas terminações. Contudo as sílabas de união mudam de 37 para 41. Isto siginifica que os símbolos 37 e 41 representam sílabas com consoantes diferentes mas vogais idênticas, o que explicaria por que os símbolos são diferentes, enquanto mantêm a mesma terminação para ambas as palavras. De modo semelhante, para os substantivos do caso 3, as sílabas 05 e 12 terão uma vogal comum, mas consoantes diferentes.

Kober não foi capaz de determinar exatamente que vogal é comum a **05** e **12**, ou a **37** e **41**. De modo semelhante, ela não pôde identificar exatamente que consoante é comum a **37** e **05** ou a **41** e **12**. Contudo, independente de seus valores fonéticos absolutos, Kober tinha estabelecido relações firmes entre certos símbolos. Ela resumiu seus resultados para formar uma grade, como a da Tabela 21. O que se conclui disto é que Kober não tinha idéia de que sílaba era representada pelo símbolo **37**, mas ela sabia que sua consoante era compartilhada com o símbolo **05** e sua vogal com o símbolo **41**. Da mesma forma, ela não tinha idéia de que sílaba era representada pelo símbolo **12**, mas sabia que sua consoante era compartilhada com o símbolo **41** e sua vogal com o símbolo **05**. Ela aplicou seu método a outras palavras e acabou construindo uma grade de dez símbolos, com duas vogais de largura e cinco consoantes de comprimento. É bem possível que Kober tivesse dado o passo crucial seguinte na decifragem e traduzido toda a escrita. Contudo, ela não viveu o suficiente para explorar as repercussões de seu trabalho. Em 1950, com a idade de quarenta e três anos, ela morreu de câncer nos pulmões.

O LIVRO DOS CÓDIGOS

Tabela 20 Sílabas transpostas no *sudanu* akadiano.

Caso 1	sa-da-nu
Caso 2	sa-da-ni
Caso 3	sa-du

Uma Divagação Frívola

Alguns meses antes de morrer, Alice Kober recebera uma carta de Michael Ventris, um arquiteto inglês fascinado pela Linear B desde criança. Ventris nascera em 12 de julho de 1922, filho de um oficial do exército britânico e de sua esposa meio-polonesa. A mãe de Ventris fora em grande parte a responsável por encorajar o interesse dele pela arqueologia, levando-o regularmente ao Museu Britânico, onde o menino podia admirar as maravilhas do mundo antigo. Michael era uma criança brilhante, com um talento prodigioso para idiomas. Ele começou seus estudos ao ir para Gstaad, na Suíça e se tornar fluente em francês e alemão. Então, com a idade de seis anos, ele aprendeu sozinho o polonês.

Como Jean-François Champollion, Ventris desenvolveu um amor precoce pelas escritas antigas. Aos sete anos estudou um livro sobre hieróglifos egípcios, uma realização impressionante para alguém tão jovem, principalmente porque o livro era escrito em alemão. O interesse pelas escritas das civilizações antigas continuou durante toda a sua infância. Em 1936, com 14 anos de idade, sua paixão foi ainda mais estimulada quando ele assistiu a uma palestra dada por Sir Arthur Evans, o descobridor da Linear B. O jovem Ventris ficou sabendo sobre a civilização minóica e o mistério da Linear B, prometendo a si mesmo que decifraria aquela escrita. Naquele dia nasceu uma obsessão que permaneceria com Ventris ao longo de sua curta mas brilhante vida.

Com 18 anos de idade ele resumiu suas idéias iniciais sobre a Linear B num artigo que acabou sendo publicado no altamente respeitado *American Journal of Achaeology*. Ao submeter o artigo, ele foi cuidadoso em não revelar sua idade aos editores, temendo não ser levado a sério. O artigo apoiava bastante a crítica de Sir Arthur contra a hipótese grega, declarando que: "A teoria de que o minóico pudesse ser o grego é baseada numa desatenção deliberada para com a plausibilidade histórica." Ele acreditava que a Linear B estivesse relacionada com os etruscos, uma suposição razoável, porque existiam evidências de que os etruscos tivessem saído do mar Egeu antes de se estabelecerem na Itália. Embora seu artigo não fizesse nenhuma tentativa para decifrar, ele concluía confiante que isto "podia ser feito".

Tabela 21 Grade de Kober para relacionamentos entre os caracteres da Linear B.

	Vogal 1	Vogal 2
Consoante I	37	05
Consoante II	41	12

Ventris tornou-se arquiteto e não arqueólogo profissional, mas permaneceu apaixonado pela Linear B, devotando todo o seu tempo livre ao estudo de todos os aspectos da escrita. Quando ouviu falar no trabalho de Alice Kober, ficou ávido por aprender mais sobre suas descobertas, e escreveu-lhe uma carta, pedindo mais detalhes. Embora ela tivesse morrido antes de poder responder, suas idéias permaneceram em seus trabalhos publicados e Ventris os estudou meticulosamente. Ele percebeu o poder da grade de Kober e tentou encontrar novas palavras que partilhassem raízes e sílabas de união. Ampliou a grade para incluir esses novos sinais, abrangendo outras vogais e consoantes. Então, após um ano de intensos estudos, Ventris percebeu uma coisa peculiar. Algo que parecia sugerir uma exceção à regra de que todos os sinais da Linear B eram sílabas.

Era geralmente aceito que cada sinal da Linear B representava uma combinação consoante-vogal (CV) e assim a escrita exigiria que a palavra fosse quebrada em seus componentes CV. Por exemplo, a palavra inglesa **minute** seria soletrada como **mi-nu-te**, uma série de três sílabas CV. Contudo, muitas palavras não se dividem convenientemente em sílabas CV. Por exemplo, se nós quebrarmos a palavra *visible* em pares de letras, obtemos **vi-si-bl-e**, o que é problemático porque ela não consiste em uma série simples de sílabas CV: existe uma sílaba com dupla consoante e um **-e** sobrando no final.

Ventris presumiu que os minóicos teriam superado esse problema inserindo um **i** mudo para criar uma sílaba **-bi-** cosmética, de modo que a palavra agora poderia ser escrita como **vi-si-bi-le**, que resulta em uma combinação de sílabas CV.

Fig. 60 Michael Ventris.

Contudo, a palavra **invisible** permanece problemática. Novamente é necessário inserir vogais mudas, desta vez após o **n** e o **b**, transformando-as em sílabas CV. Além disso é necessário lidar com a única vogal **i** no início da palavra: **i-ni-vi-si-bi-le**. O i inicial não pode ser facilmente transformado em uma sílaba CV porque a introdução de uma consoante muda no início da palavra provocaria confusão. Resumindo, Ventris concluiu que deveriam existir sinais na Linear B que representassem vogais isoladas, para serem usados em palavras começadas por vogais. Esses sinais seriam fáceis de detectar, porque apareceriam somente no início das palavras. Ventris começou a relacionar com que freqüência os sinais apareciam no início, meio e final de qualquer palavra. Ele observou que dois sinais em especial, **08** e **61**, eram encontrados predominantemente no início das palavras e concluiu que eles não representavam sílabas, e sim vogais isoladas.

Tabela 22 Grade de Ventris ampliada para os relacionamentos entre os caracteres da Linear B. Embora não especifique vogais e consoantes, a grade ressalta que caracteres têm vogais e consoantes em comum. Por exemplo, todos os caracteres da primeira coluna compartilham a mesma vogal, denominada 1.

		Vogais				
		1	2	3	4	5
Consoantes	I					57
	II	40		75		54
	III	39				03
	IV		36			
	V		14			01
	VI	37	05		69	
	VII	41	12			31
	VIII	30	52	24	55	06
	IX	73	15			80
	X		70	44		
	XI	53				76
	XII		02	27		
	XIII					
	XIV			13		
	XV		32	78		
	Vogais puras		61			08

Ventris publicou suas idéias a respeito dos sinais de vogais e suas extensões na grade em uma série de Notas de Trabalho, que ele enviou para outros pesquisadores da Linear B. No dia 1º de junho de 1952, ele publicou seu resultado mais significativo, Nota de Trabalho 20, um ponto decisivo para a decifragem

O LIVRO DOS CÓDIGOS

da Linear B. Ele tinha passado os últimos dois anos expandindo a grade de Kober até obter a versão mostrada na Tabela 22. A grade consistia agora em 5 colunas de vogais e 15 fileiras de consoantes, produzindo um total de 75 células, com mais 5 casas disponíveis para vogais isoladas. Ventris tinha inserido símbolos em metade das células. Esta grade é um tesouro de informação. Por exemplo, a partir da sexta fileira é possível dizer que os sinais silábicos **37**, **05** e **69** partilham a mesma consoante, VI, mas contêm vogais diferentes, 1, 2 e 4. Ventris não tinha idéia de qual era a consoante VI ou as vogais 1, 2 e 4 e até esse ponto ele resistira à tentação de associar sons a quaisquer dos símbolos. Contudo, ele percebia que agora era a ocasião de seguir alguns palpites, supor alguns dos sons e examinar as conseqüências.

Ventris tinha percebido que três palavras apareciam repetidas vezes em várias das tabuletas da Linear B: **08-73-30-12**, **70-52-12** e **69-53-12**. Baseando-se em nada mais do que pura intuição, ele conjecturou que essas palavras poderiam ser nomes de cidades importantes. Ventris já especulara que o símbolo **08** era uma vogal, portanto o nome da primeira cidade tinha que começar com uma vogal. O único nome significativo que encaixava na relação era Amnisos, uma importante cidade portuária. Se ele estivesse certo, então o segundo e o terceiro símbolos, **73** e **30**, representariam -mi- e -ni-. Esses dois símbolos continham a mesma vogal, **i**, assim os números **73** e **30** deveriam aparecer na mesma coluna de vogais da grade. É o que acontece. O símbolo final **12** deveria representar -so-, não deixando nada para representar o **s** final. Ventris decidiu ignorar o problema do **s** final perdido por enquanto e prosseguiu com o seguinte trabalho de tradução:

Cidade 1 = **08-73-30-12** = **a-mi-ni-so** = Amnisos

Era apenas uma suposição, mas as repercussões na grade de Ventris foram enormes. Por exemplo, o sinal **12**, que parece representar -**so**-, encontra-se na segunda coluna das vogais e na sétima fileira de consoantes. Daí, se esta suposição for correta, então todos os outros sinais silábicos na segunda coluna das vogais conterão a vogal **o**, enquanto todos os outros sinais silábicos na sétima fileira de consoantes terão a consoante **s**.

Quando Ventris examinou a segunda cidade, percebeu que ela também continha o sinal **12**, -**so**-. Os outros dois símbolos, **70** e **52**, estavam na mesma coluna de vogais de -**so**-, o que implicava que esses símbolos também conteriam a vogal **o**. Para a segunda cidade, ele poderia inserir **-so-**, e o **o** onde fosse apropriado e deixar brechas para as consoantes desconhecidas, o que levou ao seguinte:

Cidade 2 = **70-52-12** = **?o-?o-so** = ?

Poderia ser Cnossos? Os sinais poderiam representar **ko-no-so**. Uma vez mais Ventris estava satisfeito em ignorar o problema do **s** final perdido, pelo menos por enquanto. Ele notou com satisfação que o sinal **52**, que supostamente representaria o **-no-**, estava na mesma fileira de consoantes do sinal **30**, que supostamente representavam o **-ni-** em Amnisos. Isso era tranqüilizador, porque se eles continham a mesma consoante **n**, então, de fato, deveriam estar na mesma fileira de consoantes. Usando a informação silábica de Cnossos e Amnisos, ele inseriu as seguintes letras na terceira cidade:

Cidade 3 = **69-53-12** = **??-?i-so**

O único nome que parecia encaixar era Tulissos (**tu-li-so**), uma importante cidade na região central de Creta. Novamente o **s** final estava faltando e mais uma vez Ventris ignorou o problema. Ele agora tinha, experimentalmente, identificado três nomes de lugares e os valores sonoros de oito sinais diferentes:

Cidade 1 = **08-73-30-12**   = **a-mi-ni-so**   = Amnisos
Cidade 2 = **70-52-12**   = **ko-no-so**   = Cnossos
Cidade 3 = **69-53-12**   = **tu-li-so**   = Tulissos

As repercussões da identificação de oito sinais eram enormes. Ventris podia deduzir os valores das consoantes e vogais de muitos outros sinais na grade, se eles estivessem na mesma fileira ou coluna. O resultado foi que muitos símbolos revelaram parte de seu significado silábico e alguns podiam ser completamente identificados. Por exemplo, o símbolo **05** encontra-se na mesma coluna que **12** (**so**), **52** (**no**) e **70** (**ko**) e assim deve conter a vogal **o**. Por um processo semelhante de raciocínio, o símbolo **05** encontra-se na mesma fileira do sinal **69** (**tu**) e portanto deve conter a consoante **t**. Resumindo, o sinal **05** representa a sílaba **-to-**. Quanto ao sinal **31**, ele se encontra na mesma coluna do sinal **08**,

O LIVRO DOS CÓDIGOS

a coluna do **a**, e está na mesma fileira do sinal **12**, a fileira do **s**. Portanto o sinal 31 é a sílaba **-sa-**.

Deduzir os valores silábicos desses dois sinais, **05** e **31**, foi particularmente importante porque permitiu que Ventris lesse duas palavras completas, **05-12** e **05-31**, que apareciam freqüentemente no final das relações de estoque. Ventris já sabia que o sinal **12** representava a sílaba **-so-**, porque este símbolo aparecia na palavra Tulissos, e daí que **05-12** podia ser lido como **to-so**. E a outra palavra, **05-31**, poderia ser lida como **to-sa**. Este era um resultado espantoso, porque os especialistas suspeitavam que essas palavras, encontradas no fim dos inventários, significariam "total". Ventris agora as lia como **toso** e **tosa**, estranhamente semelhantes ao grego arcaico *tossos* e *tossa*, masculino e feminino de "tanto". Desde que tinha quatorze anos de idade, do momento em que ouvira a palestra de Sir Arthur Evans, ele acreditara que o idioma dos minóicos não podia ser o grego. E agora ele estava descobrindo palavras que eram claramente uma evidência a favor do grego como o idioma da Linear B.

Fora a antiga escrita cipriota que fornecera algumas das primeiras evidências contrárias à hipótese da Linear B ser grego, porque sugeria que as palavras da Linear B raramente terminavam em **s**, que é uma terminação muito comum para palavras gregas. Ventris tinha descoberto que as palavras da Linear B, de fato, raramente terminavam em **s**, mas talvez isso fosse simplesmente o resultado de uma convenção que omitia o **s**. Amnisos, Cnossos, Tulissos e *tossos* eram todas escritas sem o **s** final, indicando que os escribas simplesmente não se importavam com o **s** final, deixando para o leitor preencher a omissão óbvia.

Ventris logo decifrou um punhado de outras palavras que também tinham uma semelhança com o grego, mas ainda não estava absolutamente convencido de que a Linear B fosse uma escrita grega. Em teoria, as poucas palavras que ele decifrara podiam ser desconsideradas como sendo termos importados para a linguagem minóica. Um estrangeiro, chegando a um hotel britânico, poderia ouvir palavras como *rendezvous* ou *bon appetit*, mas estaria errado se presumisse que os britânicos falam francês. Além disso, Ventris encontrou palavras que não faziam sentido para ele, fornecendo alguma evidência a favor de uma linguagem desconhecida. Na Nota de Trabalho 20 ele não ignorou a hipótese do grego, mas a chamou de uma "divagação frívola". E concluiu: "Se esta linha de decifragem for seguida, eu suspeito que cedo ou tarde chegaremos a um impasse ou nos perderemos em absurdos."

Fig. 61 John Chadwick.

Apesar de seus receios, Ventris prosseguiu com a linha de abordagem grega. Enquanto a Nota de Trabalho 20 estava sendo distribuída, ele começou a descobrir mais palavras gregas. Ele pôde identificar *poimen* (pastor), *kerameus* (oleiro), *khrusoworgos* (ourives) e *khalkeus* (fundidor de bronze) e chegou mesmo a traduzir um par de frases completas. Pela primeira vez em três mil anos, a silenciosa escrita da Linear B estava sussurrando novamente, e a linguagem que falava era indubitavelmente o grego.

Durante este período de rápidos progressos, Ventris, por coincidência, foi convidado a participar de um programa da rádio BBC, para debater o misté-

O LIVRO DOS CÓDIGOS

261

rio das escritas minóicas. Ele concluiu que aquela era a oportunidade ideal para apresentar sua descoberta ao público. Depois de uma palestra um tanto banal sobre a história minóica e a Linear B, ele fez seu anúncio revolucionário. "Nas últimas semanas eu cheguei à conclusão de que as tabuletas de Cnossos e Pilos devem, apesar de tudo, ter sido escritas em grego — um grego arcaico e difícil, já que é 500 anos mais antigo do que Homero e escrito de uma forma um tanto abreviada, mas, apesar de tudo, é grego." Um dos ouvintes era John Chadwick, um pesquisador de Cambridge que estivera interessado na decifragem da Linear B desde a década de 1930. Durante a guerra ele servira algum tempo como criptoanalista em Alexandria, onde decifrara cifras italianas antes de se mudar para Bletchley Park, onde atacara as cifras japonesas. Depois da guerra, Chadwick tentara de novo decifrar a Linear B, desta vez empregando técnicas que aprendera trabalhando com os códigos militares. Infelizmente tivera pouco sucesso.

Ao ouvir a entrevista no rádio, ele ficou perplexo com a afirmação aparentemente absurda de Ventris. Chadwick, junto com a maioria dos estudiosos que ouviam o programa, desconsiderou a afirmação como sendo o trabalho de um amador — o que de fato era. Contudo, como palestrante sobre grego, Chadwick percebeu que seria bombardeado com perguntas a respeito da afirmação de Ventris e resolveu se preparar investigando o argumento em detalhes. Ele obteve cópias das Notas de Trabalho de Ventris e as examinou, esperando encontrá-las cheias de furos. Contudo, em alguns dias, o estudioso cético tornou-se um dos primeiros defensores da teoria grega de Ventris para a Linear B. Chadwick logo passou a admirar o jovem arquiteto:

Sua mente trabalhava com uma rapidez espantosa, de modo que podia pensar em todas as implicações de uma sugestão antes que ela saísse de sua boca. Ele tinha uma aguçada percepção da realidade da situação. Os micenianos não eram para ele abstrações vagas, mas pessoas vivas, em cujos pensamentos ele podia penetrar. Ele se esforçou em uma abordagem visual do problema; tornando-se tão familiarizado com o aspecto visual dos textos, que grandes seções ficaram impressas em sua mente como padrões visuais, muito antes que a decifragem lhes conferisse um significado. Mas apenas uma memória fotográfica não era o suficiente, e foi aí que seu treino como arquiteto o ajudou. Os olhos de um arquiteto enxergam um prédio não como uma mera fachada, uma mistura de características ornamentais e estruturais: ele olha por baixo da aparência e distingue as partes significativas do padrão, os elementos estruturais e o vigamento do prédio. Assim também Ventris foi capaz de discernir entre a espantosa variedade de sinais misteriosos, padrões e regularidades que revelavam a estrutura subjacente. E esta qualidade, a capacidade de enxergar a ordem na confusão aparente, tem marcado o trabalho de todos os grandes homens.

Contudo, faltava a Ventris uma habilidade especial, um conhecimento completo do grego arcaico. A única educação formal que Ventris tivera em grego fora como menino na Escola Stowe, e assim ele não podia explorar completamente a sua descoberta. Por exemplo, ele era incapaz de explicar algumas das palavras decifradas porque elas não eram parte de seu vocabulário grego. A especialidade de Chadwick era a filologia grega, o estudo da evolução histórica do idioma, e ele estava portanto bem equipado para mostrar que essas palavras problemáticas se encaixavam nas teorias sobre as formas mais antigas do grego. Juntos, Chadwick e Ventris formaram uma parceria perfeita.

O grego de Homero tem três mil anos de idade, mas o grego da Linear B é 500 anos mais velho. De modo a traduzi-lo, Chadwick precisava extrapolar a partir do grego antigo conhecido para as palavras na Linear B, levando em consideração os três modos pelos quais uma linguagem se desenvolve. Em primeiro lugar, a pronúncia evolui com o tempo. Por exemplo, a palavra grega para aguadeiros muda de *lewotrokhowoi* na Linear B para *loutrokhooi* na época de Homero. Em segundo lugar ocorrem mudanças na gramática. Por exemplo, na Linear B a terminação do genitivo é *-oio*, mas isso é substituído no grego clássico por *-ou*. E finalmente, o léxico pode mudar drasticamente. Algumas palavras nascem, outras morrem, e algumas mudam de significado. Na Linear B, *harmo* significa "roda", enquanto no grego posterior quer dizer "carruagem". Chadwick lembra que isto é semelhante ao uso da palavra *wheels* (rodas) para simbolizar carro no inglês moderno.

Com as habilidades de decifragem de Ventris e o conhecimento que Chadwick tinha do grego, a dupla avançou, convencendo o resto do mundo de que a Linear B era de fato grego. A taxa de tradução acelerou-se a cada dia que passava. No relato de Chadwick sobre seu trabalho, *The Decipherment of Linear B*, ele escreve:

> A criptografia é a ciência da dedução e da experiência controlada; hipóteses são feitas, testadas e freqüentemente abandonadas. Mas o resíduo que passa

O LIVRO DOS CÓDIGOS

nos testes cresce até que, finalmente, chega-se a um ponto em que o experimentador sente o terreno sólido sob seus pés: suas hipóteses se aglutinam e fragmentos de sentido emergem da camuflagem. O código se "quebra". Talvez isso seja mais bem definido como o ponto em que as pistas prováveis aparecem mais rapidamente do que podem ser seguidas. É como o início de uma reação em cadeia na física atômica: uma vez que o patamar seja ultrapassado, a reação se propaga sozinha.

Não demorou muito antes que eles fossem capazes de demonstrar seu domínio da escrita, enviando recados curtos, um para o outro, em Linear B.

Um teste informal para a precisão da decifragem era o número de deuses no texto. No passado, aqueles que haviam seguido no caminho errado geravam palavras sem sentido, que eram explicadas como sendo os nomes de divindades até então desconhecidas. Contudo, Chadwick e Ventris encontraram apenas quatro nomes divinos, todos de deuses bem conhecidos.

Em 1953, confiante em suas análises, ele resumiu seu trabalho num artigo, modestamente intitulado "Evidência de um dialeto grego nos arquivos micênicos", o qual foi publicado no *The Journal of Hellenic Studies*. Daí em diante os arqueólogos do mundo inteiro começaram a perceber que estavam testemunhando uma revolução. Em uma carta para Ventris, o pesquisador alemão Ernst Sittig resumiu o estado de espírito da comunidade acadêmica: "Eu repito: suas demonstrações são criptograficamente as mais interessantes de que já ouvi falar e são realmente fascinantes. Se estiver certo, os métodos da arqueologia, da etnologia, da história e da filologia dos últimos cinqüenta anos foram reduzidos *ad absurdum.*"

As tabuletas da Linear B contradiziam quase tudo que fora afirmado por Sir Arthur Evans e sua geração. Em primeiro lugar havia o simples fato de que a Linear B era grego. Segundo, se os minóicos em Creta escreviam em grego e, presumivelmente, falavam grego, isto forçava os arqueólogos a reconsiderarem seus pontos de vista sobre a história minóica. Agora, parecia que a força dominante naquela região era Micenas e a Creta minóica um Estado menor, cujo povo falava o idioma de seus vizinhos mais poderosos. Contudo, existem evidências de que antes de 1450 a.C. Minos era um estado verdadeiramente independente, com sua própria linguagem. Foi em torno de 1450 a.C. que a Linear B substituiu a Linear A, e embora as duas escritas pareçam muito semelhantes, ninguém decifrou ainda a Linear A. A Linear A deve, portanto, representar um idioma diferente da Linear B. Parece provável que, em torno de 1450 a.C., os micenianos conquistaram os minóicos, impondo sua linguagem e transformando a Linear A em Linear B, de modo que ela funcionasse como uma escrita para o grego.

Além de esclarecer um amplo panorama histórico, a decifragem da Linear B também preenche alguns detalhes antes desconhecidos. Por exemplo, as escavações em Pilos não conseguiram revelar nenhum objeto precioso naquele palácio luxuoso, que acabou destruído pelo fogo. Isto leva à suspeita de que o palácio foi deliberadamente incendiado pelos invasores, que primeiro retiraram todas as riquezas. Embora as tabuletas de Linear B em Pilos não descrevam especificamente esse ataque, elas sugerem preparativos para resistir a uma invasão. Uma tabuleta registra a criação de uma unidade especial para a defesa costeira, enquanto outra relata a apropriação de ornamentos de bronze para serem convertidos em pontas de lanças. Uma terceira tabuleta, mais desordenada que as outras duas, descreve um ritual particularmente elaborado no templo, possivelmente envolvendo sacrifício humano.

A maioria das tabuletas da Linear B são bem ordenadas, o que indica que os escribas começavam com um rascunho, que depois era destruído. A tabuleta desordenada tem grandes brechas, de linhas meio vazias que se derramam para o outro lado.

Uma explicação possível é a de que essa tabuleta registrou uma tentativa de invocar uma intervenção divina em face da invasão, mas antes que pudesse ser corrigida o palácio foi tomado.

A maior parte da Linear B é de inventários, e assim descrevem as transações diárias. Elas indicam a existência de uma burocracia sem igual em qualquer momento da história, com tabuletas registrando detalhes dos produtos manufaturados e da produção agrícola. Chadwick comparou o arquivo de tabuletas ao Livro Domesday e o professor Denys Page descreve o nível de detalhes: "Cada carneiro era contado até um total de vinte e cinco mil, mas ainda assim havia a necessidade de registrar o fato de que *um* animal fora doado por Komawens... supõe-se que nenhuma semente poderia ser semeada, nem um grama de bronze trabalhado, nem uma roupa tecida, uma cabra criada ou um porco morto sem o preenchimento de um formulário no palácio real." Esses registros palacianos podem parecer mundanos, mas são inerentemente românticos por estarem tão intimamente associados com a *Odisséia* e a *Ilíada*. Enquanto os escribas em Cnossos e Pilos registravam as transações diárias, a Guerra de Tróia era travada. A linguagem da Linear B é o idioma de Ulisses.

Tabela 23 Sinais da Linear B com seus números e fonemas.

№			№			№		
01		*da*	30		*ni*	59		*ta*
02		*ro*	31		*sa*	60		*ra*
03		*pa*	32		*qo*	61		*o*
04		*te*	33		*ra$_2$*	62		*pte*
05		*to*	34			63		
06		*na*	35			64		
07		*di*	36		*jo*	65		*ju*
08		*a*	37		*ti*	66		*ta$_2$*
09		*se*	38		*e*	67		*ki*
10		*u*	39		*pi*	68		*ro$_2$*
11		*po*	40		*wi*	69		*tu*
12		*so*	41		*si*	70		*ko*
13		*me*	42		*wo*	71		*dwe*
14		*do*	43		*ai*	72		*pe*
15		*mo*	44		*ke*	73		*mi*
16		*pa$_2$*	45		*de*	74		*ze*
17		*za*	46		*je*	75		*we*
18			47			76		*ra$_2$*
19			48		*nwa*	77		*ka*
20		*zo*	49			78		*qe*
21		*qi*	50		*pu*	79		*zu*
22			51		*du*	80		*ma*
23		*mu*	52		*no*	81		*ku*
24		*ne*	53		*ri*	82		
25		*a$_2$*	54		*wa*	83		
26		*ru*	55		*nu*	84		
27		*re*	56		*pa$_3$*	85		
28		*i*	57		*ja*	86		
29		*pu$_2$*	58		*su*	87		

No dia 24 de junho de 1953, Ventris deu uma palestra, aberta ao público, narrando a decifragem da Linear B. No dia seguinte era notícia em *The Times*, ao lado de um comentário sobre a recente conquista do monte Everest. Isso fez com que a realização de Ventris e Chadwick ficasse conhecida como "O Everest da arqueologia grega". No ano seguinte os dois homens resolveram escrever uma obra completa, em três volumes, sobre seu trabalho, que incluiria uma descrição da decifragem, a análise detalhada de trezentas tabuletas, um dicionário com 630 palavras micênicas e uma lista de valores sonoros para quase todos os sinais da Linear B, como mostra a Tabela 23. *Documents in Mycenaean Greek* foi terminado no verão de 1955 e estava pronto para ser publicado no outono de 1956. Contudo, algumas semanas antes que o trabalho fosse impresso, em 6 de setembro de 1956, Michael Ventris morreu. Enquanto dirigia para casa, tarde da noite, pela Grande Estrada Norte, perto de Hatfield, seu carro bateu num caminhão. John Chadwick lembrou o valor de seu colega, um homem que igualara a genialidade de Champollion e que também morrera, tragicamente, ainda jovem: "O trabalho que ele realizou permanece, e seu nome será lembrado enquanto se estudar a antiga civilização grega e sua linguagem."

6

. . . .

Alice e Bob Usam a Internet

Durante a Segunda Guerra Mundial os decifradores de códigos britânicos levaram a melhor sobre os fazedores de códigos alemães, porque os homens e mulheres em Bletchley Park seguiram a iniciativa dos poloneses, desenvolvendo algumas das primeiras máquinas de quebra de códigos. Além das bombas de Turing, usadas para quebrar a cifra Enigma, os britânicos inventaram outro aparelho decifrador, o Colossus, para combater uma forma ainda mais poderosa de cifra, a cifra alemã Lorenz. Dos dois tipos de máquinas decifradoras, foi a Colossus que determinou o desenvolvimento da criptografia na segunda metade do século XX.

A cifra Lorenz era usada para codificar a comunicação entre Hitler e seus generais. A cifragem era feita pela máquina Lorenz SZ40, que operava de modo semelhante à máquina Enigma, mas a Lorenz era muito mais complicada e ofereceu um desafio muito maior aos decifradores de Bletchley. Contudo, dois dos analistas de Bletchley, John Tiltman e Bill Tutte, descobriram uma fraqueza no modo como a cifra Lorenz era usada, uma falha que Bletchley podia explorar e assim ler as mensagens de Hitler.

A quebra da cifra Lorenz exigia uma mistura de pesquisa, combinação, análise estatística e um julgamento cuidadoso, coisas que estavam além da capacidade técnica das bombas. As bombas podiam realizar tarefas específicas em alta velocidade, mas não eram suficientemente flexíveis para lidar com as sutilezas da Lorenz. As mensagens cifradas na Lorenz tinham que ser decifradas a mão, o que levava semanas de grande esforço, e no final as mensagens já estavam, na maior parte, desatualizadas. Certo dia, Max Newman, um matemático de Bletchley, apareceu com um modo de mecanizar a criptoanálise da cifra Lorenz. Baseando-se, em grande parte, no conceito de Alan Turing para uma máquina universal, Newman projetou uma máquina capaz de se adaptar a diferentes problemas, o que hoje em dia nós chamamos de um computador programável.

A implementação do projeto de Newman foi considerada tecnicamente impossível, e os diretores de Bletchley arquivaram o projeto. Felizmente Tommy Flowers, um engenheiro que tomara parte nos debates sobre o projeto de Newman, decidiu ignorar o ceticismo em Bletchley e prosseguiu com a construção da máquina. Flowers levou as plantas de Newman para o centro de pesquisa dos correios, em Dollis Hill, no norte de Londres e passou dez meses transformando o projeto na máquina Colossus, que ele entregou em Bletchley Park no dia 8 de dezembro de 1943. Ela consistia em 1.500 válvulas eletrônicas, que eram consideravelmente mais rápidas do que os lentos relés eletromecânicos usados nas bombas. Entretanto, mais importante do que a velocidade do Colossus era o fato de que ele era programável. Foi esta característica que fez de Colossus o precursor do moderno computador digital.

Colossus foi destruído depois da guerra, como tudo o mais em Bletchley Park, e todos os que trabalharam com ele foram proibidos de falarem a respeito. Quando Tommy Flowers recebeu ordens para se livrar das plantas de Colossus, ele obedientemente as levou para a sala das caldeiras e as queimou. Os planos para o primeiro computador do mundo estavam perdidos para sempre. Este segredo significou que outros cientistas receberam o crédito pela invenção do computador. Em 1945, J. Presper Eckert e John W. Mauchly, da Universidade da Pensilvânia, completaram o ENIAC (Electronic Numerical Integrator And Calculator), que consistia em 18 mil válvulas eletrônicas, capazes de realizar cinco mil cálculos por segundo. Durante décadas a máquina ENIAC e não o Colossus foi considerada a mãe de todos os computadores.

Tendo contribuído para o nascimento do computador moderno, os criptoanalistas continuaram, depois da guerra, a desenvolver e empregar a tecnologia dos computadores para quebrar todo o tipo de cifras. Eles agora podiam explorar a velocidade e a flexibilidade dos computadores programáveis para pesquisar todas as chaves possíveis, até que a chave correta fosse encontrada. No devido tempo os criptógrafos começaram a contra-atacar, explorando o poder dos computadores para criar cifras cada vez mais complexas. Resumin-

O LIVRO DOS CÓDIGOS

do, o computador desempenhou um papel crucial na batalha entre codificadores e decodificadores, durante o pós-guerra.

Usar um computador para cifrar uma mensagem é, em grande parte, muito semelhante às formas tradicionais de cifragem. De fato, existem apenas três diferenças significativas entre a cifragem computadorizada e o tipo de cifragem mecânica que foi a base de cifras como a Enigma. A primeira diferença é que uma máquina de cifras mecânica é limitada pelo que se pode construir na prática, enquanto o computador pode simular uma máquina de cifragem hipotética de imensa complexidade. Por exemplo, um computador pode ser programado para imitar a ação de centenas de misturadores, alguns girando no sentido dos ponteiros do relógio, outros em sentido contrário, alguns desaparecendo depois de cada décima letra, outros girando cada vez mais rapidamente, à medida que a cifragem progride. Tal máquina mecânica seria praticamente impossível de se construir, mas seu equivalente "virtual", computadorizado, produzirá uma cifra altamente segura.

A segunda diferença é simplesmente uma questão de velocidade. A eletrônica pode operar muito mais rapidamente do que os misturadores mecânicos: um computador programado para imitar a cifra Enigma pode cifrar em um instante uma longa mensagem. Além disso, um computador programado para efetuar uma forma de cifragem muito mais complexa pode realizar a tarefa dentro de um tempo razoável.

A terceira diferença, e talvez a mais significativa, é que um computador mistura números no lugar de letras do alfabeto. Os computadores lidam apenas com números binários — seqüências de um e zero conhecidas como *dígitos binários*, ou, abreviadamente, *bits* (de *binary digits*, em inglês). Esta conversão pode ser realizada de acordo com vários protocolos, tais como o American Standard Code for Information Interchange (Código Padrão Americano para Troca de Informações), conhecido pela sigla ASCII, que se pronuncia "ass-key". O ASCII destina um número binário de 7 dígitos para cada letra do alfabeto. Por enquanto é suficiente pensarmos em um número binário como sendo meramente um padrão de uns e zeros que identifica cada letra de um modo único (Tabela 24), exatamente como o código Morse identifica cada letra como uma série de pontos e traços. Existem 128 (2^7) maneiras de se arrumar uma combinação de 7 dígitos binários, de modo que o ASCII pode identificar até 128 caracteres distintos. Isso fornece espaço suficiente para definir as letras minúsculas (exemplo: **a** = **1100001**), toda a pontuação necessária (exemplo: !

= **0100001**), assim como outros símbolos (exemplo: **&** = **0100110**). Uma vez que a mensagem tenha sido convertida para a forma binária, a cifragem pode começar.

Embora estejamos lidando com computadores e números e não com máquinas e letras, a cifragem ainda se realiza por meio dos velhos princípios da transposição e da substituição, nos quais os elementos da mensagem são substituídos por outros elementos ou suas posições são trocadas, ou ambos. Cada cifragem, não importa o quão complexa, pode ser quebrada em combinações dessas operações simples. Os dois exemplos seguintes demonstram a simplicidade essencial da cifragem por computador, mostrando como um computador poderia realizar uma cifra de substituição elementar e uma cifra de transposição igualmente elementar.

Primeiro, imagine que desejamos cifrar a palavra **HELLO**, empregando uma versão simples, para computador, da cifra de transposição. Antes que a cifragem possa começar, nós devemos traduzir a mensagem para o ASCII, de acordo com a Tabela 24:

Texto original = HELLO = 1001000 1000101 1001100 1001100 1001111

Uma das formas mais simples de cifra de transposição vai trocar o primeiro e o segundo dígitos, o terceiro e o quarto dígitos, e assim por diante. Neste caso o último dígito permanecerá imutável porque existe um número ímpar de dígitos. De modo a ver a operação mais claramente, eu removi os espaços entre os blocos da ASCII, no texto original, para gerar uma fileira contínua, e em seguida a alinhei ao lado do texto cifrado resultante para comparação:

Texto original = 10010001000101100110010011001001111

Texto cifrado   = 01100010001010011001100011000110111

Um aspecto interessante dos dígitos binários é que a transposição pode acontecer dentro da letra. Além disso, bits de uma letra podem trocar de lugar com bits da letra vizinha. Por exemplo, ao trocar o sétimo e o oitavo números, o **0** final de **H** foi trocado pelo **1** de **E**. A mensagem cifrada ficou sendo uma única

O LIVRO DOS CÓDIGOS   271

carreira de 35 dígitos binários que podem ser transmitidos para o receptor, o qual então reverte a transposição para recriar a fileira original de dígitos binários. Finalmente o receptor reinterpreta os dígitos binários via ASCII para recriar a mensagem **HELLO** (Alô).

Tabela 24 Números binários em ASCII para letras maiúsculas.

A	1 0 0 0 0 0 1		N	1 0 0 1 1 1 0
B	1 0 0 0 0 1 0		O	1 0 0 1 1 1 1
C	1 0 0 0 0 1 1		P	1 0 1 0 0 0 0
D	1 0 0 0 1 0 0		Q	1 0 1 0 0 0 1
E	1 0 0 0 1 0 1		R	1 0 1 0 0 1 0
F	1 0 0 0 1 1 0		S	1 0 1 0 0 1 1
G	1 0 0 0 1 1 1		T	1 0 1 0 1 0 0
H	1 0 0 1 0 0 0		U	1 0 1 0 1 0 1
I	1 0 0 1 0 0 1		V	1 0 1 0 1 1 0
J	1 0 0 1 0 1 0		W	1 0 1 0 1 1 1
K	1 0 0 1 0 1 1		X	1 0 1 1 0 0 0
L	1 0 0 1 1 0 0		Y	1 0 1 1 0 0 1
M	1 0 0 1 1 0 1		Z	1 0 1 1 0 1 0

Em seguida vamos imaginar que desejamos cifrar a mesma mensagem **HELLO**, desta vez empregando uma versão simples, de computador, para a cifra de substituição. Novamente começamos convertendo a mensagem para a ASCII antes da cifragem. Como é normal, a substituição depende de uma chave que pode ser estabelecida entre o emissor e o receptor. Neste caso a chave é a palavra **DAVID** traduzida para o ASCII, e usada da seguinte maneira: cada elemento do texto original é "somado" ao elemento correspondente da chave. A soma de dígitos binários pode ser imaginada obedecendo a duas regras simples. Se o elemento no texto original e na chave são os mesmos, o elemento no texto original é substituído por 0 no texto cifrado. Mas se o elemento na mensagem e o na chave são diferentes, o elemento no texto original é substituído por 1 no texto cifrado:

Mensagem	**HELLO**
Mensagem em ASCII	**100100010001011001100100110010010111**
Chave = David	**100010010000011010110100100110001 00**
Texto cifrado	**0001100000010000110100000101 0001011**

A mensagem cifrada resultante é uma fileira única de 35 dígitos binários que pode ser transmitida para o receptor, que então usa a mesma chave para reverter a substituição, recriando assim a fileira original de digitos binários. Finalmente o receptor reinterpreta os dígitos binários via ASCII para recriar a mensagem **HELLO**.

A cifragem por computador ficou restrita àqueles que possuíam computadores, o que nos primeiros dias significava o governo e os militares. Contudo, uma série de descobertas científicas e avanços tecnológicos e de engenharia tornaram os computadores e a cifragem por computador amplamente acessíveis. Em 1947 a AT&T Bell Laboratories inventou o transístor, uma alternativa barata para a válvula eletrônica. E a computação comercial se tornou realidade em 1951 quando empresas tais como a Ferranti começaram a fabricar computadores sob encomenda. Em 1953 a IBM lançou o seu primeiro computador e quatro anos depois ela introduziu a Fortran, uma linguagem de programação que permitia que "pessoas comuns escrevessem programas para os computadores". Então, em 1959, a invenção do circuito integrado anunciou uma nova era para a computação.

Durante a década de 1960 os computadores se tornaram mais poderosos e ao mesmo tempo mais baratos. Cada vez mais as empresas eram capazes de comprar e manter computadores, podendo usá-los para cifrar comunicações importantes, tais como transferências de dinheiro e delicadas negociações comerciais. Contudo, à medida que mais e mais empresas compravam computadores e as cifragens entre elas se difundiam, os criptógrafos se viram confrontados com um novo problema, dificuldades que não existiam quando a criptografia era um privilégio do governo e dos militares. Uma das principais preocupações era a questão da padronização. Uma empresa poderia usar um sistema particular de cifragem para garantir a segurança das comunicações internas, mas não poderia enviar uma mensagem secreta para uma organização externa, a menos que o receptor usasse o mesmo sistema de cifragem. Mais tarde, em 15 de maio de 1973, o National Bureau of Standards americano planejou resolver o problema e formalmente solicitou propostas para um sistema padrão de cifragem que permitisse conversas secretas entre as empresas.

Um dos algoritmos de cifragem mais usados, e candidato a padrão, era um produto da IBM conhecido como Lucifer. Ele fora desenvolvido por Horst Feistel, um emigrante alemão que chegara nos Estados Unidos em 1934. Ele estava a ponto de se tornar cidadão americano quando os Estados Unidos en-

O LIVRO DOS CÓDIGOS

traram na guerra, o que fez com que fosse colocado em prisão domiciliar até 1944. Durante alguns anos, depois disso, Feistel reprimiu seu interesse por criptografia para evitar levantar suspeitas das autoridades americanas. Quando começou sua pesquisa em cifras no Centro de Pesquisas Cambridge da Força Aérea ele logo se viu às voltas com a Agência de Segurança Nacional (NSA), a organização responsável pela manutenção da segurança das comunicações militares e do governo, que também tenta interceptar e decifrar as comunicações estrangeiras. A NSA emprega mais matemáticos, compra mais equipamentos de computação e intercepta mais mensagens do que qualquer outra organização no mundo. É a líder mundial no que se refere a escuta.

A NSA não fazia objeções quanto ao passado de Feistel, meramente queria manter o monopólio da pesquisa criptográfica e assim arranjou para que o projeto de pesquisa dele fosse cancelado. Na década de 1960 Feistel se mudou para a Mitre Corporation, mas a NSA continuou a exercer pressão e o forçou a abandonar seu trabalho pela segunda vez. Feistel acabou no laboratório Thomas J. Watson da IBM, perto de Nova York, onde durante vários anos conseguiu realizar sua pesquisa sem ser importunado. Foi lá, durante o início da década de 1970, que ele desenvolveu o sistema Lucifer.

Lucifer cifra as mensagens de acordo com a seguinte operação de mistura: primeiro a mensagem é traduzida em uma longa fileira de dígitos binários. Depois a fileira é dividida em blocos de 64 dígitos e a cifragem é feita separadamente em cada um dos blocos. Em terceiro lugar, focalizando-se apenas um dos blocos, os 64 dígitos são misturados e então divididos em dois blocos de 32 dígitos chamados Esquerdo^0 e Direito^0, que passam através de uma "função mutiladora", a qual muda os dígitos de acordo com uma substituição complexa. O Direito^0 mutilado é então somado ao Esquerdo^0 para criar um novo meio bloco de 32 dígitos chamado Direito^1. O Direito^0 original é renomeado Esquerdo^1. Esse conjunto de operações é chamado de uma "rodada". Todo o processo é repetido uma segunda rodada, mas começando agora pelos novos blocos, Esquerdo^1 e Direito^1 e terminando com Esquerdo^2 e Direito^2. Esse processo é repetido até que tenham sido completadas 16 rodadas no total. O processo de cifragem é um pouco como amassar uma longa peça de massa de farinha de pão. Imagine uma longa peça de massa com uma mensagem escrita nela. Primeiro nós dividimos a peça em blocos de 64 centímetros de comprimento. Então pegamos metade de um dos blocos, o amassamos, dobramos sobre si mesmo, misturamos com a outra metade e a esticamos para fazer um novo bloco. Este processo é repetido várias vezes até que a mensagem esteja completamente misturada. Depois de 16 rodadas de manipulação, o texto cifrado é enviado e decifrado no receptor através da reversão do processo.

Os detalhes exatos da função misturadora podem mudar, e são determinados por uma chave comum ao emissor e ao receptor. Em outras palavras, a mesma mensagem pode ser cifrada de uma infinidade de modos diferentes, dependendo da chave que for escolhida. As chaves usadas na criptografia por computador são números simples. Desse modo, o emissor e o receptor só precisam escolher um número de modo a decidir qual chave será usada. Daí em diante a cifragem exige que o emissor da mensagem carregue um número e a mensagem no programa Lucifer que, então, produzirá o texto cifrado. A decifragem exige que o receptor introduza o mesmo número de chave e o texto cifrado em Lucifer, que então reproduzirá a mensagem original.

Lucifer era considerado, de um modo geral, um dos mais poderosos sistemas de cifragem disponíveis comercialmente e, conseqüentemente, foi usado por uma grande variedade de organizações. Parecia inevitável que esse sistema fosse adotado como padrão americano, mas novamente a NSA interferiu no trabalho de Feistel. Lucifer era tão poderoso que oferecia a possibilidade de um padrão de cifragem provavelmente além das capacidades de quebra de códigos da NSA. Não é surpresa, portanto, que a NSA não quisesse ver uma cifragem padrão que ela não pudesse decodificar. Daí corre o rumor de que a NSA pressionou para enfraquecer um aspecto de Lucifer, o número de chaves posssíveis, antes de permitir que fosse adotado como padrão.

E o número de chaves possíveis é um dos fatores cruciais determinando a força de qualquer cifra. Um criptoanalista decifrando uma mensagem pode tentar verificar todas as chaves possíveis, e quanto maior for o número de chaves possíveis, mais tempo será necessário para encontrar a certa. Se existirem apenas 1.000.000 de chaves possíveis, um criptoanalista pode usar um computador poderoso para encontrar a chave correta em questão de minutos, decifrando portanto a mensagem interceptada. Contudo, se o número de chaves possíveis for suficientemente grande, a descoberta da chave correta torna-se pouco prática. Se Lucifer iria se tornar um padrão de cifragem, então a NSA queria ter certeza de que ele operaria apenas com um número restrito de chaves.

A NSA argumentou a favor de limitar o número de chaves a aproximadamente 100.000.000.000.000.000 (tecnicamente se fala em 56 bits, porque este número consiste em 56 dígitos quando escrito em linguagem binária). Parece que a NSA acreditava que tal número forneceria segurança dentro da comunidade civil, porque nenhuma organização civil teria um computador suficientemente poderoso para verificar cada chave possível em um período de tempo razoável. Contudo, a própria NSA tinha acesso aos maiores sistemas de computação do mundo e seria capaz de decifrar as mensagens. A versão de 56 bits da cifra Lucifer de Feistel foi oficialmente adotada em 23 de novembro de 1976 e batizada como Padrão de Cifragem de Dados (DES — Data Encryption Standard). Um quarto de século depois, a DES continua sendo o padrão oficial americano para cifragem.

A adoção da DES resolveu um problema de padronização, encorajando as empresas a usarem a criptografia para sua segurança. Além disso, a DES era suficientemente forte para garantir a segurança contra ataques de rivais comerciais. Era efetivamente impossível, para uma empresa com um computador civil, quebrar uma mensagem cifrada com a DES, porque o número de chaves possíveis era suficientemente grande. Infelizmente, apesar da padronização e da força da DES, as empresas ainda tinham que lidar com um grande problema, a questão da *distribuição de chaves.*

Imagine que um banco deseja enviar algumas informações confidenciais para um cliente através de uma ligação telefônica, mas teme que alguém possa estar fazendo uma escuta na linha. O banco escolhe uma chave e usa a DES para cifrar os dados na mensagem. Para decifrar a mensagem, o cliente vai precisar de uma cópia da DES em seu computador, mas também precisará saber qual foi a chave usada para cifrar a mensagem. Como é que o banco vai fornecer esta chave para o cliente? Ele não pode mandá-la pela ligação telefônica porque suspeita de que exista um grampo na linha. A única maneira verdadeiramente segura de se enviar a chave é entregá-la pessoalmente, o que será uma tarefa que tomará tempo. Uma solução menos segura, mas mais prática, é enviar a chave através de um mensageiro. Na década de 1970 os bancos tentaram distribuir chaves usando viajantes que estavam entre os empregados de maior confiança da empresa. Esses estafetas percorriam o mundo com valises trancadas, distribuindo pessoalmente as chaves para todos os que receberiam mensagens do banco na semana seguinte. Mas à medida que as redes de negócios aumentavam de tamanho, mais mensagens eram enviadas e mais chaves tinham que ser entregues. Os bancos logo descobriram que esse processo de distribuição tornara-se um horrível pesadelo logístico, e os custos ficaram proibitivos.

O problema da distribuição de chaves tem prejudicado a criptografia ao longo de sua história. Por exemplo, durante a Segunda Guerra Mundial, o alto comando alemão precisava distribuir o livro mensal de chaves diárias para todos os seus operadores da Enigma, o que também era um enorme problema logístico. Os submarinos costumavam passar longos períodos longe de suas bases e, de algum modo, precisavam obter um suprimento regular de chaves. Em uma época anterior, os usuários da cifra de Vigenère tinham que encontrar um meio de levar a palavra-chave do emissor ao receptor. Não importa o quão segura seja uma cifra em teoria, na prática ela pode ser prejudicada pelo problema da distribuição de chaves.

Até certo ponto o governo e os militares têm sido capazes de enfrentar o problema da distribuição de chaves gastando dinheiro e recursos com ele. Suas mensagens são tão importantes, que eles farão qualquer coisa para garantir uma distribuição segura. As chaves do governo norte-americano são gerenciadas e distribuídas pela COMSEC, abreviação de Segurança das Comunicações (Communications Security). Na década de 1970, a COMSEC era responsável pelo transporte de toneladas de chaves diariamente. Quando os navios transportando o material da COMSEC chegavam no porto, os criptozeladores entravam a bordo e coletavam as pilhas de cartões, fitas de papel, disquetes ou qualquer outro meio em que as chaves tivessem sido armazenadas, e as entregavam aos destinatários.

A distribuição de chaves pode parecer uma questão banal, mas tornou-se um problema crucial para os criptógrafos do pós-guerra. Se duas partes quisessem se comunicar em segurança, elas precisavam confiar em uma terceira parte para entregar uma chave, e isto se tornou o elo mais fraco na cadeia da segurança. O dilema para as empresas era simples — se os governos, com todo o seu dinheiro, estavam lutando para garantir a distribuição segura de chaves, então como as empresas civis poderiam esperar obter, algum dia, um sistema confiável de entrega de chaves sem ir à falência?

Apesar das afirmações de que o problema era insolúvel, uma equipe de dissidentes triunfou contra todas as probabilidades e apresentou uma solução brilhante em meados da década de 1970. Eles criaram um sistema de cifragem que parecia desafiar toda a lógica. Embora os computadores tivessem transformado a implementação das cifras, a maior revolução da criptografia no século XX tem sido o desenvolvimento de técnicas para superar o problema da distribuição de chaves. De fato, esta descoberta é considerada a maior conquista da criptografia desde a invenção da cifra monoalfabética, há dois mil anos.

Deus Recompensa os Tolos

Whitfield Diffie é um dos criptógrafos mais entusiasmados da sua geração. Sua própria aparência cria uma imagem marcante e de certa forma contraditória. Seu terno impecável reflete o fato de que, durante a maior parte da década de 1990, ele foi um funcionário de uma das maiores empresas de computação dos Estados Unidos — atualmente seu título oficial é de engenheiro eminente na Sun Microsystems. Contudo, seu cabelo comprido até o ombro e a longa barba branca revelam que seu coração ainda está ligado aos anos 60. Ele passa uma boa parte de seu tempo diante de uma estação de trabalho, mas sua aparência sugere que se sentiria igualmente à vontade em um *ashram* em Bombaim. Diffie está ciente de que sua roupa e sua personalidade costumam deixar uma forte impressão nos outros e comenta: "As pessoas sempre me acham mais alto do que eu realmente sou e me dizem que é o efeito Tigre — não importa o seu peso em quilos, libras ou onças, ele sempre parece maior por causa dos saltos."

Diffie nasceu em 1944 e passou a maior parte da infância no Queens, em Nova York. Ainda criança ele ficou fascinado pela matemática, lendo livros que iam do *Manual de tabelas matemáticas da Companhia Química da Borracha* até o *Curso de matemática pura* de G. H. Hardy. Acabou estudando matemática no Massachusetts Institute of Technology, graduando-se em 1965. Passou então por uma série de empregos, relacionados com segurança em computadores, e no início dos anos 70 tinha amadurecido para se tornar um dos poucos especialistas em segurança verdadeiramente independentes, um criptógrafo de pensamento livre, que não era empregado do governo nem de qualquer uma das grandes corporações. Pode-se dizer que ele foi o primeiro *cypherpunk*.

Diffie estava particularmente interessado no problema da distribuição de chaves, e percebeu que aquele que encontrasse uma solução entraria para a história como um dos maiores criptógrafos de todos os tempos. Era tão fascinado por este problema, que se tornou o registro mais importante em seu livro de notas intitulado "Problemas para uma teoria ambiciosa da criptografia". Parte da motivação de Diffie vinha de sua visão de um mundo conectado. Na década de 1960, o Departamento de Defesa dos Estados Unidos começou a financiar uma organização de pesquisa de ponta chamada Agência de Projetos Avançados de Pesquisa (ARPA — Advanced Research Projects Agency). Um dos projetos de vanguarda da ARPA era encontrar um meio de conectar os computadores militares através de grandes distâncias. Isto permitiria que um computador danificado transferisse suas responsabilidades para outro computador da rede. O objetivo principal consistia em tornar a infra-estrutura da computação do Pentágono mais robusta diante de um ataque nuclear, mas a rede também permitiria que os cientistas enviassem mensagens um para o outro e fizessem cálculos explorando a capacidade ociosa de computadores remotos. Esta rede, a ARPANet, nasceu em 1969, e no final daquele ano já existiam quatro locais, *sites*, interconectados. A

Fig. 62 Whitfield Diffie.

O LIVRO DOS CÓDIGOS

ARPANet continuou a crescer e, em 1982, ela deu origem à Internet. No final dos anos 80 os usuários não-acadêmicos e não-governamentais tiveram acesso à Internet, e daí em diante o número de usuários cresceu explosivamente. Hoje, mais de cem milhões de pessoas usam a Internet para trocar informações e enviar mensagens pelo correio eletrônico, os *e-mails*.

Enquanto a ARPANet ainda estava em sua infância, Diffie teve a visão necessária para prever a criação de uma superestrada da informação e de uma revolução digital. As pessoas comuns um dia teriam seus próprios computadores e esses computadores estariam interligados por linhas telefônicas. Diffie acreditava que, se usassem seus computadores para trocar *e-mails*, as pessoas deveriam ter o direito de cifrar suas mensagens de modo a garantir à privacidade. Contudo, a cifragem exigia uma troca segura de chaves. Se os governos e as grandes corporações estavam enfrentando problemas com a distribuição de chaves, seria impossível para o público obter uma chave, e as pessoas ficariam privadas do direito a privacidade.

Diffie imaginou dois estranhos se encontrando via Internet e se perguntou como eles poderiam trocar uma mensagem cifrada. Ele também considerou o cenário de uma pessoa querendo comprar um produto na Internet. Como esta pessoa poderia mandar um *e-mail* contendo informações cifradas sobre seu cartão de crédito, de modo que apenas o vendedor da Internet pudesse decifrá-las? Em ambos os casos parecia que as duas partes precisariam trocar uma chave, mas como poderiam trocar chaves em segurança? O número de contatos casuais e a quantidade de *e-mails* espontâneos entre o público seria enorme e isto significaria que a distribuição de chaves se tornaria impraticável. Diffie temia que a necessidade de distribuir chaves impediria o público de ter acesso à privacidade digital e ele tornou-se obcecado com a idéia de encontrar uma solução para o problema.

Em 1974 Diffie, ainda um criptógrafo itinerante, fez uma visita ao laboratório Thomas J. Watson da IBM, onde foi convidado a dar uma palestra. Ele falou sobre as várias estratégias para enfrentar o problema da distribuição de chaves, mas todas as suas idéias eram muito experimentais e seu público estava cético quanto às perspectivas de se encontrar uma solução. A única resposta positiva para a apresentação de Diffie partiu de Alan Konheim, um dos principais especialistas em criptografia da IBM. Ele mencionou que outra pessoa tinha visitado o laboratório recentemente e dado uma palestra que abordava a questão da distribuição de chaves. O orador fora Martin Hellman, um professor da Universidade de Stanford, na Califórnia. Naquela noite Diffie pegou seu carro e começou uma jornada de 5 mil quilômetros até a Costa Oeste para se encontrar com a única pessoa que parecia partilhar de sua obsessão. A aliança entre Diffie e Hellman iria se tornar uma das parcerias mais dinâmicas da criptografia.

Martin Hellman nasceu em 1945, num bairro judeu do Bronx, mas quando tinha quatro anos sua família mudou-se para uma vizinhança predominantemente formada por católicos irlandeses. De acordo com Hellman, isso mudou permanentemente sua atitude para com a vida. "Os outros meninos iam à igreja e aprendiam que os judeus tinham matado Cristo, assim eu passei a ser chamado de 'Matador de Cristo'. Eles também me batiam. No começo eu queria ser como os outros meninos, eu queria uma árvore de Natal e presentes no final do ano. Mas então percebi que não poderia ser como os outros garotos e adotei uma atitude defensiva de 'Quem é que deseja ser como todo o mundo?'." Hellman lembra que seu interesse em cifras surgiu desse desejo de ser diferente. Seus colegas lhe disseram que ele estava louco em fazer pesquisas de criptografia porque estaria competindo com a NSA e seu orçamento multibilionário. Como ele esperava decobrir alguma coisa que eles já não soubessem? E caso ele descobrisse algo, a NSA se apoderaria da descoberta e a classificaria como secreta.

Exatamente quando estava começando sua pesquisa, Hellman encontrou o livro *The Codebrakers* do historiador David Kahn. O livro era a primeira apresentação detalhada sobre o desenvolvimento das cifras, e portanto o estímulo perfeito para um criptógrafo aspirante. *The Codebrakers* foi o único companheiro de Hellman em sua pesquisa, até setembro de 1974, quando ele recebeu uma inesperada chamada telefônica de Whitfield Diffie, que acabara de atravessar o país para encontrá-lo. Hellman nunca ouvira falar de Diffie, mas concordou, hesitantemente, em recebê-lo, durante meia hora, no final daquela tarde. Ao fim do encontro, Hellman percebeu que Diffie era a pessoa mais bem-informada que ele já encontrara. O sentimento foi mútuo. Hellman lembra: "Eu tinha prometido a minha mulher que iria para casa tomar conta das crianças, e assim cheguei em casa com ele e jantamos juntos. Ele partiu por volta da meia-noite. Nossas personalidades eram muito diferentes — ele é muito mais ligado na contracultura do que eu — mas depois este choque de personalidades transformou-se numa relação muito simbiótica. Foi um tremendo sopro de ar fresco para mim. Trabalhar no vácuo tinha sido muito difícil."

O LIVRO DOS CÓDIGOS

Como Hellman não tinha muita verba para seus estudos, ele não podia empregar seu novo colega como pesquisador. No lugar disso, Diffie foi contratado como estudante graduado. Juntos, Hellman e Diffie começaram a estudar o problema da distribuição de chaves, tentando de forma desesperada encontrar uma alternativa para a cansativa tarefa de transportar fisicamente as chaves através de grandes distâncias. Mais tarde eles receberam a adesão de Ralph Merkle. Merkle era um refugiado intelectual, tendo emigrado de outro grupo de pesquisa onde o professor não tinha simpatias pelo sonho impossível de resolver o problema da distribuição de chaves. Como diz Hellman:

> Ralph, como nós, estava disposto a bancar o tolo. E o modo de se alcançar o cume em termos de desenvolvimento de pesquisas originais é ser um tolo, porque só os tolos continuam tentando. Você tem a idéia número 1, fica empolgado e então ela fracassa. Então tem a idéia número 2, fica empolgado e ela também fracassa. Depois você tem a idéia número 99, fica empolgado e ela também fracassa. Só um tolo se entusiasmaria com a idéia número 100, mas podem ser necessárias 100 idéias antes que uma realmente dê resultado. E a menos que você seja suficientemente bobo para continuar se empolgando, não terá a motivação, não terá a energia para ir até o fim. Deus recompensa os tolos.

Todo o problema da distribuição é uma clássica situação de beco sem saída. Se duas pessoas querem trocar mensagens secretas pelo telefone, o remetente deve cifrá-las. Para cifrar a mensagem secreta ele deve usar uma chave, também secreta, daí surge o problema de transmitir uma chave secreta para o receptor de modo a poder transmitir a mensagem secreta. Resumindo, antes que duas pessoas possam partilhar um segredo (a mensagem cifrada), elas devem antes partilhar outro segredo (a chave).

Quando pensamos no problema da distribuição de chaves, é útil considerar Alice, Bob e Eva, três personagens fictícios que se tornaram um padrão nos debates sobre criptografia. Numa situação típica, Alice quer mandar uma mensagem para Bob ou vice-versa, e Eva está tentando interceptá-la. Se Alice está mandando mensagens pessoais para Bob, ela vai cifrar cada uma antes de enviá-las, usando uma chave separada de cada vez. Alice enfrenta sempre o problema de distribuição de chaves, porque ela precisa mandar as chaves para

Bob em segurança, ou ele não conseguirá decifrar as mensagens. Um meio de resolver o problema seria Alice e Bob se encontrarem uma vez por semana e trocarem chaves suficientes para cobrirem todas as mensagens que possam ser enviadas durante os sete dias seguintes. Trocar chaves pessoalmente é certamente seguro, mas inconveniente. Se Alice ou Bob ficarem doentes, o sistema deixará de funcionar. Ou Alice e Bob poderiam contratar mensageiros, o que seria menos seguro e mais dispendioso, mas pelo menos agora eles teriam delegado parte do trabalho. De qualquer modo, parece que a distribuição de chaves

Fig. 63 Martin Hellman.

é inevitável. E durante dois mil anos isso foi considerado um axioma da criptografia — uma verdade indiscutível. Contudo, há um experimento que parece desafiar o axioma.

Imagine que Alice e Bob vivem em um país onde o serviço de correios é completamente corrupto e os empregados dos correios costumam ler qualquer correspondência desprotegida. Um dia Alice deseja enviar uma mensagem altamente pessoal para Bob. Ela a coloca dentro de uma caixa de ferro, e fecha a caixa com um cadeado. Em seguida despacha a caixa trancada pelo correio e fica com a chave. Quando recebe a caixa, Bob é incapaz de abri-la porque não possui a chave. Alice pode pensar em despachar a chave em outra caixa, também trancada com um cadeado, mas sem a chave do segundo cadeado Bob não poderá abrir a segunda caixa e assim não poderá obter a chave do primeiro cadeado. O único meio de contornar o problema parece ser que Alice faça uma cópia de sua chave e a dê para Bob antes, quando eles se encontrarem para tomar um café. Até agora eu só repeti o velho problema em um novo cenário. Evitar a distribuição de chaves parece logicamente impossível. Com certeza se Alice quer trancar alguma coisa em uma caixa de modo que apenas Bob possa abri-la, ela deve dar uma cópia da chave para ele. Ou, em termos criptográficos, se Alice deseja cifrar uma mensagem de maneira que somente Bob possa decifrá-la, ela deve lhe fornecer uma cópia da chave. A troca de chaves é uma parte inevitável da cifragem — ou será que não é?

Agora imagine o seguinte cenário. Como anteriormente, Alice quer mandar uma mensagem altamente pessoal para Bob. Novamente ela coloca sua carta secreta em uma caixa de ferro com cadeado e a envia para Bob. Quando a caixa chega, Bob coloca nela o seu próprio cadeado e a envia de volta para Alice. Quando Alice recebe a caixa, ela agora está trancada com dois cadeados. Ela remove seu próprio cadeado, deixando apenas o cadeado de Bob para impedir a abertura da caixa. Finalmente ela envia a caixa de volta para Bob. E aqui está uma diferença crucial: agora Bob pode abrir a caixa porque ela está fechada apenas com o seu cadeado, para o qual só ele tem a chave.

As implicações dessa historinha são enormes. Ela demonstra que uma mensagem secreta pode ser trocada em segurança entre duas pessoas sem que elas troquem necessariamente a chave. Pela primeira vez nós temos uma sugestão de que a troca de chaves pode não ser uma parte inevitável da criptografia. Podemos reinterpretar a história em termos de cifragem. Alice usa sua própria chave para cifrar a mensagem para Bob e ele a codifica de novo com sua própria chave, enviando-a para ela. Quando Alice recebe a mensagem, duplamente cifrada, ela retira sua cifra e a envia para Bob, que então pode retirar a sua cifra e ler a mensagem.

Parece que o problema da distribuição de chaves poderia ser resolvido porque o esquema da dupla cifragem não requer uma troca de chaves. Contudo, existe um obstáculo fundamental para a implementação de um sistema no qual Alice cifra, Bob cifra, Alice decifra, Bob decifra. O problema é a ordem pela qual as cifragens e decifragens são feitas. De um modo geral, a ordem de cifragem e decifragem é crucial e deve obedecer ao esquema do "último dentro, primeiro fora". Em outras palavras, o último estágio da cifragem deve ser o primeiro a ser decifrado. No cenário anterior, Bob realizou o último estágio da cifragem, então ele deveria ser o primeiro a ser decifrado, mas foi Alice quem retirou sua cifra em primeiro lugar, antes que Bob retirasse a sua. A importância da ordem é percebida mais facilmente se pensarmos em uma coisa que fazemos todos os dias. Pela manhã calçamos nossas meias e em seguida os nossos sapatos. À noite nós retiramos os sapatos primeiro e as meias por último. Seria impossível retirar as meias antes de descalçar os sapatos. Nós precisamos obedecer à regra "último dentro, primeiro fora".

Algumas das cifras mais elementares, como a cifra de César, são tão simples que a ordem não faz diferença. Contudo, na década de 1970, parecia que qualquer forma de cifragem poderosa deveria obedecer sempre ao "último dentro, primeiro fora". Se uma mensagem for cifrada com a chave de Alice e depois com a chave de Bob, ela deve ser decifrada com a chave de Bob antes que possa ser decifrada com a de Alice. A ordem é crucial até mesmo para a cifra de substituição monoalfabética.

Imagine que Alice e Bob possuem suas próprias chaves, como mostrado a seguir, e vamos ver o que acontece quando a ordem é incorreta. Alice usa sua própria chave para cifrar uma mensagem para Bob, e Bob cifra de novo o texto usando sua própria chave. Alice usa então sua chave para produzir uma decifragem parcial e finalmente Bob tenta usar sua chave para realizar a decifragem completa.

O LIVRO DOS CÓDIGOS

Chave de Alice

a b c d e f g h i j k l m n o p q r s t u v w x y z
H F S U G T A K V D E O Y J B P N X W C Q R I M Z L

Chave de Bob

a b c d e f g h i j k l m n o p q r s t u v w x y z
C P M G A T N O J E F W I Q B U R Y H X S D Z K L V

Mensagem	m e e t	m e	a t	n o o n
Cifrada com a chave de Alice	Y G G C	Y G	H C	J B B J
Cifrada com a chave de Bob	L N N M	L N	O M	E P P E
Decifrada com a chave de Alice	Z Q Q X	Z Q	L X	K P P K
Decifrada com a chave de Bob	w n n t	w n	y t	x b b x

O resultado não faz sentido. Contudo você pode verificar que se a ordem de decifragem for invertida, e se Bob decifrar antes de Alice, obedecendo assim à regra "último dentro, primeiro fora", então o resultado será a mensagem original. Mas se a ordem é tão importante, como o sistema de cadeados parecia funcionar em nossa fábula sobre as caixas fechadas? A resposta é que a ordem não é importante para cadeados. Eu posso colocar vinte cadeados em uma caixa e retirá-los em qualquer ordem e no final a caixa vai abrir. Infelizmente, sistemas de cifras são muito mais sensíveis do que cadeados quando se trata de ordem.

Embora o modelo da caixa com dois cadeados não funcione no mundo real da criptografia, ele inspirou Diffie e Hellman a procurarem um método prático de solucionar o problema da distribuição de chaves. Eles passaram meses tentando achar uma solução. Embora todas as idéias terminassem em fracasso, eles se comportaram como tolos perfeitos e insistiram. Sua pesquisa concentrou-se no exame de várias *funções* matemáticas. Uma função é qualquer operação matemática que transforma um número em outro número. Por exemplo, "dobrar" é um tipo de função porque transforma o número 3 em 6 e o número 9 em 18. Além disso, nós podemos pensar em todas as formas de cifragem por computador como funções, porque elas transformam um número (o texto original) em outro número (o texto cifrado).

A maioria das funções matemáticas são classificadas como funções de mão dupla, porque é fácil fazê-las e desfazê-las. Por exemplo, "dobrar" é uma função de mão dupla porque é fácil dobrar um número para gerar um novo número, enquanto é igualmente fácil desfazer a função para obter o número original a partir do número dobrado. Por exemplo, se sabemos que o resultado da multiplicação por dois é 26, então é coisa banal reverter a função e deduzir que o número original era o 13. O modo mais fácil de entender o conceito de função de mão dupla é pensar em termos de atividades diárias. O ato de apertar um interruptor para acender uma luz é uma função, porque transforma uma lâmpada comum em uma lâmpada acesa. Esta função é de mão dupla, porque se o interruptor for pressionado, é igualmente fácil desligá-lo para fazer a lâmpada acesa voltar ao seu estado original.

Contudo, Diffie e Hellman não estavam interessados em funções de mão dupla. Eles focalizaram sua atenção em funções de mão única. Como o nome sugere, uma função de mão única é fácil de fazer mas muito difícil de desfazer. Em outras palavras, as funções de mão dupla são reversíveis, enquanto as funções de mão única são irreversíveis. Novamente, o melhor modo de ilustrar uma função de mão única é pensar nas atividades do dia-a-dia. Misturar tinta amarela com tinta azul para produzir tinta verde é uma função de mão única porque é fácil misturar as tintas, mas impossível desfazer a mistura. Outra função de mão única é a quebra de um ovo, porque é fácil quebrar o ovo, mas impossível fazer o ovo voltar a sua condição original.

A aritmética modular, às vezes chamada de *aritmética do relógio* nas escolas, é um campo da matemática rico em funções de mão única. Na aritmética modular os matemáticos consideram um grupo finito de números, dispostos num círculo, como os números no mostrador de um relógio. Por exemplo, a Figura 64 mostra um relógio para a modular 7 (ou mod 7) que tem apenas os sete números de 0 a 6. Para calcular 2 + 3 nós começamos no 2 e avançamos três casas para alcançar o 5, o que é a mesma resposta obtida se calcularmos com a aritmética normal. Para calcular 2 + 6 nós começamos no 2 e avançamos 6 casas, mas desta vez damos a volta no círculo e chegamos no 1, que não é o mesmo resultado que obteríamos se usássemos a aritmética normal. Esses resultados podem ser expressos como:

$$2 + 3 = 5 \ (\text{mod } 7) \ \text{e} \ 2 + 6 = 1 \ (\text{mod } 7)$$

A aritmética modular é relativamente simples, e de fato fazemos isso todo o dia quando falamos do tempo. Se agora são nove horas e tivermos um encontro da-

O LIVRO DOS CÓDIGOS

qui a oito horas, podemos dizer que o encontro será às cinco horas e não às 17 horas. Nós calculamos mentalmente 9 + 8 em (mod 12). Imagine o mostrador de um relógio, olhe para o 9 e então avance 8 casas, e terminamos no 5:

$$9 + 8 = 5 \ (\text{mod } 12)$$

No lugar de visualizar relógios, os matemáticos freqüentemente usam o atalho de realizar os cálculos modulares usando a seguinte receita. Primeiro faça o cálculo usando a aritmética normal. Em segundo lugar, se quisermos saber a resposta em (mod x), dividimos a resposta normal por x e anotamos o resto. O resto é a resposta em (mod x). Para achar a resposta para 11 x 9 (mod 13), nós fazemos o seguinte:

$$11 \times 9 = 99$$
$$99 \text{ dividido por } 13 = 7, \text{ resto } 8$$
$$11 \times 9 = 8 \ (\text{mod } 13)$$

Funções calculadas no ambiente da aritmética modular tendem a se comportar de modo errático, o que às vezes as transforma em funções de mão única. Isto se torna evidente quando uma função simples na aritmética normal é comparada com a mesma função simples na aritmética modular. No primeiro ambiente a função será de mão dupla e fácil de ser revertida; no segundo ambiente ela será de mão única e difícil de reverter. Como exemplo, vamos considerar a função 3^x. Isto significa pegar um número x e multiplicar 3 por si mesmo x vezes de modo a obter o novo número. Por exemplo, se $x = 2$ e nós executarmos a função, então:

$$3^x = 3^2 = 3 \times 3 = 9.$$

Em outras palavras, a função transforma 2 em 9. Na aritmética normal, à medida que o valor de x aumenta, do mesmo modo aumentará o valor da função. Portanto, se nos derem o resultado da função, será relativamente fácil inverter o processo e deduzir o número original. Por exemplo, se o resultado for 81, nós podemos deduzir que x é 4, porque $3^4 = 81$. Se cometêssemos um erro supondo que x é 5, poderíamos fazer o cáculo e ver que $3^5 = 243$, o que nos diz que nosso palpite para x foi muito alto. Poderemos então reduzir nossa escolha de x para 4 e teremos a resposta certa. Resumindo, mesmo quando sugerimos um valor errado, podemos deduzir o valor correto de *x* e daí reverter a função.

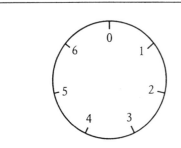

Fig. 64 A aritmética modular é aplicada a uma série finita de números, que podem ser imaginados como números em um mostrador de relógio. Neste caso, podemos calcular 6 + 5 em modular 7 começando pelo 6 e andando cinco casas, o que resulta em 4.

Contudo, na aritmética modular, esta mesma função não se comporta de modo tão sensato. Imagine que nos dizem que 3^x em (mod 7) é 1 e nos pedem para encontrar o valor de *x*. Nenhum valor aparece em nossa mente porque geralmente não estamos familiarizados com a aritmética modular. Poderíamos experimentar *x* = 5 e então calcular o resultado de 3^5 (mod 7). A resposta se revela 5, o que é um número muito alto porque estamos procurando por uma resposta igual a 1. Podemos ser tentados a reduzir o valor de *x* e tentar de novo. Mas estaríamos seguindo na direção errada, porque a resposta verdadeira é *x* = 6.

Tabela 25 Vários valores da função 3^x calculados com a aritmética normal (linha 2) e com a aritmética modular (linha 3). A função aumenta continuamente na aritmética normal, mas é altamente errática na aritmética modular.

x	1	2	3	4	5	6
3^x	3	9	27	81	243	729
3^x (mod 7)	3	2	6	4	5	1

Na aritmética normal, podemos testar números e sentir se está ficando frio ou quente. O ambiente da aritmética modular não dá pistas úteis, e a reversão das funções é muito mais difícil. Freqüentemente o único meio de se reverter uma função na aritmética modular é criar uma tabela, calculando a função para vários valores de *x* até que a resposta certa seja encontrada. A Tabela 25 mostra o resultado do cálculo de vários valores da função na aritmética nor-

O LIVRO DOS CÓDIGOS

mal e na aritmética modular. Ela mostra claramente o comportamento errático da função quando calculada com a aritmética modular. Embora a criação de tal tabela seja apenas um pouco tedioso quando estamos lidando com números relativamente pequenos, seria terrivelmente difícil criar uma tabela para a função 453^x (mod 21.997). Este é um exemplo clássico de função de mão única porque posso escolher um valor para x e calcular o resultado da função, mas se eu der um resultado, digamos 5.787, você terá uma dificuldade imensa para reverter a função e deduzir minha escolha de x. Eu levei apenas alguns segundos para fazer meus cálculos e gerar 5.787, mas você levaria horas para fazer uma tabela e descobrir minha escolha de x.

Depois de passarem dois anos estudando a aritmética modular e as funções de mão única, a tolice de Hellman começou a dar resultado. Na primavera de 1976 ele topou com uma estratégia para resolver o problema da troca de chaves. Depois de meia hora de escrita frenética, ele provou que Alice e Bob podiam estabelecer uma chave sem se encontrar, eliminando portanto um axioma que durara séculos. A idéia de Hellman dependia de uma função de mão única da forma Y^x (mod P). Inicialmente Alice e Bob escolhem os valores de Y e P. Quase qualquer valor serve, mas existem algumas restrições tais como Y ser menor do que P. Esses valores não são secretos, de modo que Alice pode telefonar para Bob e sugerir, digamos, que $Y = 7$ e $P = 11$. Mesmo que a linha telefônica não seja segura e a nefasta Eva ouça a conversação, isso não importa, como veremos depois. Alice e Bob agora escolheram uma função de mão única 7^x (mod 11). Nesse ponto eles podem iniciar o processo de estabelecer uma chave secreta sem se encontrar. E como eles estão trabalhando em paralelo, vou explicar suas ações nas duas colunas da Tabela 26.

Tendo acompanhado todas as fases da Tabela 26 você poderá ver que, sem se encontrar, Alice e Bob escolheram a mesma chave, que poderão usar para cifrar uma mensagem. Por exemplo, eles podem usar seu número 9 como chave para uma cifragem através do DES (o DES na verdade usa números muito maiores como chaves e o processo de troca, descrito na Tabela 26, seria feito com números muito maiores, resultando numa chave DES adequada). Ao usarem o esquema de Hellman, Alice e Bob puderam escolher uma chave mútua sem precisarem se encontrar e sussurrar a chave um para o outro. E a realização extraordinária é que a chave secreta foi obtida através de uma troca de informações por linha telefônica normal. Mas se Eva tinha uma escuta na linha, então certamente ela também conhece a chave?

Tabela 26 A função de mão única genérica é Y^x (mod P). Alice e Bob escolheram valores para Y e P, e daí concordaram com uma função de mão única 7^x (mod 11).

	Alice	Bob
Fase 1	Alice escolhe um número, digamos 3, e o mantém em segredo. Vamos chamar de A o número dela.	Bob escolhe um número, digamos 6, e o mantém em segredo. Vamos chamar de B o número dele.
Fase 2	Alice introduz o 3 na função de mão única e o resultado de 7^A(mod 11): 7^3(mod 11) = 343(mod 11) = 2	Bob introduz o 6 na função de mão única e o resultado de 7^B(mod 11): 7^6(mod 11) = 117.649(mod 11) = 4
Fase 3	Alice chama o resultado de seus cálculos de alfa e envia seu resultado, 2, para Bob.	Bob chama o resultado de seus cálculos de beta e envia o seu resultado, 4, para Alice.
A troca	Normalmente este seria um momento crucial porque Alice e Bob estão trocando informações, e portanto esta é uma oportunidade para Eva escutar e descobrir os detalhes da informação transmitida. Contudo, Eva pode ouvir sem comprometer a segurança final do sistema. Alice e Bob podem usar a mesma linha telefônica através da qual escolheram os valores de Y e P, e Eva pode interceptar esses números que estão sendo trocados, ou seja, 2 e 4. Contudo estes números não são a chave, e por isso não importa que Eva os conheça.	
Fase 4	Alice pega o resultado de Bob e calcula a solução de β^A (mod 11): 4^3 (mod 11) = 64(mod 11) = 9	Bob pega o resultado de Alice e calcula a solução de α^B (mod 11): 2^6 (mod 11) = 64 (mod 11) = 9
A chave	Miraculosamente Alice e Bob terminaram com o mesmo número 9. Esta é a chave!	

O LIVRO DOS CÓDIGOS

Vamos examinar o esquema de Hellman do ponto de vista de Eva. Se ela está escutando a conversa, então sabe os fatos seguintes: Que a função é 7^x (mod 11), que Alice enviou um valor de alfa igual a 2, e Bob enviou um valor de Beta igual a 4. Para encontrar a chave, ela deve ou fazer o que Bob fez, que foi transformar alfa na chave conhecendo o valor de B, ou fazer como Alice, que transformou Beta na chave conhecendo o valor de A. Contudo, Eva não sabe os valores para A ou B porque Alice e Bob não trocaram esses números e os mantiveram em segredo. Eva está bloqueada. Ela só tem uma esperança: em teoria, ela poderia calcular A a partir de alfa, porque alfa foi uma conseqüência da colocação de A na função e Eva conhece a função. Ou ela poderia deduzir B de beta, porque beta resultou da colocação de B na função e novamente Eva conhece a função. Infelizmente, para Eva, a função é de mão única, de modo que embora seja fácil para Alice transformar A em alfa e para Bob transformar B em beta, será muito difícil para Eva reverter o processo, especialmente se os números forem muito grandes.

Bob e Alice trocaram informações suficientes para permitir que estabelecessem uma chave, mas esta informação é insuficiente para que Eva deduza qual é o valor da chave. Como uma analogia para o esquema de Hellman, imagine uma cifra que, de algum modo, use cores como chave. Em primeiro lugar vamos presumir que todos, incluindo Alice, Bob e Eva, possuam um frasco de três litros contendo um litro de tinta amarela. Se Alice e Bob desejam obter uma chave secreta, eles acrescentam um litro da cor secreta de cada um ao seu próprio frasco. Alice pode colocar um tom peculiar de púrpura, enquanto Bob pode colocar vermelho. E cada um envia seu frasco de tinta misturada para o outro. Finalmente Alice pega a mistura de Bob e acrescenta um litro de sua própria cor secreta. Ao mesmo tempo Bob pega a mistura de Alice e acrescenta um litro de sua própria cor secreta. Ambos os frascos agora devem apresentar a mesma cor, porque ambos contêm um litro de amarelo, um litro de púrpura e um livro de vermelho. E é esta cor exata dos frascos, duplamente contaminados, que será usada como chave. Alice não tem idéia de qual foi a cor colocada por Bob e Bob não tem idéia da cor acrescentada por Alice, mas ambos obtiveram o mesmo resultado. Enquanto isso, Eva está furiosa. Mesmo que ela intercepte os frascos com as misturas intermediárias, ela não pode descobrir a cor da mistura final, que é a chave. Ela pode ter visto a cor do frasco com a mistura contendo o amarelo e a cor secreta de Alice, quando foi enviado para Bob, e pode ter visto também a cor do frasco contendo a mistura do amarelo e da cor secreta de Bob ao ser mandado para Alice. Mas para conhecer a chave, ela precisa saber quais foram as cores secretas originais de Alice e Bob. E Eva não pode deduzir isto a partir dos frascos com as misturas. Mesmo que tire uma amostra de cada uma das misturas de tinta, ela não pode separar os componentes para encontrar a cor secreta, porque a mistura de tintas é uma função de mão única.

A descoberta de Hellman aconteceu enquanto ele trabalhava em casa, tarde da noite, de modo que, quando ele terminou seus cálculos, era muito tarde para telefonar para Diffie e Merkle. Ele teve que esperar até a manhã seguinte para revelar sua descoberta às duas únicas pessoas no mundo que acreditavam que uma solução para o problema da distribuição de chaves era possível. "A musa sussurrou para mim", diz Hellman, "mas nós três estabelecemos os fundamentos juntos." Diffie reconheceu imediatamente o poder da descoberta de Hellman: "Marty explicou seu sistema de troca de chaves em toda a sua enervante simplicidade. Ouvindo ele falar, percebi que o conceito estivera num canto de minha mente há algum tempo, mas eu nunca tinha conseguido captá-lo."

O esquema para troca de chaves de Diffie-Hellman-Merkle, como é conhecido, permite que Alice e Bob estabeleçam um segredo através de um debate público. Esta é uma das descobertas mais racionais da história da ciência e forçou todo o estabelecimento criptográfico a reescrever suas regras. Diffie, Hellman e Merkle demonstraram publicamente sua descoberta na Conferência Nacional de Computação, em junho de 1976, ante um público perplexo de especialistas em criptografia. No ano seguinte eles requereram a patente. Daí em diante Alice e Bob não precisavam mais se encontrar para trocar uma chave. Alice só precisa agora telefonar para Bob e trocar um par de números com ele, estabelecendo uma chave secreta mútua e a partir daí cifrar a mensagem.

Embora a troca de chaves imaginada por Diffie-Hellman-Merkle fosse um gigantesco salto para a frente, o sistema não era perfeito devido a um inconveniente. Imagine que Alice mora no Havaí e deseja mandar um *e-mail* para Bob, que está em Istambul. Bob provavelmente estará dormindo, mas a vantagem do *e-mail* é que Alice pode mandar a mensagem a qualquer hora e ela estará esperando no computador de Bob quando ele acordar.

Entretanto, se Alice quer cifrar sua mensagem, ela precisa escolher uma chave junto com Bob. E para fazer a troca de chaves é preferível que os dois estejam conectados ao mesmo tempo, porque o estabelecimento da chave exige uma troca mútua de informações. De fato Alice vai ter que esperar até que Bob acorde. Alice poderia, como alternativa, transmitir sua parte da troca de chaves, e depois esperar 12 horas pela resposta de Bob. Então a chave será estabelecida e, se Alice não estiver dormindo, ela poderá cifrar e transmitir sua mensagem. Mas em ambos os casos a troca de chaves de Hellman prejudica a espontaneidade do *e-mail*.

Hellman tinha demolido um dos dogmas da criptografia e provara que Bob e Alice não precisavam se encontrar para obter uma chave secreta. Em seguida alguém teria que apresentar um esquema mais eficiente para superar o problema da distribuição de chaves.

O Nascimento da Criptografia de Chave Pública

Mary Fisher nunca se esqueceu do dia em que Whitfield Diffie a convidou para sair com ele pela primeira vez: "Ele sabia que eu era uma entusiasta da exploração espacial e assim sugeriu que fôssemos assistir a um lançamento. Whit explicou que ia viajar aquela noite para ver a decolagem do Skylab, e assim nós passamos a noite inteira dirigindo e chegamos lá as três da madrugada. O pássaro estava na plataforma, como eles costumavam dizer naquela época. Whit tinha credenciais de imprensa, mas eu não. Assim, quando eles pediram minha identificação e perguntaram quem eu era, Whit disse 'ela é minha esposa'. Isso foi em 16 de novembro de 1973." Eles acabaram se casando e nos primeiros anos Mary ajudou o marido durante suas meditações criptográficas. Diffie ainda estava empregado como estudante de pós-graduação, o que significava que ele recebia apenas um baixo salário. Mary, que estudara arqueologia, empregou-se na British Petroleum para manter o orçamento doméstico.

Enquanto Martin Hellman desenvolvia seu método de troca de chaves, Whitfield Diffie estivera trabalhando em uma abordagem completamente diferente para resolver o problema da distribuição de chaves. Ele freqüentemente passava por longos períodos de contemplação estéril. Em uma ocasião, em 1975, ficou tão frustrado que disse a Mary que era um cientista fracassado que nunca chegaria a lugar algum. Ele chegou mesmo a dizer que ela deveria procurar outra pessoa. Mary respondeu que tinha fé absoluta no trabalho dele, e duas semanas depois Diffie teve uma idéia realmente brilhante.

Ele ainda se lembra de como a idéia relampejou em sua mente e depois quase se apagou: "Eu desci as escadas para pegar uma Coca e quase esqueci tudo. Eu lembrava que estivera pensando em alguma coisa interessante, mas não podia me lembrar exatamente do que era. Então aquilo voltou num fluxo de adrenalina e entusiasmo. Eu estava ciente de que, pela primeira vez em meu trabalho de criptografia, eu tinha descoberto alguma coisa realmente valiosa. Tudo o que já descobrira sobre o assunto, até aquele momento, parecia não passar de meros detalhes técnicos." Era o meio da tarde, e ele teve que esperar um par de horas até que Mary voltasse. "Whit estava esperando na porta", lembra ela. "Ele disse que tinha alguma coisa para me contar e estava com aquela expressão curiosa no rosto. Eu entrei em casa e ele disse: 'Sente-se, por favor, eu quero falar com você. Acho que fiz uma grande descoberta — eu sei que sou a primeira pessoa a ter feito isso.' O mundo parou naquele momento, e eu senti como se estivesse vivendo num filme de Hollywood."

Diffie tinha bolado um novo tipo de cifra, que incorporava a chamada *chave assimétrica*. Até agora, todas as técnicas de cifragem descritas neste livro foram *simétricas*, o que significa que o processo de decifragem é simplesmente o oposto da cifragem. Por exemplo, a máquina Enigma usa um determinado ajuste de chaves para cifrar uma mensagem, e o receptor usa uma máquina idêntica, com o mesmo ajuste de chaves, para decifrá-la. De modo semelhante, a cifragem DES usa uma chave para realizar 16 rodadas de cifragem, e depois a decifragem DES usa a mesma chave para executar as 16 rodadas ao contrário. Ambos, o emissor e o receptor, possuem, efetivamente, um conhecimento equivalente e ambos usam a mesma chave para cifrar e decifrar — seu relacionamento é simétrico. Por outro lado, num sistema de chave assimétrica, como o próprio nome sugere, a chave de cifragem e a chave de decifragem não são idênticas. Em uma cifra assimétrica, se Alice sabe a chave de cifragem, ela pode cifrar mas não pode decifrar a mensagem. Para decifrá-la, ela deve ter acesso à chave de decifragem. Esta distinção entre a cifragem e a decifragem é o que torna a cifra assimétrica tão especial.

Neste ponto vale a pena enfatizar que, embora Diffie tivesse concebido a idéia geral de uma cifra assimétrica, ele não tinha, realmente, uma que servisse de exemplo. Entretanto, a mera idéia de uma cifra assimétrica era revolucionária. Se os criptógrafos pudessem encontrar uma genuína cifra assimétrica operacional, um sistema que correspondesse às prescrições de Diffie, as implicações para Alice e Bob seriam enormes. Alice poderia criar seu próprio par de chaves: uma chave de cifragem e uma chave de decifragem. Se nós presumirmos que a cifra assimétrica é uma forma de cifragem por computador, então a chave de cifragem de Alice será um número e sua chave de decifragem um outro número diferente. Alice mantém em segredo sua chave de decifragem, de modo que a chamamos de *chave particular* de Alice. Contudo ela divulga sua chave de cifragem de modo que todos tenham acesso a ela, e é por isso que a chamamos comumente de *chave pública* de Alice. Se Bob deseja mandar uma mensagem para Alice, ele simplesmente procura sua chave pública, que poderia estar em uma lista, semelhante a uma lista telefônica. Bob então usa a chave pública de Alice para cifrar sua mensagem. Ele a envia para Alice e ela pode decifrá-la usando sua chave de decifragem particular. De modo semelhante, se Charlie, Dawn ou Edward querem mandar mensagens cifradas para Alice, eles podem usar a chave pública de cifragem de Alice e, em cada caso, somente Alice terá acesso à chave particular de decifragem necessária para ler as mensagens.

A grande vantagem desse sistema é que não há envios e recepções de números como no sistema de troca de chaves de Diffie-Hellman-Merkle. Bob não precisa esperar a chegada de uma informação de Alice antes de cifrar e mandar uma mensagem para ela, ele apenas vê qual é a chave de cifragem pública usada por ela. Além disso, a cifra assimétrica elimina o problema de distribuição de chaves. Alice não precisa enviar sua chave pública em segurança para Bob: ao contrário, ela agora divulga a sua chave de cifragem pública o mais amplamente possível. Ela quer que o mundo inteiro conheça sua chave de cifragem pública de modo que todos possam usá-la para lhe mandar mensagens cifradas. Ao mesmo tempo, ainda que o mundo inteiro conheça a chave pública de Alice, ninguém, inclusive Eva, pode decifrar qualquer mensagem, porque o conhecimento da chave pública não ajudará na decifragem. De fato, uma vez que Bob tenha cifrado uma mensagem usando a chave pública de Alice, nem ele poderá decifrá-la. Só Alice, que possui a chave particular, pode decifrar a mensagem.

Isto é o oposto exato da cifra simétrica tradicional, na qual Alice precisa fazer um grande esforço para enviar a chave de cifragem, em segurança, para Bob. Em uma cifra simétrica a chave de cifragem é a mesma que se usa para decifragem, de modo que Alice e Bob precisam ter muito cuidado para evitar que ela caia nas mãos de Eva. Aí está a raiz do problema de distribuição de chaves.

Retornando às analogias dos cadeados, podemos pensar na criptografia assimétrica da seguinte maneira: qualquer um pode fechar um cadeado simplesmente apertando o fecho no lugar, mas só a pessoa que tiver a chave poderá abri-lo. Fechar (cifragem) é fácil, qualquer um pode fazê-lo, mas abrir (decifragem) só pode ser feito pelo dono da chave. O conhecimento banal sobre como trancar o cadeado não lhe diz como abri-lo. Levando esta analogia mais além, vamos imaginar que Alice projeta um cadeado e uma chave. Ela guarda a chave, mas manda fabricar milhares de réplicas do cadeado e as distribui pelas agências do correio do mundo inteiro. Se Bob quer mandar uma mensagem, ele a coloca em uma caixa, vai até a agência local dos correios e pede um "cadeado de Alice", usando-o para trancar a caixa. Agora ele é incapaz de abri-la, mas quando Alice a receber poderá abri-la com sua chave única. O cadeado e o processo de trancá-lo são equivalentes à chave de cifragem pública, porque todos têm acesso aos cadeados e todos podem usá-los para trancar uma mensagem em uma caixa. A chave do cadeado equivale à chave de decifragem particular, porque somente Alice a possui, só ela pode abrir o cadeado e só ela pode ter acesso à mensagem na caixa.

O sistema parece simples quando explicado em termos de cadeados, mas está longe de ser trivial o trabalho de encontrar uma função matemática que faça a mesma coisa, algo que possa ser incorporado num sistema criptográfico operacional. Para transformar as cifras assimétricas de uma grande idéia em uma invenção prática, alguém tinha que descobrir a função matemática apropriada. Diffie imaginou um tipo especial de função de mão única, que pudesse ser revertida sob circunstâncias excepcionais. No sistema assimétrico de Diffie, Bob cifra a mensagem usando a chave pública, mas ele é incapaz de decifrá-la — isto é essencialmente uma função de mão única. Contudo, Alice pode decifrar a mensagem porque ela tem a chave particular, um fragmento especial de informação que permite que ela reverta a função. Novamente os cadeados são uma boa analogia — fechar o cadeado é uma função de mão única porque é geralmente difícil abrir o cadeado, a menos que você possua uma coisa especial (a chave), que faz com que a função seja revertida facilmente.

Diffie publicou um resumo de sua idéia no verão de 1975 e, a partir daí, outros cientistas se uniram na busca por uma função de mão única apropriada, que preenchesse os critérios exigidos para uma cifra assimétrica. Inicialmente havia um grande otimismo, mas no final daquele ano ninguém fora capaz de encontrar uma candidata adequada. À medida que os meses se passavam, parecia cada vez mais provável que as funções especiais de mão única não existissem. A idéia de Diffie funcionaria na teoria, mas não na prática. Não obstante, no final de 1976, a equipe de Diffie, Hellman e Merkle tinha revolucionado o mundo da criptografia. Eles tinham convencido o resto do mundo de que havia uma solução para o problema de distribuição de chaves e tinham criado a troca de chaves Diffie-Hellman-Merkle — um sistema imperfeito, mas que funcionava. Eles também tinham proposto o conceito da cifra assimétrica — um sistema perfeito mas que ainda não funcionava. E continuaram sua pesquisa na Universidade de Stanford, tentando encontrar uma função de mão única especial que tornasse realidade as cifras assimétricas. Contudo, não conseguiram fazer a descoberta. A corrida para encontrar a cifra assimétrica foi vencida por outro trio de pesquisadores, a cinco mil quilômetros de distância, na Costa Leste dos Estados Unidos.

Os Primos Suspeitos

"Fui até o escritório de Ron Rivest", relembra Leonard Adleman, "e Ron tinha esse trabalho em suas mãos, ele começou a dizer: 'Esses caras de Stanford tem esse blablablá', e eu me lembro de ter pensado: 'Isto é ótimo Ron, mas tem outra coisa que eu quero lhe falar'. Eu não sabia dessa história de criptografia e não estava nem um pouco interessado no que ele dizia." O trabalho que deixara Ron Rivest tão empolgado era de Diffie e Hellman e descrevia o conceito das cifras assimétricas. Mais tarde Rivest persuadiu Adleman de que poderia haver uma matemática interessante no problema e juntos eles decidiram procurar uma função de mão única que preenchesse os requisitos de uma cifra assimétrica. Aos dois se uniu Adi Shamir. Os três eram pesquisadores no oitavo andar do Laboratório de Ciência de Computação do MIT.

Rivest, Shamir e Adleman formavam uma equipe perfeita. Rivest é um cientista de computação com uma tremenda capacidade para absorver idéias novas e aplicá-las nos locais mais improváveis. Ele sempre se mantinha a par dos mais recentes trabalhos de pesquisa, que o inspiravam a apresentar toda uma série de candidatas estranhas e maravilhosas para a função de mão única que estaria no coração da cifra assimétrica. Contudo, cada candidata tinha uma falha de algum tipo. Shamir, outro cientista da computação, tinha um intelecto rápido e a capacidade de descartar o que era irrelevante, focalizando o cerne de cada problema. Ele também produzia regularmente novas idéias para a formulação da cifra assimétrica, mas suas idéias também apresentavam falhas, inevitavelmente. Adleman, um matemático com um enorme vigor, paciência e rigor, foi em grande parte o responsável por detectar as falhas nas idéias de Rivest e Shamir, garantindo que eles não perderiam tempo seguindo pistas falsas. Rivest e Shamir passaram um ano apresentando novas idéias enquanto Adleman as derrubava, uma por uma. Os três começaram a perder a esperança, mas não percebiam que este processo de fracassos contínuos era uma parte necessária de sua pesquisa, afastando-os lentamente do território matemático estéril e levando-os para um campo mais fértil. E no devido tempo seus esforços foram recompensados.

Fig. 65 Ronald Rivest, Adi Shamir e Leonard Adleman.

Em abril de 1977, Rivest, Shamir e Adleman tinham passado a Páscoa na casa de um estudante, onde consumiram grande quantidade de vinho Manischewitz antes de voltarem para suas respectivas casas, por volta da meia-noite. Rivest, ainda sem sono, ficou deitado num sofá, lendo um livro sobre matemática. Ele começou a matutar sobre a questão que o intrigava havia semanas — seria possível construir uma cifra assimétrica? Seria possível encontrar uma função de mão única que pudesse ser revertida apenas se o receptor possuísse alguma informação especial? Subitamente a névoa começou a se dissipar e ele teve uma revelação. Passou o resto da noite formalizando a idéia, efetivamente escrevendo um trabalho científico completo antes do dia clarear. Rivest tinha feito uma descoberta, mas ela brotara após um ano de colaboração com Shamir e Adleman e não teria sido possível sem eles. Rivest terminou o trabalho enumerando os autores, em ordem alfabética: Adleman, Rivest, Shamir.

Na manhã seguinte Rivest entregou o trabalho para Adleman, que repetiu todo o processo normal de tentar derrubá-lo, só que, desta vez, não conseguiu encontrar falhas. Sua única crítica foi quanto à lista de autores. "Eu disse a Ron que tirasse meu nome do trabalho", relembra Adleman. "Eu lhe disse que era sua invenção, não minha. Mas Ron se recusou e nós começamos uma discussão. Concordamos, afinal, que eu iria para casa e examinaria o trabalho durante uma noite, considerando o que queria fazer. Voltei no dia seguinte e sugeri a Ron que eu fosse o terceiro autor. Lembro-me de pensar que esse trabalho era o menos interessante do qual já participara." Adleman não poderia estar mais enganado. O sistema, chamado de RSA (Rivest, Shamir, Adleman) em oposição a ARS, tornou-se a cifra mais influente da criptografia moderna.

Mas antes de explorar a idéia de Rivest, eis uma rápida lembrança do que os cientistas estavam procurando para criar uma cifra assimétrica:

(1) Alice deve criar uma chave-pública, que ela então divulgará de modo que Bob (e todo mundo) possa usá-la para cifrar mensagens para ela. Como a chave-pública é uma função de mão única, deve ser praticamente impossível para todos revertê-la e decifrar as mensagens de Alice.

(2) Entretanto, Alice precisa decifrar as mensagens que são enviadas para ela. Ela deve portanto possuir uma chave particular, algum fragmento especial de informação que lhe possibilite reverter o efeito da chave pública. Portanto Alice (e somente Alice) tem o poder de decifrar as mensagens enviadas para ela.

No coração da cifra assimétrica de Rivest está uma função de mão única baseada no tipo de funções modulares descritas no início deste capítulo. A função de mão única de Rivest pode ser usada para cifrar uma mensagem — e a mensagem, que efetivamente é um número, pode ser colocada na função e o resultado é um texto cifrado, outro número. Eu não vou descrever a função de mão única de Rivest em detalhes (para isto veja o Apêndice J), mas devo explicar um aspecto particular dela, conhecido simplesmente como *N,* porque é este *N* que torna a função de mão única reversível sob certas circunstâncias, e portanto ideal para uso como uma cifra assimétrica.

O *N* é importante por ser um componente flexível de uma função de mão única, o que significa que cada pessoa pode escolher um valor diferente de *N,* e personalizar sua função de mão única. Para escolher seu valor pessoal de *N,* Alice escolhe dois números primos, *p* e *q,* e os multiplica um pelo outro. Um número primo é aquele que não tem divisores, exceto 1 e ele próprio. Por exemplo, 7 é um número primo, porque nenhum número exceto 1 e 7 pode dividi-lo sem deixar resto. De modo semelhante, o 13 também é um número primo porque nenhum outro número, exceto 1 e 13, pode dividi-lo sem deixar resto. Contudo, 8 não é um número primo, porque ele pode ser dividido por 2 e 4.

Assim Alice pode escolher seus números primos como *p* = 17.159 e *q* = 10.247. Multiplicando esses dois números, o resultado é *N* = 17.159 x 10.247 = 175.828.273. A escolha de Alice em relação ao *N* se transforma em sua chave de cifragem pública e ela pode imprimi-la em seu cartão de apresentação, colocá-lo na Internet ou publicá-lo num diretório de chaves públicas junto com os valores de *N* de outras pessoas. Se Bob quiser cifrar uma mensagem para Alice, ele olha o valor do *N* de Alice (175.828.273) e o insere na forma geral da função de mão única, a qual também será de conhecimento público. Bob agora tem uma função de mão única feita sob medida com a chave pública de Alice, assim ela pode ser chamada de função de mão única de Alice. Para cifrar uma mensagem para Alice ele pega a função de mão única dela, insere uma mensagem, anota o resultado e o envia para Alice.

Neste ponto a mensagem cifrada é segura porque ninguém mais pode decifrá-la. A mensagem foi cifrada com uma função de mão única, de modo que sua decifração é, por definição, muito difícil. Contudo, resta uma pergunta — como pode Alice decifrar a mensagem? Para ler as mensagens enviadas para ela, Alice deve ter um meio de reverter a função de mão única. Ela precisa ter acesso a algum tipo de informação que lhe permita decifrar a mensagem. Felizmente, para Alice, Rivest projetou sua função de modo que ela seja reversível para alguém que conheça os valores de *p* e de *q,* os dois números primos que, multiplicados um pelo outro, produziram o valor de *N.* E embora Alice tenha informado ao mundo que o seu valor de *N* é 175.828.273, ela não revelou seus valores para *p* e *q,* assim, somente ela tem a informação específica necessária para decifrar suas mensagens.

O LIVRO DOS CÓDIGOS

Podemos pensar em N como a chave pública, a informação disponível a todas as pessoas e necessária para cifrar as mensagens para Alice. Já p e q são a chave particular, que só Alice possui, a informação necessária para decifrar essas mensagens.

Os detalhes exatos de como p e q podem ser usados para reverter a função de mão única são delineados no Apêndice J. Contudo, existe uma questão que deve ser abordada imediatamente. Se todo mundo conhece o valor de N, a chave pública, então, certamente, as pessoas podem deduzir p e q, a chave particular, e ler as mensagens de Alice. Afinal, N foi criado a partir de p e q. Na verdade, se N for um número suficientemente grande, será virtualmente impossível deduzir os valores de p e q a partir de N e este é talvez o aspecto mais belo e elegante da cifra assimétrica RSA.

Alice criou N escolhendo os valores de p e q e multiplicando-os um pelo outro. O ponto fundamental é que isto, em si, é uma função de mão única. Para demonstrar a natureza unidirecional da multiplicação de números primos, vamos pegar dois números primos, tais como 9.419 e 1.933 e multiplicá-los um pelo outro. Com uma calculadora leva apenas alguns segundos para se obter a resposta, 18.206.927. Contudo, se no lugar deles tivermos recebido o valor 18.206.927 e nos pedissem para encontrar os fatores primos (os dois números que, multiplicados um pelo outro, produzem 18.206.927), levaríamos muito mais tempo. Se você duvida da dificuldade para se encontrar os fatores primos considere o seguinte. Eu levei apenas dez segundos para gerar o número 1.709.023, mas você e a calculadora levarão uma tarde inteira para calcularem os fatores primos.

Este sistema de criptografia assimétrica, conhecido como RSA, é chamado de *criptografia de chave pública*. Para descobrirmos o quão seguro é o RSA, devemos examiná-lo do ponto de vista de Eva, e tentar decodificar uma mensagem enviada por Alice para Bob. Para cifrar sua mensagem Alice precisa conhecer a chave pública de Bob. Para criá-la, ele escolheu seus números primos p_B e q_B, multiplicando-os um pelo outro para obter N_B. Ele manteve em segredo os valores de p_B e q_B, porque são sua chave particular de decifragem, mas divulgou o valor de N_B, que é igual a 408.508.091. Assim Alice insere a chave pública de Bob, N_B, na função geral de cifragem de mão única e cifra a mensagem que vai mandar para ele. Quando a mensagem cifrada chega ao seu destino, Bob pode reverter a função e decifrá-la, usando seus valores para p_B e q_B, que formam sua chave particular. Enquanto isso Eva interceptou a mensagem quando foi enviada. Sua única esperança de decifrá-la é reverter a função de mão única, e isto só será possível se ela conhecer os valores de p_B e q_B. Mas Bob manteve p_B e q_B em segredo e Eva, como todo mundo, só conhece o valor de N_B, que é 408.508.091. Eva então tenta deduzir os valores para p_B e q_B calculando que números precisam ser multiplicados, um pelo outro, para obter 408.508.091, um processo conhecido como *fatoração*.

Fatoração leva muito tempo, mas quanto tempo, exatamente, Eva vai levar para encontrar os fatores de 408.508.091? Existem várias receitas para se fatorar N_B. E embora algumas receitas sejam mais rápidas do que outras, todas elas envolvem, essencialmente, verificar cada número primo para ver se ele divide N_B sem deixar resto. Por exemplo, 3 é um número primo, mas não é um fator de 408.508.091, porque 3 não vai dividir perfeitamente 408.508.091. Assim Eva passa para o número primo seguinte, 5. De modo semelhante, 5 também não é um fator, de modo que Eva passa para o seguinte e assim por diante. Mais tarde Eva chega a 18.313, o primo de número 2.000 na seqüência, que é de fato um fator de 408.508.091. Tendo encontrado um fator é fácil achar o outro, que se revela 22.307. Se Eva usasse uma calculadora e fosse capaz de verificar quatro primos por minuto, ela teria levado 500 minutos, ou mais de oito horas para encontrar p_B e q_B. Em outras palavras, Eva teria sido capaz de deduzir a chave particular de Bob em menos de um dia, e poderia, portanto, decifrar a mensagem interceptada em menos de um dia.

Este não é um nível muito alto de segurança, mas Bob poderia ter escolhido números primos muito maiores e aumentado a segurança de sua chave particular. Por exemplo, ele poderia ter escolhido números primos tão grandes quanto 10^{65} (isto é, 1 seguido por 65 zeros, ou cem mil milhões, milhões, milhões, milhões, milhões, milhões, milhões, milhões, milhões, milhões). O que teria resultado em um valor para N, que seria de aproximadamente 10^{65} x 10^{65}, que é 10^{130}. Um computador pode multiplicar esses dois números primos e gerar N em apenas um segundo, mas se Eva quisesse reverter o processo e deduzir os valores de p e q, ela levaria muito mais tempo. Exatamente quanto tempo, depende da velocidade do computador de Eva. O especialista em segurança Simson Garfinkel estima que um computador Intel Pentium de 100 Mhz, com 8 MB de RAM, levaria aproximadamente 50 anos para fatorar um número tão grande quanto 10^{130}. Os criptógrafos tendem a ser paranóicos e consideram os piores cenários possíveis, tais como uma conspiração mundial para quebrar suas cifras. Assim Garfinkel considerou o que aconteceria se cem milhões de microcomputadores (o número de máquinas vendidas em 1995) fossem interligados. O resultado é que um número tão grande quanto 10^{130} poderia ser fatorado em 15 segundos. Conseqüentemente, agora se aceita, de um modo geral, que para se obter uma segurança genuína é necessário usar números primos ainda maiores. Para importantes transações bancárias, N tende a ser em torno de 10^{308}, que é dez milhões bilhões bilhões bilhões bilhões bilhões bilhões bilhões bilhões bilhões bilhões bilhões bilhões bilhões bilhões bilhões bilhões bilhões bilhões bilhões de vezes maior do que 10^{130}. Os esforços combinados de cem milhões de microcomputadores levariam mais de mil anos para quebrar esta cifra. Com valores suficientemente grandes de p e q, a RSA é invencível.

O único problema para a segurança da criptografia de chave pública RSA é que, em alguma época no futuro, alguém possa encontrar um modo rápido de fatorar N. É concebível que daqui a uma década, ou mesmo amanhã, alguém possa descobrir um método para a fatoração rápida e aí a RSA se tornará inútil. Contudo, por dois mil anos os matemáticos têm tentado e fracassado em encontrar um atalho, e, por enquanto, a fatoração continua sendo um cálculo muito trabalhoso. A maioria dos matemáticos acredita que a fatoração é uma tarefa inerentemente difícil e que existe alguma lei matemática que proíba a existência de qualquer atalho. Vamos presumir que eles estejam certos: deste modo, a RSA estará segura durante o futuro previsível.

A grande vantagem da criptografia de chave pública RSA é que ela acaba com os problemas associados às cifras tradicionais e com a troca de chaves. Alice não precisa mais se preocupar em levar a chave em segurança para Bob, ou com a possibilidade de que Eva possa interceptar a chave. De fato Alice nem se importa em quem vê a sua chave pública — quanto mais gente a conhecer, melhor, porque a chave pública só ajuda na cifragem, não na decifragem. A única coisa que precisa ser mantida em segredo é a chave particular, usada para a decifragem, e Alice pode manter a sua com ela todo o tempo.

A existência da RSA foi anunciada pela primeira vez em agosto de 1977, quando Martin Gardner escreveu um artigo intitulado "Um novo tipo de cifra que levará milhões de anos para ser decifrado" em sua coluna "Jogos Matemáticos" da *Scientific American*. Depois de explicar como a criptografia de chave pública funciona, Gardner fez um desafio aos seus leitores. Ele imprimiu um texto cifrado e também forneceu a chave pública que tinha sido usada para cifrá-lo:

$$N = 114,381,625,757,888,867,669,235,779,976,146,612,010,218,296,$$
$$721,242,362,562,561,842,935,706,935,245,733,897,830,597,123,563,$$
$$958,705,058,989,075,147,599,290,026,879,543,541.$$

O desafio era fatorar N em p e q, e então usar esses números para decifrar a mensagem. O prêmio era de 100 dólares. Gardner não tinha espaço para explicar os detalhes da RSA e assim pediu aos leitores que escrevessem para o Laboratório de Ciência de Computação do MIT, que lhes enviaria um memorando técnico que acabara de ser preparado. Rivest, Shamir e Adleman ficaram atônitos com as 3 mil cartas que receberam. Contudo, eles não responderam imediatamente, porque estavam preocupados em que a distribuição pública de sua idéia pudesse colocar em risco suas chances de conseguir uma patente. Quando as questões de patente foram resolvidas, o trio deu uma festa na qual professores e estudantes consumiram pizzas e cerveja enquanto enchiam envelopes com memorandos técnicos para os leitores da *Scientific American.*

Quanto ao desafio de Gardner, passariam 17 anos antes que a cifra fosse quebrada. No dia 26 de abril de 1994, uma equipe de seiscentos voluntários anunciou os fatores de N:

$$q = 3,490,529,510,847,650,949,147,849,619,903,898,133,417,764,$$
$$638,493,387,843,990,820,577$$

$$p = 32,769,132,993,266,709,549,961,988,190,834,461,413,177,$$
$$642,967,992,942,539,798,288,533.$$

Usando esses números como chave particular, eles foram capazes de decifrar a mensagem. A mensagem era uma série de números, mas quando convertida em letras, dizia "as palavras mágicas são estruturas sensíveis". O problema de fatoração fora dividido entre os voluntários vindos de países tão distantes quanto Austrália, Grã-Bretanha, Estados Unidos e Venezuela. Os voluntários tinham usado o tempo livre em suas estações de trabalho, computadores de médio porte e supercomputadores, cada um deles lidando com uma fração do problema. Como resultado disso, uma rede de computadores ao redor do mundo estive-

O LIVRO DOS CÓDIGOS

ra unida e trabalhando simultaneamente para enfrentar o desafio de Gardner. Mesmo levando-se em conta este gigantesco esforço em paralelo, alguns leitores ainda ficaram surpresos em que a RSA tivesse sido quebrada em tão curto tempo, mas deve-se notar que o desafio de Gardner usava um valor relativamente pequeno de N — que era somente da ordem de 10^{129}. Hoje em dia os usuários da RSA usam valores muito maiores para garantir a segurança de informações importantes. Agora é rotina cifrar uma mensagem com um valor suficientemente grande de N, de modo que todos os computadores do planeta levariam mais tempo do que a idade total do universo para quebrar a cifra.

Uma História Alternativa para a Criptografia de Chave Pública

Nos últimos vinte anos Diffie, Hellman e Merkle ficaram famosos mundialmente como os criptógrafos que inventaram o conceito da criptografia de chave pública, enquanto Rivest, Shamir e Adleman receberam o crédito pelo desenvolvimento da RSA, a mais bela implementação da criptografia de chave pública. Contudo, uma revelação recente indicou que os livros de história terão que ser reescritos. De acordo com o governo britânico, a criptografia de chave pública foi inventada, originalmente, no Quartel-General de Comunicações do Governo (GCHQ) em Cheltenham, o estabelecimento altamente secreto que foi formado a partir dos remanescentes de Bletchley Park, depois da Segunda Guerra Mundial. Esta é uma história de extraordinária engenhosidade, heróis anônimos e encobrimento pelo governo que durou décadas.

A história começa no final da década de 1960, quando os militares britânicos começaram a se preocupar com o problema da distribuição de chaves. Antevendo a década de 1970, os altos oficiais militares imaginaram um cenário em que a miniaturização dos rádios e a redução dos custos faria com que todos os soldados pudessem estar em contato contínuo por rádio com seus oficiais. As vantagens desta comunicação ampla eram enormes. Mas as comunicações teriam que ser cifradas e o problema de distribuir chaves seria insuperável. Aquela era uma época em que a única forma de criptografia era a simétrica, de modo que uma chave individual teria que ser transportada em segurança para cada integrante da rede de comunicações. E qualquer ampliação desta rede seria sufocada pela carga da distribuição de chaves. No início de 1969 os militares pediram a James Ellis, um dos principais criptógrafos do governo britânico, que buscasse meios de lidar com o problema da distribuição de chaves.

Ellis era um personagem curioso e um tanto excêntrico. Gabava-se de ter percorrido metade do mundo antes mesmo de nascer — ele foi concebido na Grã-Bretanha, mas nasceu na Austrália. Então, quando ainda era um bebê, ele voltou para Londres e cresceu no East End, na década de 1920. Na escola, seu principal interesse era a ciência, e assim ele foi estudar física no Imperial College, antes de entrar para a Estação de Pesquisas dos Correios em Dollis Hill, onde Tommy Flowers tinha construído o Colossus, o primeiro computador quebrador de códigos. A divisão criptográfica em Dollis Hill acabou sendo absorvida pelo GCHQ e assim, em 1º de abril de 1965, Ellis se mudou para Cheltenham, para juntar-se ao recém-formado Grupo de Segurança de Eletrônica-Comunicações (CESG), uma seção especial do GCHQ que procurava garantir a segurança das comunicações britânicas. Como estava envolvido com assuntos de segurança nacional, Ellis ficou preso a um juramento de segredo durante toda a sua carreira. Embora sua esposa e sua família soubessem que ele trabalhava para o GCHQ, eles não sabiam de suas descobertas e não tinham idéia de que ele fosse um dos mais competentes criadores de códigos do país.

Mas apesar de suas habilidades como criador de códigos, Ellis nunca foi colocado na chefia de qualquer grupo de pesquisa importante do GCHQ. Ele era brilhante, mas também era imprevisível, introvertido e não trabalhava bem em equipe. Seu colega Richard Walton relembra:

> Ele era um funcionário um tanto ardiloso e não se encaixava realmente no trabalho diário do GCHQ. Mas em termos de lidar com idéias novas, era excepcional. Você tinha que descontar algumas tolices, às vezes, mas ele era muito inovador e sempre com vontade de desafiar as idéias ortodoxas. Nós teríamos um grande problema se todo mundo no GCHQ fosse como ele, mas podíamos tolerar uma porcentagem maior de gente assim do que a maioria das organizações. Realmente acolhíamos algumas pessoas como ele.

Uma das maiores qualidades de Ellis era a amplitude de seus conhecimentos. Ele lia todas as revistas científicas que chegavam em suas mãos e nunca jogava nada fora. Por razões de segurança, os funcionários do GCHQ tinham que limpar suas mesas toda a noite e colocar tudo em armários trancados, o que fazia com que as gavetas de Ellis ficassem cheias com as mais obscuras publicações imagináveis. Ele ficou conhecido como um criptoguru, e quando outros pesquisadores topavam com problemas insuperáveis, iam bater em sua porta, esperando que seus vastos conhecimentos e sua originalidade produzissem uma solução. E foi provavelmente devido a esta reputação que pediram a ele para examinar o problema da distribuição de chaves.

Fig. 66 James Ellis.

O custo da distribuição de chaves já era enorme e iria se tornar um fator limitador em qualquer expansão no uso da cifragem. Cada redução em dez por cento no custo da distribuição de chaves seria um corte significativo no orçamento da segurança militar. Contudo, no lugar de meramente reduzir o custo do problema, Ellis imediatamente procurou uma solução completa e radical. "Ele sempre abordava um problema perguntando, 'Isto é realmente o que nós queremos fazer?'", lembra Walton. "Sendo ele quem era, a primeira coisa que fazia era desafiar o requisito de que era necessário partilhar dados secretos, quero dizer, a chave. Não existia nenhum teorema dizendo que você precisava partilhar o segredo. Era alguma coisa que se podia desafiar."

Ellis começou a atacar o problema pesquisando em sua coleção de artigos científicos. Muitos anos depois ele se lembrou do momento em que descobriu que a distribuição de chaves não era uma parte inevitável da criptografia:

O acontecimento que mudou esta visão foi a descoberta de um relatório da Bell Telephone, feito na época da guerra por um autor desconhecido e que descrevia uma idéia engenhosa para garantir a segurança de conversas pelo telefone. Ele propunha que o receptor poderia mascarar a voz do emissor acrescentando ruído à linha. Ele poderia subtrair o ruído mais tarde, já que fora ele mesmo quem o adicionara e portanto sabia do que se tratava. As desvantagens práticas desse sistema impediram que fosse realmente usado, mas havia algumas características interessantes. A diferença entre isto e a cifragem convencional é a de que, neste caso, o receptor toma parte no processo de cifragem... e assim nasceu a idéia.

Ruído é o termo técnico para qualquer sinal que penetre em uma comunicação. Normalmente ele é gerado por fenômenos naturais e sua característica mais irritante é a de ser totalmente aleatório, o que significa que remover o ruído de uma mensagem é muito difícil. Se um sistema de rádio for bem projetado, o nível de ruído será baixo e a mensagem claramente audível, mas se o nível de ruído for alto, ele cobre totalmente a mensagem e não há meios de recuperá-la. Ellis estava sugerindo que o receptor, Alice, criasse deliberadamente o ruído, que ela poderia medir antes de acrescentá-lo ao canal de comunicação que a ligasse a Bob. Bob então poderia enviar uma mensagem para Alice, e se Eva colocasse uma escuta naquele canal, ela seria incapaz de ler a mensagem porque estaria abafada pelo ruído. Eva seria incapaz de separar o ruído da mensagem. A única pessoa que poderia remover o ruído e ler a mensagem era Alice, porque ela estaria na posição singular de conhecer a exata natureza do ruído, que ela própria colocou lá. Ellis percebia que a segurança tinha sido

O LIVRO DOS CÓDIGOS

obtida sem a troca de qualquer chave. A chave era o ruído e Alice só precisava conhecer os detalhes desse ruído.

Em um memorando, Ellis detalhou seu processo de pensamento: "A pergunta seguinte era óbvia para mim. Será que isso pode ser feito com uma cifragem comum? Será que poderemos produzir uma mensagem cifrada em segurança, que possa ser lida apenas pelo destinatário autorizado, sem qualquer troca anterior de uma chave secreta? Esta pergunta realmente me ocorreu quando estava na cama certa noite, e a prova da possibilidade teórica levou apenas alguns minutos. Nós tínhamos um teorema da existência. O impensável era realmente possível." (Um teorema da existência mostra que um conceito em particular é possível, ele não se preocupa com os detalhes do conceito.) Em outras palavras, até aquele momento, a busca por uma solução do problema da distribuição de chaves era como procurar uma agulha num palheiro, com a possibilidade de que a agulha nem mesmo estivesse lá. Contudo, graças ao teorema da existência, Ellis agora sabia que a agulha estava lá, em algum lugar.

As idéias de Ellis eram muito semelhantes às de Diffie, Hellman e Merkle, exceto que ele estava vários anos à frente deles. Mas ninguém sabia do seu trabalho, porque ele era um funcionário do governo britânico e tinha jurado segredo. No final de 1969, Ellis parecia ter chegado ao mesmo impasse que o trio de Stanford alcançaria em 1975. Ele tinha provado para si mesmo que a criptografia de chave pública (ou cifragem não-secreta, como ele a chamava) era possível e tinha desenvolvido o conceito de chaves públicas e chaves particulares separadas. Ele também sabia que precisava encontrar uma função de mão única especial, que só pudesse ser revertida se o receptor tivesse acesso a um elemento específico de informação. Infelizmente Ellis não era um matemático. Ele experimentou algumas funções matemáticas, mas logo percebeu que não seria capaz de fazer mais progressos sozinho.

Nesse ponto Ellis revelou sua descoberta aos seus chefes. Suas reações ainda são material secreto, mas durante uma entrevista, Richard Walton estava preparado para parafrasear para mim os vários memorandos que foram trocados. Sentado com sua valise no colo, ele usou a tampa aberta para esconder os papéis da minha vista, enquanto folheava os documentos:

> Eu não posso lhe mostrar os documentos que tenho aqui porque eles ainda estão com palavras horríveis como ALTAMENTE SECRETO carimbadas sobre eles. Essencialmente, a idéia de James vai até o homem no topo que a en-

caminha, do jeito que os chefes costumam fazer, de modo que os especialistas possam dar uma olhada nela. Em outras palavras, eles não podem desconsiderar este homem, tratando-o como um excêntrico. E ao mesmo tempo não conseguem imaginar um meio de colocar em prática sua idéia. Mas eles ficam impressionados com a engenhosidade de James, embora incertos sobre como tirar vantagem dela.

Nos três anos seguintes, as mentes mais brilhantes do GCHQ esforçaram-se para encontrar uma função de mão única que preenchesse as especificações de Ellis, mas nada de novo surgiu. Então, em setembro de 1973, um novo matemático entrou para a equipe. Clifford Cocks tinha se graduado recentemente da Universidade Cambridge, onde se especializara em teoria dos números, uma das formas mais puras da matemática. Quando entrou para o GCHQ, ele sabia muito pouco sobre cifragem e o mundo sombrio das comunicações militares e diplomáticas, de modo que um mentor, Nick Patterson, foi encarregado de guiá-lo em suas primeiras semanas no GCHQ.

Depois de seis semanas, Patterson falou a Cocks sobre "uma idéia realmente fantástica". Ele delineou a teoria de Ellis sobre a criptografia de chave pública e explicou que ninguém pudera, ainda, encontrar uma função matemática que fizesse o trabalho. Patterson estava contando isso para Cocks porque era a idéia criptográfica mais estimulante naquela época, não porque esperasse que ele pudesse resolver o problema. Contudo, como Cocks contou, naquele mesmo dia ele começou a trabalhar: "Não havia nada de especial acontecendo, e assim eu achei que podia pensar um pouco na idéia. Como estivera trabalhando com a teoria dos números, era natural pensar em funções de mão única, algo que você pode fazer mas não pode desfazer. Os números primos e a fatoração eram candidatos naturais, e assim eu comecei por eles." Cocks estava começando a formular o que mais tarde ficaria conhecido como cifra assimétrica RSA. Rivest, Shamir e Adleman descobriram sua fórmula para a criptografia de chave pública em 1977, mas quatro anos antes, o jovem graduado em Cambridge estava passando exatamente pelo mesmo processo mental. Cocks lembra: "Do começo até o fim eu não levei mais do que meia hora. Fiquei muito satisfeito comigo mesmo e pensei: 'Oh, isto é ótimo. Eles me deram um problema e eu resolvi.'"

Cocks não podia apreciar plenamente o significado de sua descoberta. Ele não sabia que as mentes mais brilhantes do GCHQ tinham lutado com aquele problema durante três anos e nem tinha idéia de que acabara de fazer uma das mais importantes descobertas criptográficas deste século. A ingenuidade de Cocks pode ter sido, em parte, a responsável por seu sucesso, permitindo que ele atacasse o problema com confiança, no lugar de cutucá-lo timidamente. Cocks contou ao seu mentor sobre sua descoberta, e foi Patterson quem informou a diretoria. Cocks era muito tímido e ainda um novato, enquanto Patterson percebia o contexto do problema e era mais capaz de responder às questões técnicas que inevitavelmente surgiriam. Logo, estranhos começaram a se aproximar de Cocks, o menino prodígio, e a congratulá-lo. Um dos estranhos era James Ellis, ávido por encontrar o homem que transformara seu sonho em realidade. Como Cocks ainda não compreendia a enormidade de sua realização, os detalhes desse encontro não deixaram nele uma grande impressão, e agora, duas décadas depois, ele não se lembra da reação de Ellis.

Fig. 67 Clifford Cocks.

Quando Cocks percebeu o que tinha feito, ocorreu-lhe a idéia de que sua descoberta poderia ter desapontado G. H. Hardy, um dos grandes matemáticos ingleses do início do século. Em sua *Apologia do matemático*, escrita em 1940, Hardy declara orgulhosamente: "A verdadeira matemática não tem efeito sobre a guerra. Ninguém descobriu ainda qualquer propósito bélico para a teoria dos números." Por verdadeira matemática ele queria dizer a matemática pura, como a teoria dos números, que estava no coração do trabalho de Cocks. E Cocks provara que Hardy estava errado. As complexidades da teoria dos números agora poderiam ser usadas para ajudar os generais a planejarem suas batalhas em completo segredo. E como seu trabalho tinha implicações para as comunicações militares, Cocks, como Ellis, foi proibido de contar a qualquer pessoa de fora do GCHQ o que tinha feito. Trabalhar num estabelecimento altamente secreto do governo significava que ele não poderia comentar sua descoberta nem com seus pais, nem com seus ex-colegas de Cambridge. A única pessoa com quem ele podia falar era sua esposa Gill, já que ela também trabalhava para o GCHQ.

Fig. 68 Malcolm Williamson.

O LIVRO DOS CÓDIGOS

Embora a idéia de Cocks fosse um dos mais poderosos segredos do GCHQ, ela sofreu com o problema de estar à frente de seu tempo. Cocks tinha descoberto a função matemática que permitia a criptografia de chave pública, mas ainda havia a dificuldade de implementar o sistema. A cifragem através da criptografia de chave pública exige muito mais potência de computador do que a cifragem via cifra simétrica, como a DES. Nos primeiros anos da década de 1970, os computadores ainda eram relativamente primitivos e incapazes de realizar o processo de cifragem por chave pública em um tempo razoável. Por esse motivo, o GCHQ não tinha condições de explorar esse tipo de criptografia. Cocks e Ellis tinham provado que o aparentemente impossível era possível, mas ninguém podia encontrar um meio de tornar o possível prático.

No início do ano seguinte, 1974, Cocks explicou seu trabalho sobre criptografia de chave pública para Malcolm Williamson, que entrara recentemente para o GCHQ como criptógrafo. Os dois eram velhos amigos. Ambos tinham estudado na Manchester Grammar School, cujo lema era *Sapere aude*, "Atreva-se a ser sábio". Enquanto estavam na escola, em 1968, os dois garotos tinham representado a Grã-Bretanha na Olimpíada Matemática na União Soviética. Depois de cursarem juntos a Universidade Cambridge, seguiram caminhos distintos durante dois anos, mas agora se uniam de novo no GCHQ. Os dois trocavam idéias matemáticas desde a idade de onze anos, mas a revelação de Cocks sobre a criptografia de chave pública fora a idéia mais chocante que Williamson já ouvira. "Cliff me explicou essa idéia", lembra Williamson, "e eu realmente não acreditei. Fiquei muito desconfiado, porque esta era uma coisa muito peculiar para se fazer."

Williamson tentou provar que Cocks cometera algum erro e que a criptografia de chave pública não existia realmente. Ele testou toda a matemática, procurando uma falha oculta. A criptografia de chave pública parecia boa demais para ser verdade, e Williamson estava tão determinado a encontrar um erro que levou o problema para casa.

Os funcionários do GCHQ não deviam levar trabalho para casa, porque tudo o que eles faziam lá era secreto e o ambiente doméstico é potencialmente vulnerável à espionagem. Contudo o problema impressionara tanto a mente de Williamson, que ele não conseguia deixar de pensar nele. Desafiando suas ordens, ele carregou seu trabalho para casa, onde passou cinco horas tentando encontrar uma falha. "Essencialmente, eu fracassei", diz Williamson. "E no lugar de encontrar um erro, achei outra solução para o problema da distribuição de chaves." Williamson estava descobrindo a troca de chaves Diffie-

Hellman-Merkle, mais ou menos na mesma época em que Martin Hellman a descobria. A reação inicial de Williamson reflete sua disposição cética: "Isto parece grande, eu pensei. Será que eu posso encontrar alguma falha? Eu acho que estava com o espírito negativo naquele dia."

Fig. 69 Malcolm Williamson (segundo da esquerda para a direita) e Clifford Cocks (na extremidade direita) chegam para a Olimpíada de Matemática de 1968.

Por volta de 1975, James Ellis, Clifford Cocks e Malcolm Williamson já tinham descoberto todos os aspectos fundamentais da criptografia de chave pública, e no entanto tinham que permanecer em silêncio. Os três britânicos tiveram que ficar sentados, vendo todas as suas descobertas serem redescobertas por Diffie, Hellman, Merkle, Rivest, Shamir e Adleman nos três anos seguintes. Curiosamente, o GCHQ descobriu a RSA antes da troca de chaves de Diffie-Hellman-Merkle, enquanto no mundo exterior a troca Diffie-Hellman-Merkle apareceu primeiro. A imprensa científica divulgou as descobertas feitas em Stanford e no MIT e os pesquisadores, que podiam publicar seus trabalhos nas revistas científicas, ficaram famosos na comunidade dos criptógrafos. Uma olhada rápida na Internet, usando-se um programa de busca, revela 15 páginas da rede que mencionam Clifford Cocks, enquanto existem 1.382 páginas mencionando Whitfield Diffie. A atitude de Cocks é admiravelmente contida: "Você não se importa com esse negócio de reconhecimento

O LIVRO DOS CÓDIGOS

público." Williamson é igualmente frio: "Minha reação foi: Okay, é assim que tem que ser. Basicamente eu procurei ter sucesso em outros aspectos de minha vida."

A única queixa de Williamson é que o GCHQ não patenteou a criptografia de chave pública. Quando Cocks e Williamson fizeram suas descobertas, os diretores do GCHQ chegaram à conclusão de que era impossível obter uma patente por dois motivos: em primeiro lugar, patentear significaria revelar os detalhes do trabalho, o que teria sido incompatível com os objetivos do GCHQ. Em segundo lugar, no início da década de 1970, não estava muito claro se algoritmos podiam ser patenteados. Entretanto, quando Diffie e Hellman tentaram obter uma patente em 1976, ficou evidente que eles podiam ser patenteados. Nessa época Williamson quis ir a público e bloquear o pedido de Diffie e Hellman, mas foi proibido por seus chefes, que não tinham a visão necessária para perceber a revolução digital e o potencial da criptografia de chave pública. No início da década de 1980 os chefes de Williamson começaram a lamentar sua decisão, à medida que o desenvolvimento dos computadores e a Internet embrionária tornaram claro que a RSA e a troca de chaves de Diffie-Hellman-Merkle seriam produtos comerciais de enorme sucesso. Em 1996, a RSA Data Security Inc., empresa responsável pelos produtos RSA, foi vendida por 200 milhões de dólares.

Embora o trabalho no GCHQ ainda fosse considerado secreto, havia outra organização que estava ciente das descobertas feitas na Grã-Bretanha. No início dos anos 80 a Agência de Segurança Nacional dos Estados Unidos sabia do trabalho de Ellis, Cocks e Williamson e foi provavelmente através da NSA que Whitfield Diffie ouviu rumores sobre as descobertas britânicas. Em setembro de 1982, Diffie decidiu verificar se havia alguma verdade no boato e viajou com sua esposa até Cheltenham, para falar com James Ellis cara a cara. Eles se encontraram numa taverna local e Mary ficou muito impressionada com a personalidade de Ellis:

Nós nos sentamos conversando e subitamente eu percebi que aquela era a pessoa mais maravilhosa que eu podia imaginar. A amplitude de seu conhecimento matemático não era algo que eu pudesse avaliar com certeza, mas ele era um verdadeiro cavalheiro, imensamente modesto, uma pessoa com um espírito muito generoso e fino. E quando eu falo em refinamento eu não quero dizer afetação. Aquele homem era um cavalheiro. Era um bom homem, realmente bom. Um espírito muito bondoso.

Diffie e Ellis debateram vários assuntos, da arqueologia até o modo como ratos no barril melhoram o gosto do vinho, mas sempre que a conversação tomava o rumo da criptografia, Ellis educadamente mudava de assunto. No final da visita, quando estava pronto para ir embora, Diffie não resistiu mais e perguntou diretamente a Ellis aquilo que estava em sua mente. "Diga-me, como foi que inventou a criptografia de chave pública?" Houve uma longa pausa e finalmente Ellis sussurrou: "Bem, eu não sei o quanto devo dizer. Digamos que vocês fizeram muito mais com ela do que nós."

Embora o GCHQ fosse o primeiro a descobrir a criptografia de chave pública, isso não deve diminuir as conquistas dos acadêmicos que a redescobriram. Foram esses acadêmicos que primeiro perceberam o potencial da cifragem de chave pública, e foram eles que a levaram à sua implementação. Além disso, é bem possível que o GCHQ nunca tivesse revelado seu trabalho, bloqueando assim uma forma de cifragem que permitiu que a revolução digital atingisse todo o seu potencial. Finalmente, a descoberta pelos acadêmicos foi totalmente independente da descoberta pelo GCHQ e, intelectualmente, está lado a lado com ela. O ambiente acadêmico encontra-se completamente isolado do domínio altamente sigiloso da pesquisa secreta e os acadêmicos não possuem acesso às ferramentas e ao conhecimento secreto que podem estar ocultos no mundo da espionagem. Por outro lado, os pesquisadores do governo sempre têm acesso à literatura acadêmica. Pode-se pensar neste fluxo de informação em termos de uma função de mão única — a informação flui livremente em uma direção, mas é proibido enviar informação na direção oposta.

Quando Diffie contou a Hellman sobre Ellis, Cocks e Williamson, sua atitude foi a de que as descobertas dos acadêmicos deveriam ser uma nota ao pé da página na história da pesquisa secreta, e que as descobertas no GCHQ seriam uma nota ao pé da página na história da pesquisa acadêmica. Contudo, naquela ocasião, ninguém exceto o GCHQ, a NSA, Diffie e Hellman sabiam sobre a pesquisa secreta, de modo que ela não poderia ser considerada nem mesmo como uma nota.

Em meados da década de 1980 o pensamento dentro da GCHQ estava começando a mudar, e a diretoria considerou a idéia de anunciar publicamente o trabalho de Ellis, Cocks e Williamson. A matemática da criptografia de chave pública já era de domínio público, e parecia não haver motivos para continuar mantendo segredo. De fato, haveria benefícios se os britânicos revelas-

O LIVRO DOS CÓDIGOS

sem seu trabalho de ponta na criptografia de chave pública. Como lembra Richard Walton:

> Nós namoramos a idéia de vir a público em 1984. Começamos a ver vantagens se o GCHQ fosse mais reconhecido publicamente. Era uma época em que o mercado da segurança governamental estava se expandindo para além dos usuários militares e diplomáticos tradicionais, e nós precisávamos conquistar a confiança daqueles que não trabalhavam tradicionalmente conosco. Estávamos no meio da era Thatcher, e assim tentávamos combater aquele tipo de pensamento de o "governamental é ruim, particular é bom". Assim, tínhamos a intenção de publicar um artigo científico, mas a idéia foi aniquilada por aquele estraga-prazeres, Peter Wright, que escreveu *Spycatcher*. Estávamos começando a animar a diretoria a aprovar esta divulgação, e então houve todo aquele falatório sobre o *Spycatcher*. A partir daí a ordem do dia era "escondam tudo".

Peter Wright era um funcionário aposentado do serviço secreto britânico e a publicação de suas memórias, intituladas *Spycatcher*, foram uma fonte de grande embaraço para o governo britânico. Passariam outros 13 anos antes que o GCHQ viesse a público — 28 anos depois da descoberta inicial de Ellis. Em 1997, Clifford Cocks completou alguns trabalhos importantes e não considerados secretos, sobre a RSA, os quais seriam do interesse de uma ampla comunidade. Sua publicação não era um risco para a segurança. Como resultado disso, ele foi convidado a apresentar seu trabalho no Instituto de Matemática, em sua Conferência sobre Aplicações, em Cirencester. A sala estaria cheia de especialistas em criptografia e um punhado deles saberia que Cocks, o homem que falava de um dos aspectos da RSA, era realmente o seu inventor desconhecido. Havia o risco de alguém fazer a pergunta embaraçosa, "Você inventou a RSA?". Se surgisse tal pergunta, o que deveria Cocks fazer? De acordo com a política do GCHQ, ele teria que negar seu papel no desenvolvimento da RSA, sendo forçado a mentir sobre um assunto que era totalmente inócuo. A situação era claramente ridícula e o GCHQ decidiu que era hora de mudar sua política. Cocks recebeu permissão para iniciar sua palestra apresentando uma breve história das contribuições do GCHQ para a criptografia de chave pública.

No dia 18 de dezembro de 1997, Cocks fez sua palestra. Depois de quase três décadas de segredo, Ellis, Cocks e Williamson receberam o reconhecimento que mereciam. Tristemente, James Ellis tinha morrido um mês antes, em 25 de novembro de 1997, com a idade de 73 anos. Ellis passou a fazer parte da lista de especialistas britânicos cujas contribuições nunca foram reconhecidas durante suas vidas. A quebra da cifra de Vigenère por Charles Babbage, que nunca fora revelada enquanto ele estava vivo, por ser valiosa para as forças britânicas na Criméia; o crédito indo para Friedrich Kasiski. De modo semelhante, as contribuições de Alan Turing ao esforço de guerra foram sem paralelo, e no entanto o segredo governamental impediu a revelação de seu trabalho sobre a Enigma.

Em 1987, Ellis escreveu um documento confidencial que registrava sua contribuição para a criptografia de chave pública, incluindo suas considerações sobre o segredo que tão freqüentemente envolve o trabalho de criptografia:

A criptografia é uma ciência fora do comum. A maioria dos cientistas profissionais tenta estar entre os primeiros a publicar seu trabalho, porque é através da disseminação deste trabalho que ele se valoriza. Em contraste, a criptografia terá mais valor se for realizada com o mínimo de informação disponível para os adversários em potencial. Assim, os criptógrafos profissionais normalmente trabalham em comunidades fechadas para fornecer suficiente interação profissional, e garantir a qualidade, enquanto se mantém o segredo para as pessoas de fora. A revelação desses segredos normalmente só é autorizada no interesse da precisão histórica, depois de se ter demonstrado que nenhum benefício será obtido com a manutenção do sigilo.

7

Uma Ótima Privacidade

Exatamente como Whit Diffie previu no início dos anos 70, nós agora estamos entrando na Era da Informação, uma era pós-industrial na qual a informação é a mercadoria mais valiosa. A troca de informação digital tornou-se parte de nossa sociedade. Dezenas de milhões de *e-mails* são enviados a cada dia e o correio eletrônico logo se tornará mais popular do que o correio convencional. A Internet, que ainda está na infância, já forneceu uma infra-estrutura para o mercado digital e o comércio através do correio eletrônico floresce. O dinheiro flui pelo ciberespaço e estima-se que, a cada dia, metade do Produto Interno Bruto do mundo viaja pela rede da Society for Worldwide Interbank Financial Telecommunications (SWIFT). No futuro, as democracias que apóiam as eleições começarão a realizar suas votações pela rede, e os governos já estão usando a Internet para ajudá-los a administrar seus países, oferecendo facilidades tais como declarações de impostos pela Internet.

Contudo, o sucesso da Era da Informação depende da capacidade de proteger essas informações enquanto elas fluem ao redor do mundo e isto depende do poder da criptografia. A cifragem pode ser vista como a fonte das chaves e trancas da Era da Informação. Durante dois mil anos ela foi importante apenas para o governo e os militares, mas hoje ela também tem um papel a desempenhar na facilidade dos negócios e, no futuro, pessoas comuns dependerão da criptografia para proteger sua privacidade. Felizmente, enquanto a Era da Informação decola, passamos a ter acesso a uma cifra extraordinariamente poderosa. O desenvolvimento da criptografia de chave pública, em especial da cifra RSA, deu aos criptógrafos de hoje uma vantagem clara em sua luta con-

Fig. 70 Phil Zimmermann.

tínua contra os criptoanalistas. Se o valor de N for suficientemente grande, então a descoberta de p e q levará um tempo absurdo para Eva e a cifra RSA será efetivamente inquebrável. E o mais importante de tudo é que a criptografia de chave pública não é enfraquecida por quaisquer problemas de distribuição de chaves. Resumindo, a RSA garante fechos quase inquebráveis para nossas informações mais preciosas.

Contudo, como acontece com toda tecnologia, a cifragem tem seu lado negro. Além de proteger as comunicações dos cidadãos que respeitam a lei, a cifragem protege as comunicações dos criminosos e dos terroristas. Atualmente a polícia usa a escuta telefônica como meio de reunir provas em casos sérios, como o crime organizado e o terrorismo, mas isto seria impossível se os criminosos usassem cifras inquebráveis. À medida que entramos no século XXI, o dilema fundamental da criptografia é encontrar um meio de permitir que o público e a comunidade de negócios possam usar a cifragem para explorar os benefícios da Era da Informação, sem deixar que os criminosos abusem deste meio e escapem da prisão. Atualmente existe um debate ativo e vigoroso sobre os melhores caminhos a seguir, e muito da discussão tem sido inspirada pela história de Phil Zimmermann, o homem cujas tentativas de encorajar o amplo uso da cifragem poderosa levou o pânico aos especialistas em segurança dos Estados Unidos, ameaçou a eficiência da bilionária Agência de Segurança Nacional e o transformou em alvo de uma investigação do FBI e de um inquérito da suprema corte.

Phil Zimmermann passou a década de 1970 na Florida Atlantic University, onde estudou física e ciência dos computadores. Ao se graduar, ele parecia pronto para iniciar uma boa carreira na crescente indústria da informática, mas os acontecimentos políticos do início dos anos 80 transformaram sua vida. Ele se tornou cada vez menos interessado na tecnologia dos *chips* de silício e mais preocupado com a ameaça de uma guerra nuclear. Zimmermann ficou alarmado com a invasão soviética do Afeganistão, a eleição de Ronald Reagan e a instabilidade causada por um Brejhnev envelhecido e a natureza cada vez mais tensa da guerra fria. Ele até mesmo considerou a possibilidade de emigrar, com sua família, para a Nova Zelândia, acreditando que lá seria um dos poucos lugares da Terra que continuariam habitáveis depois de um conflito nuclear. Mas assim que obteve os passaportes e os necessários documentos de imigração, ele e sua esposa participaram de um encontro organizado pela Campanha pelo Congelamento das Armas Nucleares. No lugar de fugir, Zimmermann decidiu ficar e enfrentar uma batalha em seu país, tornando-se um ativista antinuclear. Eles informavam aos candidatos políticos sobre as questões da política militar e foram presos nos campos de testes nucleares de Nevada, junto com Carl Sagan e outros quatrocentos manifestantes.

Alguns anos depois, em 1988, Mikhail Gorbachov tornou-se o líder da União Soviética, iniciando a *perestroika* e a *glasnost* e reduzindo a tensão entre o Leste e o Oeste. Os temores de Zimmermann começaram a desaparecer, mas ele não perdeu sua paixão pelo ativismo político. Meramente a canalizou em uma direção diferente. Começou a voltar suas atenções para a revolução digital e a necessidade da cifragem:

> A criptografia costumava ser uma ciência obscura, de pouca importância para a vida diária. Historicamente ela sempre teve um papel especial nas comunicações militares e diplomáticas. Mas na Era da Informação, a criptografia está relacionada com o poder político, e em especial com a relação de poder entre o governo e o povo. Ela se liga ao direito à privacidade, liberdade de expressão, liberdade de associação política, liberdade de imprensa, liberdade contra a busca e apreensão absurda e a liberdade de ficar sozinho.

Esses pontos de vista podem parecer paranóicos, mas para Zimmermann existe uma diferença fundamental entre as comunicações tradicionais e digitais com implicações importantes para a segurança:

> No passado, se quisesse violar a privacidade de cidadãos comuns, o governo tinha que fazer um certo esforço para interceptar, abrir e ler cartas, ou então escutar, e possivelmente transcrever, conversas ao telefone. Isto é análogo a pescar com anzol e linha, pegando um peixe de cada vez. Felizmente, para a liberdade e a democracia, esse tipo de monitoração trabalhosa não é prática em grande escala. Hoje, a correspondência eletrônica está substituindo gradualmente a correspondência convencional em papel, e logo ela se tornará uma norma para todo o mundo, não a novidade de hoje em dia. E, ao contrário das cartas em papel, as mensagens de *e-mail* são muito fáceis de serem interceptadas e escaneadas em busca de palavras-chave interessantes. Isto pode ser feito fácil, rotineira, automaticamente e de modo indetectável em grande escala. É análogo a pescar com rede, o que cria uma diferença quantitativa e qualitativa, uma diferença orweliana para a saúde da democracia.

Esta diferença entre a correspondência comum e a digital pode ser ilustrada se imaginarmos que Alice deseja enviar convites para sua festa de aniversário, e Eva, que não foi convidada, quer saber o local e a hora da festa. Se Alice usar o método convencional, de mandar cartas pelo correio, então será muito difícil para Eva interceptar um dos convites. Para começar Eva não sabe onde foi que os convites de Alice entraram no sistema dos correios, porque Alice pode ter usado qualquer caixa de coleta da cidade. A única esperança que ela tem

O LIVRO DOS CÓDIGOS

seria, de algum modo, identificar o endereço de algum dos amigos de Alice e então se infiltrar no escritório local onde as cartas são separadas de acordo com os bairros. Então ela teria que verificar cada carta manualmente e, se encontrasse a de Alice, teria que abri-la com vapor, de modo a conseguir a informação desejada. Depois fechá-la, para evitar qualquer suspeita de que a correspondência foi manipulada.

Comparado com isso, a tarefa de Eva será muito mais fácil se Alice enviar seus convites por *e-mail*. Quando as mensagens deixam o computador de Alice, elas vão para um servidor local, um ponto principal de entrada para a Internet. Se for suficientemente hábil, Eva pode invadir o computador desse servidor sem sair de casa. Os convites terão o endereço eletrônico de Alice e será fácil estabelecer um filtro eletrônico que procure os *e-mails* contendo o endereço de Alice. E uma vez que o convite tenha sido encontrado, não há envelope para ser aberto e nenhum problema para lê-lo. Além disso, o convite pode ser mandado para seu destinatário sem mostrar qualquer sinal de que foi interceptado. Alice nem saberia o que está acontecendo. Contudo, existe um meio de impedir Eva de ler os *e-mails* de Alice, ou seja, a cifragem.

Mais de cem milhões de *e-mails* são enviados no mundo inteiro, a cada dia, e todos são vulneráveis a interceptação. A tecnologia digital tem melhorado as comunicações, mas também criou a possibilidade de que essas comunicações sejam monitoradas. De acordo com Zimmermann, os criptógrafos têm o dever de encorajar o uso da cifragem e assim proteger à privacidade dos indivíduos:

> Um futuro governo pode herdar uma infra-estrutura tecnológica otimizada para a vigilância, onde ele poderá vigiar os movimentos de seus opositores políticos, todas as transações financeiras, todas as comunicações, cada *e-mail*, cada chamada telefônica. Tudo poderia ser filtrado e escaneado, identificado automaticamente pela tecnologia de reconhecimento de voz e transcrito. É hora de a criptografia sair do mundo sombrio dos espiões e militares e caminhar ao sol, sendo adotada por todos nós.

Em teoria, quando a RSA foi inventada em 1977, ela ofereceu um antídoto para o cenário do Grande Irmão, porque os indivíduos seriam capazes de criar suas próprias chaves públicas e particulares, enviando e recebendo mensagens perfeitamente seguras. Contudo, na prática, havia um grande problema porque o processo real de cifragem pela RSA exigia uma boa dose de poder de computação em comparação com as formas simétricas de cifragem, tais como o DES. Conseqüentemente, na década de 1980, apenas o governo, os militares e as grandes empresas possuíam computadores suficientemente poderosos para rodar a RSA. Não é surpresa que a RSA Data Security Inc., a empresa fundada para comercializar a RSA, tenha desenvolvido seus produtos de cifragem tendo em mente apenas esses mercados.

Em contraste, Zimmermann acreditava que todos deviam ter o direito a privacidade oferecido pela cifragem RSA e dirigiu seu zelo político para o desenvolvimento de um produto de cifragem RSA para as massas. Ele buscava usar seus conhecimentos em ciência de computação para projetar um produto levando em consideração a eficiência e a economia e que, deste modo, não sobrecarregasse a capacidade de um microcomputador comum. Ele também queria que sua versão da RSA tivesse uma interface particularmente amigável, de modo que o usuário não precisasse ser um especialista em criptografia para operá-la. Ele chamou seu projeto de Pretty Good Privacy (uma ótima privacidade) ou PGP, na abreviação. O nome foi inspirado pela Ralph's Pretty Good Groceries, que patrocinava o *Prairie Home Companion* de *Garrison Keillor*, um de seus programas de rádio favoritos.

No final da década de 1980, trabalhando em sua casa em Boulder, no Colorado, Zimmermann gradualmente montou seu *software* misturador. O objetivo principal era acelerar a velocidade da cifragem RSA. Normalmente, se Alice quisesse usar a RSA para cifrar uma mensagem para Bob, ela procuraria a sua chave pública e aplicaria a função de mão única da RSA para cifrar a mensagem, enquanto Bob decifraria o texto usando sua chave particular para reverter a função de mão única da RSA. Ambos os processos exigem uma considerável manipulação matemática e, se a mensagem for longa, a cifragem e a decifragem podem levar vários minutos num computador pessoal. E se Alice estiver mandando uma centena de mensagens por dia, ela não pode se permitir gastar vários minutos cifrando cada uma. Para acelerar a cifragem e a decifragem, Zimmermann empregou um truque muito hábil que usa a cifragem assimétrica RSA associada com a velha cifragem simétrica. A cifragem simétrica tradicional pode ser tão segura quanto a cifragem assimétrica e é muito mais rápida de ser feita, mas sofre com a necessidade de exigir a distribuição de uma chave, que terá que ser transportada em segurança do remetente ao destinatário. É aí que a RSA vem em nossa ajuda, porque ela pode ser usada para cifrar a chave simétrica.

O LIVRO DOS CÓDIGOS

Zimmermann imaginou o seguinte cenário. Se Alice quer enviar uma mensagem cifrada para Bob, ela começa por cifrá-la com uma cifra simétrica. Zimmermann sugeriu o uso de uma cifra conhecida como IDEA, que é semelhante à DES. Para cifrar com a IDEA, Alice precisa escolher uma chave, mas para que Bob decifre a mensagem Alice tem que enviar sua chave para ele. Alice resolve este problema anotando a chave pública RSA de Bob e usando-a para cifrar a chave IDEA. Assim, Alice termina enviando duas coisas para Bob: a mensagem cifrada com a cifra simétrica IDEA e a chave IDEA cifrada com a cifra assimétrica RSA. Em sua casa, Bob usa sua chave particular RSA para decifrar a chave IDEA e depois usa a chave IDEA para decifrar a mensagem. Isso pode parecer confuso, mas a vantagem é que a mensagem, que pode conter uma grande quantidade de informações, está sendo cifrada com uma cifra simétrica rápida, e apenas a chave simétrica IDEA, que consiste numa quantidade de informação relativamente pequena, está sendo cifrada com a cifra assimétrica lenta. Zimmermann planejou ter esta combinação de RSA e IDEA dentro de seu produto PGP, mas graças à interface amigável, o usuário não precisaria se envolver com os detalhes do processo.

Tendo resolvido em grande parte o problema da velocidade, Zimmermann também incorporou uma série de características práticas no PGP. Por exemplo, antes de usar o componente RSA da PGP, Alice precisa gerar sua própria chave pública e sua chave particular. Esta criação de chaves não é tão simples, porque envolve a descoberta de um par de números primos gigantes. Contudo, Alice só tem que mover o seu mouse para lá e para cá, de um modo errático, e o programa PGP criará uma chave pública e uma chave particular para ela — os movimentos do mouse introduzem um fator aleatório que o PGP usa para garantir que cada usuário terá seu par distinto de números primos, e portanto uma chave particular única, assim como uma chave pública individual. Depois disso Alice só precisa divulgar sua chave pública.

Outro aspecto útil do PGP é a facilidade que ele oferece para assinar digitalmente um *e-mail*. Normalmente os *e-mails* não carregam assinaturas, o que significa que é impossível verificar o verdadeiro autor de uma mensagem eletrônica. Por exemplo, se Alice usar um *e-mail* para enviar uma carta de amor para Bob, ela normalmente vai cifrá-la com sua chave pública, e quando ele receber vai decifrá-la com sua chave particular. Bob fica lisonjeado, mas como ele pode ter certeza de que aquela carta é realmente de Alice? Talvez a malévola

Eva tenha escrito o *e-mail* e digitado o nome de Alice no final. Sem a garantia de uma assinatura a mão, feita com tinta, não existe modo fácil de verificar a autenticidade. Imagine também que um banco recebe um *e-mail* de um cliente, com instruções para que todo o dinheiro daquele cliente seja transferido para uma conta numerada nas ilhas Cayman. Novamente, sem uma assinatura por escrito, como é que o banco vai saber que o *e-mail* é realmente do seu cliente? O *e-mail* poderia ter sido escrito por um criminoso tentando desviar o dinheiro para a sua própria conta bancária nas ilhas Cayman. Para desenvolver a confiança na Internet, é essencial que exista alguma forma de assinatura digital confiável.

A assinatura digital PGP é baseada num princípio que foi desenvolvido primeiro por Whitfield Diffie e Martin Hellman. Quando propuseram a idéia de chaves públicas e chaves particulares separadas, eles perceberam que, além de resolver o problema de distribuição de chaves, sua invenção também forneceria um mecanismo natural para gerar assinaturas de *e-mails*. No Capítulo 6, vimos que a chave pública é usada para cifrar e a chave particular para decifrar. Na verdade o processo pode ser invertido, de modo que a chave particular seja usada para cifrar e a chave pública para decifrar. Esse modo de cifragem é geralmente ignorado porque ele não oferece segurança. Se Alice usar sua chave particular para codificar uma mensagem para Bob, então todos poderão decifrá-la, porque todos possuem a chave pública de Alice. Contudo, esse modo de operação verifica a autenticidade, porque se Bob puder decifrar a mensagem usando a chave pública de Alice, ela deve ter sido cifrada com sua chave particular — e como somente Alice tem acesso a sua chave particular, a mensagem deve ter sido enviada por ela.

De fato, se Alice deseja mandar uma carta de amor para Bob, ela tem duas opções. Ou ela cifra a mensagem com a chave pública de Bob, para garantir a privacidade, ou ela a cifra com sua chave particular para garantir a autenticidade. Contudo, se combinar ambas as opções, ela poderá garantir a privacidade e a autenticidade. Existem modos mais rápidos de se conseguir isso, mas eis um modo pelo qual Alice pode mandar sua carta de amor. Ela começa cifrando a mensagem com sua chave particular e depois cifra o texto resultante com a chave pública de Bob. Podemos imaginar a mensagem cercada por uma frágil concha interna, que representa a cifragem com a chave particular de Alice, e uma concha externa forte, que representa a cifragem com a chave pública de Bob. O texto cifrado resultante só pode ser decifrado por Bob, porque somente ele tem acesso à chave particular necessária para quebrar a concha externa forte. Tendo decifrado a concha externa, Bob pode então, facilmente, decifrar a concha interna usando a chave pública de Alice — a concha interna não se destina a proteger a mensagem e sim a provar que ela veio de Alice e não de uma impostora.

A essa altura, enviar uma mensagem PGP cifrada está se tornando muito complicado. A cifra IDEA está sendo usada para cifrar a mensagem, a RSA está sendo usada para cifrar a chave IDEA e outro estágio de cifragem tem que ser incorporado, se for necessária uma assinatura digital. Contudo, Zimmermann desenvolveu seu produto de modo que tudo é automático, e assim, Alice e Bob não precisam se preocupar com a matemática. Para mandar uma mensagem para Bob, Alice simplesmente escreve seu *e-mail* e seleciona a opção PGP no menu na tela de seu computador. Em seguida ela digita o nome de Bob e o PGP encontra a chave pública de Bob e faz toda a cifragem automaticamente. Ao mesmo tempo o PGP faz toda a prestidigitação necessária para assinar digitalmente a mensagem. Ao receber a mensagem cifrada, Bob seleciona a opção PGP e o PGP decifra a mensagem e verifica o autor. Nada no PGP era original — Diffie e Hellman já tinham pensado em assinaturas digitais e outros criptógrafos tinham usado uma combinação de cifras simétricas e assimétricas para acelerar a cifragem —, mas Zimmermann foi o primeiro a colocar tudo isso junto num produto de cifragem fácil de usar, suficientemente eficiente para rodar em um microcomputador de potência moderada.

Por volta do verão de 1991, Zimmermann estava bem adiantado na tarefa de transformar o PGP num produto acabado. Só restavam dois problemas, nenhum deles de natureza técnica. Um problema de longo prazo era que a RSA, que constitui o coração do PGP, é um produto patenteado, e a lei de patentes exigia que Zimmermann obtivesse uma licença da RSA Data Security Inc. antes de lançar o PGP. Contudo, Zimmermann resolveu deixar de lado este problema. O PGP não se destinava a ser um produto comercial, e sim para uso individual. Ele sentiu que não estaria competindo diretamente com a RSA Data Security Inc., e esperava que a empresa lhe desse uma licença no devido tempo.

Um problema mais sério e imediato foi o projeto da lei geral anticrime do Senado norte-americano de 1991, que continha o seguinte parágrafo: "É opinião do Congresso que os fornecedores de serviços de comunicação eletrônica e os fabricantes de equipamentos de comunicação eletrônica devem garantir que esses sistemas de comunicações permitam que o governo obtenha o conteúdo completo de texto, voz e dados, e outros tipos de comunicação, quando autorizado pela lei." O Senado estava preocupado com que o desenvolvimento da tecnologia digital, como os telefones celulares, pudesse impedir que os agentes da lei fizessem escutas eficientes. Entretanto, além de forçar as empresas a garantirem a possibilidade dos grampos, a lei também parecia ameaçar todas as formas de cifragem.

Um esforço concentrado da parte da RSA Data Security Inc., das empresas de comunicações e dos grupos de defesa das liberdades civis fez com que a cláusula fosse retirada da lei, mas o consenso geral era de que isto seria apenas uma suspensão temporária. Zimmermann temia que, cedo ou tarde, o governo tentaria baixar uma legislação que efetivamente proibisse cifragens como o PGP. Ele sempre tencionara vender o PGP, mas agora tinha que reconsiderar suas opções. No lugar de esperar e arriscar a ver o PGP ser banido pelo governo, ele decidiu que era mais importante tornar seu trabalho disponível para todos antes que fosse muito tarde. Em junho de 1991 ele tomou uma medida drástica e pediu a um amigo que colocasse o PGP na BBS Usenet. O PGP era só um *software* e assim podia ser copiado por qualquer um, gratuitamente, a partir da BBS. O PGP estava agora à solta na Internet.

Inicialmente ele causou apenas um falatório entre os aficionados da criptografia. Depois foi copiado por uma ampla variedade de entusiastas da rede. Em seguida as revistas sobre computadores divulgaram notícias breves, então artigos de página inteira sobre o fenômeno PGP. E gradualmente o PGP começou a chegar aos cantos mais remotos da comunidade digital. Por exemplo, grupos de defesa dos direitos humanos do mundo inteiro começaram a usar o PGP para cifrar seus documentos, evitando que a informação caísse nas mãos de regimes acusados de violar esses direitos. Zimmermann começou a receber *e-mails* elogiando sua criação. "Havia grupos de resistência na Birmânia", diz Zimmermann, "que o estavam usando em campos de treinamento na selva. Eles disseram que ajudava a manter o moral porque antes do PGP ser introduzido a captura de documentos poderia levar a prisão, tortura e execução de famílias inteiras." Em 1991, no dia em que Boris Yeltsin estava bombardeando o prédio do parlamento, Zimmermann recebeu este *e-mail* da Letônia: "Phil, eu quero que você saiba. Espero que isso nunca aconteça, mas se a ditadura dominar a Rússia, o seu PGP já está espa-

O LIVRO DOS CÓDIGOS

lhado do Báltico ao Extremo Oriente e vai ajudar os democratas, se for necessário. Obrigado."

Mas enquanto ganhava fãs pelo mundo inteiro, Zimmermann estava sendo alvo de críticas nos Estados Unidos. A RSA Data Security Inc. decidiu não dar uma licença a Zimmermann e ficou furiosa com o fato de sua patente estar sendo violada. Embora Zimmermann tivesse divulgado o PGP como *freeware* (*software* livre e gratuito), ele continha o sistema RSA de criptografia de chave pública e, em conseqüência disso, a RSA Data Security chamou o PGP de programa pirata. Zimmermann tinha dado alguma coisa que pertencia a outra pessoa. A disputa de patentes continuaria por vários anos, e nesse período Zimmermann encontrou um problema ainda maior.

Em fevereiro de 1993, dois investigadores do governo fizeram uma visita a Zimmermann. Depois das perguntas iniciais sobre violação de patentes, eles começaram a fazer perguntas sobre uma acusação mais séria de exportação ilegal de armas. Como o governo norte-americano inclui os programas de cifragem dentro da categoria de munições, ao lado de mísseis, morteiros e metralhadoras, o PGP não poderia ser exportado sem uma licença do Departamento de Estado. Em outras palavras, Zimmermann foi acusado de ser um traficante de armas porque tinha exportado o PGP via Internet. E durante os três anos seguintes ele foi o alvo de uma investigação por um grande júri e se viu perseguido pelo FBI.

Cifragem para as Massas... ou não?

A investigação de Phil Zimmermann e o PGP iniciaram um debate sobre os efeitos positivos e negativos da Era da Informação. A difusão do PGP forçou criptógrafos, políticos, defensores das liberdades civis e agentes da lei a pensarem nas implicações da cifragem generalizada. Há aqueles, como Zimmermann, que acreditam que o uso amplo da cifragem seria uma dádiva para a sociedade, dando aos indivíduos a privacidade em suas comunicações digitais. Reunidos contra eles estão aqueles que pensam que a cifragem será uma ameaça à sociedade, porque criminosos e terroristas serão capazes de se comunicar em segredo, livres da escuta da polícia.

O debate atravessou a década de 1990 e continua tão acirrado como sempre. A questão fundamental é se os governos devem ou não criar leis contra a criptografia. A liberdade criptográfica permitirá que todos, incluindo os criminosos, fiquem confiantes quanto à segurança de seus *e-mails*. Por outro lado, restringir o uso da criptografia permitirá que a polícia espione os criminosos, mas também deixará que a polícia e todos espionem o cidadão comum. Em última instância nós, através do governo que elegermos, decidiremos o futuro papel da criptografia. Esta seção se destina a delinear os dois lados do debate. Muito da discussão refere-se a políticas e políticos dos Estados Unidos, parcialmente porque lá é a terra natal do PGP, em torno do qual gira a maior parte do debate, e parcialmente porque a política que for adotada nos EUA terá efeito sobre as políticas do resto do mundo.

O argumento contra a difusão da cifragem é defendido pelos agentes da lei, que desejam manter seu *status quo*. Durante décadas, as polícias do mundo inteiro têm realizado escutas legais com o fim de prender criminosos. Por exemplo, nos Estados Unidos, em 1918, grampos em telefones foram usados para combater a presença de espiões em tempo de guerra, e na década de 1920 eles se mostraram especialmente eficazes para a prisão dos fabricantes ilegais de bebida. O ponto de vista de que grampear telefones era uma ferramenta necessária para a manutenção da lei tornou-se firmemente estabelecido no final dos anos 60, quando o FBI percebeu que o crime organizado estava se tornando uma ameaça crescente ao país. Os policiais estavam tendo grande dificuldade para prender suspeitos porque a máfia ameaçava qualquer um que pudesse pensar em testemunhar contra ela, e havia também o código da *omertà*, ou do silêncio. A polícia sentiu que sua única esperança era reunir provas através de escutas telefônicas e a Suprema Corte simpatizou com este argumento. Em 1967 ela determinou que a polícia poderia usar escutas telefônicas desde que primeiro obtivesse uma autorização da corte.

Vinte anos depois o FBI ainda defendia que "as escutas autorizadas pelas cortes de justiça eram a mais eficiente técnica investigativa usada pelas forças da lei no combate contras as drogas ilegais, terrorismo, crimes violentos, espionagem e crime organizado". Contudo, esses grampos telefônicos seriam inúteis se os criminosos tivessem acesso à cifragem. Uma chamada telefônica feita por meio de uma linha digital não é nada mais do que uma seqüência de números e pode ser cifrada de acordo com as mesmas técnicas usadas para a cifragem de *e-mails*. O PGPfone, por exemplo, é um entre vários produtos capazes de cifrar comunicações de voz feitas pela Internet.

O LIVRO DOS CÓDIGOS

Os agentes da lei argumentam que a escuta eficiente é necessária para manter a ordem e a lei e que a cifragem deve ser restrita, de modo que eles possam continuar com seus grampos. A polícia já entrou em contato com criminosos que usam uma cifragem forte para se proteger. Um especialista alemão em direito disse que "negócios melindrosos, como o tráfico de armas e de drogas, não são mais acertados pelo telefone, e sim através de mensagens cifradas enviadas pelas redes de dados". Um representante da Casa Branca sugeriu uma tendência igualmente preocupante nos Estados Unidos, afirmando que "membros do crime organizado estão entre os usuários mais avançados de sistemas de computadores e de cifragens fortes". Por exemplo, o cartel de Cali acerta suas vendas de drogas através de comunicações cifradas. Os agentes da lei temem que a Internet, associada à criptografia, ajudará os criminosos a se comunicarem e a coordenarem seus esforços, e eles estão particularmente preocupados com os chamados Quatro Cavaleiros do Infocalipse: traficantes de drogas, crime organizado, terroristas e pedófilos — os grupos que se beneficiarão mais da cifragem.

Além de cifrarem as comunicações, os criminosos e os terroristas estão cifrando seus planos e registros, dificultando assim a descoberta de provas. A seita Aum Shinrikyo, responsável pelos ataques com gás no metrô de Tóquio, em 1995, cifrou alguns de seus documentos com o uso da RSA. Ramsey Yousef, um dos terroristas envolvidos no ataque a bomba contra o World Trade Center, mantinha os planos para seus futuros atos terroristas cifrados em seu computador *laptop*. Além disso, organizações terroristas internacionais e criminosos mais comuns também se beneficiarão com a cifragem. Por exemplo, um grupo organizado ilegal do jogo nos Estados Unidos cifrou suas contas por um período de quatro anos. Encomendado em 1997 pelo Grupo de Trabalho sobre o Crime Organizado do Centro Nacional de Informações Estratégicas, um estudo feito por Dorothy Denning e William Baugh estimou que já haviam acontecido quinhentos casos no mundo inteiro envolvendo cifragem e previu que este número iria dobrar a cada ano.

Além do policiamento doméstico, também há questões de segurança nacional. A Agência de Segurança Nacional dos Estados Unidos é responsável pela coleta de informações sobre os inimigos do país, decifrando suas comunicações. A NSA opera uma rede mundial de estações de escuta, em cooperação com a Grã-Bretanha, Austrália, Canadá e Nova Zelândia, que coletam e partilham de informações. A rede inclui instalações como a Base de Sinais de Informações de Menwith Hill em Yorkshire, a maior estação de espionagem do mundo. Parte do trabalho em Menwith Hill envolve o sistema Echelon, que é capaz de escanear *e-mails*, fax, telex e chamadas telefônicas, buscando palavras especiais. O Echelon opera de acordo com um dicionário de palavras suspeitas como "Hezbollah", "assassino" e "Clinton" e é suficientemente inteligente para reconhecer essas palavras em tempo real. Echelon pode marcar mensagens questionáveis para um exame posterior, capacitando-o a monitorar mensagens de grupos políticos específicos ou de organizações terroristas. Contudo, o sistema seria efetivamente inútil se todas as mensagens fossem fortemente cifradas. Cada um dos países que participam do programa perderiam informações valiosas sobre tramas políticas e ataques terroristas.

Do outro lado do debate estão os defensores das liberdades civis, incluindo grupos como o Centro para a Democracia e a Tecnologia e a Fundação Fronteira Eletrônica. A defesa pró-cifragem é baseada na crença de que a privacidade é um direito humano fundamental, reconhecido pelo artigo 12 da Declaração Universal dos Direitos Humanos: "Ninguém deve ser submetido a interferência arbitrária sobre sua privacidade, família, lar ou correspondência, nem a ataques contra sua honra ou reputação. Todos têm o direito à proteção da lei contra tais interferências ou ataques."

Os defensores das liberdades argumentam que o amplo uso da cifragem é essencial para garantir o direito à privacidade. De outro modo, eles temem que o advento da tecnologia digital, que torna a monitoração tão fácil, vá iniciar uma nova era de escutas telefônicas e de abusos que inevitavelmente se seguirão. No passado os governos usaram freqüentemente o seu poder para ordenar escutas telefônicas sobre cidadãos inocentes. Os presidentes Lyndon Johnson e Richard Nixon foram culpados de escutas injustificadas e o presidente John F. Kennedy comandou escutas duvidosas no primeiro mês de seu governo. Na campanha para aprovar uma lei referente às importações de açúcar da República Dominicana, Kennedy pediu que os telefones de vários congressistas fossem grampeados. Sua justificativa era a de que ele acreditava que eles estavam sendo subornados, uma preocupação aparentemente válida em relação à segurança nacional. Contudo, a prova de suborno nunca foi encontrada e as escutas forneceram a Kennedy informações políticas valiosas, que ajudaram a sua administração a aprovar a lei.

Um dos casos mais conhecidos de escutas telefônicas injustificadas aconteceu com Martin Luther King Jr., cujas conversas telefônicas foram monitoradas

O LIVRO DOS CÓDIGOS

durante vários anos. Por exemplo, em 1963, o FBI obteve informações sobre King através de um grampo que foram passadas para o senador James Eastland, de modo a ajudá-lo nos debates sobre a lei dos direitos civis. De um modo mais geral, o FBI reuniu detalhes sobre a vida pessoal de King, que foram usados para desacreditá-lo. Gravações de King contando piadas indecentes foram enviadas para sua esposa e tocadas para o presidente Johnson ouvir. Então, depois que King foi premiado com o Nobel, detalhes embaraçosos sobre sua vida eram enviados para qualquer organização que estivesse considerando a idéia de homenageá-lo com algum prêmio ou título.

Outros governos são igualmente culpados de abusar das escutas telefônicas. A Comission Nationale de Contrôle des Interceptions de Securité estima que são realizadas aproximadamente 100 mil escutas telefônicas ilegais todos os anos na França. Possivelmente o maior abuso contra a privacidade de todos é o programa internacional Echelon. Echelon não precisa justificar suas interceptações nem focaliza determinados indivíduos. Ele colhe indiscriminadamente informações, usando receptores que detectam as telecomunicações retransmitidas por satélites. Se Alice enviar uma inofensiva mensagem transatlântica para Bob, ela certamente será interceptada pelo Echelon e se a mensagem, por acaso, contiver algumas das palavras que aparecem no dicionário Echelon, então ela será marcada para exame posterior, junto com mensagens de grupos políticos extremistas e gangues terroristas. E enquanto os agentes da lei argumentam que a cifragem deve ser banida porque tornaria o Echelon ineficiente, os defensores das liberdades civis argumentam que a cifragem é necessária porque tornaria o Echelon ineficiente.

Quando a polícia afirma que uma cifragem forte vai reduzir as prisões de criminosos, os defensores dos direitos respondem que a questão da privacidade é mais importante. E, de qualquer modo, eles insistem que a cifragem não seria uma barreira tão grande para a manutenção da lei, porque as escutas telefônicas não são um elemento crucial na maioria dos casos. Por exemplo, nos Estados Unidos, em 1994, foram realizadas aproximadamente mil escutas telefônicas autorizadas pelas cortes e um quarto de milhão de processos.

Não nos surpreende que, entre os defensores da liberdade criptográfica, estejam alguns dos inventores da criptografia de chave pública. Whitfield Diffie declara que os indivíduos gozaram de completa privacidade durante a maior parte da história:

Na década de 1790, quando a Lei dos Direitos foi sancionada, duas pessoas poderiam ter uma conversa particular — com uma certeza que ninguém mais tem hoje em dia — simplesmente andando alguns metros ao longo da rua e olhando se não havia ninguém se escondendo nos arbustos. Não existiam equipamentos de gravação, microfones parabólicos ou interferômetros a *laser* refletindo-se em seus óculos. E você perceberá que a civilização sobreviveu. Muitos de nós consideram aquele período como a era de ouro da cultura política.

Ron Rivest, um dos inventores do RSA, pensa que será uma tolice restringir a criptografia:

> É uma política inferior tentar restringir indiscriminadamente uma tecnologia apenas porque alguns criminosos podem usá-la para seus fins. Por exemplo, qualquer cidadão norte-americano pode comprar livremente um par de luvas, ainda que um ladrão possa usar essas luvas para roubar uma casa sem deixar impressões digitais. A criptografia é uma tecnologia de proteção de dados, assim como as luvas são uma tecnologia para a proteção das mãos. A criptografia protege as informações contra os *hackers*, espiões industriais e falsificadores, enquanto as luvas protegem as mãos de cortes, arranhões, calor, frio e infecções. A criptografia pode frustrar as escutas do FBI assim como as luvas podem impedir a análise de impressões digitais. A criptografia e as luvas são baratas e fáceis de encontrar. De fato, você pode baixar um bom programa criptográfico da Internet gastando menos do que o preço de um par de luvas.

Possivelmente, os maiores aliados dos defensores das liberdades civis são as grandes corporações. O comércio pela Internet ainda se encontra em sua infância, mas as vendas estão crescendo rapidamente, com livrarias, lojas de CDs e programas de computador liderando os negócios enquanto os supermercados, as empresas de turismo e outros negócios seguem na esteira. Em 1998, milhões de britânicos usaram a Internet para comprar produtos no valor de 400 milhões de libras, um número que deve quadruplicar em 1999. Dentro de alguns anos o comércio pela Internet pode dominar o mercado, mas apenas se os negociantes puderem garantir as questões de segurança e confiança. Uma empresa deve ser capaz de garantir a privacidade e a segurança das transações financeiras e o único meio é usar uma cifragem forte.

Atualmente uma compra pela Internet pode ser protegida pela criptografia de chave pública. Alice visita a página da empresa e seleciona o artigo que ela deseja comprar. Ela então preenche um formulário que pede seu nome, endereço e detalhes do cartão de crédito. Alice usa a chave pública da empresa para cifrar este formulário de compra. O pedido cifrado é transmitido para a empresa, que é a única capaz de decodificá-lo, porque somente ela possui a chave particular necessária para a decifragem. E tudo isso é feito automaticamente pelo *browser* de Alice (seja ele o Netscape ou o Explorer) em conjunto com o computador da empresa.

Como costuma acontecer, a segurança da cifragem depende do tamanho da chave. Nos Estados Unidos não existem restrições quanto ao tamanho da chave, mas as empresas de software americanas não podem exportar produtos que permitam uma cifragem forte. Daí que os *browsers* exportados para o resto do mundo só podem lidar com chaves curtas e oferecem apenas uma segurança moderada. De fato, se Alice estiver em Londres, comprando um livro de uma empresa em Chicago, sua transação pela Internet é trilhões de vezes menos segura do que uma compra que Bob faça em Nova York, adquirindo um livro da mesma empresa. A transação de Bob é absolutamente segura porque seu *browser* suporta uma cifragem com uma chave grande, enquanto a transação de Alice poderá ser decifrada por um determinado criminoso. Felizmente, o custo do equipamento necessário para decifrar os dados do cartão de crédito de Alice é muito maior do que o limite típico de um cartão de crédito, assim, um ataque desse tipo não vale o custo. Entretanto, à medida que aumentar a quantidade de dinheiro fluindo pela Internet, acabará se tornando lucrativo para os criminosos decifrarem dados de cartões de crédito. Resumindo, se o comércio pela Internet prosperar, os consumidores do mundo inteiro precisarão dispor da segurança adequada, e as empresas não vão tolerar uma cifragem ineficiente.

As empresas também desejam uma cifragem forte por outro motivo. As corporações armazenam uma vasta quantidade de informação em seus bancos de memória. Elas incluem descrições de produtos, detalhes sobre seus clientes e registros dos negócios. Naturalmente as corporações querem proteger essas informações contra os *hackers* que podem se infiltrar nos computadores e roubar os dados. Essa proteção pode ser obtida pela cifragem da informação armazenada, de modo que ela só seja acessível aos empregados que possuem a chave de decifragem.

Para resumir a situação, está claro que o debate ocorre entre dois campos: os defensores das liberdades civis e as empresas, que favorecem uma cifragem forte, enquanto os agentes da lei são a favor de restrições severas. Em geral a opinião pública parece estar se voltando para a aliança pró-cifragem, a qual tem sido ajudada pela mídia simpática e por um par de filmes de Hollywood. No início de 1998 o filme *Código para o inferno* contou a história de uma nova cifra da NSA, supostamente inquebrável, que era decifrada casualmente por um menino autista de nove anos. Alec Baldwin é um agente da NSA que tenta assassinar o garoto, visto como uma ameaça à segurança nacional. Felizmente o menino tem Bruce Willis para protegê-lo. Também em 1998, Hollywood lançou o filme *Inimigo do Estado* que lida com uma trama da NSA para matar um político que apóia uma lei a favor da cifragem forte. O político é assassinado, mas um advogado interpretado por Will Smith e um rebelde da NSA, vivido por Gene Hackman, acabam por levar os assassinos da NSA à justiça. Ambos os filmes mostram a NSA como uma organização mais sinistra do que a CIA e, de muitos modos, a NSA assume o papel de ameaça do *establishment*.

Enquanto o *lobby* pró-cifragem pede a liberdade criptográfica e o grupo anticifragem pede restrições para a criptografia, existe uma terceira opção que pode oferecer um meio-termo. Durante a última década, criptógrafos e legisladores têm investigado os prós e os contras de um esquema conhecido como *chave de depósito*. O termo "depósito" é usado em relação a um tipo de acordo no qual alguém dá uma soma em dinheiro para uma terceira pessoa, que pode entregá-la para uma segunda pessoa sob certas circunstâncias. Por exemplo, um inquilino pode deixar um depósito com um advogado, de modo que ele possa entregá-lo ao proprietário em caso de danos à propriedade. Em termos de criptografia, o depósito significa que Alice daria uma cópia de sua chave particular para um procurador, uma pessoa independente e de confiança, que teria poderes de entregar esta chave para a polícia se houvesse provas suficientes de que Alice estava envolvida em algum ato criminoso.

O teste mais famoso de uma chave criptográfica de depósito foi o Padrão Americano de Cifragem com Depósito, adotado em 1994. O objetivo era encorajar a adoção de dois sistemas de cifragem chamados *clipper* e *capstone*, que seriam usados, respectivamente, para comunicações telefônicas e por computador. Para usar a cifragem clipper, Alice compraria um telefone com um chip pré-instalado que conteria sua chave particular secreta. No momento em que ela comprou o telefone *clipper*, uma cópia da chave particular contida no *chip* seria dividida em duas metades e cada uma enviada para ser guardada por duas autoridades federais distintas. O governo norte-americano garantia que Alice teria acesso a uma cifragem segura e sua privacidade só seria quebrada se os órgãos de manutenção da lei pudessem convencer ambas as autoridades federais de que tinham motivos para obter sua chave particular depositada.

O governo norte-americano usou o *clipper* e o *capstone* para suas próprias comunicações e tornou obrigatória sua utilização pelas empresas envolvidas em negócios com o governo. Outras empresas e indivíduos ficavam livres para usar outras formas de cifragem, mas as autoridades esperavam que o clipper e o capstone se tornassem, gradualmente, a forma favorita de cifragem do país. Contudo, esta política não funcionou. A idéia da chave depositada ganhou poucos simpatizantes fora do governo. Os defensores das liberdades civis não gostaram da idéia de autoridades federais possuindo cópias das chaves de todo mundo — eles fizeram uma analogia com chaves reais e perguntaram como as pessoas se sentiriam se o governo tivesse cópias das chaves de todas as nossas casas. Especialistas em criptografia lembraram que apenas um funcionário desonesto poderia minar todo o sistema, vendendo as chaves depositadas para quem fizesse a maior oferta. E as empresas ficaram preocupadas com a questão do sigilo. Por exemplo, uma empresa européia nos Estados Unidos poderia temer que suas mensagens estivessem sendo interceptadas por autoridades americanas do comércio numa tentativa de obter segredos que poderiam dar vantagem a suas rivais americanas.

Apesar do fracasso da *clipper* e da *capstone*, muitos governos continuam convencidos de que a chave depositada pode funcionar, desde que as chaves fiquem suficientemente bem protegidas dos criminosos e desde que existam garantias para convencer o público de que o sistema não está sujeito a abusos por parte do governo. Louis J. Freeh, diretor do FBI, disse em 1996 que: "A comunidade de agentes da lei apóia inteiramente uma política equilibrada de criptografia... A chave depositada não é apenas a única solução; ela é, de fato, uma solução muito boa porque equilibra as preocupações fundamentais da sociedade, tais como privacidade, segurança das informações, comércio eletrônico, segurança pública e segurança nacional." Embora o governo norte-americano tenha recuado em suas propostas de sistemas de depósito, muitos suspeitam de que ele irá tentar reintroduzir uma forma alternativa de chave depositada em alguma data futura.

Tendo testemunhado o fracasso do depósito opcional, os governos podem até mesmo considerar um depósito compulsório. Entrementes o grupo pró-cifragem continua a combater a idéia da chave depositada. Kenneth Neil Cukier, um jornalista especializado em tecnologia, escreveu: "As pessoas envolvidas no debate criptográfico são todas inteligentes, honradas e pró-depósito, mas nunca possuem mais do que duas dessas qualidades."

Existem outras opções que os governos podem escolher de modo a tentar equilibrar as preocupações dos defensores da liberdade, das empresas e dos órgãos da lei. Ainda não está claro qual será a opção preferida porque, atualmente, a política criptográfica encontra-se num estado de movimento. Um contínuo desenrolar de eventos no mundo influencia constantemente o debate sobre a cifragem. Em novembro de 1998, o Discurso da Rainha anunciou uma nova legislação britânica referente ao mercado digital. Em dezembro de 1998, 33 países assinaram o Acordo Wassenaar, limitando as exportações de armas, que também cobre tecnologias poderosas de cifragem. Em janeiro de 1999, a França abandonou suas leis anti-criptografia, até então as mais restritivas da Europa ocidental, provavelmente como resultado das pressões da comunidade empresarial. Em março de 1999, o governo britânico divulgou um documento de consulta sobre uma proposta Lei do Comércio Eletrônico.

Quando você estiver lendo este livro, já terão acontecido outras reviravoltas no debate sobre a política criptográfica. Contudo, um aspecto da futura política de cifragem parece certo, ou seja, a necessidade de uma *autoridade certificadora*. Se Alice deseja enviar um *e-mail* seguro para um novo amigo, Zak, ela vai precisar da chave pública de Zak. Ela pode pedir que ele envie sua chave pública para ela pelo correio. Infelizmente há o risco de que Eva intercepte a carta de Zak para Alice, destruindo-a e forjando uma nova carta, que incluirá, na verdade, a chave pública dela no lugar da de Zak. Alice então pode mandar um *e-mail* secreto para Zak e, sem saber, cifrá-lo com a chave pública de Eva. E se Eva puder interceptar este *e-mail*, ela poderá decifrá-lo facilmente e ler seu conteúdo. Em outras palavras, um dos problemas com a criptografia de chave pública é a necessidade de ter certeza de que você possui a chave pública verdadeira da pessoa com quem deseja se comunicar. Autoridades certificadoras são organizações que verificarão se uma chave pública corresponde de fato a uma pessoa em particular. Uma autoridade certificadora poderia pedir um encontro pessoal com Zak, como meio de garantir que catalogaram corretamente a sua chave pública. Se Alice confiar na autoridade certificadora, ela pode obter desta autoridade a chave pública de Zak e confiar em sua validade.

Eu já expliquei como Alice pode comprar com segurança produtos na Internet, usando a chave pública da empresa para cifrar o formulário do pedido. De fato, ela deve fazer isto somente se a chave pública tiver sido garantida por uma autoridade certificadora. Em 1998, a líder do mercado certificador era a Verisign, que cresceu até se tornar uma empresa de 30 milhões de dólares em apenas quatro anos. Além de garantir uma cifragem confiável, ao certificar as chaves públicas, as autoridades certificadoras também podem garantir a validade das assinaturas digitais. Em 1998 a Baltimore Technologies, na Irlanda, forneceu a certificação para as assinaturas digitais do presidente Bill Clinton e do primeiro-ministro Bertie Ahern. Isto permitiu que os dois líderes assinassem digitalmente um comunicado em Dublin.

As autoridades certificadoras não apresentam risco para a segurança. Elas meramente teriam pedido a Zak que revelasse sua chave pública, de modo que elas possam atestar sua validade para outras pessoas que desejam enviar mensagens cifradas para ele. Contudo, existem outras empresas, conhecidas como *terceira parte confiável* (TTPs), que fornecem um serviço mais controvertido conhecido como *recuperação de chave*. Imagine uma firma jurídica que protege todos os seus documentos importantes cifrando-os com sua própria chave pública, de modo que só ela possa decifrá-los com sua chave particular. Este sistema fornece uma proteção efetiva contra *hackers* ou quem quer que tente roubar informações. Contudo, o que acontece se o empregado que guarda a chave particular a esquece, rouba, ou é atropelado por um ônibus? Os governos estão encorajando a formação de TTPs para manter cópias de todas as chaves. Uma empresa que perder sua chave particular poderá então recuperá-la contactando a sua TTP.

Terceiras Partes Confiáveis são contovertidas porque elas terão acesso às chaves particulares das pessoas, e portanto terão o poder de ler as mensagens de seus clientes. Elas deverão ser confiáveis, de outro modo será fácil abusar do sistema. Alguns argumentam que a TTP é, efetivamente, uma reencarnação da chave de depósito e que as agências da lei serão tentadas a forçar as TTPs a fornecerem as chaves de seus clientes durante uma investigação policial. Ou-

340 SIMON SINGH

tros afirmam que as TTPs são uma parte necessária de uma infra-estrutura de chaves públicas.

Ninguém pode prever o papel que as TTPs vão desempenhar no futuro, assim como ninguém pode imaginar com certeza a forma que terá a política criptográfica daqui a dez anos. Contudo, eu suspeito de que, no futuro próximo, o *lobby* pró-cifragem vai vencer a discussão, de início, principalmente porque nenhum país vai desejar leis de cifragem que proíbam o comércio eletrônico. Entretanto, se esta política se revelar um erro, sempre será possível reverter as leis. Se acontecerem uma série de atrocidades terroristas e as forças da lei mostrarem que as escutas telefônicas poderiam ter evitado que elas acontecessem, então os governos conquistarão, rapidamente, a simpatia para as chaves de depósito. E todos os usuários das cifragens poderosas serão forçados a depositar suas chaves numa agência de depósito. Daí em diante, qualquer um que envie uma mensagem cifrada, com uma chave não depositada, estará violando a lei. Se a penalidade pelo uso de cifragens com esse tipo de chave for suficientemente severa, os órgãos da lei recuperarão o controle. Mais tarde, se os governos abusarem da confiança associada ao sistema de depósito de chaves, o público exigirá a volta da liberdade criptográfica e o pêndulo terá dado outra volta. Resumindo, não há motivos que nos impeçam de mudar nossas políticas para se adequarem ao clima social ou econômico. O fator decisivo vai ser de quem o público tem mais medo — dos criminosos ou do governo.

A Reabilitação de Zimmermann

Em 1993 Phil Zimmermann tornou-se o alvo de uma investigação por um grande júri. De acordo com o FBI, ele tinha exportado munições porque estava fornecendo aos terroristas e às nações hostis as ferramentas de que elas precisavam para escapar da autoridade do governo norte-americano. À medida que a investigação se arrastava, mais e mais criptógrafos e defensores das liberdades civis apoiavam Zimmermann, criando um fundo internacional para financiar sua defesa. Ao mesmo tempo, a fama de ser o motivo de um inquérito pelo FBI impulsionou a reputação do PGP e a criação de Zimmermann propagou-se pela Internet ainda mais rapidamente — afinal, aquele era um programa de cifragem tão seguro que assustava os federais.

O Pretty Good Privacy era um programa lançado às pressas e como resultado disso o produto não era tão aperfeiçoado quanto deveria ser. Logo houve um clamor para que uma versão revisada fosse desenvolvida, mas Zimmermann não podia continuar a trabalhar no seu produto. Em seu lugar, engenheiros de *software* da Europa começaram a reconstruir o PGP. De um modo geral as atitudes européias em relação à cifragem eram, e ainda são, mais liberais e não haveria restrições contra a exportação de uma versão européia do PGP para o mundo inteiro. Além disso, a disputa quanto à patente do RSA não se aplicava à Europa, porque as patentes do RSA não tinham valor fora dos Estados Unidos.

Depois de três anos de investigação, o júri não conseguiu levar Zimmermann a julgamento. O caso era complicado pela natureza do PGP e o modo como fora distribuído. Se Zimmermann tivesse carregado o PGP num computador e então exportado a máquina para um regime hostil, as acusações contra ele seriam simples, já que ele seria culpado de exportar um sistema completo e funcional de cifragem. Similarmente, se ele tivesse exportado um disquete contendo um programa PGP, então um objeto físico poderia ser interpretado como um aparelho criptográfico e novamente as acusações contra Zimmermann seriam sólidas. Já, por outro lado, se ele tivesso impresso o programa de computador e o exportado na forma de um livro, o caso contra ele não seria mais tão claro, porque ele teria exportado conhecimento no lugar de um engenho criptográfico. Entretanto, o material impresso pode ser eletronicamente escaneado, de modo muito fácil, e então a informação poderá ser carregada facilmente num computador, o que significa que um livro é tão perigoso quanto um disquete. O que realmente acontecera é que Zimmermann dera uma cópia do PGP para "um amigo" que simplesmente o instalara em um computador americano, que, por acaso, estava conectado à Internet. Depois disso, um regime hostil poderia ou não ter baixado o programa. Será que Zimmermann era realmente culpado de exportar o PGP? Ainda hoje as questões legais que envolvem a Internet estão sujeitas a interpretação e debates. No início da década de 1990 a situação ainda era extremamente vaga.

Em 1996, depois de três anos de investigações, o escritório do procurador-geral dos Estados Unidos arquivou o processo contra Zimmermann. O FBI percebera que era muito tarde — o PGP já tinha escapado para a Internet e o processo contra Zimmermann não ia conseguir nada. E havia o problema adicional de que Zimmermann estava sendo apoiado por instituições importantes como a editora do Instituto de Tecnologia de Massachusetts, que publicara um livro de 600 páginas sobre o PGP. Este livro estava sendo distribuído para o mundo inteiro, de modo que processar Zimmermann significaria processar a editora do MIT. O FBI também relutava em insistir num processo porque havia uma chance significativa de que Zimmermann seria absolvido. Um julgamento poderia não resultar em nada mais do que um debate constitucional embaraçoso sobre o direito à privacidade, conquistando mais simpatia do público para com a cifragem.

O outro grande problema de Zimmermann também desapareceu. Ele chegou a um acordo com a RSA e obteve uma licença que resolveu a questão da patente. Finalmente o PGP era um produto legalizado, e Zimmermann era um homem livre. A investigação o transformara num cruzado da criptografia e todos os gerentes de marketing do mundo devem ter invejado a fama e a publicidade gratuitas que o caso deu ao PGP. No final de 1997, Zimmermann vendeu o PGP para a Network Associates e tornou-se um de seus sócios majoritários. Embora o PGP tenha sido vendido para uma empresa, ele ainda está disponível gratuitamente para qualquer um que não deseje usá-lo para fins comerciais. Em outras palavras, indivíduos que meramente desejem exercer seus direitos à privacidade podem baixar o PGP da Internet sem precisar pagar por ele.

Se você quiser obter uma cópia do PGP, existem muitos *sites* na Internet que o oferecem e você poderá encontrá-los facilmente. Provavelmente, a fonte mais confiável está em http://www.pgpi.com/ que é a *home page* internacional do PGP, onde você poderá obter as versões americana e internacional. Neste ponto eu devo me eximir de qualquer responsabilidade — caso decida instalar o PGP, cabe a você verificar se o seu computador é capaz de rodá-lo e se o programa não está infectado com vírus, e assim por diante. Você também deve verificar se está num país que permite o uso de cifragem poderosa. E finalmente deve ter certeza de que está baixando a versão adequada do PGP. Pessoas que vivem fora dos Estados Unidos não devem baixar a versão americana do PGP, porque isto violaria as leis americanas de exportação. A versão internacional não está sujeita a essas restrições alfandegárias.

Eu ainda me lembro da tarde de sábado em que obtive uma cópia do PGP da Internet. Desde então eu tenho sido capaz de garantir que meus *e-*

mails não serão interceptados ou lidos, porque agora eu posso cifrar materiais confidenciais para Alice, Bob ou qualquer outra pessoa que possua um programa PGP. Meu *laptop* e seu programa PGP me dão um nível de segurança que está além dos esforços combinados de todas as agências de quebra de códigos do mundo.

8

· · · · · · · · · · · · · · ·

Um Salto Quântico para o Futuro

Durante dois mil anos os criadores de códigos lutaram para preservar seus segredos enquando os decifradores de códigos faziam o possível para desco-bri-los. Esta sempre foi uma corrida apertada, com os decifradores contra-atacando sempre que os criadores de códigos pareciam estar ganhando, e estes inventando novas formas de cifragem, mais poderosas, quando os métodos anteriores não eram mais confiáveis. A invenção da criptografia de chave pública e o debate político que cerca o uso da criptografia mais forte nos leva aos dias de hoje, e está claro que os criptógrafos estão vencendo a guerra da informação. De acordo com Phil Zimmermann, nós vivemos na era de ouro da criptografia: "Agora é possível, com a criptografia moderna, criar cifras que estão fora do alcance de todas as formas conhecidas de criptoanálise. E eu acho que vai continuar assim." O ponto de vista de Zimmermann é apoiado por William Crowell, vice-diretor da NSA. "Se todos os microcomputadores do mundo — aproximadamente 260 milhões de com-putadores pessoais — fossem colocados para trabalhar em uma única men-sagem cifrada PGP, levaríamos, em média, 12 milhões de vezes a idade do universo para decifrar uma única mensagem."

Contudo, a experiência anterior nos diz que as chamadas cifras in-quebráveis cedo ou tarde sucumbem ante o ataque da criptoanálise. A cifra de Vigenère era chamada de "le chiffre indéchiffrable", mas Babbage a deci-frou. A Enigma era considerada invulnerável até que os poloneses revelas-sem suas fraquezas. Assim sendo, será que os criptoanalistas não estarão à beira de outra descoberta, ou Zimmermann estará certo? Prever os desenvolvimentos futuros de qualquer tecnologia é sempre uma tarefa arriscada, mas, em se tratando de cifras, isto é particularmente arriscado. Não somente temos que conjeturar sobre as descobertas que nos aguardam no futuro, mas também precisamos supor as descobertas que se ocultam no presente. A história de James Ellis e do GCHQ serve de aviso no sentido de que já podem ter acontecido avanços notáveis, que estariam escondidos por trás da barreira de segredo governamental.

Este capítulo final examina algumas idéias futuristas que poderão aumentar ou destruir a privacidade no século XXI. A seção seguinte olha para o futuro da criptoanálise e para uma idéia, em especial, que poderá permitir aos criptoanalistas quebrarem as cifras atuais. Em contraste, a parte final do livro aborda a mais empolgante perspectiva criptográfica, um sistema que tem o potencial de garantir a privacidade absoluta.

O Futuro da Criptoanálise

Apesar do enorme poder da RSA, e das outras cifras modernas, os criptoanalistas ainda podem desempenhar um papel valioso na coleta de informações. Seu sucesso é demonstrado pelo fato de que a procura por criptoanalistas é ainda maior — a NSA ainda é o maior empregador de matemáticos no mundo.

Somente uma pequena fração das informações que fluem ao redor do mundo encontra-se cifrada com segurança, o resto está pobremente cifrado ou nem é codificado. Isto acontece porque o número de usuários da Internet está aumentando rapidamente e poucas, entre estas pessoas, tomam precauções adequadas com sua privacidade. O que significa que as organizações de segurança nacional, os agentes da lei e qualquer um com uma mente curiosa podem pôr as mãos em mais informações do que conseguem utilizar.

Mesmo se o usuário empregar a cifra RSA adequadamente, ainda resta muita coisa que os quebradores de códigos podem fazer para obter informações das mensagens interceptadas. Os decifradores continuam a usar técnicas antigas, como análise de tráfego. Mesmo que eles não consigam sondar o conteúdo da mensagem, pelo menos eles podem descobrir quem está mandando e para quem, o que já é uma informação reveladora. Um desenvolvimento mais recente é o chamado ataque *tempest*, que procura detectar os sinais eletromagnéticos emitidos pelo computador. Se Eva estacionar um furgão diante da casa de Alice, ela poderá usar equipamento *tempest* sensível para identificar cada letra individual que Alice digita em seu computador. Isso permitirá que Eva intercepte a mensagem quando ela for digitada no computador, antes de ser cifrada. Para se defender dos ataques da *tempest* as empresas já estão oferecendo material de blindagem para revestir as paredes de uma sala, evitando que os sinais eletromagnéticos escapem. Nos Estados Unidos é necessário obter permissão do governo antes de comprar esse material de revestimento, o que sugere que organizações, como o FBI, usam regularmente a vigilância pelo sistema *tempest*.

Outros ataques incluem o uso de vírus e cavalos de Tróia. Eva pode desenvolver um vírus que infecta o programa PGP e fica oculto dentro do computador de Alice. E quando Alice usar sua chave particular para decifrar uma mensagem, o vírus acorda e anota a chave. Na próxima vez que Alice se conectar com a Internet, o vírus secretamente enviará sua chave particular para Eva, permitindo assim que ela decifre todas as mensagens subseqüentes enviadas para Alice. O cavalo de Tróia é outro truque de programação que envolve a criação, por parte de Eva, de um programa que parece agir como um autêntico produto para cifragem, mas que na verdade trai o seu usuário. Por exemplo, Alice pode acreditar que está baixando uma cópia autêntica do PGP, quando na verdade está copiando a versão cavalo de Tróia. Esta versão modificada se parece exatamente com um genuíno programa PGP, mas contém instruções para enviar cópias dos textos originais de toda a correspondência de Alice para Eva. Como explica Phil Zimmermann: "Qualquer um pode modificar a fonte do código e produzir uma imitação zumbi, lobotomizada do PGP, que parece real, mas faz tudo o que o seu mestre diabólico mandar. Esta versão cavalo de Tróia do PGP poderia circular pelo mundo, sendo distribuída como se fosse a minha. Que traiçoeiro! Vocês devem tomar todas as precauções para obter sua cópia do PGP a partir de uma fonte confiável, seja lá o que isto signifique."

Uma variação do cavalo de Tróia é um novo tipo de programa de cifragem que parece seguro, mas que na verdade contém uma "porta dos fundos". Isto é algo que permitirá que seus criadores decifrem as mensagens de todos que usarem aquele programa. Em 1998 um relatório feito por Wayne Madsen revelou que uma empresa criptográfica suíça, a Crypto AG, tinha colocado portas dos fundos em alguns de seus produtos e dera ao governo norte-americano os detalhes de como explorar essas características. Como resultado disso, os Estados Unidos puderam ler as comunicações de vários países. Em 1991, os assassinos que mataram Shahpour Bakhtiar, o ex-primeiro-ministro iraniano no exílio, foram presos graças a interceptação e decifragem, pela "porta dos fundos", das mensagens iranianas cifradas com equipamentos da Crypto AG.

Embora a análise de tráfego, os ataques pelo *tempest*, os vírus e os cavalos de Tróia sejam técnicas úteis para a coleta de informações, os criptoanalistas percebem que seu objetivo real é encontrar um meio de quebrar a cifra RSA, a base da cifragem moderna. A cifra RSA é usada para proteger as mais importantes comunicações militares, diplomáticas, comerciais e criminosas — exatamente as mensagens que as organizações de coleta de informações querem decifrar. Mas para desafiar uma cifragem RSA forte, os criptoanalistas precisarão de um grande salto teórico ou tecnológico.

Um avanço teórico seria um modo fundamentalmente novo de encontrar a chave particular de Alice. A chave particular consiste em p e q, e esses números são encontrados pela fatoração da chave pública N. A abordagem padrão consiste em verificar cada número primo, um de cada vez, para ver se ele divide N, mas nós sabemos que isso leva uma quantidade absurda de tempo. Os criptoanalistas têm tentado encontrar um atalho para a fatoração, um método que reduzisse drasticamente o número de passos dados para encontrar p e q, mas até agora todas as tentativas para se desenvolver uma fórmula de fatoração rápida fracassaram. Há séculos os matemáticos estão estudando a fatoração, e as técnicas modernas não são muito melhores do que as antigas. De fato, pode ser que as leis da matemática proíbam a existência de atalhos na fatoração.

Sem muitas esperanças de um avanço teórico, os criptoanalistas têm sido forçados a procurar uma inovação tecnológica. Se não existe um meio óbvio de reduzir o número de passos necessários para a fatoração, então os criptoanalistas precisam de uma tecnologia que faça este trabalho com maior rapidez. Os *chips* de silício vão continuar se tornando mais rápidos a cada ano que passa, dobrando sua velocidade a cada 18 meses, aproximadamente, mas isso não é suficiente para ter um impacto real na velocidade da fatoração — os criptoanalistas precisam de uma tecnologia que seja bilhões de vezes mais rápida do que os computadores atuais. Em conseqüência disto, eles estão procurando uma forma radicalmente nova de computador, o *computador quântico*.

O LIVRO DOS CÓDIGOS

Se os cientistas puderem construir um computador quântico, ele será capaz de fazer cálculos com uma velocidade tão grande que fará os supercomputadores modernos parecerem ábacos quebrados.

O resto desta seção discute o conceito do computador quântico e portanto introduz alguns dos princípios da física quântica, às vezes chamada de mecânica quântica. Antes de prosseguir, por favor, lembre-se de um aviso feito originalmente por Niels Bohr, um dos pais da mecânica quântica: "Qualquer um que puder contemplar a mecânica quântica sem se sentir tonto, é porque não a entendeu." Em outras palavras, preparem-se para encontrar algumas idéias um tanto bizarras.

Para explicar os princípios da computação quântica, vamos voltar ao final do século XVIII, e ao trabalho de Thomas Young, o polímata inglês autor da primeira descoberta em direção à decifragem dos hieróglifos egípcios. Membro do Emmanuel College em Cambridge, Young freqüentemente passava as tardes relaxando perto de um lago com patos. Um dia, assim conta a história, ele observou dois patos nadando, um ao lado do outro. As duas aves deixavam duas esteiras de ondas para trás, que interagiam e formavam um padrão peculiar de regiões calmas e turbulentas. Os dois conjuntos de ondulações se espalhavam atrás dos dois patos e, quando uma crista da onda de um pato encontrava a depressão da onda do outro, o resultado era um pequeno trecho de águas calmas — a crista e a depressão se cancelavam mutuamente. Se duas cristas chegavam ao mesmo ponto simultaneamente, então o resultado era uma crista ainda mais alta, e se duas depressões atingiam o mesmo ponto de forma simultânea, o resultado era uma cavidade ainda mais profunda. Young ficou particularmente fascinado porque os patos o faziam lembrar-se de uma experiência relacionada com a natureza da luz, que ele realizara em 1799.

Na primeira experiência de Young, ele lançara a luz sobre uma divisória em que havia duas fendas verticais finas, como mostrado na Figura 71(a). Sobre uma tela, a alguma distância das fendas, Young esperava ver duas tiras brilhantes, projeções das fendas. Mas no lugar disso ele observou que a luz se espalhava a partir das duas fendas e formava um padrão de várias faixas, luminosas e escuras, sobre a tela. Este padrão listrado o intrigara, mas agora Young acreditava que podia explicar tudo com base no que vira no lago.

Ele começou supondo que a luz era uma forma de onda. Se a luz emanando de duas fendas comportava-se como ondas, então ela era como as on-

350   SIMON SINGH

dulações deixadas pelos dois patos nadando. Além disso, as faixas luminosas
e escuras na tela eram causadas pelas mesmas interações que levavam a água
a formar cristas altas, concavidades profundas e trechos de água calma. Young
podia imaginar pontos na tela onde uma concavidade encontrara uma crista, resultando na anulação ou uma tira escura, e pontos onde duas cristas
(ou duas concavidades) tinham se unido, provocando um reforço e uma tira
brilhante, como mostrado na Figura 71(b). Os patos tinham dado a Young
um entendimento profundo sobre a verdadeira natureza da luz e ele acabou
publicando "A Teoria Ondulatória da Luz", um clássico entre os trabalhos
de física.

Hoje em dia nós sabemos que a luz de fato se comporta como uma onda,
mas também sabemos que ela pode se comportar como uma partícula. Perceber a luz como onda ou partícula depende das circunstâncias, e esta ambigüidade é conhecida como dualidade onda-partícula. Não precisamos discutir esta
dualidade mais profundamente, basta dizer que a física moderna imagina um
feixe de luz como consistindo em incontáveis partículas individuais, conhecidas como fótons, que exibem propriedades semelhantes às das ondas. Pensando deste modo, podemos interpretar a experiência de Young em termos de
fótons fluindo das fendas e interagindo do outro lado da divisória.

Até agora não há nada particularmente estranho a respeito da experiência
de Young. Contudo, a tecnologia moderna permite aos físicos repetir a experiência usando um filamento tão fraco que emite fótons individuais de luz.
Esses fótons são produzidos individualmente na taxa de, digamos, um por
minuto, de modo que, cada fóton viaja sozinho em direção à divisão. Às vezes
um fóton passa por uma das duas fendas e atinge a tela. Embora nossos olhos
não sejam suficientemente sensíveis para ver fótons individuais, eles podem
ser observados com a ajuda de um detector especial e, em um período de horas, podemos criar uma imagem geral de onde os fótons estão atingindo a tela.
Com apenas um fóton de cada vez passando pelas fendas, não era de se esperar
que observássemos o padrão de listras visto por Young, porque o fenômeno
parece depender de que dois fótons viajem simultaneamente através de fendas
diferentes, interagindo um com o outro do lado oposto. Deveríamos ver apenas duas faixas luminosas, simples projeções das fendas na divisão. Contudo,
por alguma razão extraordinária, mesmo com fótons individuais o resultado
na tela ainda é um padrão de faixas luminosas e escuras, como se os fótons
estivessem interagindo.

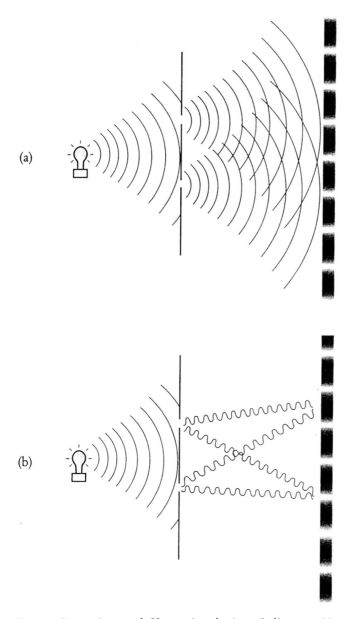

Fig. 71 O experimento de Young visto de cima. O diagrama (a) mostra a luz desdobrando-se a partir de duas fendas, interagindo e criando um padrão de faixas na tela. O diagrama (b) mostra como cada onda interage. Se duas depressões encontram um pico na tela, o resultado é uma faixa escura. Quando duas depressões (ou dois picos) se encontram na tela, o resultado é uma faixa luminosa.

Este resultado bizarro desafia o bom senso. Não existe meio de explicar o fenômeno nos termos das leis clássicas da física, e com isso queremos dizer as leis tradicionais que foram desenvolvidas para explicar como os objetos se comportam no nosso dia-a-dia. A física clássica pode explicar as órbitas dos planetas ou a trajetória de uma bala de canhão, mas não é capaz de descrever, inteiramente, o mundo das coisas verdadeiramente pequenas, como a trajetória de um fóton. Para explicar tais fenômenos, os físicos recorrem à teoria quântica, uma explicação de como os objetos se comportam em nível microscópico. Mas nem mesmo os teóricos quânticos concordam em como interpretar o experimento. Eles tendem a se dividir em dois campos opostos, cada um com sua própria interpretação.

O primeiro grupo propõe uma idéia conhecida como *superposição*. Os superposicionistas começam declarando que nós conhecemos com certeza apenas duas coisas a respeito do fóton — que ele deixa o filamento e atinge a tela. Tudo o mais é um mistério completo, incluindo se o fóton passou pela fenda da esquerda ou da direita. E como a trajetória exata do fóton é desconhecida, os superposicionistas assumem o ponto de vista peculiar de que o fóton, de alguma forma, passa através de ambas as fendas, simultaneamente, o que permite que ele interfira consigo mesmo para criar o padrão listrado observado na tela. Mas como é que um fóton pode passar por ambas as fendas?

Os superposicionistas argumentam com base na seguinte linha de pensamento: se não sabemos o que uma partícula está fazendo, então ela pode fazer tudo o que é possível simultaneamente. No caso do fóton, nós não sabemos se ele passou pela fenda da esquerda ou da direita, e, assim, presumimos que ele passou por ambas as fendas ao mesmo tempo. Cada possibilidade é chamada de um *estado*, e como o fóton preenche ambas as possibilidades, dizemos que ele se encontra em uma *superposição de estados*. Nós sabemos que um fóton deixou o filamento e que um fóton atingiu a tela do outro lado da divisão, mas entre esses dois momentos, de algum modo, ele se dividiu em dois "fótons fantasmas" que passaram por ambas as fendas. A superposição pode parecer uma idéia tola, mas pelo menos explica o padrão listrado que resulta da experiência de Young quando feita com fótons individuais. Em comparação, a visão clássica, antiga, é a de que o fóton deve ter passado por uma das duas fendas e nós simplesmente não sabemos qual foi — isto parece muito mais razoável do que a visão quântica, mas infelizmente não consegue explicar o resultado observado.

Erwin Schrödinger, que ganhou o prêmio Nobel de Física em 1933, in-

O LIVRO DOS CÓDIGOS

ventou uma parábola conhecida como "o gato de Schrödinger" que é usada com freqüência para ajudar a explicar o conceito da superposição. Imagine um gato dentro de uma caixa. O gato pode estar em dois estados possíveis, vivo ou morto. Inicialmente nós sabemos que o gato se encontra, definitivamente, em um estado particular, porque podemos ver que ele está vivo. Neste ponto o gato não se encontra em uma superposição de estados. Em seguida nós colocamos um frasco com cianureto na caixa, junto com o gato, e fechamos a tampa. Agora entramos num período de ignorância, porque não podemos ver ou medir o estado do gato. Será que ele ainda está vivo, ou derrubou o frasco de cianureto e morreu? Tradicionalmente diríamos que o gato ou está morto ou está vivo, apenas não sabemos. Contudo, a teoria quântica diz que o gato encontra-se em uma superposição dos dois estados — ele está morto e vivo ao mesmo tempo, o que satisfaz a todas as possibilidades. A superposição ocorre apenas quando perdemos um objeto de vista e é um meio de descrevermos esse objeto durante um período de ambigüidade. Quando abrimos a caixa, podemos ver se o gato está morto ou vivo. O ato de ver o gato o empurra para um estado em particular e nesse momento a superposição desaparece.

Para os leitores que se sentirem pouco à vontade com a superposição, existe uma segunda visão quântica, que favorece uma interpretação diferente da experiência de Young. Infelizmente, este ponto de vista alternativo é igualmente bizarro. *A interpretação dos muitos mundos* afirma que, ao deixar o filamento, o fóton tem duas escolhas — ou ele passa através da fenda da esquerda ou da direita —, e nesse ponto o universo se divide em dois universos: um universo em que o fóton passa pela fenda da esquerda e outro em que o fóton vai pela fenda da direita. Esses dois universos interferem um com o outro, de algum modo, o que explica o padrão de listras. Os seguidores da interpretação dos muitos mundos acreditam que, sempre que um objeto tiver o potencial de entrar em um entre vários estados possíveis, o universo se dividirá em muitos universos, de modo que cada potencial se realize num universo diferente. Esta proliferação de universos é chamada de *multiverso*.

Não importa se adotamos a interpretação da superposição ou dos muitos mundos, a teoria quântica é uma filosofia desconcertante. E, entretanto, ela mostrou-se a teoria científica mais bem-sucedida e prática já concebida. Além de sua capacidade única de explicar o resultado da experiência de Young, a teoria quântica explica muitos outros fenômenos com sucesso. Somente a teoria quântica permite que os físicos calculem as conseqüências das reações nucleares nas usinas atômicas, só a teoria quântica pode explicar as maravilhas do DNA, ou como o Sol brilha, e somente a teoria quântica pode ser usada para projetar o *laser* que lê os CDs em seu aparelho de som. Assim, gostemos ou não, nós vivemos em um mundo quântico.

De todas as conseqüências da teoria quântica, a mais importante, tecnologicamente, é o computador quântico. Além de destruir a segurança das cifras modernas, o computador quântico inauguraria uma nova era no poder da computação. Um dos pioneiros da computação quântica é David Deutsch, um físico britânico que começou a trabalhar com este conceito em 1984, depois de participar de uma conferência sobre a teoria da computação. Enquanto ouvia uma palestra na conferência, Deutsch viu alguma coisa que ninguém percebera antes. A suposição implícita era a de que todos os computadores operassem, essencialmente, de acordo com as leis da física clássica, mas Deutsch estava convencido de que os computadores deveriam obedecer às leis da física quântica porque elas são mais fundamentais.

Os computadores comuns operam num nível relativamente macroscópico, e neste nível as leis quânticas e as leis clássicas são quase iguais. Por esse motivo, não importa que os cientistas pensem no funcionamento desses computadores em termos de física clássica. Entretanto, num nível microscópico, os dois conjuntos de leis divergem e neste nível apenas as leis da física quântica são verdadeiras. No nível microscópico, as leis quânticas revelam sua verdadeira estranheza e um computador construído para explorar essas leis se comportaria de um modo drasticamente novo. Depois da conferência, Deutsch voltou para casa e começou a reformular a teoria dos computadores à luz da física quântica. Em um trabalho publicado em 1985, ele descreveu sua visão de um computador quântico operando de acordo com as leis da física quântica. E explicou como este computador quântico seria diferente de um computador comum.

Imagine que você tem duas versões de uma pergunta. Para responder a ambas as perguntas, usando um computador comum, você teria que inserir a primeira versão e esperar pela resposta, em seguida introduzir a segunda versão e aguardar pela resposta. Em outras palavras, um computador comum só pode processar uma pergunta de cada vez, e se existirem várias perguntas elas serão processadas seqüencialmente. Contudo, com um computador quântico, as duas perguntas se combinariam como uma superposição de dois estados e seriam introduzidas simultaneamente — a própria máquina entraria então numa superposição de dois estados, um para cada pergunta. Ou, de acordo com a interpretação dos muitos mundos, a máquina entraria em dois universos diferentes e responderia a cada versão em um universo diferente. Independente da interpretação, o computador quântico pode processar duas perguntas ao mesmo tempo, explorando as leis da física quântica.

Para ter uma idéia do poder de um computador quântico, podemos comparar seu desempenho com o de um computador tradicional observando o que acontece quando cada um deles é usado para lidar com um problema. Por exemplo, os dois tipos de computador poderiam abordar o problema de encontrar um número cujo quadrado e o cubo, juntos, usem todos os dígitos de 0 a 9 uma vez, e somente uma vez. Se testarmos o número 19, descobriremos que $19^2 = 361$ e $19^3 = 6.859$. O número 19 não atende às exigências porque seu quadrado e seu cubo incluem apenas os dígitos 1, 3, 5, 6, 6, 8, 9, e ficam faltando os dígitos 0, 2, 4, 7, enquanto o dígito 6 é repetido.

Fig. 72 David Deutsch.

Para resolver este problema com um computador tradicional, o operador teria que adotar a seguinte abordagem: o operador introduz o número 1 e permite que ele seja testado pelo computador. Depois que o computador faz os cálculos necessários, ele declara se o número atende ou não ao critério. O número 1 é reprovado, assim o operador introduz o 2 e permite que o computador faça outro teste e, assim por diante, até que o número adequado seja encontrado. A resposta acaba se revelando como o número 69, porque 69^2 = 4.761 e 69^3 = 328.509 e esses números, de fato, incluem cada um dos dez dígitos que aparecem só uma vez. Na verdade, 69 é o único número que satisfaz a este critério. Está claro que o processo leva tempo porque um computador tradicional só pode testar um número de cada vez. Se o computador levar um segundo para testar cada número, ele vai levar 69 segundos para encontrar a resposta. Em contraste, um computador quântico pode achar a resposta em apenas um segundo.

O operador começa representando os números de um modo especial, de maneira a explorar o poder do computador quântico. Um modo de representar os números é em termos de partículas giratórias — muitas partículas fundamentais possuem uma rotação inerente, que os físicos chamam de *spin*, e elas podem girar ou para leste ou para oeste, como uma bola de basquete rodando na extremidade de um dedo. Quando uma partícula estiver girando para leste, ela representará o 1 e quando estiver rodando para oeste representará o 0. Uma seqüência de partículas giratórias representará uma seqüência de 1s e 0s, ou seja, um número binário. Por exemplo, sete partículas girando para leste, leste, oeste, leste, oeste, oeste, oeste, respectivamente, representarão juntas o número binário **1101000**, que equivale ao número decimal **104**. Dependendo de seus *spins*, a combinação de sete partículas pode representar qualquer número entre **0** e **127**.

Com um computador tradicional, o operador introduziria uma seqüência particular de *spins* tais como, oeste, oeste, oeste, oeste, oeste, oeste, leste, que representa **0000001**, que é, simplesmente, o número decimal **1**. O operador então esperaria que o computador testasse aquele número para ver se ele preenche os critérios mencionados anteriormente. Em seguida o operador introduziria **0000010**, que seria uma seqüência de partículas giratórias representando o 2, e assim por diante. E como aconteceu antes, os números teriam que ser introduzidos um de cada vez, o que nós sabemos que leva tempo. Contudo, se estivermos usando um computador quântico, o operador

O LIVRO DOS CÓDIGOS

tem uma alternativa muito mais rápida para introduzir os números. Como cada partícula é fundamental, ela obedece às leis da física quântica. Assim, quando uma partícula não está sendo observada, ela pode entrar em uma superposição de estados, o que significa que ela está girando em ambas as direções ao mesmo tempo, e assim representa a ambos, 0 e 1, ao mesmo tempo. Alternativamente podemos pensar que a partícula entra em dois universos: em um universo ela gira para leste e representa o 1, enquanto em outro ela gira para oeste e representa o 0.

A superposição é conseguida do seguinte modo: imagine que podemos observar uma das partículas e ela está girando para oeste. Para mudar seu *spin* nós dispararíamos um pulso suficientemente poderoso de energia, o suficiente para fazer a partícula girar para leste. Se disparássemos um pulso mais fraco, às vezes teríamos sorte e a partícula mudaria seu *spin*, em outras vezes não teríamos sorte e a partícula manteria sua rotação para oeste. Até agora a partícula esteve visível todo o tempo e fomos capazes de seguir seus progressos. Contudo, se a partícula que estiver girando no sentido oeste for colocada em uma caixa, fora do alcance da nossa visão, e nós lançarmos uma fraca pulsação de energia sobre ela, não teremos idéia se a rotação foi mudada. A partícula entrará em uma superposição de rotações para leste e oeste, assim como o gato entrou num estado de superposição, ficando morto e vivo ao mesmo tempo. Pegando sete partículas com rotação para oeste, colocando-as em uma caixa e disparando sete pulsações fracas de energia sobre elas, todas as sete partículas entrarão num estado de superposição.

Com todas as sete partículas em superposição, elas efetivamente representarão todas as combinações possíveis de rotações para leste ou oeste. As sete partículas representarão, simultaneamente, 128 estados diferentes, ou 128 números diferentes. O operador introduz as sete partículas, enquanto elas ainda estão em estado de superposição, no computador quântico que faz os cálculos como se estivesse testando todos os 128 números simultaneamente. Depois de um segundo o computador apresenta o número 69, que preenche os critérios pedidos. E o operador recebe 128 computações pelo preço de uma.

Um computador quântico desafia o bom senso. Ignorando os detalhes, por enquanto, podemos pensar no computador quântico de dois modos diferentes, dependendo da interpretação que preferir. Alguns físicos vislumbram o computador quântico como uma única entidade que faz o mesmo cálculo, simultaneamente, em 128 números. Outros o imaginam como 128 entidades, cada uma em um universo separado, e cada uma fazendo apenas um cálculo. A computação quântica é a tecnologia do *Além da imaginação*.

Quando os computadores tradicionais operam com 1s e 0s, os 1s e 0s são chamados de bits, que é a abreviação de digitos binários (*binary digits*). Como o computador quântico lida com 1s e 0s que se encontram em superposição quântica, eles são chamados de bits quânticos, ou *quantum bits* em inglês, abreviado para *qubits* (pronuncia-se "kiubits"). A vantagem dos qubits se torna ainda mais clara quando consideramos mais partículas. Com 250 partículas giratórias, ou 250 qubits, é possível representar aproximadamente 10^{75} combinações, o que é maior do que o número de átomos no universo. Se for possível conseguir a superposição apropriada com 250 partículas, então o computador quântico poderá fazer 10^{75} cálculos simultâneos, completando-os todos em apenas um segundo.

A exploração dos efeitos quânticos pode dar origem a computadores quânticos de poder inimaginável. Infelizmente, quando Deutsch criou sua concepção de computador quântico em meados da década de 1980, ninguém podia conceber como criar uma máquina sólida e prática. Por exemplo, os cientistas não eram capazes de construir realmente uma coisa que pudesse calcular com partículas giratórias em estado de superposição. Um dos maiores desafios era manter a superposição de estados durante o cálculo. Uma superposição existe apenas enquanto não estiver sendo observada, mas, num sentido mais geral, uma observação inclui qualquer interação com qualquer coisa externa à superposição. Um único átomo desgarrado, interagindo com uma das partículas giratórias, faria a superposição desabar num estado único e o cálculo quântico fracassaria.

Outro problema era que os cientistas não conseguiam imaginar um meio de programar um computador quântico, e assim não tinham certeza de que tipo de computações ele poderia realizar. Contudo, em 1994, Peter Shor, da AT&T Bell Laboratories, de Nova Jersey, conseguiu definir um programa útil para um computador quântico. E a boa notícia para os criptoanalistas foi que o programa de Shor definia uma série de passos que poderiam ser usados por um computador quântico para fatorar um número gigante — exatamente o que seria necessário para quebrar a cifra RSA. Quando Martin Gardner apresentou seu desafio da RSA no *Scientific American*, seiscentos computadores levaram vários meses para fatorar um número de 129 dígitos.

Em comparação, o programa de Shor podia fatorar um número um milhão de vezes maior em um milionésimo deste tempo. Infelizmente Shor não pode demonstrar seu programa de fatoração, porque ainda não existe computador quântico.

Então, em 1996, Lov Grover, também da Bell, descobriu outro programa poderoso. O programa de Groer é um meio de pesquisar uma lista a uma velocidade incrivelmente alta, o que pode não parecer muito interessante até que você perceba que isto é exatamente o que se precisa para quebrar a cifra DES. Para quebrar a DES é necessário procurar em uma lista de todas as chaves possíveis, de modo a encontrar a correta. Se um computador convencional puder verificar um milhão de chaves por segundo, ele levaria mil anos para quebrar uma cifra DES, enquanto um computador quântico, usando o programa de Grover, poderia encontrar a chave em menos de quatro minutos.

É pura coincidência que os dois primeiros programas para computadores quânticos a serem inventados sejam exatamente o que os criptoanalistas colocam no topo de sua lista de desejos. Embora os programas de Shor e Grover tenham gerado um enorme otimismo entre os decifradores de códigos, houve também uma imensa frustração, porque ainda não existia um computador quântico funcional que pudesse rodar esses programas. Não surpreende que o potencial desta arma definitiva para a tecnologia de decifragem tenha aguçado o apetite de organizações tais como a Agência de Pesquisa de Projetos Avançados da Defesa (DARPA) e o Laboratório Nacional de Los Alamos, que estão tentando desesperadamente construir engenhos que possam lidar com os qubits, do mesmo modo como os *chips* de silício processam os bits. Embora um certo número de avanços recentes tenha impulsionado o ânimo entre os pesquisadores, é honesto dizer que a tecnologia permanece extraordinariamente primitiva. Em 1998, Serge Haroche, da Universidade de Paris VI, colocou em perspectiva o entusiasmo cercando esses avanços quando desmentiu as afirmativas de que computadores quânticos seriam uma realidade dentro de alguns anos. Ele disse que isto era como conseguir montar, com grande dificuldade, a primeira camada de um castelo de cartas, e então afirmar que as 15 mil camadas seguintes são uma mera formalidade.

Só o tempo dirá se e quando os problemas envolvendo a construção de um computador quântico poderão ser superados. Entrementes podemos meramente especular quanto ao impacto que ele teria sobre o mundo da criptografia. Desde a década de 1970, os criadores de códigos têm levado uma vantagem clara na corrida contra os decifradores, graças a cifras tais como a DES e a RSA. Esses tipos de cifra são um recurso precioso, porque passamos a confiar nelas para cifrar nossos *e-mails* e preservar nossa privacidade. De modo semelhante, à medida que entramos no século XXI, um número cada vez maior de transações comerciais serão feitas pela Internet e o mercado eletrônico vai depender de cifras fortes para proteger e comprovar as transações financeiras. Na proporção em que a informação se torna a mercadoria mais valiosa do mundo, o destino econômico, político e militar das nações vai depender da força das cifras.

Conseqüentemente, o desenvolvimento de um computador quântico totalmente operacional colocará em perigo a nossa privacidade pessoal, destruirá o comércio eletrônico e demolirá o conceito de segurança nacional. Um computador quântico colocaria em perigo a estabilidade do mundo. O país que o construir primeiro terá a capacidade de monitorar as comunicações dos seus cidadãos, ler as mentes de seus rivais comerciais e escutar os planos de seus inimigos. Embora ainda se encontre na infância, a computação quântica representa uma ameaça potencial ao indivíduo, aos negócios internacionais e à segurança global.

Criptografia Quântica

Enquanto os criptoanalistas prevêem a chegada dos computadores quânticos, os criptógrafos estão trabalhando em seu próprio milagre tecnológico — um sistema de cifragem que restabeleceria a privacidade, mesmo se confrontado com o poder de um computador quântico. Esta nova forma de cifragem é fundamentalmente diferente de qualquer outra que tenhamos encontrado antes e oferece a esperança de uma privacidade perfeita. Em outras palavras, seria um sistema perfeito e garantiria uma segurança absoluta por toda a eternidade. Além disso, é baseada na teoria quântica, a mesma teoria que serve de fundamento para os computadores quânticos. Assim, enquanto a teoria quântica serve de inspiração para um computador capaz de quebrar todas as cifras atuais, ela também se encontra no coração de uma nova cifra inquebrável, chamada de *criptografia quântica*.

A história da criptografia quântica remonta a uma idéia curiosa, desenvolvida no final da década de 1960 por Stephen Wiesner, então estudante de gra-

O LIVRO DOS CÓDIGOS

duação da Universidade de Colúmbia. Infelizmente, para azar de Wiesner, ele inventou uma idéia que estava tão adiante de seu tempo, que ninguém o levou a sério. Ele ainda lembra a reação de seus mestres: "Eu não consegui nenhum apoio do meu orientador de tese — ele não demonstrou nenhum interesse. Eu mostrei para várias pessoas e todas ficaram com aquela cara esquisita e voltaram para o que estavam fazendo." Wiesner estava propondo um conceito bizarro de dinheiro quântico, que tinha a grande vantagem de ser impossível de falsificar.

O dinheiro quântico de Wiesner depende muito da física dos fótons. Quando os fótons viajam pelo espaço, eles vibram como mostrado na Figura 73(a). Todos os quatro fótons estão viajando na mesma direção, mas o ângulo de vibração é diferente em cada caso. Este ângulo de vibração é conhecido como polarização do fóton e uma lâmpada gera fótons de todas as polarizações, o que significa que alguns fótons vibram para cima e para baixo, outros de um lado para o outro e outros em todos os ângulos intermediários. Para simplificar a explicação, vamos presumir que os fótons tenham apenas quatro polarizações possíveis, que vamos rotular de ↕, ↔, ⬊, e ⬈.

Colocando-se um filtro conhecido como polaróide no caminho dos fótons, podemos garantir que o raio de luz emergente consistirá em fótons que vibram em apenas uma direção em particular; em outras palavras, todos os fótons terão a mesma polarização. Até um certo ponto podemos pensar no filtro polaróide como uma grade e os fótons como palitos de fósforo espalhados ao acaso sobre ela. Os palitos vão passar pela grade somente se estiverem no ângulo correto. Qualquer fóton que já esteja polarizado na mesma direção do filtro polaróide passará por ele automaticamente sem ser modificado, e os fótons que estiverem perpendicularmente polarizados ao filtro serão bloqueados.

Infelizmente, a analogia dos palitos de fósforo acaba quando imaginamos fótons polarizados diagonalmente se aproximando de um filtro polaróide vertical. Embora fósforos orientados diagonalmente sejam bloqueados por uma grade vertical, isso não acontece, necessariamente, com fótons polarizados diagonalmente que se aproximem de um filtro polaróide vertical. De fato, esses fótons se encontram em um dilema quântico quando confrontados por um filtro polaróide vertical. O que acontece é que metade deles será bloqueada e metade passará, e aqueles que passarem serão reorientados para uma polarização vertical. A Figura 73(b) mostra oito fótons aproximando-se de um filtro polaróide vertical, e a Figura 73(c) mostra que apenas quatro deles conseguiram passar com sucesso. Todos os fótons verticalmente polarizados terão passado, todos os horizontalmente polarizados terão sido bloqueados e metade dos diagonalmente polarizados terá passado.

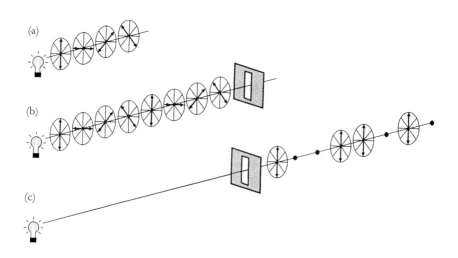

Fig. 73 (a) Embora os fótons de luz vibrem em todas as direções, para fins de simplificação presumimos apenas quatro direções distintas, como mostra o diagrama. (b) A lâmpada emitiu oito fótons, que vibram em várias direções. Diz-se que cada fóton tem uma polarização. Os fótons estão se dirigindo a um filtro polaróide vertical. (c) Somente metade dos fótons emerge do outro lado do filtro. Os fótons verticalmente polarizados atravessaram-no, ao contrário dos fótons de polarização horizontal. Metade do fótons de polarização diagonal atravessou e se tornou verticalmente polarizada.

É esta capacidade de bloquear certos fótons que explica como os óculos de sol polaróides funcionam. De fato, você pode demonstrar os efeitos dos filtros polaróides fazendo experiências com um par de óculos de sol desse tipo. Primeiro remova uma das lentes e feche um olho de modo que você esteja olhando apenas com o outro olho, através da lente remanescente. Não é surpresa que o mundo parecerá escuro porque a lente bloqueia muitos dos fótons que, de outro modo, teriam chegado ao seu olho. Neste ponto todos os fótons que alcançam o seu olho possuem a mesma polarização. Em seguida coloque a outra

O LIVRO DOS CÓDIGOS

lente em frente da lente pela qual você está olhando e gire-a lentamente. Num ponto da rotação, a lente solta não terá efeito sobre a quantidade de luz que alcança seu olho, porque sua orientação é a mesma da lente fixa — ou seja, todos os fótons que passarem pela lente solta também passarão pela fixa. Mas se você girar a lente solta 90 graus, tudo vai ficar completamente escuro. Nesta configuração, a polarização da lente solta é perpendicular à da lente fixa, de modo que qualquer fóton que passe pela lente solta será bloqueado pela fixa. Se você girar a lente solta 45 graus chegará a um estágio intermediário onde as lentes estão parcialmente desalinhadas e metade dos fótons que passam através da lente solta conseguem atravessar a lente fixa.

Wiesner planejava usar a polarização dos fótons para criar cédulas de dólar que nunca poderiam ser falsificadas. Sua idéia era a de que as cédulas contivessem cada uma 20 armadilhas de luz, minúsculos dispositivos capazes de capturar e reter um fóton. Ele sugeriu que os bancos poderiam usar quatro filtros polaróides orientados de quatro modos diferentes ($\updownarrow$, $\leftrightarrow$, $\diagdown$, $\diagup$) para preencher as 20 armadilhas de luz com uma seqüência de 20 fótons polarizados, usando uma seqüência diferente para cada cédula de dólar. Por exemplo, a Figura 74 mostra uma nota com a seqüência de polarização ($\diagdown$ $\updownarrow$ $\diagup$ $\diagup$ $\leftrightarrow$ $\updownarrow$ $\updownarrow$ $\diagdown$ $\updownarrow$ $\diagdown$ $\leftrightarrow$ $\leftrightarrow$ $\diagup$ $\leftrightarrow$ $\diagdown$ $\leftrightarrow$ $\diagup$ $\updownarrow$ $\updownarrow$). Embora as polarizações sejam mostradas explicitamente na Figura 74, na realidade elas estariam ocultas. Cada nota também carrega o número de série tradicional que é B2801695E para a nota de dólar mostrada. O banco poderia identificar cada cédula de acordo com sua seqüência de polarização e o seu número de série impresso, e manteria uma lista de números de série e de suas seqüências de polarização correspondentes.

O falsificador agora teria que enfrentar um problema — ele não pode meramente forjar uma cédula que carrega um número de série arbitrário e uma seqüência casual de polarização nas armadilhas de luz, porque esta equivalência não apareceria na lista do banco e assim a nota falsa seria identificada. Para criar uma falsificação eficiente, o falsário deverá usar uma nota genuína como amostra e, de algum modo, medir as suas vinte polarizações para depois duplicar a cédula, copiando seu número de série e carregando as armadilhas de luz do modo apropriado. Contudo, medir a polarização dos fótons é uma tarefa notoriamente difícil, e se o falsário não puder medi-las com precisão na nota genuína, ele não poderá duplicá-la.

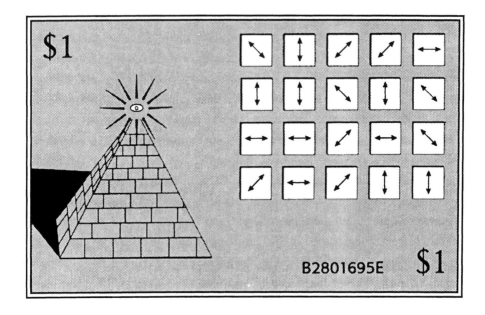

Fig. 74 O dinheiro quântico de Stephen Wiesner. Cada nota é singular graças a seu número de série, que pode ser visto facilmente, e às armadilhas de luz, cujo conteúdo é um mistério. As armadilhas de luz contêm fótons de diferentes polarizações. O banco conhece a seqüência de polarizações correspondente a cada número de série, ao contrário do falsificador.

Para entender a dificuldade de se medir a polarização dos fótons vamos considerar como tentamos fazer tal medição. O único meio de se saber alguma coisa sobre a polarização de um fóton é usando-se um filtro polaróide. Para medir a polarização de um fóton em uma determinada armadilha de luz, o falsificador seleciona um filtro polaróide e o orienta de uma certa maneira, digamos, verticalmente. Se o fóton saindo da armadilha de luz estiver, por acaso, verticalmente polarizado, ele vai passar pelo filtro vertical e o falsificador assumirá, corretamente, que se trata de um fóton verticalmente polarizado ↕. Se o fóton saindo estiver horizontalmente polarizado, ele não passará pelo filtro polaróide vertical e nosso falsificador presumirá, corretamente, que se trata de um fóton horizontalmente polarizado. Contudo, se o fóton escapando

O LIVRO DOS CÓDIGOS

estiver diagonalmente polarizado (↖ ou ↗), ele poderá passar ou não pelo filtro, e neste caso o falsário não conseguirá identificar sua verdadeira natureza. Um ↖ fóton poderia atravessar o filtro polaróide vertical, e neste caso o falsificador concluirá erroneamente que se trata de um fóton verticalmente polarizado, ou o fóton poderia não ter atravessado o filtro, e neste caso ele concluiria, erroneamente, tratar-se de um fóton horizontalmente polarizado. De outro modo, se decidir medir o fóton em outra armadilha de luz orientando o filtro diagonalmente, digamos ↖, ele irá identificar de forma correta a natureza dos fótons diagonalmente polarizados, mas fracassará ao tentar identificar fótons polarizados vertical ou horizontalmente.

O problema do falsificador é que ele deve usar a orientação correta do filtro polaróide para identificar a polarização do fóton, mas ele não sabe que orientação usar, porque ele não conhece a polarização do fóton. Esse beco sem saída é parte inerente da física dos fótons. Imagine que o falsificador escolhe um filtro ↖ para medir o fóton saindo da segunda armadilha de luz e o fóton não passa através deste filtro. O falsificador poderá ter certeza de que o foton não é ↖ polarizado, porque este tipo de fóton teria passado. Mas ele não pode dizer se a polarização do fóton era ↗ , porque, certamente não teria passado pelo filtro, ou se era ↕ ou ↔; qualquer uma delas teria uma chance de 50% de ser bloqueada.

Esta dificuldade em se medir os fótons é um aspecto do princípio de incerteza, desenvolvido na década de 1920 pelo físico alemão Werner Heisenberg. Ele traduziu sua proposta altamente técnica em uma declaração simples: "Nós *não podemos* conhecer, por uma questão de princípio, o presente em todos os seus detalhes." Isto não significa que não podemos saber tudo porque não temos equipamentos de medição suficientes, ou porque nosso equipamento é mal projetado. O que Heisenberg estava dizendo é que é logicamente impossível medir todos os aspectos de um objeto qualquer com precisão absoluta. Neste caso particular nós não podemos medir todos os aspectos dos fótons dentro das armadilhas de luz com precisão total. O princípio da incerteza é outra conseqüência estranha da teoria quântica.

O dinheiro quântico de Wiesner se baseava no fato de que a falsificação é um processo em dois estágios: primeiro o falsificador precisa medir a cédula original com grande precisão, e em seguida ele tem que reproduzi-la. Ao incorporar fótons no desenho da nota de dólar, Wiesner estava tornando a cédula impossível de ser medida com precisão, e criando com isso uma barreira contra a falsificação.

Um falsificador ingênuo poderia pensar que, se ele não pode medir as polarizações dos fótons nas armadilhas de luz, então o banco também não pode. Ele pode tentar produzir cédulas enchendo-as com armadilhas de luz portadoras de uma seqüência arbitrária de polarizações. Todavia, o banco é capaz de verificar que notas são verdadeiras. O banco examina o número de série e então consulta sua lista confidencial para verificar que fótons se encontram em quais armaadilhas de luz. E como o banco sabe que polarizações esperar em cada armadilha, ele pode orientar corretamente o filtro polaróide para cada armadilha de luz e fazer a medição de forma correta. Se a nota for falsa, as polarizações arbitrárias do falsificador levarão a medições incorretas e a cédula será reconhecida como falsa. Por exemplo, se o banco usar um $\updownarrow$ filtro para medir o que deveria ser um $\updownarrow$ fóton polarizado mas descobre que o filtro bloqueia o fóton, então ele saberá que um falsificador encheu a armadilha com o fóton errado. Contudo, se a nota se revelar genuína, o banco enche de novo as armadilhas de luz com os fótons adequados e coloca a cédula de novo em circulação.

Resumindo, o falsificador não pode medir as polarizações em uma cédula verdadeira porque ele não sabe que tipos de fótons se encontram em cada armadilha de luz e, portanto, não sabe como orientar o filtro polaróide de modo a medi-los corretamente. Por outro lado, o banco é capaz de verificar as polarizações de uma cédula genuína porque foi ele que escolheu, originalmente, essas polarizações, e assim sabe como orientar o filtro polaróide para cada uma.

O dinheiro quântico é uma idéia brilhante. Mas também é totalmente impraticável. Para começar, os engenheiros ainda não desenvolveram uma tecnologia para aprisionar fótons num estado qualquer de polarização por um período de tempo suficientemente longo. Mesmo que a tecnologia existisse, seria muito caro implementá-la. Poderia custar em torno de um milhão de dólares para proteger cada nota de um dólar. Mas, apesar de sua impraticabilidade, o dinheiro quântico aplica a teoria quântica de um modo imaginativo e intrigante; assim, apesar da falta de apoio da parte de seu orientador de tese, Wiesner submeteu o trabalho para publicação por uma revista científica. Ela o rejeitou. Wiesner o apresentou a três outras revistas, e todas o rejeitaram. Ele afirma que os avaliadores simplesmente não entendiam a física.

Fig. 75 Charles Bennett.

Parece que apenas uma pessoa partilhava o entusiasmo de Wiesner pelo conceito do dinheiro quântico. Era um velho amigo chamado Charles Bennett, que vários anos antes tinha estudado com ele na Universidade Brandeis. A curiosidade de Bennett por todos os aspectos da ciência é um dos aspectos mais extraordinários sobre sua personalidade. Aos três anos de idade ele já sabia que queria ser cientista e seu entusiasmo de infância não foi desencorajado por sua mãe. Um dia ela chegou em casa e encontrou uma panela com um estranho caldo borbulhando no fogão. Felizmente ela não provou, porque eram os restos de uma tartaruga que o jovem Bennett estava fervendo em solução alcalina, de modo a tirar a carne dos ossos e assim obter um espécime perfeito de esqueleto de tartaruga. Durante a adolescência a curiosidade de Bennett passou da biologia para a bioquímica, e quando ele ingressou em Brandeis já decidira se graduar em química. Na faculdade, ele se concentrou em físico-química, e depois passou a fazer pesquisas em física, matemática, lógica, e finalmente ciência da computação.

Sabendo da ampla área de interesse de Bennett, Wiesner esperava que ele apreciasse o dinheiro quântico e lhe deu uma cópia de seu artigo rejeitado. Bennett ficou imediatamente fascinado pelo conceito e considerou que era uma das idéias mais brilhantes que já tinha visto. Na década seguinte, ele ocasionalmente lia o artigo, imaginando se haveria um meio de transformar algo tão engenhoso em alguma coisa que também fosse útil. Mesmo depois de se tornar pesquisador no laboratório Thomas J. Watson da IBM, no início da década de 1980, Bennett não parou de pensar na idéia de Wiesner. As revistas científicas podiam não querer publicá-la, mas Bennett estava obcecado por ela.

Um dia, ele explicou o conceito do dinheiro quântico para Gilles Brassard, um cientista de computação da Universidade de Montreal. Bennett e Brassard tinham colaborado em vários projetos de pesquisa e debateram várias vezes os detalhes do artigo de Wiesner. Gradualmente eles começaram a perceber que a idéia de Wiesner poderia ter uma aplicação na criptografia. Para Eva decifrar uma mensagem cifrada entre Alice e Bob, ela deve primeiro interceptá-la, o que significa que ela precisa, de alguma maneira, perceber precisamente o conteúdo da transmissão. O dinheiro quântico de Wiesner era seguro porque era impossível perceber, com precisão, a polarização dos fótons aprisionados na cédula. Bennett e Brassard imaginaram o que aconteceria se uma mensagem cifrada fosse representada e transmitida por uma série de fótons polarizados. Em teoria, parecia que Eva seria incapaz de ler com precisão a mensagem cifrada e, se ela não pudesse ler a mensagem cifrada, não poderia decifrá-la.

Bennett e Brassard começaram a bolar um sistema baseado no seguinte princípio: imagine que Alice deseja enviar para Bob uma mensagem cifrada que consiste em uma série de 1s e 0s. Ela representa os 1s e 0s enviando fótons com determinadas polarizações. Alice tem dois esquemas possíveis para associar a polarização dos fótons com 1 e 0. No primeiro esquema, chamado *retilinear* ou esquema +, ela envia $\updownarrow$ para representar 1, e $\leftrightarrow$ para representar 0. No outro esquema, chamado de *diagonal* ou x ela envia $\nearrow$ para representar o 1, e $\nwarrow$ para representar o 0. Para enviar uma mensagem binária, ela alterna entre esses dois esquemas de um modo imprevisível. A mensagem binária **1101101001** poderia ser transmitida como se segue:

O LIVRO DOS CÓDIGOS

Mensagem	1 1 0 1 1 0 1 0 0 1
Esquema	+ × + × × × + + × ×
Transmissão	↕ ⤢ ↔ ⤢ ⤢ ⤡ ↕ ↔ ⤡ ⤢

Alice transmite o primeiro 1 usando o esquema + e o segundo 1 usando o esquema x. Desse modo, o 1 está sendo transmitido em ambos os casos, mas é representado por fótons polarizados de modos diferentes de cada vez.

Se Eva quiser interceptar esta mensagem, ela precisa identificar a polarização de cada fóton exatamente como o falsificador precisava identificar a polarização de cada fóton nas armadilhas de luz da nota de dólar. Para medir a polarização de cada fóton Eva deverá decidir como orientar seu filtro polaróide à medida que cada um se aproximar. Mas ela não pode saber, com certeza, que esquema Alice estará usando para cada fóton, assim, sua escolha de filtros polaróide será incerta e errada na metade das vezes. Assim, Eva não poderá ter um conhecimento completo da transmissão.

Um modo fácil de imaginar o dilema de Eva é pensar que ela tem dois tipos de detectores polaróide a sua disposição. O detector + é capaz de medir fótons polarizados vertical e horizontalmente com precisão perfeita, mas não é capaz de medir fótons diagonalmente polarizados com certeza e apenas os interpreta como polarizados vertical ou horizontalmente. Por outro lado, o detector x pode medir fótons diagonalmente polarizados com precisão perfeita, mas não pode medir os fótons polarizados vertical ou horizontalmente, interpretando-os, erradamente, como fótons polarizados diagonalmente. Por exemplo, se ela usar o detetor x para medir o primeiro fóton, que é ↕, irá interpretá-lo como ⤢ ou ⤡. Caso o interprete como ⤢ , isto não será problema porque isto também representa 1, mas se ela interpretá-lo como ⤡ , então terá cometido um erro, porque ele representa o 0. E para tornar as coisas piores para Eva, ela só tem uma chance de medir o fóton com precisão. Um fóton é indivisível e ela não pode dividi-lo em dois fótons e medi-los usando ambos os esquemas.

Este sistema tem algumas características agradáveis. Eva não pode ter certeza de interceptar com precisão a mensagem cifrada, e assim ela não tem esperanças de decifrá-la. Contudo, o sistema sofre de um problema grave e aparentemente insuperável — Bob encontra-se na mesma posição que Eva, já que ele não tem meios de saber que esquema de polarização Alice está usando para cada fóton, assim ele interpretará erroneamente a mensagem. A solução óbvia para o problema é Alice e Bob escolherem que esquema de polarização vão usar para cada fóton. Para o exemplo anterior, Alice e Bob compartilhariam uma lista, ou chave, que diz + x + x x x + + x x . Entretanto, estamos de volta ao mesmo velho problema da distribuição de chaves — de algum modo Alice precisa enviar a lista de esquemas de polarização, em segurança, para Bob.

É claro que Alice poderia cifrar a lista usando uma cifra de chave pública como a RSA e então transmiti-la para Bob. Contudo, imagine que estamos agora em uma era em que a RSA foi quebrada, talvez após o desenvolvimento de poderosos computadores quânticos. O sistema de Bennett e Brassard teria que ser auto-suficiente e não poderia depender da RSA. Durante meses eles tentaram pensar num meio de contornar o problema de distribuição de chaves. Então, em 1984, os dois se encontraram na plataforma da estação Croton-Harmon, perto dos laboratórios Thomas J. Watson da IBM. Eles esperavam o trem que levaria Brassard de volta para Montreal e passavam o tempo falando dos problemas de Alice, Bob e Eva. Se o trem tivesse chegado alguns minutos mais cedo, eles teriam se despedido, sem fazer progresso na questão da distribuição de chaves. No lugar disso, num momento de revelação, os dois criaram a criptografia quântica, a forma mais segura de criptografia já imaginada.

Sua receita para a criptografia quântica exige três estágios preparatórios. Embora esses estágios não envolvam o envio de uma mensagem cifrada, eles permitem a troca segura de uma chave, que poderá ser usada, depois, para cifrar a mensagem.

Estágio 1. Alice começa transmitindo uma seqüência aleatória de 1s e 0s (bits) usando uma escolha aleatória de esquemas de polarização diagonal e retilinear (horizontal e vertical). A Figura 76 mostra tal seqüência de fótons a caminho de Bob.

Estágio 2. Bob tem que medir a polarização desses fótons. Como ele não tem idéia de qual foi o esquema de polarização usado por Alice, ele alterna aleatoriamente entre seu detector + e seu detector x. Às vezes Bob pega o detector correto e às vezes pega o errado. Se Bob usar o detector errado, ele pode interpretar incorretamente o fóton de Alice. A Tabela 27 cobre todas as possibilidades. Por exemplo, na linha de cima, Alice usa o esquema retilinear para enviar

1 e transmite ↕; então Bob usa o detector correto de modo que ele detecta ↕ e anota corretamente o **1** como sendo o primeiro bit da seqüência. Na linha seguinte Alice faz a mesma coisa, mas Bob usa o detector incorreto e assim ele pode detectar ↗ ou ↘, o que significa que pode, corretamente, anotar **1**, ou incorretamente anotar **0**.

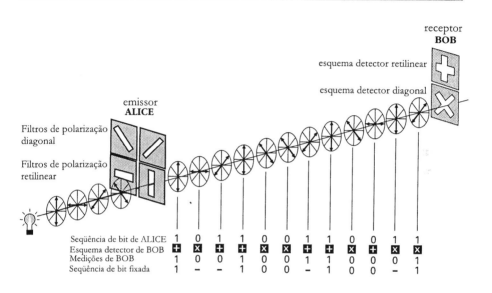

Fig. 76 Alice transmite uma série de **1**s e **0**s para Bob. Cada **1** e **0** é representado por um fóton polarizado, de acordo com um esquema de polarização diagonal ou retilinear (horizontal/vertical). Bob mede cada fóton usando um detector retilinear ou diagonal. Ele escolhe o detector correto para o primeiro fóton à esquerda, e o interpreta corretamente como **1**. Contudo, Bob escolhe o detector errado para o fóton seguinte. Pode acontecer que Bob o interprete corretamente como **0**, mas este bit é descartado porque Bob não tem como se certificar de que o mediu corretamente.

Estágio 3. Neste ponto Alice enviou uma série de **1**s e **0**s e Bob detectou alguns deles corretamente e alguns incorretamente. Para esclarecer a situação, Alice telefona para Bob usando uma linha comum, insegura, e diz a Bob que esquema de polarização ela usou para cada fóton — mas não como polarizou cada fóton. Assim ela poderia dizer que o primeiro fóton foi enviado usando um esquema retilinear, mas ela não diz se foi ↕ ou ↔. Bob então diz em que ocasiões ele acertou o esquema correto de polarização. Nessas ocasiões ele mediu a polarização correta e anotou corretamente os valores de **1** e de **0**. Finalmente Alice e Bob ignoram todos os fótons para os quais Bob usou o esquema errado e se concentram apenas naqueles em que ele acertou o esquema certo. De fato, eles geram uma nova seqüência mais curta de bits, consistindo apenas nas medidas corretas de Bob. Todo esse estágio é ilustrado na tabela ao fundo da Figura 76.

Esses três estágios permitiram a Alice e Bob estabelecer uma série de dígitos comuns, tais como a seqüência **11001001** da Figura 76. A propriedade crucial desta seqüência é que ela é aleatória, porque foi derivada da seqüência inicial de Alice, que já era aleatória. Além disso, as ocasiões em que Bob usou o detector correto também foram aleatórias. A seqüência obtida por eles não constitui uma mensagem, mas ela pode atuar como uma chave aleatória. Finalmente, o verdadeiro processo de cifragem segura pode começar.

Esta seqüência aleatória, escolhida pelo casal, pode ser usada como chave para uma cifra de bloco de uma única vez. O Capítulo 3 descreveu como uma série aleatória de letras ou números, o bloco de uma única vez, pode dar origem a uma cifra inquebrável — não apenas praticamente inquebrável, mas absolutamente inquebrável. Anteriormente, o único problema com a cifra de uma única vez era a dificuldade para distribuir em segurança a série aleatória, mas o arranjo de Bennett e Brassard superou este problema. Alice e Bob montaram um bloco de uma única vez, e as leis da física quântica realmente proíbem Eva de interceptá-la com sucesso. Agora é hora de nos colocarmos na posição de Eva e ver porque ela é incapaz de interceptar a chave.

Enquanto Alice transmite os fótons polarizados, Eva tenta medi-los, mas ela não sabe se deve usar o detector + ou o detector x. Em metade das ocasiões ela escolherá o detector errado. Esta é exatamente a mesma situação enfrentada por Bob, porque ele também escolhe o detector errado a metade do tempo. Contudo, depois da transmissão Alice diz a Bob qual o esquema que ele deveria ter usado para cada um dos fótons e os dois concordam em usar somente os fótons que foram medidos quando Bob usou o detector certo. Isto entretanto não ajuda Eva, porque metade desses fótons ela terá medido usando o detector incorreto e assim terá interpretado incorretamente alguns dos fótons que formam a chave final.

O LIVRO DOS CÓDIGOS

373

Tabela 27 As várias possibilidades em estágio 2 de troca de fótons entre Alice e Bob.

Esquema de Alice	Bit de Alice	Alice envia	Detector de Bob	Detector correto?	Bob detecta	Bit de Bob	Bob está correto?
Retilínear	1		+	Sim	↕	· 1	Sim
			×	Não	↗	1	Sim
					↘	0	Não
	0		+	Sim	↔ ·	0	Sim
			×	Não	↗	1	Não
					↘	0	Sim
Diagonal	1		+	Não	↕	1	Sim
					↔	0	Não
			×	Sim	↗	1	Sim
	0		+	Não	↕	1	Não
					↔	0	Sim
			×	Sim	↘	0	Sim

Outro modo de conceber a criptografia quântica é em termos de um baralho no lugar de fótons polarizados. Cada carta de baralho tem um valor e um naipe, por exemplo, valete de copas ou seis de paus, e geralmente você pode olhar uma carta e ver ao mesmo tempo o seu valor e o seu naipe. Contudo, imagine que seja possível ver apenas ou o valor ou o naipe, mas nunca ambos. Alice pega uma carta do baralho e deve decidir se vai ver seu valor ou o seu naipe. Suponha que ela decide ver o naipe, que é "espadas", que ela então anota. A carta era o quatro de espadas, mas Alice só sabe que era de espadas. Então ela transmite a carta pelo telefone para Bob. Enquanto isso está acontecendo, Eva tenta visualizar a carta, mas infelizmente escolhe o valor, que é "quatro". Quando a carta chega a Bob ele decide ver seu naipe, que ainda é "espadas", e ele o anota. Depois disso Alice telefona para Bob e pergunta se ele viu o naipe, que foi o que ele fez, assim Alice e Bob agora sabem que possuem um conhecimento comum — ambos têm "espadas" anotado em seus blocos. Contudo, Eva escreveu "quatro" em seu bloco de notas, o que não tem utilidade alguma.

Em seguida Alice pega outra carta do baralho, digamos o rei de ouros, mas novamente ela só pode ver uma propriedade. Desta vez ela escolhe ver o valor, que é "rei" e o transmite por linha telefônica para Bob. Eva tenta visualizar a carta e também escolhe ver seu valor, "rei". Quando Bob recebe a carta ele decide ver o naipe, que é "ouros". Depois disso Alice liga para Bob e pergunta se ele viu o valor da carta, e ele tem que admitir que fez a escolha errada e viu o naipe. Alice e Bob não se importam porque eles podem ignorar completamente esta carta e tentar outra, escolhida ao acaso do baralho. Nesta ocasião Eva fez a escolha certa e viu o mesmo que Alice, "rei", mas a carta foi eliminada porque Bob não a mediu corretamente. Assim Bob não precisa se preocupar com seus erros, porque ele e Alice podem ignorá-los, mas Eva fica presa em seus erros. Enviando várias cartas, Alice e Bob podem formar uma seqüência de naipes e valores que então será usada como base para algum tipo de chave.

A criptografia quântica permite que Alice e Bob escolham uma chave e Eva não poderá interceptar esta chave sem cometer erros. Além disso, a criptografia quântica tem um benefício adicional: ela fornece um meio para Alice e Bob descobrirem se Eva está grampeando sua conversação. A presença de Eva na linha torna-se aparente porque, a cada vez que mede um fóton, ela se arrisca a alterá-lo, e essas alterações tornam-se óbvias para Alice e Bob.

Imagine que Alice envia um ⭦ , e Eva o mede com o detector errado, o detector +. Na verdade, esse detetor força ⭦ o fóton a sair dele como um fóton ↕ ou um ↔, porque esta é a única maneira de o fóton passar pelo detector de Eva. Se Bob mede o fóton transformado com seu detector x, então ele detecta ⭦ , que é o que Alice enviou, ou então ele pode detectar ⭧ que seria um erro. Este é um problema para Alice e Bob, porque Alice enviou um fóton diagonalmente polarizado e Bob usou o detector correto, e no entanto ele pode

O LIVRO DOS CÓDIGOS

ter obtido uma medida incorreta. Resumindo, quando Eva escolheu o detector errado, ela "distorceu" alguns fótons e isso levará Bob a cometer erros mesmo quando ele estiver usando o detector certo. Esses erros podem ser detectados se Alice e Bob fizerem um breve procedimento de checagem de erros.

A verificação de erros é feita depois dos três estágios preliminares, e a essa altura Alice e Bob deveriam ter seqüências idênticas de 1s e 0s. Imagine que eles estabeleceram uma seqüência que tem 1.075 dígitos binários de comprimento. Um meio de Alice e Bob verificarem se suas seqüências respectivas estão iguais seria Alice telefonar para Bob e ler a seqüência completa para ele. Infelizmente, se Eva estiver escutando, ela seria capaz de ouvir a chave completa. Verificar toda a seqüência não é um procedimento inteligente e também é desnecessário. No lugar disso, Alice meramente escolhe, ao acaso, 75 dígitos e os verifica. Se Bob concorda com os 75 dígitos é altamente improvável que Eva estivesse grampeando a linha durante a transmissão original dos fótons. De fato a probabilidade de Eva estar na linha e não afetar a medição desses 75 dígitos por Bob é de menos de uma em um bilhão. E como esses 75 dígitos foram abertamente debatidos por Alice e Bob, eles devem ser descartados e o bloco de uma única vez do casal ficará reduzido de 1.075 para 1.000 dígitos binários. Por outro lado, se Alice e Bob encontrarem uma discrepância entre os 75 dígitos, eles saberão que Eva esteve interceptando as comunicações e então abandonariam todo o bloco, mudariam para uma nova linha e começariam tudo de novo.

Para resumir, a criptografia quântica é um sistema que garante a segurança das mensagens tornando difícil, para Eva, ler com precisão as comunicações entre Alice e Bob. Além disso, se Eva tentar grampear a linha, Alice e Bob serão capazes de detectar a sua presença. Portanto a criptografia quântica permite que Alice e Bob se comuniquem e organizem um bloco de uma única vez em completa privacidade, podendo portanto usar esta chave para cifrar a mensagem. O procedimento tem cinco passos básicos:

(1) Alice envia uma série de fótons e Bob mede cada um deles.

(2) Alice diz a Bob em que ocasiões ele os mediu corretamente (embora Alice esteja dizendo a Bob quando ele fez uma medição correta, ela não está contando para ele qual seria o resultado correto, assim esta conversação pode ser ouvida sem qualquer risco para a segurança).

(3) Alice e Bob descartam as medidas que Bob tomou incorretamente e se concentram naquelas que ele fez corretamente de modo a criar um par idêntico de blocos de uma só vez.

(4) Alice e Bob verificam a integridade de seus blocos testando alguns dos dígitos.

(5) Se o procedimento de verificação for satisfatório, eles podem usar o bloco de uma só vez para cifrar a mensagem. Se a verificação revelar erros, eles saberão que seus fótons foram interceptados por Eva, e precisarão começar tudo de novo.

Quatorze anos depois do artigo de Wiesner sobre o dinheiro quântico ser rejeitado pelas revistas científicas, ele tinha inspirado um sistema de comunicação absolutamente seguro. Morando agora em Israel, Wiesner ficou aliviado ao saber que seu trabalho está sendo reconhecido: "Quando penso naqueles dias, eu me pergunto se eu não deveria ter insistido mais. As pessoas me acusam de não ser um batalhador, por não ter me esforçado mais para conseguir que minha idéia fosse publicada — de certo modo eles estão certos —, mas eu era um jovem estudante graduado e não tinha muita confiança. De qualquer modo, ninguém parecia estar interessado em dinheiro quântico."

Os criptógrafos saudaram a criptografia quântica de Bennett e Brassard com entusiasmo. Contudo, muitos experimentalistas argumentavam que o sistema funcionava bem em teoria, mas fracassaria na prática. Eles acreditavam que a dificuldade em se lidar com fótons individuais tornaria impossível colocar o sistema em prática. Apesar das críticas, Bennett e Brassard estavam convencidos de que a criptografia quântica poderia ser implementada. De fato eles tinham tanta fé no sistema que não se importaram em construir o aparelho. Como Bennett disse uma vez, "não há motivo para ir ao pólo norte se você sabe que ele está lá".

Todavia, o ceticismo crescente levou Bennett a provar que o sistema realmente poderia funcionar. Em 1988 ele começou a juntar os componentes necessários para um sistema de criptografia quântica e chamou um estudante pesquisador, John Smolin, para ajudá-lo a montar o aparelho. Depois de um ano de esforços, eles estavam prontos para tentar enviar a primeira mensagem protegida pela criptografia quântica. Tarde da noite eles entraram em seu la-

O LIVRO DOS CÓDIGOS

boratório à prova de luz, um ambiente de uma escuridão total, livre de fótons errantes que pudessem interferir com a experiência. Tendo comido um lauto jantar, eles estavam bem preparados para a longa noite de ajustes no aparelho. Então começaram seu trabalho de tentar enviar fótons polarizados através da sala e captá-los usando um detector + e um detector x. Um computador chamado Alice controlava a transmissão de fótons, enquanto outro computador, chamado Bob, decidia que detector seria usado para medir cada fóton.

Depois de horas de ajustes, por volta das três da manhã, Bennett testemunhou a primeira comunicação criptográfica quântica. Alice e Bob conseguiram enviar e receber fótons, debateram os esquemas de polarização que Alice tinha usado, descartaram os fótons que Bob medira com o detector errado e estabeleceram um bloco de uma só vez, consistindo nos fótons remanescentes. "Nunca houve qualquer dúvida de que funcionaria", lembra Bennett, "apenas nossos dedos poderiam ter sido demasiado desajeitados para construí-lo." A experiência de Bennett demonstrara que dois computadores, Alice e Bob, podiam se comunicar em absoluto segredo. Foi uma experiência histórica, apesar do fato de que os dois computadores estavam separados por uma distância de apenas trinta centímetros.

Desde a experiência de Bennett o desafio tem sido construir um sistema criptográfico quântico que funcione através de distâncias úteis. Isto não é uma tarefa simples, porque fótons não viajam bem. Se Alice transmitir um fóton com uma polarização determinada, através do ar, as moléculas de ar vão interagir com ele, provocando uma mudança em sua polarização, o que não pode ser tolerado. Um meio mais eficiente para transmitir fótons é a fibra ótica, e os pesquisadores tiveram sucesso, recentemente, no uso desta técnica para construir um sistema criptográfico quântico que opera por distâncias significativas. Em 1995, pesquisadores da Universidade de Genebra conseguiram implementar a criptografia quântica através de um cabo de fibra ótica que se estendia por 23 quilômetros, de Genebra até a cidade de Nyon.

Mais recentemente, cientistas do Laboratório Nacional de Los Alamos, no Novo México, novamente começaram a experimentar com a criptografia quântica através do ar. Seu objetivo final é criar um sistema criptográfico quântico que possa operar via satélite. Se isto puder ser conseguido, permitirá comunicações absolutamente seguras em nível global. Até agora o grupo de Los Alamos conseguiu transmitir uma chave quântica através de uma distância de um quilômetro.

Especialistas em segurança estão agora se perguntando quanto tempo levará para que a criptografia quântica se torne uma tecnologia prática. No momento não há vantagem em ter um sistema quântico porque a cifra RSA já dá acesso a uma cifragem efetivamente inquebrável. Contudo, se os computadores quânticos tornarem-se uma realidade, então a RSA e todas as outras cifras modernas ficariam inúteis e a criptografia quântica passaria a ser uma necessidade. A corrida continua. A questão realmente importante é se a criptografia quântica chegará a tempo de nos salvar da ameaça dos computadores quânticos, ou se haverá uma brecha na privacidade, um período entre o desenvolvimento dos computadores quânticos e o advento da criptografia quântica. Até agora a criptografia quântica é a tecnologia mais avançada. A experiência suíça com fibras óticas demonstra que é viável construir um sistema que permita comunicações seguras entre instituições financeiras dentro de uma mesma cidade. De fato, seria possível, atualmente, construir uma linha criptográfica quântica entre a Casa Branca e o Pentágono. Talvez até já exista uma.

A criptografia quântica marcaria o fim da batalha entre os criadores de códigos e os quebradores, com os criadores de códigos saindo vitoriosos. A criptografia quântica é um sistema de cifragem inquebrável. Isso pode parecer uma afirmação um tanto exagerada, particularmente se pensarmos em outras afirmações semelhantes. Em épocas diferentes, durante os últimos dois mil anos, os criptógrafos já acreditaram que a cifra monoalfabética, a cifra polialfabética e as máquinas de cifragem como a Enigma eram inquebráveis. E, em cada um desses casos, mostrou-se que os criptógrafos estavam errados porque suas afirmações eram baseadas meramente no fato de que a complexidade das cifras tinha superado a engenhosidade e a tecnologia dos criptoanalistas naquele ponto da história. Hoje, podemos ver que os criptoanalistas iriam, inevitavelmente, descobrir um meio de quebrar cada cifra, ou desenvolveriam uma tecnologia para fazer isso para eles.

Entretanto, a afirmação de que a criptografia quântica é segura é qualitativamente diferente das afirmações anteriores. A criptografia quântica não é apenas efetivamente inquebrável, ela é absolutamente inquebrável. De acordo com a teoria quântica, a teoria mais bem-sucedida da história da física, é impossível para Eva interceptar com precisão o bloco de uma única vez estabelecido entre Alice e Bob. Eva não pode nem mesmo tentar interceptar a chave de uma única vez sem advertir Alice e Bob de sua escuta. De fato, se uma mensa-

O LIVRO DOS CÓDIGOS

gem protegida pela criptografia quântica algum dia for decifrada, isto significaria que a teoria quântica tem falhas, o que teria implicações devastadoras para os físicos. Eles seriam forçados a reconsiderar seu entendimento de como o universo funciona em seu nível mais fundamental.

Se os sistemas de criptografia quântica puderem ser aperfeiçoados para operar através de longas distâncias, a evolução das cifras irá cessar. A busca pela privacidade terá chegado ao fim. A tecnologia estará disponível para garantir comunicações seguras para os governos, os militares, os negócios e o público. A única pergunta que resta é se os governos permitirão que usemos esta tecnologia. Como eles poderão regulamentar a criptografia quântica, de modo a enriquecer a Era da Informação, sem proteger os criminosos?

O Desafio do Criptograma

O desafio do criptograma é um conjunto de dez mensagens cifradas, que coloquei no fim do *Livro dos códigos* quando foi lançado em 1999. Além da recompensa intelectual de decifrar todas as dez mensagens, havia um prêmio de £ 10,000 para o primeiro a resolver o desafio. Este concurso foi finalmente encerrado em 7 de outubro de 2000, um ano e um mês depois de árduos esforços de profissionais e amadores de todo o mundo dedicados a decifrar criptogramas e códigos secretos.

O desafio do criptograma permanece como uma parte deste livro. Não há mais prêmio associado com o resultado final, mas eu encorajo os leitores a decifrarem algumas das mensagens. Os dez estágios foram concebidos para aumentar gradualmente seu nível de dificuldade, embora muitos participantes do desafio tenham considerado o estágio 3 mais difícil que o estágio 4. Os criptogramas usados nos conjunto de etapas são diferentes e progrediram através dos séculos, de forma que os primeiros criptogramas são mais antigos e de solução mais fácil, enquanto os últimos empregam a criptografia moderna e requerem maiores esforços. Em resumo, os estágios de 1 a 4 são para amadores. Os estágios de 5 a 8 são para os verdadeiros entusiastas, e os 9 e 10 para os realmente dedicados.

Se você quiser saber mais sobre o Desafio, pode visitar meu próprio *website* (www.simonsingh.com), que oferece uma variedade de informações incluindo um *link* para um relatório escrito pelos vencedores do *Desafio do criptograma* Fredrik Almgren, Gunnar Anderson, Torbjorn Granlund, Lars Ivansson e Staffan Ullberg. O relatório é uma excelente leitura, mas por favor fique alerta para o fato de que este e outros itens do *website* incluem dados que estragam a surpresa, e talvez não seria indicado ter conhecimento prévio destas informações.

O objetivo principal do Desafio era excitar os leitores e promover o interesse em criptografia e nas técnicas de invasão de códigos secretos. O fato de milhares de pessoas terem participado do concurso foi tremendamente gratificante. Oficialmente o desafio do criptograma está encerrado, mas eu espero que continue a gerar algum interesse entre os novos leitores empenhados em testar suas habilidades de invasores de códigos secretos.

Boa sorte,
Simon Singh.

O LIVRO DOS CÓDIGOS

Estágio 1: Cifra monoalfabética de substituição simples

CVM, TXRRX LCLXTJC, XBR KUX RUVWBVML NXNCR NX LMC PULMTM M
XRAVXDXV, NXIVCTJX NC AMTNXGMFVC, TC VXDXRJBLXTJC NM QMVXNX
NC QMGMABC VXMG. C VXB, M DBRJM NXRRM LMC KUX XRAVXDBM, LUNCU
NX ACV; QXTRMLXTJCR JXJVBACR MRRMGJMVML-TC; CR LURAUGCR NX
RXUR VBTR VXGMZMVML-RX X RXUR SCXGPCR XTJVXAPCAMVML-RX.
WVBJCU DBCGXTJMLXTJX KUX LMTNMRRXL DBV CR LMWCR, CR AMGNXUR
X CR MRJVCGCWCR. LMTNCU-GPXR NBOXV: MKUXGX KUX NXABIVMV XRJM
BTRAVBAMC X LX NXV C RXTJBNC NXGM, RXVM VXDXRJBNC NX QUVQUVM,
URMVM MC QXRACAC UL ACGMV NX CUVC X JCLMVM C JXVAXBVC GUWMV
TC WCDXVTC NC VXBTC. JCNCR CR RMFBCR NC VXB XTJVMVML TM RMGM,
LMR ICVML BTAMQMOXR NX GXV XRRM BTRAVBAMC X NMV-GPX C
RBWTBIBAMNC MC VXB. FMGJMOMV IBACU LUBJC MRRURJMNC, RXU
VCRJC LUNCU NX ACV, X RXUR TCFVXR RXTJBML-RX ACTRJVMTWBNCR.
LMR M VMBTPM, MJVMBNM QXGC FMVUGPC NMR QMGMDVMR NC VXB X NCR
TCFVXR, XTJVCU TM RMGM NC IXRJBL: C VXB, NBRRX, DBDX QMVM
RXLQVX! TMC JX NXBZXR MJXLCVBOMV QCV JUMR BNXBMR; TMC LUNXR
MRRBL NX ACV. PM TC JXU VXBTC UL PCLXL TC KUMG PMFBJM C
XRQBVBJC NCR NXURXR RMTJCR. KUMTNC JXU QMB XVM DBDC,
XTACTJVMDM-RX TXGX ULM GUO, ULM BTJXGBWXTABM X ULM RMFXNCVBM
ACLQMVMDXBR M RMFXNCVBM NCR NXURXR. QCV BRRC C VXB
TMFUACNCTCRCV, JXU QMB, JBTPM-C TCLXMNC APXIX NCR XRAVBFMR,
NCR LMWCR, NCR AMGNXUR X NCR MRJVCGCWCR; PMDBM-RX NXRACFXVJC
TXRJX NMTBXG (ACWTCLBTMNC FMGJMOMV QXGC VXB) UL XRQBVBJC
RUQXVBCV, ULM ABXTABM X ULM QXTXJVMAMC QMVJBAUGMV QMV
BTJXVQVXJMV CR RCTPCR, XZQGBAMV CR XTBWLMR X VXRCGDXV MR
NBIBAUGNMNXR. KUX RX APMLX GCWC NMTBXG, X XGX NMVM C
RBWTBIBAMNC NM BTRAVBAMC. M QVBLXBVM QMGMDVM-ACNBWC X
CJPXGGC.

Estágio 2 Cifra de Mudança de César

```
MHILY LZA ZBHL XBPZXBL MVYABUHL HWWPBZ JSHBKPBZ JHLJBZ
KPJABT HYJHUBT LZA ULBAYVU
```

Estágio 3: Cifra Monoalfabética com Homófonos

```
IXDVMUFXLFEEFXSOQXYQVXSQTUIXWF*FMXYQVFJ*FXEFQUQXJFPTUFX
MX*ISSFLQTUQXMXRPQEUMXUMTUIXYFSSFI*MXKFJF*FMXLQXTIEUVFX
EQTEFXSOQXLQ*XVFWMTQTUQXTITXKIJ*FMUQXTQJMVX*QEYQVFQTHMX
LFVQUVIXM*XEI*XLQ*XWITLIXEQTHGXJQTUQXSITEFLQVGUQX*GXKIE
UVGXEQWQTHGXDGUFXTITXDIEUQXGXKFKQVXSIWQXAVPUFXWGXYQVXEQ
JPFVXKFVUPUQXQXSGTIESQTHGX*FXWFQFXSIWYGJTFXDQSFIXEFXGJP
UFXSITXRPQEUGXIVGHFITXYFSSFI*CXC*XSCWWFTIXSOQXCXYQTCXYI
ESFCX*FXCKVQFXVFUQTPUFXQXKI*UCXTIEUVCXYIYYCXTQ*XWCUUFTI
XLQFXVQWFXDCSQWWIXC*FXC*XDI**QXKI*IXEQWYVQXCSRPFEUCTLIX
LC*X*CUIXWCTSFTIXUPUUQX*QXEUQ**QXJFCXLQX*C*UVIXYI*IXKQL
QCX*CXTIUUQXQX*XTIEUVIXUCTUIXACEEIXSOQXTITXEPVJQCXDPIVX
LQ*XWCVFTXEPI*IXSFTRPQXKI*UQXVCSSQEIXQXUCTUIXSCEEIX*IX*
PWQXQVZXLFXEIUUIXLZX*ZX*PTZXYIFXSOQXTUVZUFXQVZKZWXTQX*Z
*UIXYZEEIRPZTLIXTZYYZVKQXPTZXWITUZJTZXAVPTZXYQVX*ZXLFEU
ZTHZXQXYZVKQWFXZ*UZXUZTUIXRPZTUIXKQLPUZXTITXZKQZXZ*SPTZ
XTIFXSFXZ**QJVNWWIXQXUIEUIXUIVTIXFTXYFNTUIXSOQXLQX*NXTI
KNXUQVVNXPTXUPVAIXTNSRPQXQXYQVSIEEQXLQ*X*QJTIXF*XYVFWIX
SNTUIXUVQXKI*UQXF*XDQXJFVBVXSITXUPUUQX*BSRPQXBX*BXRPBVU
BX*QKBVX*BXYIYYBXFTXEPEIXQX*BXYVIVBXFVQXFTXJFPXSIWB*UVP
FXYFBSRPQFTDFTXSOQX*XWBVXDPXEIYVBXTIFXVFSOFPEIXX*BXYBVI
*BXFTXSILFSQXQXQRPBUIV
```

O LIVRO DOS CÓDIGOS

Estágio 4: Cifra de Vigenère

```
K Q O W E F V J P U J U U N U K G L M E K J I N M W U X F Q M K J B
G W R L F N F G H U D W U U M B S V L P S N C M U E K Q C T E S W R
E E K O Y S S I W C T U A X Y O T A P X P L W P N T C G O J B G F Q
H T D W X I Z A Y G F F N S X C S E Y N C T S S P N T U J N Y T G G
W Z G R W U U N E J U U Q E A P Y M E K Q H U I D U X F P G U Y T S
M T F F S H N U O C Z G M R U W E Y T R G K M E E D C T V R E C F B
D J Q C U S W V B P N L G O Y L S K M T E F V J J T W W M F M W P N
M E M T M H R S P X F S S K F F S T N U O C Z G M D O E O Y E E K C
P J R G P M U R S K H F R S E I U E V G O Y C W X I Z A Y G O S A A
N Y D O E O Y J L W U N H A M E B F E L X Y V L W N O J N S I O F R
W U C C E S W K V I D G M U C G O C R U W G N M A A F F V N S I U D
E K Q H C E U C P F C M P V S U D G A V E M N Y M A M V L F M A O Y
F N T Q C U A F V F J N X K L N E I W C W O D C C U L W R I F T W G
M U S W O V M A T N Y B U H T C O C W F Y T N M G Y T Q M K B B N L
G F B T W O J F T W G N T E J K N E E D C L D H W T V B U V G F B I
J G Y Y I D G M V R D G M P L S W G J L A G O E E K J O F E K N Y N
O L R I V R W V U H E I W U U R W G M U T J C D B N K G M B I D G M
E E Y G U O T D G G Q E U J Y O T V G G B R U J Y S
```

Estágio 5

```
109  182   6   11   88  214   74   77  153  177  109  195   76   37  188
166  188   73  109  158   15  208   42    5  217   78  209  147    9   81
 80  169  109   22   96  169    3   29  214  215    9  198   77  112    8   30
117  124   86   96   73  177   50  161
```

Estágio 6

OCOYFOLBVNPIASAKOPVYGESKOVMUFGUWMLNOOEDRNCFORSOCVMTUUTY

ERPFOLBVNPIASAKOPVIVKYEOCNKOCCARICVVLTSOCOYTRFDVCVOOUEG

KPVOOYVKTHZSCVMBTWTRHPNKLRCUEGMSLNVLZSCANSCKOPORMZCKIZU

SLCCVFDLVORTHZSCLEGUXMIFOLBIMVIVKIUAYVUUFVWVCCBOVOVPFRH

CACSFGEOLCKMOCGEUMOHUEBRLXRHEMHPBMPLTVOEDRNCFORSGISTHOG

ILCVAIOAMVZIRRLNIIWUSGEWSRHCAUGIMFORSKVZMGCLBCGDRNKCVCP

YUXLOKFYFOLBVCCKDOKUUHAVOCOCLCIUSYCRGUFHBEVKROICSVPFTUQ

UMKIGPECEMGCGPGGMOQUSYEFVGFHRALAUQOLEVKROEOKMUQIRXCCBCV

MAODCLANOYNKBMVSMVCNVROEDRNCGESKYSYSLUUXNKGEGMZGRSONLCV

AGEBGLBIMORDPROCKINANKVCNFOLBCEUMNKPTVKTCGEFHOKPDULXSUE

OPCLANOYNKVKBUOYODORSNXLCKMGLVCVGRMNOPOYOFOCVKOCVKVWOFC

LANYEFVUAVNRPNCWMIPORDGLOSHIMOCNMLCCVGRMNOPOYHXAIFOOUEP

GCHK

O LIVRO DOS CÓDIGOS

Estágio 7

```
M C C M M C T R U O U U U R E P U C C T C T P C C C C U U P C M M P
R T C C R U P E C C M U U P C M P E P P U P U R U P P M E U P U C E
U U C U C C C M E M T U P E T P C M R C M C C U C C M P E C R T M R
U P M P M R C P M M C R U M C U U E U R P P C M O U U E U C C M U M
T U C U C U T M U U U P M U U C T C U P M M C C R P P P P M M M E
E U M R C C C P U U E U P M U M M C C P E C U C U P C T C U E P M P
C U U E E U U U T P M M U C C T C C P P P C T P U C U C C C U R E U
T U C M E P C C E M U U U P R M M T M U C M M M C C C C C M E P U
E C U M R E R U U U U M U R C C P M U U R U U P M U P R P P U U U U
M R C C P C P E U R M M M P U T C R U U E O U U U M C M U U R U P U
R U C M U C R U M M C U P U U M U C R E U U U P C C U R R C P R M C
T R C U U U R C T P P M U U C C U U U U M U U E P C R M E P M P U U
C C C U M M U U M C U C M C C C R T C C M E E U P T M U U M M M C C
P P T M C P T E O U U U M U U C R M C C C M C P R C R C E P M C M C
P U U C M C C O M T P R C M C P C P M C P C E R R E C C R R E C R U
P U E E P M U M T C U C E U U T P C E U M R C U U U R R U C R U U C
R P P T T C P C P C U C U M U M P E C E E R P M R M M U R U M E P M
R M M C P R U C R C P E E R P U U U U R E P C C M M E P P P R C C U
M P C C C M M E E U U P P E R U E C P U E M U C C U U C P U E P U C
M C M C U U C M M M C U P C C M M U U U C U O P U C U P M P U E C C
E U P M C E P R C T R M C C U U T E C E C C R M U C U R U C M U C R
C M P C C U O R U C T U C C M C U C M U M M T R U M C M M C P U U M
U P C C M P C U U E P C T E C T U U T C E E M T U C T E P P R U U M
U U E C M U M R U E P C U M P P O U R U C C U P U C U C U E P C M M
E C C U C E C P P C C C C O C R C R C R T U C P P T P U O C U O R U
C C C E U C P P M R R C E U U U R U R C C M T P P U R P P C T R R T
R U U P M T M U U E T R P R O E M P T P T E P R E R P T R U U U M T
R U M T P P P R U U P E O U T P T R O M U U E R M M E P U T T O T O
O M T P R M P P T M R E U R R U P M T R P P R E M U P R T R M M E O
U M M U P U U O U M E M O M E C P E U U U U C R U T T T R T U P T T
P E R E M U U R E E P E T R M P T R U U U O T R U U O O T T T O T T
E T E T O U P O M T U U O U T O E E T P T E M U U T U R C U O P T R
P O T E E M C O U U E P R M P T T T U P P R E T T R O E M U E T P O
P M T E R T E U U U P U P U U E M M O T O U M O R R C M U U U E T U
```

SIMON SINGH

```
O T T E M T T C T M E T E R E U M U E E T U M E T P U T P U E T T M
P E E R T C P T O U U T R E R E T U T R E T R T R U T C M T C U U T
P O M T T P T P T O U M E O T T R P E P U T T T R T T O U M U U T P
E E C T M P P M U E C T R P U C T E U U E T P T O T P M T M C P U E
P P U P R M T P C R U R P R E M E R T U E E R O R O T O M M R C U U
E U T P T E P P E U U T P O T P P M E P E M T R E E U T U U T O T P
R E E R O P O R R M U U T M P R T T M E E E T E R U T M T O O C P E
P P M P M T P R R M E P R E U M M P R T R E E P U T T P E C T U R U
R C O P E E E O O U E M O M P T U E C E R M M M P P E P M U E M U R
T E U M R T T P U T C E R O E T M U U R O T U T T R M U E T E T T R
P R O U T U U P R E U T T R T P M T U P E E M E T E P T O E T U U T
E P T M' U U E E P P T P M U P T E P R M U T T P M U M M E C R E T E
P T R T U R P M T O O U E E O T O U R U U R T U E U T P O M T P P U
R E O T C M C P R P R O O E E R U U E E R U M U U U C P P C P U E T
E R U R P O R P T P C T P E R E R M U T T R E U P R T M E C U R E P
P O U T M O T C T M P T P O E U U T O T P T O R E U E T U R M E T R
E P E E P R U C P E M M P T M U U T T E O E R M U R U U R U T P T T
E C E T O R T M T M E T T U E M U U C T O P E M U U E P U M C M U C
M T P O U C E C M T R E M C P C M C T P M M P P C M U U U C M C C
C P T M M U C R E U U C T R R E U C U R E C P M R C E C U C E U C C
P M C T T P C R E U R M U T U P M P P M M C U T M C M C C E U U C T
U P U U U U R C U M E P O T U U U C T E P C C P M C C T P C P U M
E R U C U M E M M R M U P C M U U C U C R U U U C P C U P C E C M
C U U P O P C U U U C U T T C P C M C U U C C E P U U P C M P U C
M M M P U U U E P M P P E C R C M P R E C R R U M C U E C P U P U C
E M P M U C R T U T U C R C C U P U U C U M M P U U U U E C U U C C
E C P P P R R M C M M E C C R M M R C C E C T U R M C E C C C P M M
M R P E C U U U C P P M M E C C M M R R C M U C M R C P C U C M U C
C C P C T R C U U E U C C M T E M C R C P E C C U U C U U C P E T P
C C P P T U M P C M P C M C E U C C C P C U C T C C C M T U M P T U
M E U C P P M U M P M M R E M C U M M M E R U C U C C M P U U E U C
P C E P P R U U C C U C T P U E T E R C M M M U R U U P U R P U E E
M U M U M R C U U C R M R C P T E M E C M M U C U C U U P P E T T T
M P C P M M U E M P P C U T P M C M U U P U C C P M P R C M C R P U
P M E M U U U R C O C P C U E P M R C P T M M M M C C E C U M C U U
C E C P P U C P M R M E P C U U R U C U C P R T U E R M C C R P M U
```

O LIVRO DOS CÓDIGOS

```
U R U U P M E U P C E C P T R U T U M C E C E P C U T C U C P E P C
C U U E T P P C P U U M C M M R O U C C P U C P P E P M E C R P C M
C U M P U C U U U E M M C U T M C U M C U E U C M U C C T P U R E U
P P C O P M P M U U M M M U U E T P U U U U P P P P M U E C E R U
R P U R T P M P P P M E M C T U P C M E C P P C C E M U R M P T U U
R C U E P C U E C P U T C U R U C P R U M T C O C C M P U C M E P E
M P R U P P E C C P C U U C C C E U M R U U E U U E U C P C P M P U
C U M P U C U M P P R E U U U P E U P E U U C T P O T U P E T U O E
C O T T E M O T E U T E U M U P M U T P O U P E T E R P U T P R U U
U P O T T E P T R R M T C E T O R O P M T R E T R C O E T P R O E E
P T E P M M E U P E P E P U P U U R E E P E R T P E E C E P O R T U
E M E T T E P T E R M M T T E T T T P O R U M P T T E R P P U U R M
T T O M T M U M M U U T U O E P E U U O T C P E P T M R E R U R P E
T P P T T P C O R P T T T M U T R U P P T E R R E U R P R T R E T T
R C P R C U U M U P R U U U M T P R T R E T T U U U O C U M U U U U
M O T T P E M E T T E R P C T O E T U U R M E P E E O R C P E T M P
P R U T T R U U E T M O T M U U M T E R U T O T C R P M U R M U M R
M P M O O M O U O T P O R E M E M U P T O R T R R P O O U T P P P E
P M T P E O C T R R M E T O R T P E M M P E E E T R U U R U R P P U
P U R T R O U M T M R C U O T E T R C R P E E C P T E E U U E M T T
P U R U P E U O E U U M P E M U U T T E R E U M E R T T E T T T M E
U T M R T O R M E C U C U E U E P R U M T U U E R M U T R E U U P E
E M E E R C U U U T R M R T R M U U M M E P P T P R T E M T E M P E
U E T P O O O U U M O T O U T O O P E P R U U R T T T M U R T U T E
T P C O T E M T U O E T R M T E T E M M T U M O E E O O U M O P T P
R U T M R M T R T P T U U E P U U P U R R O E U E R U U O U P R T M
E T P E P P O T R M C M R U T T P U U E U R T T E E T E T U U E U E
E T U R R M E E M R E U R C T P E M U U R E P R U E O R U R U U P T
U M P E M T T P T U E M U P M O R T O O O U T P P M U U P U P E R E
R U U O U E E T U P E T E T P T T T E M R U U R T T T U T T M U P R
P R R U R U U T M T U R T C U E E O M R R T E T T M U T P P R P E P
T R E E O O T T E T R E T R U T P R U T M U U U T M U U C T U U P U
E R U E E M M U E E T T P E T M U M E T T E T T P M R E M R T P T E
T O U R T P P O E T T O M T P T E T E U T P U C U M U C U O E T U C
P E C U C M U P M U C U T T U C T U U M U C U R P U C P M C U U M U
C C E P C M M U C P T P U M U P U C M E C M P U M P P M U E M P P E
```

SIMON SINGH

```
P U T E U M E P E P U P U U R M T P E M R P M M P T P O P R C R U E
P C M P P M R C C C P U C U P T U M U U P C P E M P T U U M C C C U
P C C U T U U U R C E M P E U C M R P P E P C C M M M U M P E C M T
R E R P U M P C C P T U C M C O P C U R U E C M T E C M M C C R P P
E P U U C U T M U U U C C T M C M E C P C U U U P U C U U U T C U C
C P T U U C C M M P P R E M C U U R U U M U E U U P P U C R P M R U
P C M U U E C U U C C U U R C E R R C U C P M P U U M T U U R C M P
E M U U U U C T U M T T T C U M P U M C M R T U U U C P P M E P U C
T O U P C M M C E C U M C P E C U P M T E P R U U R U R M P U P E R
C R U U C C C M P C U C M R M P M P E E P T P E M C U R C P C P U R
U T E U U E U U U P T C U C C C E M M T U T R E R E M P R R M U C C
R C U M U E P U P U E U E P M U T R U C C M U U C M M U U P M E C M
M E M U U U C M R P C M C U U C C E T P C P R R M U R R C T E C M C
M U U U U U U E C U U C U U T E P M U U R C C C U U R C U C E C P P
U C M U R C U U C R U C M C R C C C U C U M E M U U C P P P P R C R
U R U C M C P P C R M P U E P U M P O M U M M C U U U P C C C E C T
M R P U P M P O C C T P C M U U M C M C C T U C E C U U M C C M C U
E R T T R C M M U M T C P E R U U M M T R U E U M C M C C M C U U P
M U C C T P U M C U T P U M C U U U U C P P U C E T U P E R T R U U
U U M M C U M E E M C T C C P U R R U U R C P C U P C C U P M P M M
U R U U C C C E P R P U M M U T C M C M C C C U C P P C M E P C R E
M U U R C T P E M C M C C P R U C C U U U C C U U P C U U P U T R U
E E U U U E U C R P M R U U U O C P O C R P C M E C R C P C E C U U
E C P P U M P P E P C P R M P E U C P T U E M T U T T E O P R U E P
E P M T P U P T T R R E R P U E M M O P M U P R U U U M E M P P P U
T O U R O P R O P P M E T P R M T U U R P T P U U T O U U M T E P C
O E M C U U T P U U P T O T U U T T U U U R T P T R T T M O C T R U
T R O T T R O P T U M P P M U R T E U M T P E U M C M P R E P M R E
E E E U T T T E U U T M T P U R U E U U M T U P P U T T R E M T P T
R R U T U R T R U U T O T E R O T M U U U T M U P T P U U R T E R U
M M T M T T U P R P P P E M E P C M U M T R R E M U C E U P P T T T
T T P R U U U R T E E P U P U T M M T U P M R U O P E U E E T M M P
E M T P E C R E T M E O U T M E E P R E U M E M R T O T E M T O T P
T E C E P T U T R E E E M P P T P E E C P P T M U U T M U M P R M E
R E U U P T O E O P U E P T R T T E P M O U M P E U T M T T M U U U
T T P T E R M T R R U U R U U E U R T E E M U T T E P O U U E M E E
```

O LIVRO DOS CÓDIGOS

PCRURMETMETOREUUOTRTPRTTEUMMTPMMRP
EUURERTEOTUTRROTOTETTEOTUEUUETUETP
MUOORTOUMCOTUECEUUREUUMTTERUOTTMTE
TTEOTUTEPTRCTUUPPERUTOUUEORMUEMPRE
MUUPOPMOUOOTECUOETUCMTTPTTUURTTMMO
PTPUCMTUUOMUMTTTORTUPETETROMTRETTU
EUUTPPTMEUMURUUUURETUTRURRTTPPTTPO
ETEMUOTCOUEMTTMTUEUUPTUPUPTROTUEER
OEROUEMCPTERCPPTMUUMTOMCEMUTPTTTOU
TOEMTTPPCREPOTEPPERPOPPOTEUUUURPUU
CPRPRMTREUUERMUCTOPTTUUTPMCTRMETEM
MUOPTUUETPPMMRMTUPRMUPRMOUPRTEUUUR
MMCORTUMTOETMUPMUTTPUTTERMUUPCETMT
UPTPPETRUTTPOTMECURCPUOPMTPMCMPEPC
MMUORRMPCMMORCCUTCCOMCUUPRCPPPUCUU
EUPRUPMCECTMCCUURPPMUUEUUUUCETUURC
PUUREUCECUCCUECUUURCPPMCCCUPRMUCMU
CPRUPPUOMPUUUCMUUCPMUCRCPMMTCMMUOM
CMCCMUUPCCTURUEUUUCUMTUCCMMUCTCRRU
RUMRPRUCUCEMUCCUUUETUMCPCURPURCUUM
UPPCEMPPPUUMPPCCPRRCECCRMCPPRCCRPP
MUUURCMEPCPUCCCCUPRRUUPMCEMCUTMUCC
MEPMMPPMUUCCEMPREUUTCPCUCMCCUCMRTP
MPCUCPPMRCMPCPEMPPPMRUUCCUUPRCERTU
UPCUMUPUMPCRCCEPCUCCPMTRPCPCUUCRPP
RURCCMEUURUUMURPEMRUCCMMUCRMCTMRPR
CUCMCUUCUMMUUUEMCTMCCMUCTCMUCMPMUT
RURREOCUCRCUPUCMPCEUCCEUUEPUMPTCCE
URCUUCPURCTPEUUMMUUUCCMMTUCRCRMRPO
UCUCUPCMPCUCTPMMUPUCUMUMCUTPPMEUUU
PUPCUUUUCMPUEMCUPCCRPPRUUMCCUCUPCP
CPCCUUUCURCCPURCUTURECRUUCMTCCCMUC
CPPPCMUCCUUUUUMMPUCRCUECCTPCPMEECM
UUCCCUUMCPCCCUUCUPCUPUTCMMCUMMMUMM
PUMMPTRMMPPPMRUUUCUURETUCPECRPURUR
CCCTPPMTPUPMPPMRMURPUPUUUUUEPUCMPR

392   SIMON SINGH

P P C C R O U U E C T U P C U P C C U U C P C P C M U E C M U T U U
P C U U T P P P C M M U P C C R U C E R T U C T E C M C U U E C R P
U M C U T C U E C C U P C U C C P U R P M M T U T P P O C U R C P C
P P M C M C C C P U P P M R U T E R M O T U M U U E M R C U U T P U
P P T T T M U O T T E R P R E T T R M T E M T E U U T T R P T T C U
T M T U P M R E U P M U E U U U U P T E T C P U C E E C T E R M M
T M O T M P M E T R P E R O P E M E M M P R P T R U P T U O E U M P
P U R M U U E M M M P U C P U M U T M P E U U O P P U O M P T O T R
R M T P C P P P R E P E E R M R E M U T P O U E M P P E E R R M T R
T O M E P T E M U E P R T U R O O T O M U P P E R O T T P T T M P P
T P C U U U M T T U R E O P M T R E T T M E E U U O P M E R M P E T
E E R M U T T M M P E P O E T M E T E R U U O O R M E M M T R U U R
U O P R U P R P P U U U E E E T T T T P E U R E R R P U E T R U U E
O O O U E T E U U M U T U R U T R U U T O P O T U P M U R U U E R U
U U P U O O T T T P M E U E R T M O U M T P P P E O M T T U U U O E
U U E T U U E T U R P U M T M M E R R U U E T O T P T T T R P T M P
E E M T M E U U P O E T T P P P R U T E E C O U M E U U T T R T T T
R T T R T T M E P P T R T P O U T R T T O P E C R T P U T T C E M P
T O M R E T T T R E U C O T O T R P R U R P T U T E U U E P M E O T
M M U U U R R E T M O U M M P C P E T P T P R M T U P U E T E T E E
M C C T E R U R O E E P R R R R T P T U U M T P E E M C U O U U R E
C T U P P R T P P M T M U M C T T T P R R E O U T P E R U T M P U R
R U T U M O T T E E T M T R M R T O M T R R R T O P T T E R U O O M
U T P R M M P R P U E T M E U T T M P P R T P T P T T U U M R T E T
T R R O T U R U T R U U C M R C M T O C R U T P O T T P T M T E O R
R M R U E U R R T T O U R U P T U E C T E O T M T P R T P U M M R E
E E P O R P U R P R U M E M O T T R O P R U E T T U E T R O M T O U
E O P U T M T U R P T P R R T M O R E T C T M T M U E T T M R T T E
O R P C P P M M U M T T O U M T E U U R T R T R M E M U U T M T U T
R E T P M T P P M M

Estágio 8

Umkehr-walze			Walze 3			Walze 2			Walze 1		Steckerbrett		Tastatur
Y	A		B	A		E	A		A	A			A
R	B		D	B		K	B		J	B			B
U	C		F	C		M	C		D	C			C
H	D		H	D		F	D		K	D			D
Q	E		J	E		L	E		S	E			E
S	F		L	F		G	F		I	F			F
L	G		C	G		D	G		R	G			G
D	H		P	H		Q	H		U	H			H
P	I		R	I		V	I		X	I			I
X	J		T	J		Z	J		B	J			J
N	K	←	X	K	←	N	K	←	L	K	←	←	K
G	L		V	L		T	L		H	L			L
O	M		Z	M		O	M		W	M		?	M
K	N	→	N	N	→	W	N	→	T	N	→	→	N
M	O		Y	O		Y	O		M	O			O
I	P		E	P		H	P		C	P			P
E	Q		I	Q		X	Q		Q	Q			Q
B	R		W	R		U	R		G	R			R
F	S		G	S		S	S		Z	S			S
Z	T		A	T		P	T		N	T			T
C	U		K	U		A	U		P	U			U
W	V		M	V		I	V		Y	V			V
V	W		U	W		B	W		F	W			W
J	X		S	X		R	X		V	X			X
A	Y		Q	Y		C	Y		O	Y			Y
T	Z		O	Z		J	Z		E	Z			Z

K J Q P W C A I S R X W Q M A S E U P F O C Z O Q Z V G Z G W W
K Y E Z V T E M T P Z H V N O T K Z H R C C F Q L V R P C C W L
W P U Y O N F H O G D D M O J X G G B H W W U X N J E Z A X F U
M E Y S E C S M A Z F X N N A S S Z G W R B D D M A P G M R W T
G X X Z A X L B X C P H Z B O U Y V R R V F D K H X M Q O G Y L
Y Y C U W Q B T A D R L B O Z K Y X Q P W U U A F M I Z T C E A
X B C R E D H Z J D O P S Q T N L I H I Q H N M J Z U H S M V A
H H Q J L I J R R X Q Z N F K H U I I N Z P M P A F L H Y O N M
R M D A D F O X T Y O P E W E J G E C A H P Y F V M C I X A Q D
Y I A G Z X L D T F J W J Q Z M G B S N E R M I P C K P O V L T
H Z O T U X Q L R S R Z N Q L D H X H L G H Y D N Z K V B F D M
X R Z B R O M D P R U X H M F S H J

Schlüssel

```
0716150413020110
```

Schriftzeichen

```
comece 644 DEBUGGER.BIN
(-&>`_EU-_/$`
`

fim
```

O LIVRO DOS CÓDIGOS

395

Estágio 9

comece 600 text.d

```
MM5P7)_8F_,H[JOF1C//L/W+)%QSK*Q37CJ-N  'W[_;CQSTW'UYOS2,\LQVGO
M@1&HY^1MHYI\>2P'F:6Y*E%X4A&$2'=L28$$..9["-ZIGA_VP(GIPK[CW3^L
M55+6OD^&=FS61(L96YG>  '59*1Q^)/C?$1/C&9PN35-HP;.>V8_/P(.:+R(
M61]'NG^UF:,#57MMQSKN[N7M>1NE;2(!RUA495Q16!;Q<*("[C*"A"@%A+=S
M8AR45+G$-#8A?29V_.6%7*6D$J_G4JX'JM^1? K@._#(B/N7-<YNU;/,JF8C
M6LD[90MVJ2'I*.G@>9U%!E(33!S^K# N7JH_Y5RYE&=J@S!>^<C3Y=PD%-RP
M9&++^"JLPOK%T)-5KI>IUA"W;7;&D(D-2/U'$3\C7 ?]B* 3*C/Y!%U >&V6
M%W85NJ:JPO(>#C1)CFEL&^H3YKK2.59XJVD??\MX+  [S?3X_F^/*1$NGH$B&
MI$L2-C'E/@OD*&5;6+P+G1S D49AO=#9\C!4D$/F;C(H#MX:\%G[K[OR+2RG
M@@@SCSVG!A5%FEV!=$YD"V.2T06@>C-&)3H<:Y9BUR=V#S_>\:S8GZ.*A"$!T
MZOE=/4QWLLB<[:.K8T TZ@C9_,( #D:/G4)P2>,S?%9: Q]MVO;?F9;F1VP'@
M=!!!XCI_M>2?F='  ;20):%Y61[.! -W8%7M3BUX/&!!!!-E@A7C\(>5SXESA$$LZ
MF*\_U//JGV"KKHE259927962%P-9J!*J@ DPJF]M2/>DXHA?JT"^2C7;_-9B;
MBM'CCTYUR#DOA7.J4ZW8=+3(9O>#4A+^!!=4IV_6A!(PNGZ:T$O)659KNS=>
MN"???$O?W
MN"?"?L2E"?PEL"?"?PEL$$3+LH%KSI$-PO>$$ ")
```

fim

Estágio 10

mensagem mais curta:

10052 30973 22295 13534 12990 66921 15454 81904 58209 26472 18119
11542 99190 01294 87266 20201 55809 80932 92390 96710 64341 91354
27685 27572 48495 78859 80627 33369 29356 36094 85523

mensagem mais longa:

comece 600 text.d

```
M.4#)>S I:R!!4)NA+\%T%V/(AW!7HHDPS$;T[\E!RWA?,J8:X#D[!:XF,A>K
MXT9$Q)37\IOMG6KL-$6?A!#FZ2Y)N+4%*.^2K!SP?Z2'8O7LZ]QP \T=QG-*
MAMJA;Q@3H[8^U/L<ILL%TA0J9M*F@8F?H:76%<33JOESAP=@3:(\:8NBGFM0
M,MP3B^CP%/D8DICZ$VO(7IS(DTJRZ&#Y- 7I\-#VI0">J@+O!CT.+6B9K$J%
4:EAB9%1#;(P+I>1!#<+2+;(7.W<
```

fim

Apêndices

Apêndice A

· · · · · · · · · · · · · · ·

O parágrafo de abertura de *A Void* de Georges Perec
traduzido por Gilbert Adair

Today, by radio, and also on giant hoardings, a rabbi, an admiral notorious for his links to masonry, a trio of cardinals, a trio, too, of insignificant politicians (bought and paid for by a rich and corrupt Anglo-Canadian banking corporation), inform us all of how our country risks dying of starvation. A rumour, that's my initial thought as I switch off my radio, a rumour or possibly a hoax. Propaganda, I murmur anxiously — as though, just by saying so, I might allay my doubts — typical politicians's propaganda. But public opinion gradually absorbs it as a fact. Individuals start strutting around with stout clubs. "Food, glorious food!" is a common cry (occasionally sung to Bart's music), with ordinary hard-working folk harassing officials, both local and national, and cursing capitalists and captains of industry. Cops shrink from going out on night shift. In Mâcom a mob storms a municipal building. In Rocadamour ruffians rob a hangar full os foodstuffs, pillaging tons of tuna fish, milk and cocoa, as also a vast quantity of corn — all of it, alas, totally unfit for humam consumption. Without fuss or ado, and naturally without any sort of trial, an indignant crowd hangs 26 solicitors on a hastily built scaffold in front of Nancy's law courts (this Nancy is a town, not a woman) and ransacks a local journal, a disgusting right-wing rag that is siding against it. Up and down this land of ours looting has brought docks, shops and farms to a virtual standstill.

"Hoje, através do rádio e também em gigantescos comícios um rabino, um almirante notório por suas ligações com a maçonaria, um trio de cardeais, e também um trio de políticos insignificantes (comprados e pagos por uma rica e corrupta corporação bancária anglo-canadense) nos informam sobre como o nosso país corre o risco de morrer de inanição. Um boato, este é o meu pensamento inicial quando desligo o rádio, um boato ou possivelmente uma brincadeira. Propaganda, eu murmuro ansiosamente — como se apenas dizendo isso eu possa afastar minhas dúvidas — típica propaganda dos políticos. Mas a opinião pública gradualmente a absorve como um fato. Indivíduos começam a andar com porretes. "Comida, gloriosa comida!" é um grito comum (ocasionalmente recitado ao som da música de Bart). Gente comum e trabalhadora persegue as autoridades, locais e nacionais, amaldiçoando os capitalistas e os capitães da indústria. Os policiais temem fazer a ronda noturna. Em Mâcon uma multidão invade o prédio municipal. Em Rocadamour, desordeiros saqueiam um hangar cheio de alimentos, roubando toneladas de atum, leite e coco, assim como uma grande quantidade de milho — tudo, aliás, totalmente impróprio para consumo humano. Sem alarde ou confusão, e naturalmente sem qualquer tipo de julgamento, uma multidão indignada enforca 26 advogados num andaime, rapidamente construído, em frente da corte de justiça de Nancy (esta Nancy é uma cidade, não uma mulher) e empastela um jornal local, um desagradável pasquim de direita que se colocou contra ela. Ao norte e ao sul deste nosso país os saques virtualmente paralisaram as docas, o comércio e as fazendas."

Publicado primeiramente na França como *La Disparition* por Editions Denöel, em 1969, e na Grã-Bretanha por Harvill em 1994. Copyright de Editions Denöel 1969; e na tradução inglesa copyright 1994 de Harvill. Reproduzido com permissão de Harvill Press.

Apêndice B

· · · · · · · · · · · · · · ·

Algumas dicas elementares para a Análise de Freqüência

(1) Comece contando a freqüência de todas as letras do texto cifrado. Cerca de cinco dessas letras deverão ter uma freqüência de menos de 1 por cento, e elas, provavelmente, representarão **j**, **k**, **q**, **x** e **z**. Uma das letras deverá ter uma freqüência maior do que 10 por cento, e esta, provavelmente, representa o **e**. Se o texto cifrado não obedece a esta distribuição de freqüência, então considere a possibilidade de que a mensagem original não tenha sido escrita em inglês. Você poderá identificar o idioma analisando a distribuição de freqüência no texto cifrado. Por exemplo, tipicamente, no italiano, existirão três letras com uma freqüência maior do que 10 por cento e nove letras com uma freqüência menor do que 1 por cento. No alemão, a letra **e** tem a freqüência extraordinariamente alta de 19 por cento, assim, qualquer texto cifrado contendo uma letra com uma freqüência tão alta é, muito provavelmente, escrito em alemão. Uma vez que você tenha identificado o idioma, deverá usar a tabela de freqüências adequada para aquela linguagem em sua análise. É possível decifrar textos cifrados de um idioma pouco familiar, desde que se tenha a tabela de freqüências apropriada.

(2) Se a correlação for correspondente ao inglês, mas o texto original não se revela imediatamente, o que acontece com freqüência, então volte sua atenção para os pares de letras repetidas. No inglês as letras repetidas mais comuns são **ss**, **ee**, **tt**, **ff**, **ll**, **mm** e **oo**. Se o texto cifrado contiver letras repetidas, você pode presumir que representam algumas dessas duplas.

SIMON SINGH

(3) Se o texto cifrado contiver espaços entre as palavras, então tente identificar as palavras contendo apenas uma, duas ou três letras. As únicas palavras de uma letra só no inglês são o **a** e o **l**. As palavras de duas letras mais comuns são **of, to, in, it, is, be, as, at, so, we, he, by, or, on, do, if, me, my, up, an, go, no, us, am**. As palavras de três letras mais comuns são **the** e **and**.

(4) Se possível, prepare uma tabela de freqüências para a mensagem que você está tentando decifrar. Por exemplo, mensagens militares tendem a omitir pronomes e artigos e a perda de palavras como **l, he, a** e **the** irá reduzir a freqüência de algumas das letras mais comuns. Se você sabe que está lidando com uma mensagem militar, então deve usar uma tabela de freqüências produzida a partir de outras mensagens militares.

(5) Uma das habilidades mais úteis para um criptoanalista é a capacidade de identificar palavras, ou mesmo frases inteiras, baseado na experiências ou em puro palpite. Al-Khalil, um dos primeiros criptoanalistas árabes, demonstrou seu talento quando decifrou um texto cifrado grego. Ele supôs que o texto começasse com a saudação "Em nome de Deus". Tendo estabelecido qual o correspondente a essas letras, naquela seção específica do texto cifrado, ele pode usá-la como uma ferramenta para abrir o resto do texto. Isso se chama cola.

(6) Em algumas ocasiões a letra mais comum no texto cifrado pode ser o **E**, a segunda mais comum o **T**, e assim por diante. Em outras palavras, a freqüência das letras no texto cifrado já corresponde àquela da tabela de freqüências. O **E** no texto cifrado parece ser um genuíno **e** e o mesmo parece ser verdade para todas as outras letras, e no entanto o texto cifrado não faz sentido. Neste caso você não está enfrentando uma cifra de substituição, e sim uma cifra de transposição. Todas as letras representam elas mesmas, mas se encontram nas posições erradas.

Cryptanalysis por Helen Fouché Gaines (Dover) é um bom texto introdutório. Além de dar dicas, ele também contém tabelas de freqüência de letras em diferentes idiomas e fornece uma lista das palavras mais comuns no inglês.

Apêndice C

. . . .

O código da Bíblia

Em 1997 o livro *The Bible Code* (O código da Bíblia), de Michael Drosnin, ganhou as manchetes ao redor do mundo. Drosnin afirmava que a Bíblia continha mensagens ocultas que poderiam ser descobertas se procurássemos por seqüências de letras eqüidistantes (EDLSs). Uma EDLS é encontrada quando se pega qualquer texto, escolhe-se uma letra para começar e então saltamos adiante um número escolhido de letras de cada vez. Por exemplo, neste parágrafo nós poderíamos começar com o "M" de Michael e pular, digamos, cinco espaços de cada vez. Se anotássemos cada quinta letra geraríamos a EDLS **mesaac...**

Embora esta EDLS em especial não forme nenhuma palavra, Drosnin descreveu a descoberta de um espantoso número de EDLSs bíblicas que não só formavam palavras, mas resultavam em frases completas. De acordo com Drosnin, essas frases são previsões bíblicas. Por exemplo, ele afirma ter encontrado referências aos assassinatos de John F. Kennedy, Robert Kennedy e Anwar Sadat. Em uma EDLS, o nome de Newton é mencionado ao lado da gravidade, e em outra Edison é associado à lâmpada elétrica. Embora o livro de Drosnin seja baseado num trabalho publicado por Doron Witzum, Eliyahu Rips e Yoav Rosemberg, é muito mais ambicioso em suas afirmações e atraiu muitas críticas. A principal causa de preocupação é que o texto a ser estudado é enorme: em um texto suficientemente grande, não surpreende que ao variar ambos, o ponto de partida e o tamanho do salto, frases dotadas de sentido possam aparecer.

Brendan McKay, da Universidade Nacional Australiana, tentou demonstrar a fraqueza da abordagem de Drosnin buscando EDLSs em *Moby Dick* e descobriu treze declarações relacionando os assassinatos de pessoas famosas, incluindo Trotski, Ghandi e Robert Kennedy. Além disso, os textos hebraicos são particularmente ricos em EDLSs por serem, em grande parte, destituídos de vogais. Isto significa que os intérpretes podem inserir as vogais onde quiserem, o que torna fácil extrair previsões.

Apêndice D

A cifra do chiqueiro

A cifra de substituição monoalfabética persistiu através dos séculos em várias formas. Por exemplo, a cifra do chiqueiro foi usada pelos maçons livres nos anos de 1700 para manter seus registros em segredo e ainda é usada hoje por estudantes. A cifra não substitui uma letra por outra, e sim substitui cada letra por um símbolo de acordo com o seguinte padrão:

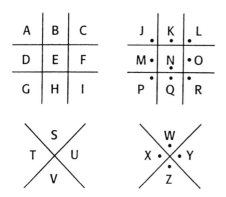

Para cifrar uma letra determinada, encontre a sua posição em uma das quatro grades e em seguida desenhe a porção da grade que representa aquela letra. Daí que:

a = ⌐

b = ⊔

⋮

⋮

z = △

Se você conhece a chave, a cifra do chiqueiro é decifrada facilmente. Se não, ela é facilmente quebrada por:

Apêndice E

A cifra Playfair

A cifra Playfair foi popularizada por Lyon Playfair, primeiro barão Playfair de St. Andrews, mas foi inventada por Sir Charles Wheatstone, um dos pioneiros do telégrafo elétrico. Os dois homens moravam perto um do outro, em lados opostos da ponte Hammersmith, e freqüentemente se encontravam para trocar idéias sobre criptografia.

A cifra substitui cada par de letras no texto original por outro par de letras. De modo a cifrar e transmitir uma mensagem, o emissor e o receptor primeiro precisam escolher uma palavra-chave. Por exemplo, nós podemos usar o próprio nome de Wheatstone, **CHARLES**, como palavra-chave. Em seguida, antes da cifragem, as letras do alfabeto são escritas em um quadrado 5 x 5, começando com a palavra-chave e combinando as letras I e J num único elemento:

```
C  H   A  R  L
E  S   B  D  F
G  I/J K  M  N
O  P   Q  T  U
V  W   X  Y  Z
```

Em seguida a mensagem é quebrada em pares de letras, ou dígrafos. As duas letras em qualquer dígrafo devem ser diferentes, o que se consegue, no exemplo seguinte, inserindo-se um **x** extra entre o **m** duplo em **hammersmith** e um **x** adicional é acrescentado no final para criar um dígrafo a partir da única letra no fim:

Texto original	meet me at hammersmith bridge tonight
Texto original em dígrafos	me-et-me-at-ha-mx-me-rs-mi-th-br-id-ge-to-ni-gh-tx

A cifragem pode começar agora. Todos os dígrafos se enquadram em uma entre três categorias — ambas as letras estão na mesma fileira, na mesma coluna ou em nenhum desses dois casos. Se ambas as letras estão na mesma fileira, elas podem ser substituídas pela letra imediatamente à direita de cada uma, assim, **mi** se transforma em **NK**. Se uma das letras encontra-se no final da linha, ela será substituída pela letra no começo; assim **ni** torna-se **GK**. Se ambas as letras estão na mesma coluna, elas serão substituídas pela letra imediatamente abaixo de cada uma; assim, **ge** se torna **OG**. Se uma das letras estiver no fundo de uma coluna, ela será substituída pela letra no topo; assim **ve** vira **CG**.

Se as letras no dígrafo não estiverem nem na mesma fileira nem na mesma coluna, a cifragem segue uma regra diferente. Para cifrar a primeira letra, olhe ao longo de sua fileira até você chegar na coluna contendo a segunda letra; a letra nesta interseção substitui a primeira letra. Para cifrar a segunda letra, olhe ao longo de sua fileira até chegar à coluna contendo a primeira letra: a letra nesta interseção substitui a segunda letra. Daí **me** vira **GD**, e **et** se transforma em **DO**. A cifragem completa é:

Texto original em dígrafos	me	et	me	at	ha	mx	me	rs	mi	th	br	id	ge	to	ni	gh	tx
Texto cifrado	GD	DO	GD	RQ	AR	KY	GD	HD	NK	PR	DA	MS	OG	UP	GK	IC	QY

O destinatário, que também conhece a chave, pode facilmente decifrar o texto simplesmente revertendo o processo: por exemplo, as letras cifradas na mesma fileira são decifradas substituindo-as pelas letras à esquerda de cada uma.

Além de ser um cientista, Playfair foi também um homem público notável (vice-presidente da Câmara dos Comuns, diretor dos correios e comissário da

O LIVRO DOS CÓDIGOS

saúde pública, onde ajudou a desenvolver a base moderna para o serviço sanitário). Ele estava determinado a promover a idéia de Wheatstone entre as altas figuras do governo. Ele falou a respeito pela primeira vez durante um jantar, em 1854, diante do príncipe Albert e do futuro primeiro-ministro lorde Palmerston. Mais tarde ele apresentou Wheatstone ao subsecretário do Ministério das Relações Exteriores. Infelizmente o subsecretário queixou-se de que o sistema era demasiado complicado para ser usado em condições de combate. Wheatstone afirmou que poderia ensinar o método aos meninos da escola primária mais próxima em apenas 15 minutos. "É bem possível", respondeu o subsecretário, "mas nunca conseguiria ensiná-lo aos diplomatas."

Playfair insistiu e posteriormente o Ministério da Guerra Britânico adotou a técnica secretamente, provavelmente usando-a, pela primeira vez, na Guerra dos Bôeres. Embora se mostrasse eficiente durante algum tempo, a cifra Playfair estava longe de ser invencível. Ela podia ser atacada procurando-se os dígrafos mais freqüentes no texto cifrado e presumindo-se que eles representam os dígrafos mais comuns do inglês: **th, he, an, in, er, re, es.**

Apêndice F

. . . .

A cifra ADFGVX

A cifra ADFGVX inclui ao mesmo tempo a substituição e a transposição. A cifragem começa desenhando-se uma grade de 6 x 6 e enchendo-a com 36 quadrados onde colocamos um arranjo aleatório de 26 letras e 10 dígitos. Cada fileira e coluna da grade é identificada por uma das seis letras, A, D, F, G, V ou X. O arranjo dos elementos na grade atua como parte da chave, assim o destinatário precisa saber detalhes da grade de modo a decifrar as mensagens.

	A	D	F	G	V	X
A	8	p	3	d	1	n
D	l	t	4	o	a	h
F	7	k	b	c	5	z
G	j	u	6	w	g	m
V	x	s	v	i	r	2
X	9	e	y	0	f	q

O primeiro estágio da cifragem é pegar cada letra da mensagem, localizar sua posição na grade e substituí-la pelas letras que rotulam sua fileira e coluna. Por exemplo, **8** será substituído por **AA**, e **p** será substituído por **AD**. Aqui está uma mensagem curta cifrada de acordo com este sistema:

O LIVRO DOS CÓDIGOS

411

Mensagem	**attack at 10 pm**										
Texto original	**a**	**t**	**t**	**a**	**c**	**k**	**a**	**t**	**1**	**0**	**p**	**m**

Estágio 1 Texto cifrado **DV DD DD DV FG FD DV DD AV XG AD GX**

Até agora temos uma cifra de substituição monoalfabética e a análise de freqüência seria suficiente para quebrá-la. Contudo, o segundo estágio da ADFGVX é uma transposição, que torna a criptoanálise muito mais difícil. A transposição depende de uma palavra-chave, que nesse caso é a palavra inglesa **MARK** e que deve ser do conhecimento do destinatário. A transposição é feita de acordo com a seguinte receita: primeiro, as letras da palavra-chave são escritas na linha do topo de uma nova grade. Em seguida, o texto cifrado do estágio um é escrito embaixo, em uma série de linhas, como mostrado a seguir. As colunas da grade são então rearrumadas de modo que as letras da palavra-chave fiquem em ordem alfabética. O texto cifrado final é conseguido seguindo-se cada coluna e então escrevendo as letras nesta nova ordem.

M	**A**	**R**	**K**
D	V	D	D
D	D	D	V
F	G	F	D
D	V	D	D
A	V	X	G
A	D	G	X

Rearrume as colunas de modo que as letras da palavra-chave fiquem em ordem alfabética →

A	**K**	**M**	**R**
V	D	D	D
D	V	D	D
G	D	F	F
V	D	D	D
V	G	A	X
D	X	A	G

Texto cifrado final **V D G V V D D V D D G X D D F D A A D D F D X G**

O texto cifrado final seria então transmitido em código Morse, e o receptor reverteria o processo de cifragem de modo a recuperar o texto original. Todo o texto cifrado é formado por apenas seis letras (**A, D, F, G, V, X**), porque estes são os rótulos das fileiras e colunas da grade original 6 x 6. As pessoas freqüentemente se perguntam por que essas letras foram escolhidas, no lugar de, digamos A, B, C, D, E e F. A resposta é que A, D, F, G, V e X são muito diferentes uma da outra quando traduzidas para os pontos e traços do código Morse, e isto minimiza o risco de erros durante a transmissão.

Apêndice G

A fraqueza de se reciclar o bloco de uma única vez

Pelos motivos explicados no Capítulo 3, textos cifrados de acordo com a cifra do bloco de uma única vez são indecifráveis. Entretanto, esta invencibilidade depende de que cada bloco de uma única vez seja usado realmente apenas uma vez. Se interceptássemos dois textos cifrados distintos, que foram cifrados com o mesmo bloco de uma única vez, nós poderíamos decifrá-los da seguinte maneira.

Provavelmente estaríamos corretos ao presumir que o primeiro texto cifrado contém a palavra **the** em algum lugar. Assim, a criptoanálise começa presumindo-se que toda a mensagem consiste em uma série de **the**'s. Em seguida nós montamos o bloco de uma única vez que seria necessário para transformar toda a série de **the**'s no primeiro texto cifrado. Esta torna-se a nossa primeira suposição em relação ao bloco de uma única vez. Como vamos saber em que partes desse bloco nós acertamos?

Nós podemos aplicar nosso suposto primeiro bloco ao segundo texto cifrado, e ver se o texto resultante faz algum sentido. Se tivermos sorte, seremos capazes de discernir alguns fragmentos de palavras no segundo texto, indicando que as partes correspondentes ao bloco de uma única vez estão corretas. Isto, por sua vez, nos mostra que partes da primeira mensagem devem ser o **the**.

Expandindo os fragmentos que encontramos no segundo texto, nós podemos descobrir mais elementos do bloco de uma única vez e, a partir dele, deduzir novos fragmentos do primeiro texto. Então expandimos esses fragmentos no primeiro texto e conseguiremos descobrir mais elementos do bloco de uma única vez que permitirão deduzir novos fragmentos do segundo texto. Podemos continuar com este processo até termos decifrado ambos os textos.

É um processo muito semelhante à decifragem de uma mensagem cifrada na cifra de Vigenère usando uma chave que consiste em uma série de palavras, tais como no exemplo do Capítulo 3, onde a chave era **CANADABRAZILEGYPTCUBA**.

Apêndice H

· · · · · · · · · · · · · · ·

Solução das palavras cruzadas do *Daily Telegraph*

HORIZONTAIS	VERTICAIS
1 Troupe	1 Tipstaff
4 Short cut	2 Olive oil
9 Privet	3 Pseudonym
10 Aromatic	5 Horde
12 Trend	6 Remit
13 Great deal	7 Cutter
15 Owe	8 Tackle
16 Feign	11 Agenda
17 Newark	14 Ada
22 Impale	18 Wreath
24 Guise	19 Right nail
27 Ash	20 Tinkling
28 Centre bit	21 Sennight
31 Token	23 Pie
32 Lame dogs	25 Scales
33 Racing	26 Enamel
34 Silencer	29 Rodin
35 Alight	30 Bogie

Apêndice I

· · · · · · · · · · · · · · ·

Exercícios para o leitor interessado

Algumas das maiores decifragens da história foram feitas por amadores. Por exemplo, Georg Grotefend, que fez a primeira descoberta na interpretação da escrita cuneiforme, era um professor. Para aqueles leitores que sentem a necessidade de seguir seus passos, aqui estão várias escritas que permanecem sendo um mistério. A Linear A, uma escrita minóica, desafiou todas as tentativas para decifrá-la, parcialmente devido à escassa quantidade de amostras disponíveis. A escrita etrusca não sofre desse problema, com mais de 10 mil inscrições disponíveis para estudo, mas também vem confundindo os maiores estudiosos do mundo. A escrita ibérica, outro alfabeto pré-romano, é igualmente insondável.

A mais intrigante escrita antiga da Europa parece ser o único Disco de Phaistos, descoberto no sul de Creta, em 1908. Trata-se de uma tabuleta circular cuja data fica em torno de 1700 a.C. Ela apresenta uma escrita em forma de duas espirais, uma de cada lado. Os sinais não foram feitos a mão, e sim usando-se uma variedade de tipos, o que faz deles o mais antigo exemplo de escrita a máquina. Extraordinariamente, nenhum outro documento semelhante já foi encontrado, assim a decifragem depende de muito pouca informação — existem 242 caracteres divididos em 61 grupos. Contudo trata-se de um documento produzido em massa, por isso os arqueólogos esperam, um dia, descobrir um tesouro de discos semelhantes, e assim lançar luz sobre uma escrita misteriosa.

Um dos grandes desafios, fora da Europa, é a decifragem da escrita da ci-

O LIVRO DOS CÓDIGOS

vilização hindu da Era do Bronze, que pode ser encontrada em milhares de sinetes datados do terceiro milênio a.c. Cada selo mostra um animal acompanhado de uma legenda curta, mas o significado dessas inscrições tem desafiado os especialistas. Num caso excepcional, a escrita foi encontrada em uma grande placa de madeira com letras gigantes de 37 centímetros de altura. Pode ser o mais antigo cartaz de todo o mundo. O que implica que o conhecimento da leitura não estava restrito a uma elite e levanta a questão sobre o que estava sendo anunciado. A resposta mais provável é de que fosse parte da campanha publicitária de algum rei, e se a identidade deste rei puder ser estabelecida, então o cartaz fornecerá uma pista para o resto da escrita.

Apêndice J

. . . .

A matemática da RSA

O que se segue é uma descrição matemática direta da mecânica da cifragem e decifragem RSA.

(1) Alice escolhe dois números primos gigantes, p e q. Os primos devem ser enormes, mas para simplicidade vamos dizer que Alice escolhe $p = 17$, e $q = 11$. Ela deve manter esses números em segredo.

(2) Alice multiplica os números um pelo outro para conseguir outro número, N. Neste caso $N = 187$. Ela agora escolhe outro número e. Neste exemplo, ela escolhe $e = 7$.

[e e $(p\text{-}1)$ x $(q\text{-}1)$ devem ser primos relativos, mas isto é um detalhe técnico.]

(3) Alice agora pode divulgar e e N em algo semelhante a uma lista telefônica. Como esses números são necessários para a cifragem, eles devem estar disponíveis para consulta por parte de qualquer um que deseje cifrar uma mensagem para Alice. Juntos, esses números são chamados de chave pública. (Além de ser parte da chave pública de Alice, o e também pode ser parte da chave pública de todos. Contudo, cada pessoa deve ter um valor diferente de N, que vai depender de sua escolha de p e q.)

(4) Para cifrar uma mensagem, ela primeiro precisa ser convertida em um número, M. Por exemplo, uma palavra é convertida em dígitos binários

O LIVRO DOS CODIGOS   419

ASCII e os dígitos binários podem ser considerados como um número decimal. M é então cifrado para produzir o texto cifrado C, de acordo com a fórmula.

$$C = M^e \ (\text{mod } N)$$

(5) Imagine que Bob quer enviar um simples beijo para Alice: apenas a letra X. No ASCII isto é representado por 1011000, que equivale a 88 em decimais. Assim, $M = 88$.

(6) Para cifrar sua mensagem, Bob começa procurando a chave pública de Alice e descobre que $N = 187$ e $e = 7$. Isto lhe dá a fórmula de cifragem necessária para codificar as mensagens para Alice. Com $M = 88$, a fórmula dá

$$C = 88^7 \ (\text{mod } 187)$$

(7) Calcular isso diretamente numa calculadora não é simples, porque o mostrador não pode exibir números tão grandes. Entretanto, existe um truque hábil para se calcular exponenciais em aritmética modular. Nós sabemos que, uma vez que $7 = 4 + 2 + 1$,

$$88^7 \ (\text{mod } 187) = [88^4 \ (\text{mod } 187) \times 88^2 \ (\text{mod } 187) \times 88^1 \ (\text{mod } 187)] \ (\text{mod } 187)$$

$$88^1 = 88 = 88 \ (\text{mod } 187)$$

$$88^2 = 7{,}744 = 77 \ (\text{mod } 187)$$

$$88^4 = 59{,}969{,}536 = 132 \ (\text{mod } 187)$$

$$88^7 = 88^1 \times 88^2 \times 88^4 = 88 \times 77 \times 132 = 894{,}432 = 11 \ (\text{mod } 187)$$

Bob agora envia a texto cifrado, $C=11$, para Alice

(8) Nós sabemos que exponenciais em aritmética modular são funções de mão única, de modo que é muito difícil calcular a partir de $C = 11$ para recuperar a mensagem original, M. Eva não pode decifrar a mensagem.

420   SIMON SINGH

(9) Entretanto, Alice pode decifrar a mensagem porque ela tem uma informação especial: ela conhece os valores de p e q. Ela calcula um número
especial, d, a chave de decifragem, conhecida também como chave particular. O número d é calculado de acordo com a seguinte fórmula:

$e \times d = 1 \pmod{(p\text{-}1) \times (q\text{-}1)}$

$7 \times d = 1 \pmod{16 \times 10}$

$7 \times d = 1 \pmod{160}$

$d = 23$

(Deduzir o valor de d não é um cálculo direto, mas existe uma técnica
conhecida como algoritmo de Euclides que permite a Alice encontrar o d
de modo rápido e fácil.)

(10) Para decifrar a mensagem, Alice simplesmente usa a seguinte fórmula:

$M = C^d \pmod{187}$

$M = 11^{23} \pmod{187}$

$M = [11^1 \pmod{187} \times 11^2 \pmod{187} \times 11^4 \pmod{187} \times 11^{16} \pmod{187}] \pmod{187}$

$M = 11 \times 121 \times 55 \times 154 \pmod{187}$

$M = 88 = X$ in ASCII.

Rivest, Shamir e Adleman criaram uma função de mão única especial, que pode
ser revertida somente por alguém com acesso a informação privilegiada, ou
seja, os valores de p e q. Cada função pode ser personalizada pela escolha de p
e q, que multiplicados um pelo outro darão o valor de N. A função permite
que qualquer um cifre mensagens para uma pessoa em especial, usando o valor de N que aquela pessoa escolheu, mas somente o destinatário poderá decifrar a mensagem porque o destinatário é a única pessoa que conhece p e q, e
portanto é a única pessoa que conhece a chave de decifragem, d.

Glossário

· · · · · · · · · · · · · · ·

Agência de Segurança Nacional (NSA — National Security Agency) — Ramo do Departamento de Defesa dos Estados Unidos responsável por garantir a segurança das comunicações americanas e pela escuta das comunicações dos outros países.

alfabeto cifrado — É o novo arranjo do alfabeto comum que determina como cada letra da mensagem original será cifrada. O alfabeto cifrado pode consistir em números ou em quaisquer outros caracteres, mas em todos os casos ele governa a substituição das letras na mensagem original.

algoritmo de cifragem — Qualquer processo geral de cifragem que pode ser especificado, exatamente, pela escolha de uma chave.

ASCII — Sigla de American Standard Code for Information Interchange, Código Padrão Americano para Troca de Informações, um padrão para transformar caracteres alfabéticos, ou de outros tipos, em números.

assinatura digital — Um método para provar a autoria de um documento eletrônico. Freqüentemente é gerado pelo autor cifrando o documento com sua chave pública.

bloco de uma única vez — É a única forma conhecida de cifra que é inquebrável. Ela depende de uma chave aleatória, que tem o mesmo comprimento da mensagem. Cada chave só pode ser usada uma única vez.

chave — É o elemento que transforma o algoritmo de cifragem geral num método específico de cifragem. De um modo geral, o inimigo pode saber qual é o algoritmo de cifragem sendo usado pelo remetente e o destinatário da mensagem, mas ele não pode conhecer a chave.

chave de depósito — Um esquema no qual os usuários entregam cópias de suas chaves secretas para uma terceira pessoa, confiável, o agente de depósito, que entregará essas chaves aos agentes da lei somente sob certas circunstâncias, como por exemplo, sob ordem judicial.

chave particular — Chave usada pelo receptor para decifrar uma mensagem num sistema de criptografia de chave pública. A chave particular deve ser mantida em segredo.

chave pública — É a chave usada pelo remetente da mensagem para cifrá-la em um sistema de criptografia de chave pública. A chave pública está disponível para consulta pelo público.

Cifra — Qualquer sistema em geral para esconder o significado de uma mensagem substituindo cada letra da mensagem original por outra letra. O sistema deve ter alguma flexibilidade embutida, conhecida como chave.

cifra de substituição — É um sistema de cifragem no qual cada letra da mensagem é substituída por outro caractere, mas retém sua posição dentro da mensagem.

cifra de substituição de César — Originalmente foi uma cifra na qual cada letra da mensagem era substituída por uma letra três casas à frente no alfabeto. De forma mais geral, é uma cifra na qual cada letra da mensagem é substituída por uma letra x casas adiante no alfabeto, onde x é um número entre 1 e 25.

cifra de substituição homofônica — Uma cifra onde existem várias substituições em potencial para cada letra do texto original. Se existirem, digamos, seis substituições em potencial para a letra **a**, então esses seis caracteres só podem representar a letra **a**. É um tipo de cifra de substituição monoalfabética.

cifra de substituição monoalfabética — É uma cifra de substituição na qual o alfabeto cifrado permanece fixo durante toda a cifragem.

cifra de substituição polialfabética — Uma cifra de substituição na qual o alfabeto cifrado muda durante a cifragem, como, por exemplo, na cifra de Vigenère. A mudança é definida por uma chave.

cifra de transposição — Sistema de cifragem no qual cada letra de uma mensagem muda sua posição dentro do texto, mas retém sua identidade.

cifra de Vigenerè — Cifra polialfabética desenvolvida em torno de 1500. O quadrado de Vigenère contém 26 alfabetos cifrados distintos, cada um deles um alfabeto de substituição de César, e uma chave que define qual alfabeto cifrado deve ser usado para cifrar cada letra da mensagem.

cifrar — Transformar a mensagem original em uma mensagem cifrada.

codificar — Transformar a mensagem original em uma mensagem codificada.

código — Um sistema para se esconder o significado de uma mensagem atra-

O LIVRO DOS CÓDIGOS 423

vés da substituição de cada palavra ou frase da mensagem original por outro caractere ou conjunto de caracteres. A lista de substituições fica contida no livro de códigos (uma definição alternativa é a de que um código é qualquer forma de cifragem que não tem uma flexibilidade embutida, ou seja, existe apenas uma chave, o livro de códigos).

comprimento de chave — A cifragem por computador envolve chaves que são números. O comprimento de chave refere-se ao número de dígitos, ou de bits, na chave, e assim, indica o maior número que pode ser usado como chave, definindo, portanto, o número de chaves possíveis. Quanto mais longo for o comprimento (ou maior o número de chaves possíveis), mais tempo o criptoanalista levará para testar todas as chaves.

computador quântico — Um computador imensamente poderoso que utiliza a teoria quântica, em particular a teoria de que um objeto pode estar em muitos estados ao mesmo tempo (superposição), ou a teoria de que um objeto pode se encontrar em muitos universos ao mesmo tempo. Se os cientistas puderem construir um computador quântico em uma escala razoável, isso colocaria em risco a segurança de todas as cifras atuais, exceto a cifra do bloco de uma única vez.

criptoanálise — É a ciência da dedução do texto original a partir do texto cifrado, sem o conhecimento da chave.

criptografia — É a ciência da cifragem de mensagens, ou a ciência de esconder o significado de uma mensagem. Às vezes o termo é usado de um modo geral para significar a ciência de qualquer coisa ligada a cifras, e é um termo alternativo para criptologia.

criptografia de chave assimétrica — Uma forma de criptografia na qual a chave necessária para cifrar não é a mesma chave necessária para decifrar. Ela descreve sistemas de criptografia de chave pública como a RSA.

criptografia de chave pública — Um sistema de criptografia que elimina os problemas de distribuição de chaves. A criptografia de chave pública necessita de uma cifra assimétrica, de modo que cada usuário possa criar uma chave de cifragem pública e uma chave de decifragem particular.

criptografia de chave simétrica — Uma forma de criptografia na qual a chave necessária para a cifragem é a mesma chave que se usa para a decifragem. O termo descreve todas as formas tradicionais de cifragem, ou seja, aquelas que eram usadas antes da década de 1970.

criptografia quântica — É uma forma inquebrável de criptografia que explora a teoria quântica, em especial o princípio da incerteza — o qual declara ser impossível medir todos os aspectos de um objeto com certeza absoluta. A criptografia quântica garante a troca segura de uma série aleatória de bits, que é então usada como base para uma cifra de bloco de uma só vez.

criptologia — É a ciência da escrita secreta em todas as suas formas, cobrindo ambas, a criptografia e a criptoanálise.

decifrar — Transformar uma mensagem cifrada no texto original. Formalmente o termo se refere apenas ao destinatário previsto, que conhece a chave necessária para a obtenção do texto original, mas, informalmente, ele também se aplica ao processo de criptoanálise, no qual a decifragem é feita por um interceptador inimigo.

decodificar — Transformar uma mensagem codificada de novo na mensagem original.

decriptar — Decifrar ou decodificar.

DES — Padrão de cifragem de dados desenvolvido pela IBM e adotado em 1976.

distribuição de chaves — Processo para garantir que ambos, o remetente e o destinatário, tenham acesso à chave necessária para cifrar e decifrar a mensagem, enquanto garante que a chave não caia em mãos inimigas. A distribuição de chaves era um grande problema de segurança e logística antes da invenção da criptografia de chave pública.

encriptar — Cifrar ou codificar.

esteganografia — É a ciência de ocultar a existência de uma mensagem, em oposição à criptografia, que é a ciência de esconder o significado da mensagem.

livro de códigos — É uma lista de substitutivos de palavras ou frases da mensagem original.

Pretty Good Privacy (PGP) — Algoritmo de cifragem por computador desenvolvido por Phil Zimmermann, com base na RSA.

RSA — Primeiro sistema a preencher os requisitos da criptografia de chave pública, inventado por Ron Rivest, Adi Shamir e Leonard Adleman em 1977.

texto cifrado — É a mensagem (ou texto original) depois da cifragem.

texto original — É a mensagem antes de ser cifrada.

troca de chaves de Diffie-Hellman-Merkle — Um processo pelo qual o remetente e o destinatário podem estabelecer uma chave secreta através de uma troca pública de informações. Uma vez que a chave tenha sido estabelecida, o remetente pode usar uma cifra como a DES para cifrar a mensagem.

Agradecimentos

Enquanto escrevia este livro, eu tive o privilégio de me encontrar com alguns dos maiores quebradores e criadores de códigos contemporâneos. Desde aqueles que trabalharam em Bletchley Park até os homens que estão desenvolvendo as cifras que enriquecerão a Era da Informação. Eu quero agradecer a Whitfield Diffie e Martin Hellman, que dispuseram de tempo para descrever o seu trabalho enquanto eu estava na ensolarada Califórnia. De modo semelhante, Clifford Cocks, Malcolm Williamson e Richard Walton foram enormemente prestativos durante a minha visita à nublada Cheltenham. Em particular, eu sou grato ao Grupo de Segurança de Informações no Royal Holloway College, em Londres, que permitiu que eu fizesse o curso de segurança de informações. O professor Fred Piper, Simon Blackburn, Jonathan Tuliani e Fauzan Mirza me ensinaram lições valiosas sobre códigos e cifras.

Quando estive na Virgínia, tive a sorte de ser guiado em meu passeio pela trilha do tesouro de Beale por Peter Viemeister, um especialista naquele mistério. Além disso, o Museu do Condado de Bedford e Stephen Cowart da Associação do Tesouro e da Cifra de Beale me ajudaram a pesquisar o assunto. Também sou grato a David Deutsch e Michele Mosca do Centro Oxford para Computação Quântica, a Charles Bennett e seu grupo de pesquisa nos laboratórios Thomas J. Watson da IBM, Stephen Wiesner, Leonard Adleman, Ronald Rivest, Paul Rothemund, Jim Gillogly, Paul Leyland e Neil Barrett.

Derek Taunt, Alan Stripp e Donald Davies gentilmente me explicaram como Bletchley Park quebrou a Enigma, e eu também recebi ajuda do Memorial de Bletchley Park, cujos membros regularmente fazem palestras esclarecedoras sobre vários assuntos. O dr. Mohammed Mrayati e o dr. Ibrahim Kadi também revelaram para mim alguns dos primeiros avanços da criptoanálise árabe e foram gentis em me enviar documentos importantes. O periódico *Cryptologia* também publicou artigos sobre a criptoanálise árabe, assim como sobre muitos outros assuntos criptográficos, e eu sou grato a Brian Winkel, que me enviou números antigos da revista.

Aconselho os leitores a visitarem o Museu Criptológico Nacional perto de Washington D.C. e as Salas do Gabinete de Guerra em Londres, e espero que fiquem tão fascinados quanto eu fiquei durante minhas visitas. Agradeço aos curadores e bibliotecários desses museus por me ajudarem em minhas pesquisas. Quando fui pressionado pelo tempo, James Howard, Bindu Mathur, Pretty Sagoo, Anna Singh e Nick Shearing também me ajudaram a descobrir artigos importantes e interessantes, livros e documentos, e sou grato a eles por seus esforços. Meus agradecimentos também vão para Antony Buonomo em www.vertigo.co.uk, que me ajudou a estabelecer minha página na Internet.

Além de entrevistar os especialistas, eu também dependi de numerosos livros e artigos. A lista de leituras posteriores contém algumas de minhas fontes, mas não é nem uma bibliografia completa nem uma lista definitiva de referências. Ela meramente inclui material que pode interessar ao leitor em geral. De todos os livros que encontrei durante minha pesquisa, eu destacaria um: *The Codebrakers* de David Kahn. Um livro que documenta quase todos os episódios criptográficos da história, e é por isso um recurso inestimável.

Várias bibliotecas, instituições e indivíduos me forneceram fotografias. Todas as fontes estão enumeradas nos créditos das fotos, mas agradeço particularmente a Sally McClain por me enviar fotografias dos transmissores de códigos navajos; à professora Eva Brann, que descobriu a única foto conhecida de Alice Kober; a Joan Chadwick, por me enviar a foto de John Chadwick; a Brenda Ellis, por me emprestar fotos de James Ellis. Sou grato também a Hugh Whitemore, que me deu permissão para citar um trecho de sua peça *Breaking the Code*, baseada no livro de Andrew Hodges, *Alan Turing — The Enigma*.

No lado pessoal eu gostaria de agradecer aos amigos e à família que esteve ao meu lado durante os dois anos que passei escrevendo este livro. Neil Boynton, Dawn Dzedzy, Sonya Holbraad, Tim Johnson, Richard Singh e Andrew Thompson me ajudaram a manter minha sanidade enquanto lutava com complexos conceitos criptográficos. Em especial Bernadette Alves, que me forneceu uma rica mistura de apoio moral e crítica perspicaz. Voltando-me para o passado, eu também agradeço a todas as pessoas e instituições que moldaram minha carreira, incluindo a Escola Wellington, Imperial College e ao Grupo de Física de Altas Energias na Universidade Cambridge; a Dana Purvis na BBC, que me deu meu primeiro espaço na televisão; a Roger Highfield no *Daily Telegraph*, que me encorajou a escrever meu primeiro artigo.

Finalmente, eu tenho a tremenda boa sorte de trabalhar com alguns dos melhores profissionais da área editorial. Patrick Walsh é um agente com um amor pela ciência, uma preocupação com seus autores e um entusiasmo inesgotável. Ele me colocou em contato com os mais capazes e gentis editores, principalmente a Fourth Estate, cuja equipe suporta as minhas perguntas constantes com grande disposição. E por último, mas não menos importante, os meus editores Christopher Potter, Leo Hollis e Peternelle van Arsdale, que me ajudaram a abrir caminho por um assunto que atravessa três mil anos. Por isso lhe sou imensamente grato.

Bibliografia Recomendada

Esta lista de livros destina-se ao leitor em geral. Evitei incluir referências técnicas mais detalhadas, mas vários dos textos citados contêm bibliografias detalhadas. Por exemplo, se você quiser conhecer mais sobre a decifragem da Linear B (Capítulo 5), eu recomendo *The Decipherment of Linear B*, de John Chadwick. Contudo, se este livro não for suficientemente detalhado, então, por favor, veja a lista de referências que ele contém.

Também há muito material interessante na Internet relacionado com códigos e cifras. Por isso, além dos livros, eu enumerei algumas páginas da rede que valem a pena consultar.

Geral

Kahn, David, *The Codebreakers* (Nova York: Scribner, 1996).
Uma história das cifras em 1.200 páginas. É a história definitiva da criptografia até a década de 1950.
Newton, David E., *Encyclopedia of Cryptology* (Santa Barbara, CA: ABC-Clio, 1997).
Um livro de referência útil, com explicações claras e concisas sobre a maioria dos aspectos da criptologia antiga e moderna.
Smith, Lawrence Dwight, *Cryptography* (Nova York: Dover, 1943).
Uma excelente introdução elementar à criptografia com mais de 150 problemas. A Dover publica muitos livros sobre o tema dos códigos e das cifras.
Beutelspacher, Albrecht, *Cryptology* (Washington D.C.: Mathematical Association of America, 1994).
Um excelente panorama sobre o assunto, da cifra de César até a criptografia de chave pública, concentrando-se na matemática no lugar da história. É também o livro de criptografia com o melhor subtítulo: *Uma introdução à*

Arte e à ciência de cifrar, criptografar, esconder e salvaguardar, descrita sem qualquer fraude enigmática, mas não dispensando as brincadeiras espertas para o deleite e a instrução do público em geral.

Capítulo 1

Gaines, Helen Fouché, *Cryptanalysis* (Nova York: Dover, 1956).
Um estudo das cifras e de suas soluções. É um introdução excelente à criptoanálise, com muitas tabelas de referência úteis no apêndice.

Al-Kadi, Ibraham A., "The origins of cryptology: The Arab contributions", *Cryptologia*, vol. 16, nº 2 (abril de 1992), pp. 97-126.
Uma discussão sobre os manuscritos árabes descobertos recentemente e o trabalho de al-Kindi.

Fraser, Lady Antonia, *Mary Queen of Scots* (Londres: Random House, 1989).
Um relato muito interessante da vida de Maria, a rainha da Escócia.

Smith, Alan Gordon, *The Babington Plot* (Londres: Macmillan, 1936).
Escrito em duas partes, este livro examina a trama sob os pontos de vista de Babington e Walsingham.

Steuart, A. Francis (org.), *Trial of Mary Queen of Scots* (Londres: William Hodge, 1951).
Parte de uma série, Notable British Trials.

Capítulo 2

Standage, Tom, *The Victorian Internet* (Londres: Weidenfeld & Nicolson, 1998).
A notável história do desenvolvimento do telégrafo elétrico.

Franksen, Ole Immanuel, *Mr. Babbage's Secret* (Londres: Prentice-Hall, 1985).
Contém uma apresentação sobre o trabalho de Babbage na quebra de cifra de Vigenère.

Franksen, Ole Immanuel, "Babbage and cryptography. Or, the mystery of Admiral Beaufort's cipher", *Mathematics and Computer Simulation*, vol. 35, 1993, pp. 327-67.
Trabalho detalhado sobre a obra criptológica de Babbage e seu relacionamento com o contra-almirante Sir Francis Beaufort.

Rosenhein, Shawn, *The Cryptographic Imagination* (Baltimore, MD: Johns Hopkins University Press, 1997).
Uma avaliação acadêmica dos escritos criptográficos de Edgar Allan Poe e sua influência na literatura e na criptografia.

O LIVRO DOS CÓDIGOS

Poe, Edgar Allan, *The Complete Tales and Poems of Edgar Allan Poe* (Londres: Penguin, 1982).
Inclui "The Gold Bug".
Viemeister, Peter, *The Beale Treasure: History of a Mystery* (Bedford, VA: Hamilton's 1997).
Relato em profundidade sobre as cifras de Beale escrito por um respeitado historiador local. Ele inclui o texto completo do panfleto de Beale e é comprado, mais facilmente, se for encomendado diretamente aos editores: Hamilton's, P.O. Box 932, Bedford, VA, 24523, USA.

Capítulo 3

Tuchman, Barbara W., *The Zimmermann Telegram* (Nova York: Ballantine, 1994).
Um relato muito interessante da decifragem mais importante da Primeira Guerra Mundial.
Yardley, Herbert, *The American Black Chamber* (Laguna Hills, CA: Aegean Park Press, 1931).
História vigorosa da criptografia, que se tornou um *best-seller* controvertido na época em que foi publicado.

Capítulo 4

Hinsley, F. H., *British Intelligence in the Second World War: Its Influence on Strategy and Operations* (Londres: HMSO, 1975).
Registro oficial de espionagem na Segunda Guerra Mundial, incluindo o papel das informações da Ultra.
Hodges, Andrew, *Alan Turing: The Enigma* (Londres: Vintage, 1992).
A vida e o trabalho de Alan Turing. Uma das melhores biografias científicas já escritas.
Kahn, David, *Seizing the Enigma* (Londres: Arrow, 1996).
A história da Batalha do Atlântico e da importância da criptografia. Kahn descreve de modo dramático as capturas de submarinos que ajudaram os quebradores de códigos em Bletchley Park.
Hinsley, F. H. e Stripp, Alan (orgs.), *The Codebrakers: The Inside Story of Bletchley Park* (Oxford: Oxford University Press, 1992).
Coletânea de ensaios esclarecedores escritos pelos homens e mulheres

que tomaram parte em uma das maiores conquistas criptoanalíticas da história.

Smith, Michael, *Station X* (Londres: Channel 4 Books, 1999).

Livro baseado na série de TV, de mesmo nome, do Channel 4 britânico, contando uma série de histórias sobre aqueles que trabalharam em Bletchley Park, também conhecido como Estação X.

Harris, Robert, *Enigma* (Londres: Arrow, 1996).

Romance que gira em torno dos quebradores de códigos de Bletchley Park.

Capítulo 5

Paul, Doris A., *The Navajo Code Talkers* (Pittsburgh, PA: Dorrance, 1973).

Livro que procura garantir que a contribuição dos faladores de código navajos não seja esquecida.

McClain, S., *The Navajo Weapon* (Boulder, CO: Books Beyond Borders, 1994).

Envolvente relato que cobre toda a história, escrito por uma mulher que passou muito tempo conversando com os homens que desenvolveram e usaram o código navajo.

Pope, Maurice, *The Story of Decipherment* (Londres: Thames & Hudson, 1975).

Uma descrição de várias decifragens, dos hieróglifos hititas ao alfabeto ugarítico, destinada aos leigos.

Davies, W.V., *Reading the Past: Egyptian Hieroglyphs* (Londres: British Museum Press, 1997).

Parte de uma série excelente de textos introdutórios publicados pelo Museu Britânico. Outros autores da série escreveram livros sobre as escritas cuneiforme, etrusca, grega, Linear B, glifos maias e runas.

Chadwick, John, *The Decipherment of Linear B* (Cambridge: Cambridge University Press, 1987).

Uma descrição brilhante da decifragem.

Capítulo 6

Data Encryption Standard, FIPS Pub, 46-1 (Washington D.C.: National Bureau of Standards, 1987).

O documento oficial sobre a DES.

Diffie, Whitfield e Hellman, Martin, "New Directions in cryptography", *IEEE Transactions on Information Theory,* vol. IT-22 (novembro de 1976), pp. 644-54.

O LIVRO DOS CÓDIGOS

O clássico trabalho que revelou a descoberta da troca de chaves por Diffie e Hellman, abrindo as portas para a criptografia de chave pública.

Gardner, Martin, "A new kind of cipher that would take millions of years to break", *Scientific American,* vol. 237 (agosto de 1977), pp. 120-24.
Artigo que apresentou ao mundo a RSA.

Hellman, M. E., "The mathematics of public-key cryptography", *Scientific American,* vol. 241 (agosto de 1979), pp 130-39.
Uma excelente apresentação das várias formas de criptografia de chave pública.

Scheier, Bruce, *Applied Cryptography* (Nova York, John Wiley & Sons, 1996).
Excelente pesquisa sobre a moderna criptografia. Uma introdução definitiva sobre o assunto.

Capítulo 7

Zimmermann, Philip R., *The Official PGP User's Guide* (Cambridge, MA: MIT Press, 1996).
Uma descrição acessível do PGP, escrita pelo homem que o desenvolveu.

Garfinkel, Simson, *PGP: Pretty Good Privacy* (Sebastopol, CA: O'Reilly & Associates, 1995).
Excelente introdução ao PGP e às questões que cercam a criptografia moderna.

Bamford, James, *The Puzzle Palace* (Londres: Penguin, 1983).
Por dentro da Agência de Segurança Nacional, a mais secreta de todas as organizações de espionagem.

Koops, Bert-Jaap, *The Crypto Controversy* (Boston, MA: Kluwer, 1998).
Excelente pesquisa sobre o impacto da criptografia sobre a privacidade, as liberdades civis, a manutenção da lei e o comércio.

Diffie, Whitfield, e Landau, Susan, *Privacy on the Line* (Cambridge, MA: MIT Press, 1998).
As políticas de cifragem e escuta.

Capítulo 8

Deutsch, David, *The Fabric of Reality* (Londres: Allen Lane, 1997).
Deutsch devota um capítulo aos computadores quânticos, em sua tentativa de combinar a física quântica com as teorias do conhecimento, computação e evolução.

Bennett, C. H., Brassard, C. e Ekert, A., "Quantum Cryptography", *Scientific American*, vol. 269 (outubro de 1992), pp. 26-33.

Uma explicação clara sobre a evolução da criptografia quântica.

Deutsch, D., e Ekert, A., "Quantum computation", *Physics World*, vol. 11, n° 3 (março de 1998), pp. 33-56.

Um entre quatro artigos de um número especial do *Physics World*. Os outros três artigos abordam a informação quântica e a criptografia quântica e foram escritos pelas figuras mais proeminentes nestes campos. Os artigos são destinados aos graduados em física e dão um excelente panorama do atual estado das pesquisas.

Sites da Internet

O mistério do tesouro de Beale

http://www.roanokeva.com/ttd/stories/beale.html

Uma coleção de sites relacionados com as cifras de Beale. A Beale Cypher and Treasure Association está de mudança atualmente, mas espera estar em atividade de novo pelo ano 2000.

Bletchley Park

http://www.cranfield.ac.uk/ccc/bpark/

A página oficial que inclui horas de abertura e endereços.

Homepage de Alan Turing

http://www.turing.org.uk/turing/

Emuladores Enigma

http://www.attlabs.att.co.uk/andyc/enigma/enigma_j.html

http://www.izzy.net/~ian/enigma/applet/index.html

Dois excelentes simuladores que mostram como a máquina Enigma funciona. O primeiro permite que você altere os ajustes da máquina, mas não é possível seguir o caminho da corrente elétrica através dos misturadores. O segundo só tem um ajuste, mas tem uma segunda janela que mostra os misturadores se movendo e o efeito subseqüente no caminho da corrente.

Phil Zimmermann e o PGP

http://www.nai.com/products/security/phil/phil.asp

Fundação Electronic Frontier

http://www.eff.org/

Uma organização devotada a proteger os direitos e a promover a liberdade na Internet.

O LIVRO DOS CÓDIGOS

Centro para a Computação Quântica
http://www.qubit.org/
Grupo de Segurança de Informações, Royal Holloway College
http://isg.rhbnc.ac.uk/
Museu Criptológico Nacional
http://www.nsa.gov:8080/museum/
American Cryptogram Association (ACA)
http://www.und.nodak.edu/org/crypto/crypto/
Associação que se especializa em propor e resolver enigmas.
Cryptologia
http://www.dean.usma.edu/math/resource/pubs/cryptolo/index.htm
Revista trimestral devotada a todos os aspectos da criptologia
Perguntas mais freqüentes sobre criptografia
http://www.cis.ohio-state.edu/hypertext/faq/usenet/
cryptography-faq/top.html
Respostas para as perguntas mais freqüentes feitas ao laboratório RSA sobre a
criptografia
http://www.rsa.com/rsalabs/faq/html/questions.html
Página de Cifragem e segurança do Yahoo!
http://www.yahoo.co.uk/Computers_and_Internet/
Security_and_Encryption/
CryptoLinks
http://www.ftech.net/~monark/crypto/web.htm

Créditos das Fotos
· · · · · · · · · · · · · · ·

Ilustrações de Miles Smith-Morris.
Hieróglifos reproduzidos com a gentil permissão da British Museum Press.
Caracteres da Linear B reproduzidos com a gentil permissão da Cambridge University Press.

Figura 1 Scottish National Portrait Gallery, Edimburgo; Figura 6 Ibrahim A. Al-Kadi e Mohammed Mrayati, Universidade Rei Saud, Riad; Figura 9 Escritório de Registros Públicos, Londres; Figura 10 Scotish National Portrait Gallery, Edimburgo; Figura 11 Cliché Bibliothèque Nationale de France, Paris, França; Figura 12 Science and Society Picture Library, Londres; Figuras 20 e 25 *The Beale Treasure — History of a Mystery* por Peter Viemeister; Figura 26 David Kahn Collection, Nova York; Figura 27 Bundesarchiv, Koblenz; Figura 28 Arquivo Nacional, Washington D.C.; Figura 29 General Research Division, The New York Public Library, Astor, Lenox and Tilden Foundations; Figuras 31 e 32 Luis Kruh Collection, Nova York; Figura 38 David Kahn Collection; Figuras 39 e 40 Science and Society Picture Library, Londres; Figuras 41 e 42 David Kahn Collection, Nova York; Figura 43 Imperial War Museum, Londres; Figuras 44 e 45 Coleção Particular de Barbara Eachus; Figura 47 Godfrey Argent Agency, Londres; Figura 50 Imperial War Museum, Londres; Figura 51 Telegraph Group Limited, Londres; Figuras 52 e 53 Arquivo Nacional Washington D.C.; Figuras 54 e 55 British Museum Press, Londres; Figura 56 Louvre, Paris copyright Photo RMN; Figura 58 Departamento de Clássicos, Universidade de Cincinnati; Figura 59 Coleção particular de Eva Brann; Figura 60 fonte desconhecida; Figura 61 Coleção particular de Joan Chadwick; Figura 62 Sun Microsystems; Figura 63

Stanford, Universidade da Califórnia; Figura 65 RSA Data Security Inc.; Figura 66 coleção Particular de Brenda Ellis; Figura 67 coleção particular de Clifford Cocks; Figuras 68 e 69 coleção particular de Malcolm Williamson; Figura 70 Network Associates, Inc.; Figura 72 Penguin Books, Londres; Figura 75 laboratórios Thomas J.Watson, IBM.

Índice

· · · · · · · · · · · · · · · ·

Números de páginas que se referem a fotos e figuras aparecem em itálico

Abhorchdienst 125
A crise mundial (Churchill) 160
Adab al-Kuttab 31
Adair, Gilbert 36, 399
Adleman, Leonard 297-98, *298*, 299, 304-05, 310, 314, 420
Adventure of the Dancing Men, The (Conan Doyle) *99*
Agência de Projetos Avançados de Pesquisa (ARPA) 278
Agência de Pesquisa de Projetos Avançados da Defesa (DARPA) 359
Agência de Segurança Nacional (NSA), 114, 273, 274-75, 280, 316, 321, 331, 336, 345-47
Alberti, Leon 63-64, 66, 143, *144-46*
alfabeto cifrado 26, *27*, *29-30*
algoritmo de cifragem 27, *28*, *29*
algoritmo de substituição monoalfabética *29*
Alice, Bob e Eva 281-85, 289-93, 294-96, 299-303, 308-09, 320, 322-27, 335-37, 338-39, 343, 347-48, 368-78, 418-20
al-Kindi, Abu Yusef Ya'qub ibn Is-haq ibn as-Sabbah ibn omran ibn Ismai 33-35, 43
Alexander Weekly Messenger 99
American Journal of Archaeology 253
American National Bureau of Standards (Escritório Nacional de Padrões dos Estados Unidos) 272
American Standard Code for Information

Interchange (ASCII) 269, 270, *271*, 272, 419
análise de freqüência 33, *35*, *36*, 36-37, *38*, 39-42, 46, 48, 57, 60, 68, *91-94*, 155-56, 401-02
análise de tráfego 346-48
Apologia do Matemático (Hardy) 312
Arisue, major-brigadeiro 224
aritmética modular 286, 287-89
ARPANet 278-79
arquivo Friedman 111
Arte da guerra, A (Sun-Tzu) 124
ASCII, *ver* American Standard Code for Information Interchange
Associação Americana de Criptogramas 115
Associação do Tesouro e da Cifra de Beale 113
ataque *tempest* 346-48
AT&T Bell Laboratories 272, 358
atbash 43

Babbage, Charles 81-82, *83*, 84-85, 87-98, 113, 119, 134, 139, 146, 190, 318
Babington, Anthony 53-60, 69
Babou, Philibert 45, 46
Bacon, Roger 43
Bait al-Hikmah (Casa do Conhecimento) 32
Bakhtiar, Shahpour 348
Bakr, Abu 32
Balfour, Arthur 132
Baltimore Technologies 339

Bankes, W. J. 235, *236*
Baugh, William 331
Bazeries, Étienne 74-76
Beale Papers, The 102, 104-08
Beale, Thomas J. 100-01, 103-04, 108, 115-16
Beale Treasure — History of a Mystery, The (Viemeister) 116
Beker, H. *36*
Benally, John 218
Bennett, Charles *367*, 368-77
O besouro dourado(Poe) 100, 115
Birch, Frank 205
Biuro Szyfrów 164, 166, 169-70, 176-77, 183
Blegen, Carl 247
bloco de cifras de uma única vez 139, *140*, 141-43, 413-14
Bohr, Niels 349
bomba
    britânica 197-98, 199, *200*, 267
    polonesa 177-78, 180-81, 197
Brassard, Giles 368-76
Breaking the Code (Whitemore) 188
Bureau du Chiffre 121, 166

Câmaras Negras 77-81, *ver também* Escritório de Cifras dos Estados Unidos
Camden, William 59
Campanha pelo Congelamento das Armas Nucleares 321
Capitão Meia-noite 144
Caraman, Philip 54
Cardano, Girolamo 56
cártula *232, 233, 236, 237,* 238, 239
Centro de Pesquisas Cambridge 273
Centro para a Democracia e a Tecnologia 332
Centro Nacional de Informações Estratégicas (EUA) 331
Centro de Pesquisas George C. Marshall 111
César, Júlio 26, *27*
Chadwick, John *260*, 261-66
Champollion, Jean-François *234*, 235, 236-240, 253
Chaucer, Geoffrey 44
chave aleatória 141-43
chave de cifragem *28*, 29-30, 295-96
chave de depósito 336-40
    capstone 336-37
    clipper 336-37
Churchill, Winston 160, 199-201, 204-05, 208

Ciezki, capitão Maksymilian 164
cifra, definição de 26-27, *47*
cifra ADFGVX 121-22, 410-12
cifras de Beale 100-04, *105-07*, 108-10, *112*, 111-14, *118*
cifras bíblicas 43, 403-04
cifra de César *27*, 28-29, 67, 143, 284
cifra de chave assimétrica 294-97, 299-305
cifra do chiqueiro 405-06
cifra Enigma
    Biuro Szyfrów tenta quebrar a 164-70
    chave diária 167-78, 183-85, 191-92, 198, 203-05, 276
    cílios 185
    exército alemão aumenta a dificuldade da 198-99
    Marinha alemã aumenta a dificuldade da 203-07
    Rejewski ataca a 169-80, 181
    traída 165-67
    Turing ataca a 186, 191-98
cifra Playfair 98, 407-09
cifra Púrpura 213-14, 218
cifra RSA 299, 310, 314, 317, 331
    ataques contra a 346-48, 358
    descrição 299
    falhas 303-05, 323-24
    matemática da 299-305, 418-20
    vantagens da 299-305, 320, 323-24
cifra de substituição homofônica 70, *72*, 71-73, 77
cifra de substituição monoalfabética 32, 36-37, 46-48, 63, 70, 72, 77, 144-45, 155, 284
cifra de substituição polialfabética 70, 72-73, 78, 80, 144
cifra de Vigenère 66-67, 68-70, 80-81, 85, 87, *88*, 89-97, 113, 134-43, 145-46, 318, 345, 413-14
cifragem de chave 281-84, *285*, 286-79
cifragem digital 322-79
cifragem por computador
    diferenças em relação à cifragem mecânica 269
    nascimento da 268
    problema de distribuição de chaves 274-84, *285*, 286-89, *290*, 291
    uso de dígitos binários 269-73
Cipher Systems: The Protection Of Communication (Beker & Piper) *36*

O LIVRO DOS CÓDIGOS

citale 24, 25
Clemente VII, papa 45
Cocks, Clifford 310, *311*, 312-13, 314, 315-17
Codebreakers, The (Kahn) 280
Code-o-Graph 144
código, definição de 46, *47*, 48
The Bible Code (O código da Bíblia) 403-04
código navajo 215-17, *217, 219, 220,* 221-24
Código para o Inferno 336
cola
    definição de 191
    exemplos *192*, 240-41
    Pedra de Rosetta como 228
    relação com as bombas 198-99
    Turing a usa para quebrar a Enigma 191-95, *196*
Colossus 267-69, 306
Comission Nationale de Contrôle des Interceptions de Securité 333
computador quântico 348-49, 353-54
COMSEC 276
comunicações digitais
    avanços nas 319
    diferenças em relação às comunicações tradicionais 322-23
    leis 327-43
    perigos das 321, 329-43
    vantagens das 319-20, 321, 323-43
Conferência Nacional de Computação (1976) 292
Conner, general-de-divisão Howard 222
Crowell, William 345
criptoanálise 32-42
criptografia
    definição 22-23, 47
    entusiasmo do público pela 97-118
criptografia de substituição 25-27, *29*, 30, 47
criptografia quântica 360-70, *371, 373*, 374-379
criptografia de transposição 23-26, *47*
Cryptanalysis (Gaines) 402
Crypto AG 347-48
Cukier, Kenneth Neil 338

Daily Telegraph 201-02, 415
Damm, Arvid 157
Dato, Leonardo 63
de Bulonde, Vivien 76

Decipherment of Linear B, The (Chadwick) 262
Declaração de Independência 109-11
Declaração Universal dos Direitos Humanos (artigo 12) 332
de Grey, Nigel 130-31
de Louvois, François 76
Demarato 20-21
Denning, Dorothy 331
Denniston, Alastair 183-84, 211
Deutsch, David, 354, *355*, 356-58
Die Geheimschriften und die Dechiffrirkunst(Kasiski) 96
Diffie-Hellman-Merkle, esquema para troca de chaves 280-89, *290*, 291-92, 295, 313-14, 315
Diffie, Whitfield 277-*78*, 297, 305, 309, 314-15, 319, 326-27, 333
    concebe cifra assimétrica 293-97
    prevê a revolução digital 277-79
    encontra-se com James Ellis 315-16
    e o direito a liberdade criptográfica 333-34
    lida com o problema de distribuição de chaves 281, 286
dígrafo 74
Discurso da Rainha (1998) 338
dinheiro quântico 361, *362*, 363, *364,* 365-69
disco de cifra 143-46
distribuição de chave 274-379
Documents in Mycenaean Greek (Chadwick & Ventris) 266
Dönitz, almirante Karl 204, 206
Doyle, Sir Arthur Conan 99
Drosnin, Michael 403-04

Eastland, senador James 333
Echelon, sistema 332-33
Eckert, J. Presper 268
Editora do Instituto de Tecnologia de Massachusetts 342
Egito sob o domínio dos faraós, O (Champollion) 235
Ellis, James 306, *307*, 308-13, 314-17, 346
    e sua contribuição para a criptografia de chave pública 317-18
Elizabeth I, rainha 17, 19, 51-57, 60
e-mail
    assinaturas 325-43
    problemas de segurança 279-93, 319, 322-23

ENIAC 268
Epistle on the Secret Works of Art and the Nullity of Magic (Bacon) 43
Era da Informação 319, 321, 322-49
Escola de Cifras e Códigos do Governo (GC&CS) *182*, 261, 275-76
  ataca a cifra Enigma 191-211
  Casa 3 183
  Casa 4 183
  Casa 6 183, 186, 208, 210
  dependência inicial para com as técnicas de Rejewski 185-86, 191-92
  fechada 209-10
  Informações Ultra 207-11
  nascimento da 181-84
  organização 181-85
  recrutamento 202-03
  segredo dentro da 208-11
  uso das bombas 197-201
Escritório de Cifras dos Estados Unidos 111, 160
Esfinge do Telégrafo Sem Fio 157
Estação de Pesquisas dos Correios (Dollis Hill, Londres) 268, 306
esteganografia 21-22, 47
  micropontos 22-23
Evans, Sir Arthur 241-44, 247, 253-54
"Evidência de um dialeto grego nos arquivos micênicos" (Chadwick & Ventris) 263

fatorar 301-05, 348, 418-20
FBI 321, 329-30, 333, 334, 337, 340-42, 347
Feistel, Horst 272-75
Filipe II, rei da Espanha 45
Ferranti 272
filtros polaróide 361-66, 369
Fisher, Mary
  sobre James Ellis 315-16
  sobre Whitfield Diffie 293-94
Fisher, Mel 116-17
Flamsteed, John 84
Fleming, Ian 205
Flowers, Tommy 268, 306
fonogramas 226
fótons 349-52, *362*, 363-66, 368-70, *371*, 372-78
Fourier, Jean-Baptiste 235
Francisco I, rei da França 45
Freeh, Louis J. 337

Fricke, almirante Kurt 207
Friedman, coronel William 111
Fundação Fronteira Eletrônica 332
funções de mão única 285-89, *290*, 291-305

Gaines, Helen Fouché 402
Gardner, Martin 303-05, 358
Garfinkel, Simson 302
Geheime Kabinets-Kanzlei 77
Georgel, Abbot 77
Gifford, Gilbert 53-56
Gillogly, James 115
Gödel, Kurt 187, 188-90
Good, Jack 197
Governo dos Estados Unidos
  adota a *clipper* e a *capstone* 336-37
grampos (escutas telefônicas) 321, 328, 330-37
Grupo de Segurança de Eletrônica - Comunicações (CESG) 306
Guerra Civil americana 144
Guerra da Criméia 97, 318
Guerra dos Bôeres 409
Guerra Franco-prussiana 122
Guerras da Gália (Júlio César) 26
Good, Jack 197
Grande Cifra de Luís XIV 73-75
Grotefend, Georg 416
Grover, Lov 359
Guadalcanal 222
  campo de pouso 219
Guitry, Sacha 181

Hall, almirante Sir William 130-31, 132
Hammer, Carl 111, 113
Hardy, G.H. 312
Haroche, Serge 359
Hart, Clayton 111
Hart, George 111
Hebern, Edward 157
Hellman, Martin 279-80, 281, *282*, 297, 305, 309, 313-14, 315, 316, 326-27
  descobre o esquema de troca de chave Diffie-Hellman-Merkle 282-97
  sobre Ralph Merkle 281
Heisenberg, Werner 365
Herbert, Jr. Hiram 111
Heródoto 20-21
Herschel, John 82
hieróglifos 224-40

O LIVRO DOS CÓDIGOS

Hilton, Peter 197
Hinsley, Sir Harry 207, 209
Histórias, As (Heródoto) 20
Hodges, Andrew 187
Holmes, Sherlock 99
Homem da Máscara de Ferro, 73-76
Homero 241-42, 262
Hoover, Herbert 160
Horner, capitão E. W. 217

IBM 272-73, 279, 370
IDEA, cifra 325, 327
Inimigo do Estado 336
Internet 319, 323-33
  comércio na 315, 334-40
  nascimento da 278-79
  vírus 346-48

Jancik, Joseph 116
Johnson, Lyndon 332-33
Johnston, Philip 215-16
Jones, tenente-coronel James E. 215-16
Jones, Sir Henry 130
Journal of the Society of Arts 85

Kahn, David 154, 209, 243, 280
Kama-sutra (Vatsyayana) 25
Kasiski, Friedrich Wilhelm 96-97, 113, 119, 134, 139, 146, 318
Kasiski, Teste de 96
Kennedy, John F. 332
Kerchoff, princípio de 28
King, almirante Ernest 219
King Jr, Martin Luther 332-33
Kircher, Athanasius 227, 233, 235
Kober, Alice 247-57
Koch, Alexander 157
Konheim, Alan 279
Kriegsmarine, rede da 203-07
Kruh, Louis 115

La Cryptographie militaire (von Nieuwenhof) 124
La Disparition (Perec) 36, *400*
Langer, major Gwido 177-80, 181
Lei do Comércio Eletrônico (britânica) 338
Lenoir, Alexandre 235
Leon, Sir Herbert 182
liberdade criptográfica 329-43

Linear A 243, 263-64, 416
Linear B 240-44, *245-46*, 247, *248-54*, 255, *256*, 257-64, *265*, 266, 416
linguagem copta 226, 237-39
livro de códigos 48
Lorenz, cifra de 267-68
Los Alamos, Laboratório Nacional 359
Luís XIV 73-76
Luís XV 77
Lucifer 273-75
Lusitania 126
Lisandro de Esparta 25

Madsen, Wayne 347
Manuelito, Johnny 218
manuscrito *On Deciphering Cryptographic Messages* (al-Kindi) 33, *35*
Maomé, 30-31, 33
máquinas de cifragem 143-215
máquina Enigma *179*
  aliados criam réplica da 166
  anel 154
  disposição do teclado *158, 159, 186*
  divulgação da 156-58
  influência sobre a máquina de Lorenz 267-69
  Marinha alemã aperfeiçoa 203-07
  militares alemães aprovam o uso da 160-63
  misturadores 146-47, *148*, 149, *150*, 151-56, *178*, 192-97, 198
  nascimento da 146
  projeto 146-47, *148*, 149, *150-51*, 152-54, 155
  quadro de tomadas 153-54, *155*, 156, 185-86, 192, 194-97
Marconi, Guglielmo 119-20
Maria, rainha da Escócia 17, *18*, 49-57, 58-60
  execução *60-61*
  nomenclador *55, 58, 69*
Mathias Sandorff (Verne) 99
Mauborgne, major Joseph 13?, 143
Mauchly, John W. 268
McCabe, William 218
McKay, Brendan 404
Menwith Hill, Base de Sinais de Informações 331-32
Menzies, Sir Stewart 199
Merkle, Ralph 281, 292, 295-97, 305, 309
Midway, Batalha de 213-14

SIMON SINGH

Mil e uma noites, As 33, 41
Milner-Barry, Stuart 208
misturador 144
MIT, Laboratório de Ciência de Computação, 297, 304, 314
mlecchita-vikalpa 25
Montgomery, reverendo 130
Morcom, Christopher 187
Morriss, Robert 100, 101-04, 108
Morse, código 79, *80*, 97, 411-12
Morse, Samuel 79
Muggeridge, Malcolm 184

Napoleão III 122
Narration of the Last Days of the Queen of Scots (Wingfield) 60
Efemérides náuticas para determinação de latitude e longitude no mar 82
Navajo Code Talkers, The (Paul) 222
"New Kind of Cipher that Would take Millions of Years to Break" (Um novo tipo de cifra que levará milhões de anos para ser decifrado) 303
Newman, Max 267-68
Nimitz, Chester 213
Nixon, Richard 332
nomenclator 48, *55*
Nuestra Señora de Atocha 116
números primos 300-05, 348, 418-20
nulos 46, 48

óculos polaróides 362-63
Œdipus ægyptiacus 227
Operação Impiedosa 205-07

Padrão Americano de Cifragem com Depósito 336
Padrão de Cifragem de Dados (DES) 275, 289, 313, 359-60
Page, professor Denys 264
Painvin, Georges 121, 122, *123*, 124
Parsons, Marilyn 116
Patterson, Nick 310
Paul, Doris 222
Pearl Harbour 217, 219
Pedra de Rosetta, 228, *229*, 230, 232
Perec, Georges 34, 399-40
PGP (Pretty Good Privacy) 319, 325-31, 340-43, 345

PGPfone 330
Phelippes, Thomas 56-57, *58*, 60, 69
Philosophy of Decyphering, The (Babbage) 84
Piper, F. *36*
Playfair, barão Lyon 98, 407-09
Poe, Edgar Allan 99-100, 115
polarização 360-70, *371*, 372-77
política criptográfica 337-39
Pope, Maurice 225
Porta, Giovanni 21-22, 64, 66
Précis du système hiéroglyphique (Champollion) 239
prêmio Nobel de Física (1933) 352
Primeira Guerra Mundial *112*, 121-22, 124-26, 128-34, 139-43, 146, 157, 160-66, 182, 217
princípio do rébus 238
Printemps, Yvonne 181
programas de cifragem 297-305, 316-48
"porta dos fundos" 347
Ptolomeu, faraó 228, 232, 235-36

quadrado de Vigenère *66*, 67, 68, *69*, *86*, 135, *138*, 145
Quartel-General de Comunicações do Governo (GCHQ) 209-10, 305-06, 310-17, 346
Quarterly Review 79

rádio 119-22
Real Marinha Britânica 160
Rejewski, Marian 169-70, 171, *172*, 173-80, 181, 191-92, 197, 210-11
Rivest, Ron 297, *298*, 299-304, 310, 314, 320
sobre as restrições à criptografia digital 334
Rossignol, Antoine 73, 75
Rossignol, Bonaventure 73, 75
RSA Data Security Inc. 315, 327-28

Sagan, Carl 321
Sala 40 130, 132, 160, 163, 181-82
Scherbius, Arthur 146-47, 151, 154-55, *156*, 160-61, 170
Schliemann, Heinrich 242
Schmidt, Hans-Thilo 164, *165*, 166-67, 174, 176, 177, 180, 204
Schmidt, Rudolph, 164-65
Schrödinger, Erwin 352-53
Scientific American 303-04
Scudamore, John 58-59

Segunda Guerra Mundial 22-23, 84, 160-61 182-84, 197-24, 276, 305
seita Aum Shinrikyo 331
Seizing the Enigma 154
Sellwood, Emily 96
semagramas 227, 238-39
Senado norte-americano
   lei anticrime (1991) 327
seqüências de letras eqüidistantes (EDLSs) 403
Serviço de Informação e Senhas 111
Shamir, Adi 297-98, 299, 304-05, 310, 314, 420
Shor, Peter 358-59
Siculus, Diodorus 227
SIGABA 214
Sittig, Ernst 263
Sixtus V, papa 226
Smolin, John 376
"Sobre os números computáveis" (Turing) 188
Society of Worldwide Interbank Financial Telecommunication (SWIFT) 319
Soro, Giovanni 44, 45, 46
Spycatcher 317
Stimson, Henry 160
Story of Decipherment, The (M. Pope) 225
Suetônio 26-27
Sun Microsystems 277
Sun-Tzu 124

Taunt, Derek 210
Telconia 128
telégrafo 78-80
Tennyson, Alfred 96
"The Vision of Sin" (Tennyson) 95-96
texto cifrado 28
"A Teoria Ondulatória da Luz" (Young) 231, 349-50, *351*
teoria quântica 378-79
   em níveis microscópicos 354
   qualidades da 348-49
   muitos mundos 353
   papel dos fenômenos dos fótons na 349-50, *351*, 352-54, *362*, 363-66
   superposição 350-53
terceira parte confiável (TTPs) 339
Thomas J. Watson, laboratórios 273, 279, 370
Thwaites, John Hall Brock 85, 96
Tiltman, John 267
Times, The 78, 266

carrega mensagens cifradas sem saber 98
Traicté des Chiffres (Vigenère) 69
transístor 272
Travis, comandante Edward 200
Treatise on the Astrolabe (Chaucer) 44
Trithemius, Johannes 64, 66
Tróia, guerra de 241
Tuchman, Barbara, 133
Turing, Alan 186-87, 188, *189*, 190-98, 200-01, 205, 211, 224, 267-68, 318
Turing, máquina de 188-97
Tutte, Bill 267
Twinn, Peter 205
Typex 214

Ultra Secret, The (Winterbotham) 210

van Marnix, Philip 56
Ventris, Michael 253-54, *255, 256*, 257-66, 416-17
Verisign 339
Verne, Júlio 99
Viagem ao centro da Terra (Verne) 99
Viemeister, Peter 116
Viète, François 45, 46
Vigenère, Blaise de 64, *65*
Vidas dos Césares, As (Suetônio) 26
Void, A (Perec) 36, 399-400
von Nieuwenhof, Auguste Kerckhoff 28, 124

Wace, A.J.B. 244
Walsingham, Sir Francis 17, 19, 55-57, 58-59, 60
Walton, Richard 309
   e a decisão do GCHQ de revelar seu trabalho sobre criptografia de chave pública 317
   sobre James Ellis 306, 307-08
Ward, James B. 108
Wassenaar, Acordo (1998) 338
Welchman, Gordon 186, 210
Wheatstone-Cooke, sistema 78-79
Wheatstone, Sir Charles 78, 98, 407-09
Whitemore, Hugh 188
Wiesner, Stephen 360-61, 376
Williamson, Malcolm *312*, 313, *314*, 315, 316, 317
Wilson, Woodrow 125, 130-32
Wingfield, Richard 60

Winterbotham, F. W. 210-11
Wright, Peter 317

Xerxes 20-21

Yamamoto, Isoruku 213
Yardley, Herbert O. 111, 157
Young, Thomas 230, *231*, 232-33, 235-36, 239-40, 349-53
Yousef, Ramsey 331

Zimmermann, Arthur 125-26, *127*, 128-33, 206
Zimmermann, Phil *320*
    cria o PGP 324-27

disputa com a RSA Data Security Inc. 327-29
e a cifragem digital 322-23
e a era de ouro da criptografia 345
investigado pelo FBI 321, 329, 340-42
e as versões cavalo de Tróia do PGP 347
recebe *e-mails* de grupos de resistência 328
sujeito a investigação de grande júri 340-42
vende o PGP 342
Zimmermann, telegrama 128, *129*, 130-32, *133*
Zimmermann Telegram, The 133

Este livro foi composto na tipografia
Adobe Garamond Pro, em corpo 11,5/15, e impresso
em papel off-set no Sistema Digital Instant Duplex
da Divisão Gráfica da Distribuidora Record.